西学东渐 研究

第十二辑

广州与清代中外文化交流

中山大学西学东渐文献馆 主编

商务印书馆
创于1897 The Commercial Press

图书在版编目(CIP)数据

西学东渐研究. 第12辑, 广州与清代中外文化交流／中山大学西学东渐文献馆主编.—北京：商务印书馆，2023
ISBN 978-7-100-21988-4

Ⅰ.①西… Ⅱ.①中… Ⅲ.①西方哲学—文集　②西方哲学—影响—现代化—中国—文集　③东西文化—文化交流—广州—清代—文集　Ⅳ.①B5-53　②D61-53　③G129-53

中国国家版本馆 CIP 数据核字(2023)第 024662 号

权利保留，侵权必究。

西学东渐研究
第十二辑
广州与清代中外文化交流
中山大学西学东渐文献馆　主编

商　务　印　书　馆　出　版
(北京王府井大街36号　邮政编码100710)
商　务　印　书　馆　发　行
江苏凤凰数码印务有限公司印刷
ISBN 978-7-100-21988-4

2023年1月第1版　　开本 640×960　1/16
2023年1月第1次印刷　　印张 23
定价：98.00 元

西学东渐研究

主　编
中山大学西学东渐文献馆

学术委员会
（按姓氏拼音为序）

蔡　禾	程焕文	程美宝	陈春声	陈少明
杜维明	关子尹	洪汉鼎	黄见德	林　岗
梁庆寅	李明辉	李　萍	刘昭瑞	刘笑敢
梅谦立	倪梁康	王　宾	吴义雄	张贤勇
张西平	张志扬	赵仪文		

责任编委：马永康

编 者 的 话

2019年,我们以"广州与明清的中外文化交流"为主题结集出版了《西学东渐研究》第八辑。本辑的主题与此相近,但主要集中于清代中外经济与文化的交流,大部分文章来自中山大学西学东渐文献馆、广州与中外文化交流研究中心在2019年9月21—22日举办的"广州与清代中外文化交流"国际学术会议。

1684年,康熙皇帝放开了对外贸易,次年设立了粤海关。这一举措对中国后续的历史发展有着深远的影响。清朝对外经济交流得以加速发展,随之而来的是文化交流也变得更丰富和深刻。本辑有4篇文章专门研究1698—1700年法国船只"安菲特利特"号(Amphitrite)两次往返广州的情况。法国人白晋(Joachim Bouvet)以康熙皇帝钦差和法国国王路易十四世的数学家这双重身份,在"安菲特利特"号首航广州上扮演着重要的角色。与英国印度公司和荷兰印度公司的船只不同,"安菲特利特"号所涉及的不仅仅是国际贸易,还有外交、文化和宗教等方面的交流。这是由于在广州的法国商人和传教士、两广总督、粤海关、广州商人所进行的交流,与北京皇廷和巴黎皇廷有着密切关系。除了这一专题研究之后,还有3篇从更广阔的背景分析广州海关及十三行在中国现代化过程中所扮演的角色。在今天的"贸易战"和文明冲突论之下,这种多方面的国际交流研究有着深刻而现实的意义,有助于深化认识一个平衡的国际贸易需以交流两方对国家体制、文化宗教等均有深厚的理解作为基础。

本辑还收录了9篇以广州为场域的清代中外文化交流研究论文,其中:1篇对里斯本东波塔(Torre do Tombo)所藏档案的研究,该文从多方面反映出清代广州与西方交流的丰富性;3篇涉及"西学汉籍"出版、天主教出版业和地图绘制的论文,它们旨在表明中西思想文化交流的复杂性与丰富性;2篇对康有为和梁启超的研究,它们从观念上考察了康梁对西学的接受;2篇关于"祭祀""祭巾"的个案分析,以及1篇关于两广地区首位华籍主教杨福爵生平的考述,它们涉及中国天主教本地化的问题。

此外,从第九辑开始,本辑刊陆续以附录的形式刊载有关西学东渐的西方文献资料,以供专业研究者使用。这些西方文献资料,均直接译自档案资料,为国内首发。本辑收入2篇报告:第一篇由耶稣会士翟敬臣呈交给法国省会长德兹,与"安菲特利特"号的广州之行相关;第二篇是1722年耶稣会士张貌理致宋君荣的书信,论及耶稣会士在广州对弃儿的处理问题。

本辑《西学东渐研究》的出版,得到了广州市人文社会科学重点研究基地以及中山大学重点发展项目的资助,特此致谢!

中山大学西学东渐文献馆

2020年12月27日

目 录

康熙年间两广总督石琳与法国船"安菲特利特"号的
　　广州之行 ································· 梅谦立（1）
法国商船"安菲特利特"号航行中国与中西文化交流
　　——以祭孔礼仪为中心的考察 ············· 汪聂才（34）
从首航中国的法国商船"安菲特利特"号略论清代前期
　　粤海关监管下的中法贸易 ················· 阮　锋（60）
"安菲特利特"号与18世纪法国的"中国器物热"和"中国风"
　　·········· 布里吉特·尼古拉（Brigitte Nicolas）撰；郭丽娜译注（76）
清代广东十三行与中外文化交流 ············· 章文钦（105）
理法之辨：1831年广州十三行中英冲突考释 ····· 王彦波（112）
洋关涉入近代中国多领域事务述略
　　——兼论洋关在中国近代化进程中的特殊角色
　　和影响 ······························· 谢　松（136）
东波塔档案中关于清代广州中西文化交流的描述
　　····································· 章文钦（165）
明清"西学汉籍"的影印与域外汉籍的回归
　　——评《梵蒂冈图书馆藏明清中西文化交流史
　　文献丛刊》 ··························· 代国庆（181）
17世纪末广州天主教出版业与本地社会的互动
　　····································· 梅谦立（195）
"广州会议"期间关于祭巾的讨论 ············· 杨虹帆（229）
方济各会士利安当中文著述中的"鬼神"与"祭祀"问题
　　····································· 汪聂才（240）
显微镜、望远镜与康有为的悟道 ············· 马永康（256）

康有为与梁启超的未来想象及其历史哲学 ………… 姚达兑（271）
民国时期两广地区首位华籍主教杨福爵生平考述
.... 李蓬云（285）
近四十年国内明清"中学西传"研究及其当代价值
.... 孙　赫（302）

附录

耶稣会士翟敬臣致法国省会长德兹的书信
.... 陈慕禅译；张逸婧校；梅谦立注（322）
1722年张貌理致宋君荣书信 … 林逸云译；梅谦立导读、注（351）

康熙年间两广总督石琳与法国船"安菲特利特"号的广州之行*

中山大学哲学系、广州与中外文化交流研究中心　梅谦立

一、引　　论

　　1684 年清朝颁布"展海令",允许一种在朝贡体制之外的贸易体制存在。在这种新贸易体制中,广州扮演了主导角色。在《广州贸易》中,美国学者范岱克(Paul Van Dyke)评介了 1700—1842 年间"广州体制"的完整性与成就。①然而,学界比较忽略从 1685 年(粤海关成立)至 1700 年这个时间段,这是一个盲点。②目前研究的另一个

---

　　* 感谢中山大学历史系章文钦教授及肇庆学院汪聂才讲师提出的修改意见,也感谢王琦同学对本文的润色。本文获得了 2018 年《广州大典》与广州历史文化研究重点课题"法国商船'安菲特利特'号与广州"(2018GZZ05)的支持。

　　① 范岱克特别强调不应该以 1757 年广州成为全国唯一通商口岸这一事件作为转折点,因为事实上广州早已获得了中国贸易的主导地位。参见 Paul A. Van Dyke, *The Canton Trade: Life and Enterprise on the China Coast, 1700 - 1845*, Hong Kong: Hong Kong University Press, 2005, p.10;范岱克著,江滢河、黄超译:《广州贸易:中国沿海的生活与事业(1700—1845)》,社会科学文献出版社,2018 年,第 5 页。

　　② 西方学者一般主要以 1720 年左右为广州贸易的时间起点,如 Louis Dermigny, *La Chine et l'Occident: Le commerce à Canton au XVIIIe siècle 1719 - 1833* (Paris: S. E. V. P. E. N., 1964); Henri Cordier, "Les Marchands Hansistes de Canton"(*T'oung Pao* 3, 1902)。如同范岱克一样,当代中国学者则主要以 1700 年为起点开始研究,如陈柏坚、黄启臣的《广州外贸史》(广州出版社,1995 年)。将时间起点推到更早的 1684 年的研究有:Weng Eang Cheong(张荣洋), *The Hong Merchants of Canton: Chinese Merchants in Sino-Western Trade, 1684 - 1798*, London: Curzon Press, 1998。不过该研究主要依据英文材料。

不足之处在于忽略了英语之外其他语种如法语的史料。对法国船"安菲特利特"号两次在广州的经历(1698—1699年及1702年)进行研究，能更深入理解"安菲特利特"号与粤海关之间冲突的根源，可以弥补我们对早期广州体制认识的不足。

关于"安菲特利特"号的相关事务，有很多参与者：康熙、两广总督、广东巡抚、粤海关监督、广州商人、法国船长、法国公司、法国耶稣会士，等等。为了更清晰地分析，我们以两广总督石琳为研究中心。石琳担任总督十四年，然而中文文献对其在任期间的记载不够充分，尤其是对于石琳在商业与外事上的作为所言甚少，幸好这方面有很多西方文献（拉丁语、法语）的记载，从中可以看到他在处理法国人跟朝廷、粤海关监督、广东巡抚与广州商人的关系中充当了很重要的媒介。

在这篇文章里，我们从三个方面分析他的角色：第一，石琳管理外国人的出入境，尽量配合朝廷与法国耶稣会士白晋（Joachim Bouvet，1656—1730）等人，然而康熙对某些传教士的表现不满，导致他的配合政策发生了很大的变化。第二，关于"安菲特利特"号性质产生的争论，法国人坚持法国船只不是商船、也不是贡船，而石琳在这方面在粤海关监督与法国人之间起到很重要的媒介作用。第三，西方文献还揭露了石琳本人与法国船只从事商业活动的事实，然而二者在贸易过程中发生了各种冲突。由此，我们能看到"安菲特利特"号在外事、外交、贸易三个领域挑战广州贸易体制，而在朝廷、粤海关监督、广州商人之间，石琳一开始便充当着媒介的角色。这个事件暴露了广州贸易体制在早期阶段存在的若干问题，对此进行研究有助于我们更深入地理解它后来所取得的完整性。

二、"安菲特利特"号第一、二次广州之行的报告及其他文献

关于"安菲特利特"号第一次广州之行，学术界比较熟悉 1926

年出版的海军军官弗罗热(François Froger)的手稿报告①,这个报告描述了从法国到广州黄埔港(1698年11月22日)9个月的航行、在广州停留14个月的时间(至1700年1月27日)、返回法国的航行。②弗罗热对"安菲特利特"号的贸易活动非常熟悉,报告中的信息非常丰富。在这个报告的基础上,著名汉学家伯希和(Paul Pelliot,1878—1945)在1928—1929年的《学者通报》(*Journal des Savants*)上发表了很彻底的考证,详细介绍船上的各个人物(船员、公司职员、传教士),并分析他们之间的不同目的(外交、商业、宗教),及由此导致的各种冲突。③伯希和非常重视"安菲特利特"号第一次广州之行,将它界定为"中法关系的起源"。然而,他没有系统地研究第二次广州之行的文献,也没有提到中国的参与者。④

国内学者对"安菲特利特"号的研究并不多。国内最早对"安菲特利特"号的研究应该是张雁深的《中法外交关系史考》,其中有两页篇幅简略地介绍了"安菲特利特"号第一次广州之行的始末。⑤在《法国汉学史论》里,耿昇概括地翻译了伯希和的文章,并且补充了关于第二次广州之行的信息,特别是贸易方面的信息。⑥比较值得注

---

① 手稿保存在里斯本的阿儒达(Ajuda)图书馆,编号52-XIV-23。

② François Froger, *Relation du premier voyage des Français à la Chine, en l'année 1698, 1699 et 1700 sur le vaisseau l'Amphitrite*; ed. Voretzsch Asia Major, 1926.萨克斯·班尼斯特把报告翻译成了英文(Saxe Bannister, *A Journal of the First French Embassy to China, 1698-1700*, Thomas Cautley Newby, 1859),但班尼斯特过于强调船只的外交性质,所谓"第一个法国来华使团"值得商榷。

③ Paul Pelliot, "L'origine des relations de la France avec la Chine: Le premier voyage de l'Amphitrite en Chine," *Journal des Savants* (1928): pp. 433-451; (1929): pp. 110-125, 252-267, 289-298.关于法国"中国公司"(Compagnie de la Chine)和印度公司在广州的情况,请参见解江红:《清代广州贸易中的法国商馆》,《清史研究》2017年第2期。

④ 其实,中法关系的起源应该追溯到1685年法国国王把法国耶稣会士以"国王数学家"的名义派往中国。

⑤ 张雁深:《中法外交关系史考》"第一章:初期关系",北京史哲研究所,1950年,第12—13页。

⑥ 耿昇:《法国汉学史论》(下册),学苑出版社,2015年,第557—583页。

意的研究是伍玉西的《宗教利益至上:传教史视野下的"安菲特利特号"首航中国若干问题考察》。①他从传教史的角度,介绍了白晋在法国对"安菲特利特"号的筹备工作、在广州所受到的待遇,白晋用什么策略使"安菲特利特"号获得了法王御船的身份而不是贡船,以及使送给康熙的货物作为礼物而不是贡物,并且陈述了白晋离开广州之后法国船在商业方面所面临的困难,这导致船只在广州滞留了15个月。不过,伍玉西没有提及第二次广州之行,也没有系统分析石琳的角色。另外,他主要分析了传教士意图与法国公司意图之间的冲突,因为耶稣会士把宗教利益置于经济利益之上;不过,耶稣会士把传教计划融合在一个经济行动中,因此还需要对此进一步加以说明。

我们的研究则包括被忽略的第二次广州之行,因为分析两次广州之行的异同,能帮助我们理解法国人如何处理与广州体制的关系,因此应当把两次广州之行作为一个整体来研究。1701年10月1—2日,"安菲特利特"号受到了暴风的影响,失去了船锚及船桅,在广东茂名、湛江的海里待了6个多月,1702年5月26日到达黄埔港。关于这次航行及在广州的活动,我们主要依靠一份匿名报告。这份报告在1901年被马特罗列(Claudius Madrolle,1870—1949)出版②,作者应该是海军军官,对贸易活动也很清楚。不过,他在报告中对法国耶稣会士表示不满,并且在"礼仪之争"问题上,他倾向于巴黎外方传教会士的立场,而且和他们有密切的来往。他所提供的信息和巴黎外方传教会的文献一致,这揭示了巴黎外方传教会士是他的主要信息来源。

把两次广州之行作为整体研究的另一个理由在于石琳参与了两次广州之行的事务处理。"安菲特利特"号第二次广州之行离开

---

① 伍玉西:《宗教利益至上:传教史视野下的"安菲特利特号"首航中国若干问题考察》,《海交史研究》2012年第2期。

② 收藏于法国国家图书馆 BNF ms. NAF 2086: *Journal du Voyage de la Chine dans les Années 1701 - 1703*。出版(不全): Claudius Madrolle, *Les premiers voyages français à la Chine; la Compagnie de la Chine, 1698 - 1719* (A. Challamel, pp.61 - 67)。马特罗列认为作者为 Bouvet de la Touche,不过,他并没有提供任何证据。

广州(1702年11月20日)七天之后,他在广州病逝(1702年11月27日;康熙四十一年十月初九)。

除了这两份报告之外,我们还使用耶稣会士的日记与书信及巴黎外方传教会士的记载(包括没有出版的文件)。同时,我们尽量寻找了一些中国文献。

三、石琳与传教士的管理

石琳,字琅公,本姓瓜尔佳氏,满清将军石廷柱(1599—1661)第四子。他获得很高的官位,曾经出任湖广巡抚和云南巡抚,最终担任14年的两广总督,卒于任上(1689年8月19日至1702年11月27日)。① 石琳与皇家有密切关系,因为他哥哥石华善(?—1695)的孙女福晋(?—1718)嫁给了皇太子胤礽,并被封为皇太子妃(1695年)。由于和胤礽有亲戚关系,石琳的地位也提升了。法国人经常把他称为胤礽的"舅舅"(法文 oncle)。据《清史稿·萧永藻传》记载,1700年,给事中汤右曾(1656—1721)弹劾广东巡抚萧永藻(1644—1729)与石琳处理海南岛黎人争斗不力,酿成严重的匪患。因此,康熙下令萧永藻与广西巡抚彭鹏(1635—1704)互调官职。从1701年1月23日起,彭鹏担任广东巡抚。不过,石琳的总督官位没有受到影响,也许与他的皇家关系有关。

在"安菲特利特"号的两次广州之行中,我们看到石琳在外事方面所发挥的作用主要有三个方面:(1)安排传教士的进出境;(2)协助天主教会;(3)向康熙送外来的礼物。

(一)安排外国人的进出境,并安排传教士前往北京

广州作为最主要的口岸,也是外国人出入中国的主要关口。由

---

① 国史馆校注:《清史稿校注》,台湾商务印书馆,1999年,第8671—8672页。

于石琳的总督身份,他受康熙命令处理外国人的出入境事务,派遣宫廷所需要的传教士前往北京,也协助传教士受康熙的派遣返回欧洲。石琳安排送别那些康熙派遣的传教士,或接待他们回国。在他任期内,有 88 位耶稣会士进入中国,其中半数为法国耶稣会士。①此外,还有其他修会会士,如道明会、方济会、奥古斯丁会以及巴黎外方传教会传教士等。在这段时期内,可以说传教士来华非常频繁,这是传教士进入中国的高峰期。

石琳第一次处理法国耶稣会士的出入是在 1693 年。这应该是他第一次见到白晋。当时,白晋受康熙之命,以钦差身份准备前往法国。他从 1693 年 8 月 21 日至 12 月 27 日在广州待了四个多月,等待有船载他回欧洲,其间在公馆住了一段时间。按白晋的记载,8 月 24 日,石琳给他安排了很隆重的宴会。因为石琳在广州没有自己的衙门(他经常住在广府学宫)②,宴会在武威将军的衙门举行。白晋称这个衙门是"全国最漂亮的衙门之一",曾经作为平南王(即尚之信,1633—1680)的衙门。在他的日记里,白晋花了很长篇幅来描述宴会及其乐队。③石琳、巡抚及布政使一起将 120 元(pistoles)送给白晋,然而白晋当时并没有接受,但在 12 月出发之前,他最终接受了这笔钱。④需要注意的是,白晋会说满文,他用满语给康熙上

---

① 进入中国的人员为 1689 年的王石汗(Pierre Van Ham, 179 号)到 1702 年的卢多禄(Pierre Loupias, 266b 号);参见费赖之 Aloysius Pfister, *Notices biographiques et bibliographiques sur les Jésuites de l'ancienne Mission de Chine: 1552 - 1773*, Chang-hai: Imprimerie de la Mission Catholique, 1932 - 1934, Vol.1, pp.Ⅶ - Ⅸ。

② 这时的两广总督衙门仍在肇庆。

③ 参见 Joachim Bouvet, *Journal des Voyages*, edited by Colani(Taipei Ricci Institute, 2005), pp.182 - 183。法国耶稣会编辑杜赫德(Jean-Baptiste Du Halde, 1674—1743)把白晋对宴会的描述写进《中华帝国全志》中;参见 *Description géographique, historique, chronologique, politique et physique de la Chine et de la Tartarie chinoise*(Paris: Lemercier, 1735), Vol.2, pp.114 - 117。

④ 法文 Pou-ching-ssee 应该为布政使。这事发生在 1693 年 9 月 4 日;Bouvet, *Journal des Voyages*, pp.190 - 216。当时广东巡抚为江有良(康熙三十一年二月廿二日至三十二年十二月二十日,即 1693 年 1 月 27 日至 1694 年 1 月 15 日)。

课,为他用满文撰写数学著作。由于汉人不允许学习满文,白晋有语言优势。他出发之前,石琳送给他30本满文著作。①

五年之后,即1698年,白晋乘"安菲特利特"号返回中国再次入境。"安菲特利特"号先经过上川岛,白晋在广海登陆,去广州通报法国船的来临。②1698年11月2日,"安菲特利特"号到了黄埔港。在旁边的村庄,船长拉罗克(La Roque)租了祠堂,使病人可以安居。关于这个村庄,弗罗热的报告及地图都标记为"Cang-teng-tchuën",伍玉西认为很可能指"仓头村",而章文钦教授告诉我更大可能指"仓头村"。③此后,船长及高级船员住在石琳在广州所准备的公馆;白晋也有自己的公馆。与他同行的十位耶稣会士则住在法国耶稣会教堂(位于广州新城东南清水壕)。当时康熙不在北京,因此传教士为了等待康熙的命令在广州居留了两个月。

终于到1699年1月26日,康熙所派遣的三个钦差到了广州天字码头,在那里他们受到了很隆重的接待。第一个钦差是武英殿总

---

① 参见Bouvet, *Journal des Voyages*, pp.215。原来康熙给白晋45本书带回法国,其中也许有满文的。

② 1699年11月30日,白晋致路易十四告解神父拉雪兹(François La Chaise, 1624—1709)的书信中写道:"我对这个高官很熟悉。"(je connaissais très particulièrement ce mandarin);参见Bouvet, Lettre au P. La Chaize, 30 novembre 1699; *Lettres édifiantes et curieuses*, ed. Louis Aimé-Martin (Panthéon littéraire, 1843), Vol.3, p.19;《耶稣会士中国书简集》上卷,大象出版社,2005年,第145页。按照弗罗热的记载(第82页),石琳与白晋曾经在宫廷认识,但弗罗热的信息不一定正确。

③ 伍玉西:《宗教利益至上:传教史视野下的"安菲特利特号"首航中国若干问题考察》,第39页。我在法国国家图书馆的网页上发现了四张相关的地图,标题为《进入广州的地图,其中标识了我们从上川岛出发沿途的抛锚处、沙洲、礁岩我能认出的其他危险》(Carte de l'entrée de Canton où sont marquez exactement tous les mouillages que nous fismes depuis l'isle de Sanciam, les bancs, les roches et autres dangers que j'ai pu reconnaître)。四张地图没有说明作者,将其与 *Relation du premier voyage des Français à la Chine, en l'année 1698, 1699 et 1700 sur le vaisseau l'Amphitrite* 对比,可见二者在抛锚之处及深度的信息上一致,因此可以肯定作者是弗罗热。另外,里斯本的阿儒达图书馆收藏弗罗热的手稿(52-XIV-23)有同样的地图,只是地图方向不同。下文可以看见法国国家图书馆所收藏的一张地图。

监造赫世亨(约 1645—1708),传教士把他称为 Hencama 或 Henkama。如陈国栋说:"目前能找到赫世亨与西洋人互动的最早纪录是 1699 年初他前往广州迎接白晋。"①其他两位钦差是法国耶稣会士刘应(Claude de Visdelou,1656—1737)和葡萄牙耶稣会士苏霖(José Soares,1656—1736)。康熙允许五位传教士到北京,石琳及白晋商量后敲定了人选。赫世亨到了法国耶稣会教堂,强调皇帝重视美德、个人功德、科学与艺术的技巧,恭喜被选的五位。②关于其他五位,赫世亨对他们说可以"随便传教"(soui pien tchouen kiao)或"随便各处传教"(soui pien teku tchouon kiao)。这番话表明了康熙对天主教的支持,也符合康熙 1692 年发布的"宽容诏令",允许中国人加入天主教会。不过,对于赫世亨的这句话,耶稣会的解读过于乐观,比如白晋在 1699 年 11 月 30 日的书信上写康熙给他们"完全自由去全国传天主教"。③我们下文将会讨论法国耶稣会士的

---

① 陈国栋:《武英殿总监造赫世亨:礼仪之争事件中的一位内务府人物》,《两岸故宫第三届学术研讨会:十七、十八世纪(1662—1722)中西文化交流》,台北故宫博物院,2011 年,第 257—290 页;其中第 278 页,白晋把赫世亨描述为"皇帝皇庭负责人"(chef d'un tribunal de la maison de l'empereur)。按照耶稣会的说法,后来赫世亨犯了错误,把礼物在扬州展示,被康熙责怪,因为康熙答应白晋,不要让人错误地认为这些礼物是贡物;Froger, Relation,第 107 页。

② 严理伯(Philibert Geneix,1667—1699)、翟敬臣(Charles Dolzé,1663—1701)、南光国(Louis Pernon,1664—1704)、卫嘉禄(Charles de Belleville,1657—1730),还有一位意大利画家聂云龙(Giovanni Gherardini,1655—1723)。这五位在中国的命运有所不同:1704 年,聂云龙被允许回欧洲;另外三位在五年内死了,都还没满 40 岁;只有卫嘉禄活得久,在中国服务了 32 年。

③ 白晋:"une entière liberté d'aller par tout son empire prêcher la loi du Seigneur du ciel";参见 Lettre de Bouvet du 30 novembre 1699, p.19。按照聂云龙所言,"随便传教"(soui pien tchouen kiao);Gherardini, Relation du voyage fait à la Chine(Nicolas Pépie,1700), p.89。在 1699 年 2 月 22 日的书信中,翟敬臣写"随便各处传教"(soui pien teku tchouon kiao);Lettre du R. P. Dolzé, jésuite missionnaire, écrite au R. Père Dez, Provincial de la Province de France, de Canton, le 22 février 1699, Archives nationales K.1375.5, f.17。除了早死的利圣学(Jean-Charles-Etienne de Broissia,1660—1704)之外,其他比较顺利地适应,其中巴多明(Dominique Parrenin,1665—1741)在中国服务了 43 年,也有著名汉学家马若瑟(Joseph-Henri de Prémare,1666—1736)在中国服务了 38 年。

误会所带来的后果。1669年2月25日,三位钦差、白晋及其他耶稣会士往北方出发,石琳、巡抚及其他高官在天字码头举行了隆重的仪式。①按照在弗罗热报告所附的一幅画,白晋的船队很宏伟,包括8艘客船及50艘货船!

石琳第三次安排法国耶稣会士出入境,是同一年洪若翰(Jean de Fontaney, 1643—1710)的出境。为了缓解"礼仪之争",同时寻找其他传教士,康熙派洪若翰返回欧洲。不过,洪若翰有自己的计划,即要从耶稣会总会长得到许可,使在华的法国耶稣会独立于葡萄牙人所指导的中华省。1669年10月11日,洪若翰及刘应到了广州,住在两个不同的公馆。两天之后,刘应搬到了法国耶稣会教堂。1700年1月27日,洪若翰搭乘"安菲特利特"号出发返回法国,当年8月3日到达了法国路易港口(Port Louis)。"安菲特利特"号与洪若翰在法国只待了9个月时间,1701年3月7日再次出发前往中国。

由于"安菲特利特"号在广东海域遇上暴风,洪若翰先行在茂名登陆,前往肇庆拜见石琳。有人注意到,虽然石琳对他非常有礼貌,不过并没有在衙门门口等待他,也没有给他开衙门的中门,因为与白晋在第一次广州之行的身份不同,洪若翰不享有钦差的身份。②但是石琳还是给他提供公馆以及财务支持。例如1701年12月18日,洪若翰和十位耶稣会士准备离开广州往北旅行,发现船上缺乏旅行所需的食品,当天晚上他去找石琳,让他提供必需品及一些仆人。石琳给予了支持。洪若翰船队一共有5艘客船及9艘货船(cinq grandes galères, neuf bateaux de charge),比白晋船队的规模要小。③另外,由于"安菲特利特"号失去了船锚,石琳安排了小船去广

---

① 除了被选去北京的五位传教士之外,还有往北传教的其他三位:巴多明、卜纳爵(Ignace-Gabriel Barborier, 1663-Canton)、雷孝思(Jean-Baptiste Régis, 1663—1741)。在广州剩下两位法国耶稣会士,即利圣学及马若瑟。

② *Journal du Voyage de la Chine dans les Années 1701 – 1703*, p.77.

③ *Journal du Voyage de la Chine dans les Années 1701 – 1703*, pp.134 – 135.

州湾寻找船锚。①

由此可以看出,石琳配合朝廷的外事,与武英殿总监造赫世亨、宫廷耶稣会士相协调,提供公馆及财务支持。对于传教士的出入境,广州贸易体制扮演了决定性的作用,因为中国没有自己的大船,康熙所需要的传教士必须搭乘英国船或法国船才能在中国与欧洲之间往返。②至于传教士在广东境内碰到各种各样的困难,石琳尽量帮助他们,下文将会说明。

(二) 帮助天主教士改建教堂及墓地

当传教士与地方政府发生冲突时,石琳努力化解他们的矛盾。例如,长期住在佛山的意大利耶稣会士杜加禄(Carlo Turcotti, 1643—1706)计划在广东新会新建教堂,但是遭到了新会知县的拒绝。1693年11月20日,杜加禄通过白晋请求帮忙。白晋为此专门去了肇庆寻求石琳的帮助,最终他得到在新会建教堂的许可。同时,白晋也获得在广州建法国耶稣会教堂的许可。③由此可见,白晋通过石琳跳过了广东巡抚的权力,白晋自己也注意到了这个问题,因此他12月离开广州时,巡抚没来送别。④因为白晋及其他传教士获得宫廷或总督的支持,他们比较容易忽略广东或广州高官的权力。下文,我们会专门讨论石琳跟粤海关监督的冲突。

石琳也给予了在上川岛改建圣方济各·沙勿略(Francis-

---

① *Journal du Voyage de la Chine dans les Années 1701 - 1703*, pp.124, 130 - 133, 158 - 159.

② 关于法国耶稣会士坐英国的船,有这样的记载:"在其他的事业方面,虽然没有事先商量好,但两公司采取同样行动。如他们给'法国耶稣会神父'免费从中国乘船返回欧洲,以报答他们给予大班的友谊与无私的建议。"马士著,区宗华译,林树惠校,章文钦校注:《东印度公司对华贸易编年史(1635—1834)》第1卷,广东人民出版社,2018年,第134页。

③ Bouvet, *Journal des Voyages*, pp.213 - 215.

④ Bouvet, *Journal des Voyages*, p.218.另一个原因是英国船长在澳门买房之事。

Xavier，1506—1552)墓地的许可。1698年,法国商船"安菲特利特"号的船员向沙勿略立誓,要在上川岛上为他重修一块墓地,以感谢他在航程中的护佑。1698年12月3日的圣方济各·沙勿略节,他们在广州耶稣会的驻地讨论该如何履行他们的誓言。按照弗罗热所述,耶稣会修士卫嘉禄展示了他设计的大理石纪念碑草图,水手们为此举行了募捐。白晋应该有足够的政治影响力来实现他们的项目。其实,杜加禄原本就有在上川岛改建墓地的计划,由于他忙于发展佛山的天主教会,加上缺乏资源,最终没有落实。①1698年10月15日,杜加禄被任命为中华省和日本省的视察员,在知晓法国人的决定后,他开始重启计划。然而,由于法国耶稣会士不承认葡萄牙"保教权"(padroado)导致在华耶稣会士之间产生冲突,改建墓园的计划最终只以日本省的名义进行。②在一封1699年11月30日写给罗马总会长的信件中,杜加禄提到筹备在上川岛修建墓地,而在另一封写于1700年1月1日的信中,他提到在等候石琳的批准,在此事上他得到了刘应的帮助。③石琳和广州总兵给杜加禄提供了军事上的保护,使庞嘉宾(Kaspar Castner,1665—1709)等人免受海盗的袭击,在三个月内顺利改建墓园。在此期间,庞嘉宾给岛上的30个居民施洗。1701年,杜加禄向石琳提出新的请求:允许传教士随时去上川岛照顾新教友。庞嘉宾这样记载道:"令人吃惊的是,只需要承认圣人的墓地是在上川岛上,我们便很容易从这个异教徒那里获得许可。他甚至用礼貌的信函答复了嘉禄神父,并向我们表达了关爱和尊重。几个月前他到广州处理公务,甚至还亲自登门拜访了我们的神父[嘉禄]。因为他听说神父生病了,他希望以朋友的身份

---

① 庞嘉宾著,黄志鹏译:《关于1700年在上川岛为伟大的东方使徒方济各·沙勿略建造的墓园》,《西学东渐研究》第八辑,2019年,第288—308页;拉丁原文标题:Relatio Sepulturae Magno Orientis Apostolo S. Francisco Xauerio erectae in Insula Sanciano anno Saeculari, 1700。

② Froger, *Relation du premier voyage des Français à la Chine, en l'année 1698, 1699 et 1700 sur le vaisseau l'Amphitrite*, p.84.

③ 罗马耶稣会档案馆 ARSI Jap.Sin. 166:410v; ARSI Jap.Sin.167:235。

前往慰问。"①

如此,我们可以看到石琳与耶稣会士有密切的关系,并且这种关系也扩展到石琳的家族。1699年4月,白晋已离开广州到达江苏常州拜见康熙。他在常州写了封信给广州法国耶稣会院长利圣学(Jean-Charles-Etienne de Broissia,1660—1704),信中提到石琳的侄子祈求白晋向皇帝推荐他。白晋答应了他,并在书信中表示"由于总督的缘故,我们在广州能得到那么好的接待"。②由此可见,石琳与耶稣会士的关系并不是单向的,而是互相的,并且扩散到石琳的家族。

石琳和传教士的特殊关系并不只限于耶稣会士。例如,按照第二次广州之行的匿名报告,1701年12月初有三位巴黎外方传教会士要从广州去往云南,即雪白郎(Philibert Le Blanc,1644—1720)、Alexandre Danry(1656—?),还有一位"外科医生 Querry",后者应该是方舟(Gaspar-Francois Guety,约1675—1725)。居住在葡萄牙耶稣会堂的意大利耶稣会士利国安(Giovanni Laureati,1666—1727)给石琳写了一封信介绍这三位。当他们到达石琳的衙门时,他唯一的儿子得了天花,方舟使用风信子(hiacinto)的香膏治好了石琳儿子的病;方舟还照顾年纪大的妇女,减少她的痛苦。③他们离开之前,石琳给云南巡抚写了推荐信,使他们可以在云南传教。④总之,按照赫世亨"随便传教"的意思,石琳为天主教会提供了很多方便。由于石琳的帮助,天主教会得以在新会建立一座教堂,在广州增加一座教堂,在上川岛改建墓地。另外,石琳去传教士的教堂,也欢迎他们到他的衙门,使他儿子、侄子及其他亲戚跟传教士来往。法国

---

① 庞嘉宾著,黄志鹏译:《关于1700年在上川岛为伟大的东方使徒方济各·沙勿略建造的墓园》,第305页。

② 这封信是弗罗热在他报告中所抄录;Froger, *Relation du premier voyage des Français à la Chine, en l'année 1698, 1699 et 1700 sur le vaisseau l'Amphitrite*, pp.105-106。

③ 1702年12月6日雪白郎致广州葡萄牙耶稣会堂利国安的书信(Giovanni Laureati,1666—1727);ARSI Jap.Sin.167:212。

④ 参见 *Journal du Voyage de la Chine dans les Années 1701-1703*, p.119。

耶稣会士于1688年到了宫廷,1693年康熙得了疟疾差点驾崩,法国耶稣会士给他吃奎宁(quinine)使其康复。此后,康熙派遣白晋、洪若翰回到欧洲。可以说1693—1701年期间法国耶稣会士在宫廷的地位达到高峰。石琳应该了解康熙与耶稣会传教士的特殊关系,但接下来会看到,石琳的开放态度超越了康熙的意思,导致康熙对法国耶稣会士的态度发生了很大的改变。

(三)给康熙送礼物的复杂性

和其他高官一样,石琳的一个重要任务就是给康熙送礼物。他有地理位置的优势,可以从国外获得奇物。不过,在"安菲特利特"号第二次广州之行中,洪若翰犯了个重大错误。1701年,粤海关监督要求检查"安菲特利特"号的货物,但洪若翰拒绝了,并且在茂名电白(Tienpé)把54包(ballots)和35箱(caisses)货物卸下船,然后分为250盒(boites),由300—400人背上带到肇庆,此后移到广州法国耶稣会教堂。这样的举动很大胆,因此粤海关监督认为洪若翰要逃税走私。① 更严重的是,康熙后来怀疑洪若翰没有将货物造册,反而将部分礼物售卖或赠送给别人。确实,按照第二次广州之行的报告及巴黎外方传教会士的记载,他把部分货物以1万两纹银(taels)的高价卖给石琳,以便石琳可以以自己的名义将这些货物送给康熙。② 另外,

---

① 第二次广州之行的报告揭露洪若翰在广州做买卖(BNF ms. NAF 2086: 130: il ne se faisait pas de scrupule de faire un trafic public et un commerce ouvert de montres, de pendules, de corail, et de tabatières émaillées d'armes de cristaux et d'autres marchandises de cette nature);也在江西和南京做买卖(BNF ms. NAF 2086: 266: On a su aussi qu'il avait vendu dans les provinces de Kiangsi et de Nankin pour 30,000 taels d'autres curiosités)。马特罗列并没有输入这两个段落。

② 这些礼物包括 fusils, pendules, cristaux, tapis, tabatières; machine de cuivre dorée qui supportait un bœuf et un tigre jetant de l'eau 6,400 taels; *Journal du Voyage de la Chine dans les Années 1701 - 1703*, p.179。关于洪若翰的货物,巴黎外方传教会士记载类似的数字:52 ballots, 45 coffres; Fontaney, *Anecdotes orientales*; BNF ms. Fr.25056, f.279。不过,巴黎外方传教会士记载5万两纹银,另一处说1万,并且补充信息:部分货物卖给盐道(mandarin du sel); Fontaney, *Anecdotes orientales*; BNF ms. Fr.25056, f.279 - 280。在路上洪若翰花了那么多时间,不仅仅是因为他做生意,他还需要买一些土地给新来的法国传教士使用。

洪若翰花了四个多月的时间到达北京（从 1701 年 12 月 18 日至 1702 年 4 月 6 日）；洪若翰的行动过于缓慢引起了康熙的怀疑，于是 1702 年 3 月粤海关监督接到康熙的命令，去赣州检查洪若翰所带的礼物与张诚（Jean-François Gerbillon，1654—1707）所提供的清单是否一致。① 洪若翰到北京后，康熙表达他的不满，一开始拒绝接收礼物，但最后还是收下了。从洪若翰的书信中可以知道有三件事让康熙不满：(1) 洪若翰卖给石琳的礼物先到了北京，他自己的礼物却晚到；(2) 做生意这件事违背耶稣会自身的规定；(3) 洪若翰买了四栋房子（分别位于南京、湖广、宁波）给法国耶稣会士专用，引起在北京的葡萄牙耶稣会士的强烈反对。② 确实，第一件事令康熙认为洪若翰无礼，因为洪若翰没有尽快到北京来拜见他。对另外两件事不满，表明康熙不支持法国耶稣会士随便在中国买土地、建教堂。可见，康熙的态度与耶稣会士对"随便传教"的理解相去甚远。更关键的是，康熙不支持法国耶稣会独立于中华省。洪若翰也许以为葡萄牙耶稣会士与法国耶稣会士之间的问题是耶稣会内部的事情，但是从康熙的视角来看，法国耶稣会独立之后，管理会变得更复杂。因此，形势发生了巨大的变化。1702 年 11 月 6 日，洪若翰离开了北京，次年 3 月从浙江舟山坐英国船回欧洲，再也没有回来。

后来，洪若翰给罗马写信为自己辩护，他说明在电白登陆的货物中，除了送给康熙的礼物之外，还有他带来的教堂装饰品及书籍。另外，1700 年他准备去法国时，石琳要他帮忙买一些礼物送给康熙，因此，1701 年他回广东时，把这些礼物卖给石琳。按照他的话，从广州到北京的路上，他并没有卖任何东西。不过，洪若翰没有完全否

---

① 参见 Journal du Voyage de la Chine dans les Années 1701 - 1703, pp.180 - 181。

② 参见 1702 年 5 月 9 日洪若翰致宋若翰书信；ARSI Jap.Sin.167：28。关于赵昌，参见 Jin Guoping, "Amícissimos, Tomás Pereira and Zhao Chang," In the Light and Shadow of an Emperor, Tomás Pereira SJ (1645 - 1708), the Kangxi Emperor and the Jesuit Mission in China, edited by Artur Wardega and António Vasconcelos de Saldanha, Cambridge Scholars, 2012, pp.228 - 251。

认参与买卖,他只说葡萄牙耶稣会士也在做买卖。他提及粤海关监督发现了他没有把货物直接送往北京,而是寄给各省,于是粤海关监督奏报朝廷洪若翰做买卖的问题,康熙自己读了这份奏折。据洪若翰说,事情背后的真相是赫世亨、赵老爷(Tchao Laoye,即赵昌)及葡萄牙耶稣会士徐日升(Tomás Pereira,1645—1708)向康熙毁谤法国耶稣会。①

确实,葡萄牙耶稣会士要维护他们的保教权,反对法国耶稣会士的参与,并且当时在欧洲爆发的西班牙王位继承战(1701—1714),使法国与葡萄牙成为敌国。不过,正如比利时耶稣会士安多(Antoine Thomas,1644—1709)所说,问题的关键并不在于葡萄牙耶稣会士,而在于洪若翰违背了康熙的命令,建立教堂,成立贸易的组织。②安多也指出,洪若翰在一些商业中心买土地、房子,这令康熙怀疑他们要做买卖。

另外,石琳差一点遭遇危机。按照第二次广州之行的报告,北京耶稣会士抱怨石琳办事不畅,耽误了洪若翰前往北京的旅程,这迫使石琳给朝廷写信为自己辩护,这件事甚至在《邸报》(Gazette)上被报道出来。③也许,洪若翰把他耽误行程的责任归咎于石琳,但这个方法很明显没有成功,最终康熙责怪洪若翰并把他逐出宫廷;这件事也导致石琳与法国耶稣会士关系的破裂,然而石琳与法国公司还保持着良好关系。④

总之,从1693年到1702年,石琳扮演重要的角色来协助法国耶

---

① 1704年5月9日在巴黎洪若翰致Jean-Joseph Guibert(1647—1723)神父的书信,ARSI Jap.Sin.168:85 – 89v.

② 1705年6月20日,安多致罗历山(Alessandro Ciceri)的书信;参见Paul Rule, "Pereira and the Jesuits of the Court of the Kangxi Emperor," *In the Light and Shadow of an Emperor*, *Tomás Pereira SJ (1645 - 1708)*, *the Kangxi Emperor and the Jesuit Mission in China*, edited by Artur Wardega and António Vasconcelos de Saldanha, 2012, p.55.

③ *Journal du Voyage de la Chine dans les Années 1701 - 1703*, p.189.

④ *Journal du Voyage de la Chine dans les Années 1701 - 1703*, pp.209 - 211.

稣会士的出入境。每次宫廷耶稣会士白晋、洪若翰、闵明我(Claudio Grimaldi，1632—1712)等经过广东，他都协助他们。可以说，石琳非常支持耶稣会在广东的发展。不过，这一态度在1702年发生了很大的变化。康熙并不支持法国耶稣会独立于中华省发展，因此石琳对法国耶稣会在广东的开放政策必须调整。接下来，我们要讨论石琳如何协调法国人与粤海关监督之间的矛盾。

四、石琳与贸易政策

关于"安菲特利特"号的性质问题引起了很大的争论，因为法国耶稣会士坚称它不是商船，也不是贡船，而是法国国王的御船(Vaisseau d'honneur)。在这场争论中，石琳支持耶稣会士，然而粤海关监督强烈反对，并且广东巡抚也提出了外交上的条件，要将法国船视为贡船纳入传统的朝贡体系中。

(一) 御船：石琳与法国耶稣会的外交、贸易融合的政策

1684年清政府颁布"展海令"之后，广东高级官员积极推动海外贸易。按照第二次广州之行的报告，"四年前，总督、提督及其他官员派遣我们在广州的商人之一Ankoua，带一份介绍信，前往巴达维亚(Batavia，今雅加达)邀请荷兰人到广州做生意，由他们提供协助与保护"[①]。Ankoua指宴官，被荷兰人称为Anqua，是福建泉州人。1700—1720年期间，他是广州最大的商人。下面我们将会专门讨论石琳与广州商人的关系。这里我们要注意，石琳与其他高官主动联系荷兰人。按照报告的记载，此事发生在1697年左右；但按照张荣洋的考证，则发生于1694年。[②]这件事说明，石琳不仅因为总督的身

---

① *Journal du Voyage de la Chine dans les Années 1701 - 1703*, pp.152 - 153.
② 参见 Weng Eang Cheong, *The Hong Merchants of Canton*, pp.34, 130 - 133.

份要管理海外贸易,而且在某种程度上,他也要推动海外贸易。这就可以理解他为什么大力协助"安菲特利特"号的贸易活动。

在中国开放海外贸易的时候,法国耶稣会士曾设想要建立两国的自由贸易。在 1692 年致拉雪兹神父的书信中,洪若翰提出需要从康熙那里得到法国船不缴任何税的许可。① 为什么法国耶稣会士认为他们有可能得到这个许可? 这或许可以从中俄贸易关系中找到答案。1697 年,白晋给法国国王路易十四写了封很长的书信,给他描述康熙及中国的情况,其中谈道:

> 每当俄国使节到中国来时,康熙皇帝总是特别仁慈地优待他们。他谕令向前来宫廷的俄国使节一行,提供他们在中国境内所需要的一切。俄国使节抵达北京以前,必须在清属鞑靼地区跋涉三百余里的路程,康熙皇帝鉴于他们旅途艰辛,由皇室出资给他们雇车运送来往行李与商品。此外,康熙皇帝还赐予他们同中国自由贸易的优惠待遇。于是,俄国人能够住在诸如北京这样的大城市,并获得了他们渴望得到的全部利益。而且中国政府不向他们征收任何捐税,更不允许国民对他们有侮辱或不礼貌的行为。由于受到这样的优待,俄国人从与中国的贸易中获得了巨额利润。因此,他们希望永久保持与中国自由通商,并由此而要求与中国和平相处。②

---

① Charles Le Gobien, *Lettre sur les progrez de la religion à la Chine, à Monsieur de Bignon*(Paris: Antoine Lambin, 1697), pp. 20 - 30: On pourrait même obtenir que ce vaisseau ne payât aucun droit; Extrait de la lettre écrite au Père de La Chaise en 1692; p. 28.

② 白晋著,李文潮译:《献给国王陛下》,莱布尼茨编:《中国近事》,大象出版社,2005 年,第 59 页;原文:Bouvet, *Portrait historique de l'empereur de la Chine*(Paris: Etienne Michallet, 1697), pp. 36 - 38.《尼布楚条约》(1689 年)没有提及缴税问题,第五条只说明:"凡两国人民持有护照者,俱得国界来往,并许其贸易互市。"拉丁文:licité accedent ad regna utriusque dominii, ibique vendent et ement quaecumque ipsis videbuntur necessaria mutuo commercio。

俄国人在北方获得自由贸易的许可,因此,法国耶稣会士希望法国在南方获得同样的待遇。他们认为,贸易与传教要同时运作,因为贸易给传教事业带来很多好处(交通、财务等),并且会给中国带来财富及康熙所重视的西方科学和技艺。如此,他们试图说服康熙给予法国同俄国一样的自由贸易待遇。因此,他们要找办法使"安菲特利特"号不被视为商船,不要缴税。

另外一个重要的因素就是,法国耶稣会士如白晋、洪若翰被康熙派往欧洲,当他们返回中国时,他们强调搭乘的是法国国王提供的船只,而不会承认是商船——伍玉西认为这是一种"抬高自我的用意"①。由于他们所坐的船不是商船,因此逻辑上不需要缴税,特别是绝对不能缴港口税(即"船钞")。

其实,传教士忽略了中俄贸易的规模很小,只有俄国代表团一年一度通过陆地去北京的机会。相反,从 1684 年起,海洋贸易已有十几年的发展,达到了很大的规模。不过,最关键的阻力来自清廷的户部及广州、福建、浙江、江苏四个海关。可以说,法国耶稣会士的计划挑战广州贸易体制。

法国耶稣会成功地使"安菲特利特"号第一次广州之行不用接受丈量,最终免收港口税。康熙所派遣的三位钦差在广州确认了这点。②一等船(长 75 尺、宽 24 尺)的船钞为 1 400 两,并且对于来自"西洋"的船只征收原额的 80%,因此伍玉西认为"安菲特利特"号的船钞原来应该为 1 120 两。③我们可以看到"安菲特利特"号通过耶

---

① 伍玉西:《宗教利益至上:传教史视野下的"安菲特利特号"首航中国若干问题考察》,第 41 页。
② 1699 年 11 月 30 日白晋致路易十四告解神父拉雪兹的书信:L'Amphitrite ne serait ni visité ni mesuré des douaniers, et qu'il ne payerait aucuns droits, non pas même ceux de mesurage et d'ancrage, que tout vaisseau doit à l'empereur [...] Sa Majesté prétendait qu'on remettât à l'Amphitrite, qui m'avait apporté, tous les droits de mesurage et d'ancrage[...]; *Lettres édifiantes et curieuses*, Vol.3, pp.19 - 20。也参见 Froger, *Relation*, p.70。
③ 关于三等船的不同船钞,参见章文钦:《广东十三行与早期中西关系》,广东经济出版社,2009 年,第 212 页。

稣会士的努力获得了很大的优惠。在这方面,好像胤礽扮演了很重要的角色,因为他从法国人那里获得 5 400 两纹银来办这件事。①

石琳似乎站在法国耶稣会士的立场上。在第一次广州之行中,他马上接收了白晋送的礼物,转给康熙。②在第二次广州之行,他从洪若翰那里买到他送给康熙的货物,也收法国公司的礼物。③

在免税问题上,石琳在法国耶稣会、法国公司及朝廷之间也扮演了很重要的角色。1701 年 12 月 14 日,法国公司把 2 000 livres (即 écus,埃居,2 000 埃居相当于 1 200 两纹银)交给了洪若翰,让他为商人提供保护,也帮助公司在宁波建立商馆。④1702 年 1 月,法国公司主任菲杰拉德(Figerald)也收到了张诚的信,张诚在信中表示他写了信给石琳,要他关注法国公司的事务。张诚也暗示,康熙还没有做出是否免除"安菲特利特"号港口税的决定,因此,他建议法国公司要考虑送礼物。⑤

由此可以看出,法国耶稣会士跟石琳共同努力要让"安菲特利特"号免税。在这个网络中,石琳的角色很突出:一方面,他的权力可以在广州发挥作用,特别是可以直接帮助法国人的贸易;另一方面,由于他跟胤礽有亲戚关系,他对朝廷也可以发挥作用,尤其是他尽快把法国人的金钱及礼物送到北京,对局势的发展提供了很大帮助。

---

① *Journal du Voyage de la Chine dans les Années 1701 – 1703*, p.153.

② 如果按照原来的计划有:miroir moyen, fusil, pendule, montre, cave, 4 portraits de la cour, cantine de liqueurs; Froger, *Relation*, p.53.

③ 公司礼物有:pendule, fusil, paire de pistolets, sabre a poignée d'agathe, montre sonnante, tabatière émaillée;耶稣会的礼物有:montre émaillée, longue lunette, carabine; *Journal du Voyage de la Chine dans les Années 1701 – 1703*, p.117.

④ *Journal du Voyage de la Chine dans les Années 1701 – 1703*, p.121.巴黎外方传教士会记载 1 000,应该有误;Fontaney, *Anecdotes orientales*; BNF ms. Fr.25056, f.279.

⑤ *Journal du Voyage de la Chine dans les Années 1701 – 1703*, pp.141 – 142.

在广州贸易体制的初步阶段,可以看出总督石琳有过度的干涉,使用政治力量去介入贸易活动。另外,在广州体制之下各个国家平等竞争,然而,由于法国船来广州要晚于英国船,法国商人试图利用耶稣会士在朝廷的影响力来获得免税的优待政策。

(二)商船:粤海关监督维护广州体制之下的外交、贸易分开的政策

粤海关监督当然不乐意法国船免税。按照弗罗热所说,监督好几次追问白晋:"神父,到底这是商船还是贡船? 这是否类似于暹国及越南的国王派遣来的贡船? 因为,商船进入中国而不缴税,这是不可思议的!"①关于商品税,问题的复杂在于货物有不同的所有权(大部分属于法国公司,少部分属于耶稣会),不过并没有所谓法国国王的礼物;另外,货物目的更复杂:法国公司要在广州把大部分货物卖出去,其他部分要送给康熙或高官,还有部分为耶稣会士自己使用的(书籍、装饰),另一部分为耶稣会士要卖出去的。因为法国人不允许海关官船将货物造册,所以关于货物的分类非常模糊,以致粤海关怀疑法国人走私。因此,粤海关监督设法给"安菲特利特"号施加压力,比如禁止广州商人和"安菲特利特"号做生意。1698年12月4日,粤海关抓了一位中国基督徒丹尼斯(Denis),因为他协助法国公司的事务。②

其实,法国公司很早就发现白晋所要求的全免税是不可靠的。

---

① Froger, *Relation du premier voyage des Français à la Chine, en l'année 1698, 1699 et 1700 sur le vaisseau l'Amphitrite*, pp.70 - 71. 1698 年 8 月至 1699 年 8 月,黑申(汉人)担任当时的海关监督;法国人称其为 Grand douanier。

② Froger, *Relation du premier voyage des Français à la Chine, en l'année 1698, 1699 et 1700 sur le vaisseau l'Amphitrite*, p.85. 三个月之后,1699 年 2 月 16 日,刘应成功把他释放出来;Froger, *Relation du premier voyage des Français à la Chine, en l'année 1698, 1699 et 1700 sur le vaisseau l'Amphitrite*, p.98。

1698年12月12日,法国公司商人方柔发(Francia)去粤海关将货物申报造册。此后,货物被允许移到广州法国公司商馆的库房。①1669年1月29日,法国公司没告诉白晋,就把600两纹银(taels)的税缴给粤海关。②

法国耶稣会士不完全了解法国公司向粤海关缴税的情况,还保持着他们"全免税"的错误印象,如洪若翰在提及第一次广州之行时说:"康熙皇帝给'安菲特利特'号免了商品税,又免港口税。"③

由于这种错误的理解,对于第二次广州之行,洪若翰也坚持不缴港口税及商品税。④1702年6月17日,当法国公司在广州得知洪若翰失去康熙信任的消息,再加上他们不想再像第一次广州之行那样在广州停滞两年时间,法国公司马上缴了1260两纹银的港口税,化解了与粤海关监督的冲突。⑤后来,法国公司与粤海关之间的关系变得非常顺利,互相宴请。

法国耶稣会士通过石琳影响了粤海关监督,但不仅仅是为了帮助法国商人,他们也愿意帮助英国商人。在此可以举出两个例子:第一,1693年9月20日,英国船"幸运"号(Fortune)的船长斯图尔

---

① Froger 地图标志法国"中国公司"之处,即广州城西郊。亚历山大·汉密尔顿(Alexander Hamilton)记录道:"到广州后,粤海关将我和我的下属以及货物安置在一间行馆中,这间行馆属于他手下的一名商人。里面只有法国人,他们后来也租用了一间商馆并可以随意拜访我";孔佩特著,丁毅颖译:《广州十三行:中外外销画中的外商(1700—1900)》,商务印书馆,2014年,第29页。由此得知,公司商馆靠近广州新城油栏门,靠近粤海关监督衙门。

② 参见 Froger, *Relation du premier voyage des Français à la Chine, en l'année 1698, 1699 et 1700 sur le vaisseau l'Amphitrite*, p.94。1699年8月10日,粤海关新监督上任,前者给布政使(Pou-tsien-tçe)结账,也许缓解了紧张关系。新来者有一位满人(即监督索尔弼),也有一位广州都督(Toutou)的亲戚;参见 Froger, *Relation du premier voyage des Français à la Chine, en l'année 1698, 1699 et 1700 sur le vaisseau l'Amphitrite*, p.109。

③ 在1703年2月15日的信里,*Lettres édifiantes et curieuses*, Vol.3, p.113。

④ *Journal du Voyage de la Chine dans les Années 1701-1703*, p.107。

⑤ *Journal du Voyage de la Chine dans les Années 1701-1703*, p.205。

特(Stewat)答应白晋上他的船,前往印度苏拉特(Surat),但要求白晋帮助他获得英国船做生意的许可,以及在澳门买房的许可,因为粤海关监督已拒绝了英国人的这些要求。白晋帮他们联系了石琳。①由此可见,白晋要用他的权威来强迫粤海关监督改变自己的决定。第二,1701年11—12月,英国商人阿克顿(Acton)与粤海关发生冲突时,法国耶稣会士通过石琳威胁粤海关监督。②

(三)贡船:广东巡抚所要求的外交礼仪

至于广东巡抚萧永藻,他很谨慎,首先他拒绝了法国公司送的礼物。朝廷提示可以免港口税之后,他在1699年2月5日提出了条件,白晋在书信中写道:"为了配合钦差的意思,也为了更好接待我们的高级船员,巡抚及其他高官决定要给他们举行宴会,并且免除船上所有商品的关税,约1万埃居,不过他们要求为了已给的港口费免税,要先向皇帝做出纯粹礼貌的感谢。"③

很难相信粤海关监督主动提出要免除所有商品关税,一般来说,应该只允许对给康熙的礼物免税。不过,为什么巡抚萧永藻要

---

① Bouvet, *Journal des voyages*, pp.204 - 206;也参见 Bouvet, *Anecdotes orientales*, BNF ms. Fr.25056, f.38。

② *Journal du Voyage de la Chine dans les Années 1701 - 1703*, p.137.虽然法国人并不高兴看到法国耶稣会士帮助英国商人,但从耶稣会士的角度来说,由于法国船极少,他们必须经常坐英国船。

③ 1699年11月30日白晋致路易十四告解神父拉雪兹的书信:Cependant le vice-roi et les autres mandarins, pour se conformer à ce que les *kin-tchai* avaient marqué, et pour faire encore un meilleur traitement à nos officiers, résolurent de leur donner un festin en cérémonie, et de leur remettre les droits de tous les effets qui étaient sur le vaisseau, ce qui allait à près de dix mille écus; mais ils exigèrent qu'on fit auparavant un remerciement de pure cérémonie à l'empereur pour le droit d'ancrage et de mesurage du vaisseau, qu'on avait déjà accordé;*Lettres édifiantes et curieuses*, Vol.3, p.20。也参见 Froger, *Relation du premier voyage des Français à la Chine, en l'année 1698, 1699 et 1700 sur le vaisseau l'Amphitrite*, pp.96 - 97。伍玉西计算1万埃居(écus)等于6 000两纹银;伍玉西:《宗教利益至上:传教史视野下的"安菲特利特"号首航中国若干问题考察》,第40页。

求这个礼仪? 既然法国人坚持不要缴关税,那么,必须以贡船的名义来对待,那就要安排代表法国国王的船长拉罗克举行外交礼仪,即查验贡品的仪式。这里只做简单的说明,这个礼仪在中国人与法国人之间有不同的理解,或者起码存在很大的模糊性。

洪若翰跟随白晋的思路,坚称"安菲特利特"号不是商船,也不是贡船,而是法国国王的御船,因为法国不屈服于任何国家,与中国平等。①不过,报告者提出很多事实来说明中国人还是把"安菲特利特"号视为贡船,比如:康熙给了一笔钱来补偿礼物的费用,他没有收路易十四骑马的画像,中国官方文件把"安菲特利特"号标识为贡船,第一次广州之行的拉罗克在萧永藻面前跪下。

其实,白晋及拉罗克参与这样的外交礼仪违背了法国政府的决议,因为出发之前,拉罗克接到命令:他的首要任务就是要寻找关于航海及贸易的信息,并且"必须说明这艘船并不是君王的船,而是商船"②。很明显,法国没有与中国进行正式的外交关系的意思。后来,英国官员班尼斯特(Saxe Bannister,1790—1877)所说的"第一个法国使团",这超出法国政府的意图。班尼斯特赞扬1699年代表法国的拉罗克与代表中国的萧永藻之间所进行的平等外交礼仪,然而班尼斯特忽略了本次礼仪的模糊性,因为中国官方把它理解为查验贡品的外交礼仪。

对第二次广州之行的报告者而言,中国高官把法国船当作贡船,这还不如英国或荷兰的商船,因为它们不被要求进行任何外交仪式。确实,第二次广州之行的法国船最终缴了港口税,因此,与第一次广州之行不同,第二次广州之行的船长没有举行拉罗克那样模糊的外交仪式。

总之,法国耶稣会士对广州体制的挑战最终失败了。第一,粤

---

① *Journal du Voyage de la Chine dans les Années 1701 - 1703*,pp.142 - 145.

② 参见 Pelliot,"L'origine des relations de la France avec la Chine"(1929),pp.116 - 117。

海关监督付出了很多努力来保护自己。第二,虽然第一次广州之行免了港口税,只缴商品税,但这导致粤海关带给法国公司很多做买卖的妨碍。第三,很难保持秩序性,因为朝廷的人事不稳定;洪若翰一失去康熙的信任,法国船就无法得到免税的优待政策,如此,第二次广州之行最终缴了港口税,又缴了商品税。可以说,中法贸易回到了广州体制之内。法国耶稣会士所构思的一种自由、全免税的中法贸易失败了。

五、石琳与私人贸易

前面看到了石琳对传教士的管理,也看到了他支持法国船在第一次广州之行中获得免税。伍玉西把石琳评价为"人虽算不上清廉,却是个能员"①。这里需要更多地理解他的商业活动。

(一) 石琳对贸易的干涉

原则上,由一个特定的广州商人负责一艘船,通常他享有这艘船的进出口买卖的优先权。粤海关不允许商人独占一艘船的全部贸易,然而这个特定的商人会承担该船相当比重的贸易。②范岱克教授也强调粤海关的良性作用:"行商曾多次企图独占某个公司的贸易,或者形成某种联盟来垄断价格,但这些做法往往没有成功。如果广州的负责官员允许商业垄断或者价格固定,外国人就不会愿意再来广州贸易了。如果外国人不回头,粤海关监督和两广总督就必须向朝廷奏报,因此官员并不愿意出现某种价格联盟来控制市场准

---

① 伍玉西:《宗教利益至上:传教史视野下的"安菲特利特号"首航中国若干问题考察》,第45页。
② 参见范岱克:《广州贸易:中国沿海的生活与事业(1700—1845)》,第7页;原文:Van Dyke, *The Canton Trade: Life and Enterprise on the China Coast*, 1700 - 1845, p.11。

入或者价格固定。"①

对外国公司而言,选择他们所信任的广州商人非常关键,范岱克教授还说明:"粤海关监督和两广总督总是希望中国商人之间存在竞争,他们只给若干商人颁发了行商执照,外国商人可以从这些获得执照的行商中挑选贸易伙伴。"②

石琳反对垄断并保障贸易自由,这可以从他如何处理英国船"麦士里菲尔德"号(Macclesfield)找到根据。该船船长为赫理(Captain John Hurle),英国公司商人为道格拉斯(Robert Douglas)。1699 年 8 月 26 日,这艘船抵达澳门。一开始,道格拉斯只与一位洪顺官(Hunshunqin)进行买卖,其他主要商人因为无法参与而有很大意见。石琳抓住洪顺官,强迫他跟其他商人合作。③由此可见,石琳要保障所有商人均可以得到做生意的公平机会,保持他们之间的某种竞争力。

不过,石琳不是完全中立的管理者,自己也积极地参与贸易。当时广州的所有高官都是这样,总督、巡抚、粮道、将军,甚至粤海关监督,都有自己的商人。石琳的商人名为 Shemea 或 Sin Loya,被认为是"广州最大的商人"(the greatest merchant in Canton)。④法国耶稣会士把他称为"总督商人"(le marchand de Tsongtou)、陈老爷

---

① 范岱克:《广州贸易:中国沿海的生活与事业(1700—1845)》,第 7 页;原文:Van Dyke, *The Canton Trade: Life and Enterprise on the China Coast, 1700 - 1845*, p.16。

② 范岱克:《广州贸易:中国沿海的生活与事业(1700—1845)》,第 16 页;原文:Van Dyke, *The Canton Trade: Life and Enterprise on the China Coast, 1700 - 1845*, p.20。

③ Hosea Ballou Morse, *The Chronicles of the East India Company Trading to China, 1635 - 1834*, Vol.1, p.93;马士著,区宗华译,林树惠校,章文钦校注:《东印度公司对华贸易编年史(1635—1834)》,广东人民出版社,2016 年,第 102 页。Hunshunqin 也称为 Hunsunquin,曾经作为尚之信的商人;参见 Weng Eang Cheong, *The Hong Merchants of Canton*, p.32。

④ Hosea Ballou Morse, *The Chronicles of the East India Company Trading to China, 1635 - 1834*, Vol.1, pp.93, 101;中译本见第 1 卷,第 102、110 页。

(Chin Laoye)或陈管家(Chin Quonkia),来澳门或广州的外国船必须和他做生意。因此关于"麦士里菲尔德"号的广州商人问题,石琳不只是要反对洪顺官的垄断,同时也是保障有他自己的那一份。

然而,有时石琳也会用自己的权威去垄断市场。我们前面提及1693年英国船"幸运"号的船长斯图尔特,因为他与粤海关有冲突,他通过白晋联系石琳。当时,石琳的商人把1 000两纹银交给粤海关,不允许英国人跟别人做任何买卖。石琳如此垄断市场,可以在商业上获得优势。①

(二) 石琳和法国耶稣会士的商业合作

在中国,很多传教士也在做生意。在这方面,1699—1702年期间,驻广州的法国耶稣会院长宋若翰(Jean-François Pélisson, 1657—1713)非常活跃。②这里举三个例子:第一,1702年1月初,英国总督皮特(Thomas Pitt, 1653—1726)的儿子金奈(Chennai)在广州做生意,答应宋若翰要把4本宗教类的书箱放在船上,带到印度本地治里(Pondichéry),然而粤海关检查时发现书箱里装满了布料、瓷器、漆器等物品。③第二,1702年11月11日,宋若翰通过巡抚的商人卖了1万件丝绸给英国人。④第三,同年11月20日,"安菲特利

---

① Froger, *Relation du premier voyage des Français à la Chine, en l'année 1698, 1699 et 1700 sur le vaisseau l'Amphitrite*, p.145.

② 1699年,宋若翰先到达了厦门。当年12月7日到达了广州,按照耶稣会法国省会长的命令,他担任广州会院的院长;参见 Froger, *Relation du premier voyage des Français à la Chine, en l'année 1698, 1699 et 1700 sur le vaisseau l'Amphitrite*, p.122. 荣振华以为,宋若翰1710年才返回法国;参见 Joseph Dehergne, *Répertoire des Jésuites de Chine de 1552 à 1800* (Rome: IHSI, 1973), p.197;但荣振华有误,因为1702年11月,宋若翰坐"安菲特利特"号返回法国,没有再回来。

③ *Journal du Voyage de la Chine dans les Années 1701 - 1703*, pp.157 - 158.

④ 巴黎外方传教会士记载1 000件丝绸;Fontaney, *Anecdotes orientales*; BNF ms. Fr.25056, f.280. 那时宋若翰跟英国做生意。1703年1月,宋若翰跟英国人竞争买丝绸,他先于英国人买,使英国人不满意,参见 *Anecdotes orientales*; BNF ms. Fr.25057, f.605。

特"号准备回法国,宋若翰把 29 个巨大的包裹(ballots)带到船上。巴黎外方传教会士凯梅内主教(Louis Quémener,1644—1704)发现宋若翰做生意,表示此举违背教会规定,使宋若翰自动地(ipso facto)离开教会,被开除教籍。①我们注意到,第二次广州之行的报告者表达了凯梅内主教同样的极端观点。

天主教会内部有人担忧传教士参与买卖,但是康熙的哥哥裕亲王(福全,1653—1703)没有这样的担忧,他把一个匾额赠给宋若翰。1702 年 6 月 2 日,这个匾额被挂在广州的法国耶稣会教堂上。这表示广州耶稣会、北京耶稣会与朝廷之间有密切的关系,其中不能不令人怀疑石琳扮演着重要的角色。不过,我们前面谈到了洪若翰案件,看到康熙本人不赞成传教士过分参与贸易活动。在差不多同一时间,洪若翰及宋若翰都突然离开中国,没有再回来。

石琳的商人很投入"安菲特利特"号货物的买卖,把船上所有的玻璃都买了下来。②对法国公司而言,这是不利的,因为无法获得商业竞争的机会,但由于石琳帮助法国公司解决了与粤海关的冲突,他们很难拒绝。再一次,我们能看到石琳垄断市场的举动。石琳的商人买了法国公司的玻璃,这个举动跟法国耶稣会有密切关系。因为 1699 年 11 月底,洪若翰要求法国公司提供两个玻璃工人去北京,法国公司拒绝了。但是,几天之后,两位工人偷偷离开法国公司,先去找石琳,然后被送到北京,住在法国耶稣会的北堂。③按照伯希和的考证,这两位工人为丹迪涅(Andigné)及维莱特(Vilette)。④

---

① *Journal du Voyage de la Chine dans les Années 1701-1703*, p.259;又参见 Pélisson, *Anecdotes orientales*; BNF ms. Fr. 25057, f. 605; Poulletel, *Anecdotes orientales*; BNF ms. Fr.25063, f.4329。1633 年,教宗伍朋八世(Urban VIII)提出禁止宗座传教士和教团参与商业行为的意见;参见康志杰:《中国天主教财务经济研究(1582—1949)》,人民出版社,2019 年,第 73 页。

② Froger, *Relation du premier voyage des Français à la Chine, en l'année 1698, 1699 et 1700 sur le vaisseau l'Amphitrite*, p.107.

③ *Journal du Voyage de la Chine dans les Années 1701-1703*, p.48.

④ Pelliot, "L'origine des relations de la France avec la Chine" (1929), p.56. 1702 年 1 月 1 日,他们两位从北京回到了广州;参见 *Journal du Voyage de la Chine dans les Années 1701-1703*, p.140。

由此可以看到,石琳跟耶稣会商量好,要石琳把玻璃买下来,运往北京,并派两个法国工人去安装修理,很可能在清宫耶稣会士创立的玻璃厂里工作。他们在北京待了一年时间。①对此,洪若翰有长期的计划,因为1696年他写了两份书信,其中要求派玻璃工人到北京去。②

但耶稣会士强烈反对法国公司自己派人去北京或内地。为此发生了三次重大的冲突。第一次是1698年,白晋强烈反对法国公司派人去北京,即便所有的礼物都是法国公司送给康熙的。第二次是1702年,公司计划派两人去饶州买瓷器,去南京买丝绸。当时,宋若翰在书面上提出了11个反对的理由。③此后,其他修会传教士联名写信,表示他们反对在没有得到政府许可的情况下有商人进入内地。由于法国公司坚持它的计划,宋若翰通知石琳来阻挡,并且传教士联名写信,表示反对。④法国公司因此抱怨它失去了10万至20万两纹银的生意。第三次冲突发生于1702年5月14日:法国公司第二主任普莱特尔(Le Poulletel)偷偷离开广州,去江西、南京、宁波调查哪些瓷器和丝绸比较合适法国市场。当时宋若翰

---

① 1696年,德国耶稣会士纪理安(Kilian Stumpf,1655—1720)创立了清宫的玻璃厂。

② Xiaodong Xu, "Europe-China-Europe: The Transmission of the Craft of Painted Enamel in the Seventeenth and Eighteenth Centuries," in Maxine Berg, ed., *Goods From the East*, *1600 - 1800*, Palgrave Macmillan, 2015, pp.94 - 95.

③ 参见1700年3月22日宋若翰给法国公司的法文书信,表示如果法国公司商人去内地会有导致破坏天主教的危险;ARSI Jap.Sin.167:9 - 10v.

④ 1702年3月26日"致居住广州的所有传教士"(Ad omnes missionarios qui Cantone degunt)拉丁文原文,由奥古斯丁会士 Miguel Rubio(1641—1710)、方济各会省会长石铎琭(Pedro de la Piñuela, 1650—1704)及林养默(Jaime Tarín, 1644—1719)、杜加禄(Carlo Turcotti, 1643—1706)、巴黎外方传教会士 Jean Bénard(1668—1711)及 Jean-Baptiste de La Motte(1668—?)签字;BNF ms. NAF 2086:245 - 253(马特罗列没有收入)。宋若翰翻译成了法文;参见 ARSI Jap.Sin. 167:13 - 14v;也参见 *Anecdotes orientales*;BNF ms. Fr.25057, f.604。法国公司则以为1701年交给洪若翰的2 000 livres,使耶稣会士能够帮助法国公司去内地。

写信告诉在南昌及南京的法国耶稣会士注意。然而,普莱特尔伪装成传教士,没有遇到困难,没有被扣留,11月17日平安回到广州。①

从这三个例子可以看出,法国耶稣会士要保障法国商人遵从中国法律,不让他们非法离开广州。同时,他们要传教士在中国内地保持贸易垄断:他们派了两个工人去北京,不过强烈反对法国公司派自己的人去内地。白晋考虑到,如果法国公司去北京送礼,很可能朝廷把礼品错误理解为贡品,从而降低了法国的地位。在这方面,法国耶稣会士与石琳合作来保障商人不离开广州。从石琳的角度来看,他一方面要执行法律,另一方面要保证外贸留在广州,使他更容易控制并且获得利益。

范岱克提出,在广州体系里,往往存在如腐败与走私的病变,但大多数的非法活动不会被朝廷发现。②可以看出,石琳不仅仅允许这些病变的存在,他自己也是很大的受益者。当然,有其他高官也参与了"安菲特利特"号的生意,如广东粮道。③

六、结　语

从1693年至1702年,石琳与法国耶稣会士有密切来往,特别是由于"安菲特利特"号两次来广州。石琳大力帮助法国耶稣会士在

---

① *Journal du Voyage de la Chine dans les Années 1701 - 1703*, p.185.因为普莱特尔被法国耶稣会士控告他的内地调查使教会冒很大的危险,所以他回法国之后写信给广州的传教士,为自己辩护;参见 Poulletel, *Anecdotes orientales*; BNF ms. Fr.25063, f.4308。

② 参见范岱克:《广州贸易:中国沿海的生活与事业(1700—1845)》,第177页;原文 Van Dyke, *The Canton Trade: Life and Enterprise on the China Coast, 1700 - 1845*, p.169。

③ 伍玉西考证,1692—1705年期间张天觉担任广东督粮道。参见伍玉西:《宗教利益至上:传教史视野下的"安菲特利特"号首航中国若干问题考察》,第45页。

广州成立他们的基地,并且他支持法国船获得免税的优待,甚至与法国船进行私人买卖。法国耶稣会士那么积极地参与商业活动,一方面体现了他们致力于构建中法贸易关系的设想;另一方面,他们到中国的时间不久,需要大量的金钱来购置土地、房产,修建教堂,负担 20 多人的生活费等。

不过,1702 年康熙对法国耶稣会的态度发生了很大变化,原因之一在于他们过度参与贸易。1702 年 11 月,宋若翰坐"安菲特利特"号返回法国,没有再回来;1702 年 11 月 27 日,石琳在广州去世;1703 年 3 月,洪若翰从浙江舟山坐英国船回欧洲,没有再回来。最终,法国耶稣会士所追求的贸易优待没有实现。

当时的广州贸易体制代表一种非政治化的体系。从 1684 年中国的海外贸易恢复之后,荷兰人与葡萄牙人便理解到他们无法凭借外交关系来获得经济优势。广州体制允许所有外国人来做贸易,不要求任何外交仪式。这样,双方在经济方面能获得利益;在文化上,这是比较低层的交流模式(外国船员及商人对中国文化历史理解很少)。然而,正是因为不涉及政治及文化,广州体制才获得了两百年的发展。

"安菲特利特"号到中国的时候,广州体制还处在初步阶段,存在不少问题。也许这样的实际问题触动法国耶稣会士构思新的模式。当然,他们不能接受中国传统的朝贡体制,由于他们在康熙与路易十四两边有很大的影响力,他们认为能推动一种融合外贸、外交、文化、科学、宗教的交流模式。这样的交流不仅仅是物品上的交易,更重要的是如莱布尼茨所讲的"光明之交流"(commerce de lumière)。① 与当时的广州体制相比,在石琳的帮助之下,法国耶稣会士提倡一种高层的交流模式。不过,这样的综合性、高水平的交流非常难实现,需要两方的信任及开放态度。

---

① 1697 年 12 月 2 日莱布尼茨致 Antoine Verjus 的信;参见 Rita Widmaier, ed., *Leibniz Korrespondiert mit China* (Klostermann, 1990), p. 55。法文 "commerce" 有双重含义:经济交往和人际交往。

当时，法国政府没有准备好，他们把"安菲特利特"号作为法国的商船，而非法国耶稣会士所说的"法国国王的御船"。同样，中国当时也很难接受国与国之间平等交流，并且由于担忧可能会损害国家安全，中国始终把外贸控制在一定规模之下。连石琳也表示这样的担忧，他问利国安神父："为什么那么多外国船只来中国，并且它们带那么多武装？"[①]然而，最大的问题在于，法国耶稣会士所推动的交流模式将外交、宗教、经济、科学混在一起，试图作为各种交流的必需媒介，然而发生冲突时，他们自身要把宗教放在一切之上，使康熙、朝廷官员、中外商人、科学家等都很难接受他们的垄断。由于这样复杂的原因，中外之间的交流难以朝着"光明之交流"发展。

---

① *Journal du Voyage de la Chine dans les Années 1701–1703*, p.170.

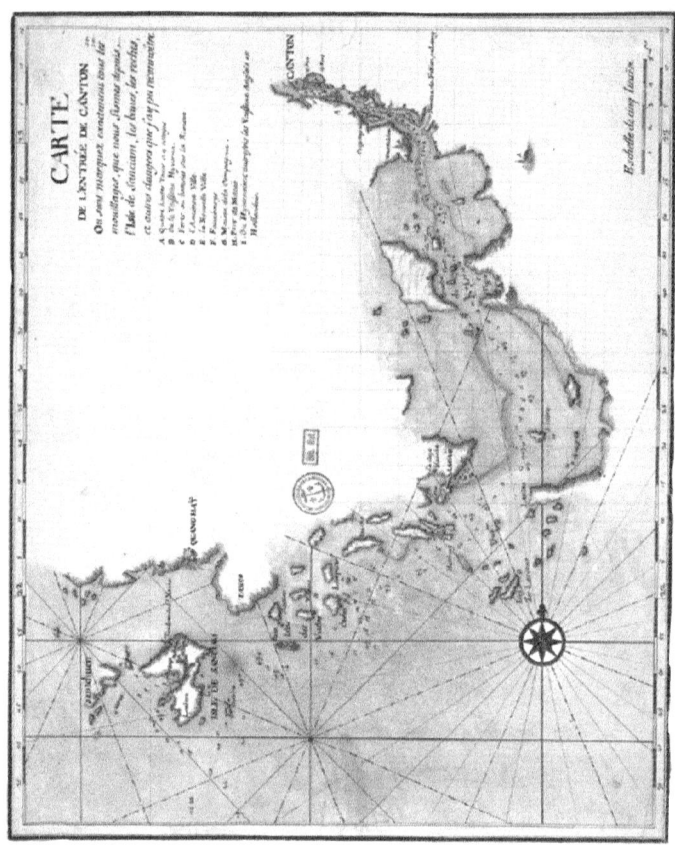

图 1　法国国家图书馆的地图 BNF SHM719(Gallica 官方网页下载)

Carte de l'entrée de Canton où sont marqués exactement tous les mouillages que nous fîmes depuis l'île de Sanciam, les bancs, les roches et autres dangers que j'ai pu reconnaître (入广州的地图,其中标识了我们从上川岛出发沿途的抛锚处、沙洲、礁岩及我能认出的其他危险)

作者按:这幅画应该是弗罗热海军所画的,因为与他在报告上写的信息一致。为了方便读者看图,我们将这幅画做了 90 度旋转,从而使北方朝上。

A. Quatre hautes tours à étages 四个高塔

B. Où le vaisseau hiberna 船在冬天停泊之处

C. Forts ou batteries sur la rivière 江上的堡垒及炮台

D. L'ancienne ville 旧城

E. La nouvelle ville 新城

F. Faubourgs 郊外

G. Maison de la Compagnie 公司的房子

H. Port de Macao 澳门

I. Où hivernaient autrefois les vaisseaux anglais et hollandais 英国和荷兰船只曾经过冬之处

图 2　Poupe du vaisseau l'Amphitrite"安菲特利特"号的船尾
Musée de la Marine，Paris 巴黎海事博物馆（感谢方索 François Boucher 提供）

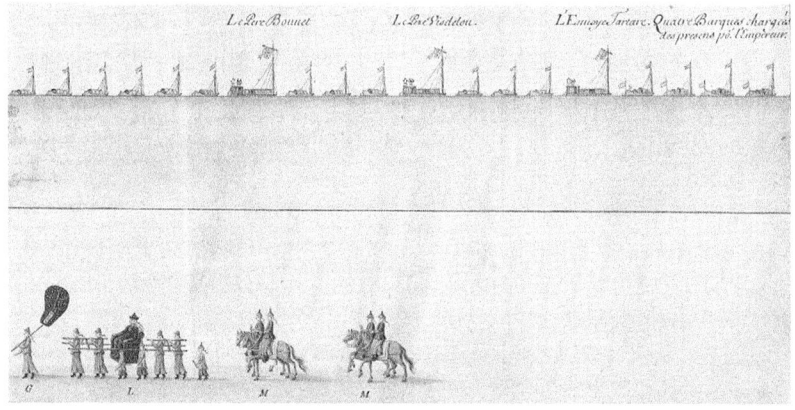

图 3　1698 年白晋及其船队从广州出发；Ajuda 图书馆；52 - XIV - 23（感谢梅欧金提供）

法国商船"安菲特利特"号航行中国与中西文化交流[*]

——以祭孔礼仪为中心的考察

肇庆学院政法学院、中山大学广州
与中外文化交流研究中心　汪聂才

1698年至1703年,法国商船"安菲特利特"号(L'Amphitrite)① 曾两次航行到中国,开启了中国与法国之间的贸易往来。法国著名汉学家伯希和(Paul Pelliot)曾于1928—1929年在《学者通报》(*Journal des Savants*)上连续发表长篇论文《法中关系的起源:"安菲特利特"号首航中国记》(L'origine des Relations de la France avec la Chine: Le Premier Voyage de L'Amphitrite en Chine),对当时发现的航行日志手稿及其作者、航行中国的缘起、船上的具体人员、装载的货物以及在中国的贸易等情况进行了细致的考证和研究。国内学者耿昇撰文从中法贸易角度介绍了伯希和的研究,并补充了关于第二次航行的介绍;伍玉西、张若兰的研究则凸显了法国耶稣会士白晋在这次航行中起到的关键性作用,但在整个事件的过程中,

---

* 本文获得广东省哲学社会科学"十三五规划"2018年度资助项目"广州与欧洲早期汉学之起源研究(GD2018DL13)"、2018年《广州大典》与广州历史文化研究"法国商船'安菲特利特'号与广州"重点课题(2018GZZ05)的支持。

① "安菲特利特"号(L'Amphitrite)以希腊神话中的海洋女神Amphitrite命名。关于该船的相关研究论文中有多个中文译名,如安菲特里忒号、昂菲德里特号、海后号、海神号等,本文统一使用"安菲特利特"号,只保留相关研究论文标题的原译名。

作为传教士的白晋所做的一切努力,自然是以宗教利益至上。①严锴、吴敏则指出通过商船两次航行中国,贸易与宗教同行,有利于法国人将商品、教义及文化输入到遥远的中国。②沈洋认为古代海上丝绸之路是1840年鸦片战争之前中国与海外国家之间政治、经济和文化交往的通道,他考察分析了法国在中欧海上丝绸之路中的历史地位。③

伯希和与国内学者的研究主要基于第一次航行日志展开,伯希和与耿昇只是简单谈及第二次航行情况,对第二次航行日志内容缺乏细致的解读和分析。另外,以往研究多着力于贸易往来、传教士在贸易活动及宗教利益之间的周旋等方面,至于两本日志对中国文化的考察则没有给予应有的重视。因此,本文拟对读和分析两次航行日志中对中国文化的介绍,尤其是对中国祭孔礼仪的记述和考察,从而探讨"安菲特利特"号航行中国在17世纪末18世纪初的中西文化交流中发挥的作用和引起的思考。

一、"安菲特利特"号两次航行中国与两本日志

从1698年到1703年,"安菲特利特"号曾经两次航行到中国广州。第一次航行在德·拉罗克骑士(De La Roque)的指挥下,于1698年3月6日出发,1698年11月2日抵达广州,在广州停留将近15个月后,于1700年1月26日返航,1700年8月3日回到法国的

---

① 伍玉西、张若兰:《宗教利益至上:传教史视野下的"安菲特利特号"首航中国若干问题考察》,《海交史研究》2012年第2期。
② 严锴、吴敏:《贸易与宗教同行——以"安菲特里忒"号中国之行为中心》,《法国研究》2013年第3期。
③ 沈洋:《法国在中欧海上丝绸之路中的历史地位——以"海后"号两航广州为线索的考察》,《南海学刊》2016年第1期。

圣路易斯港口。①第二次航行,在第一次航行的二位大副之一弗罗热·德·拉里戈迪埃(Froger de la Rigaudière)指挥下,于1701年3月7日从圣路易斯港出发,1701年11月16日至1702年5月6日一直停泊在广州湾(Kouang-tcheou-wan,即今湛江港),直到1702年5月26日才抵达黄埔港(Whampoa)。随后于1702年11月1日从广州返航,1703年9月17日抵达法国布雷斯特港口。②

"安菲特利特"号第一次航行中国留下一本航行日志:*Relation du Premièr Voyage des François à la Chine, Fait en 1698, 1699 et 1700 sur le vaisseau « L'Amphitrite »*。目前所知道的最早的刊印本是由萨克斯·班尼斯特(Saxe Bannister)于1859年在伦敦编译出版的 *A Journal of the First French Embassy to China, 1689-1700*③,该书由班尼斯特从一份未出版的手稿翻译缩写而成,因而并非完整版本。④班尼斯特为其撰写了一篇长长的《导言》,阐明"中国政府与人民对待外国人的友好态度"⑤,以此反对当时英国与法国对中国发起的战争;由此或可理解班尼斯特为何将"安菲特利特"号的第一次航行夸张地称为"法国首次遣华使团"了。直到1901年,马特罗列(Claudius Madrolle)出版了 *Les Premiers Voyages Français à la Chine, La Compagnie de la Chine, 1689-1719*,其中第一卷

---

① Paul Pelliot, "L'origine des Relations de la France avec la Chine: Le Premier Voyage de L'Amphitrite en Chine (Premier article)", *Journal des Savants*, Paris, décembre, 1928, p.433. C. Madrolle, *Les Premiers Voyages Français à la Chine, La Compagnie de la Chine, 1698-1719*, Paris: Librairie Maritime et Coloniale, 1901. p.54.

② Paul Pelliot, "L'origine des Relations de la France avec la Chine: Le Premier Voyage de L'Amphitrite en Chine (Premier article)", p.433. C. Madrolle, *Les Premiers Voyages Français à la Chine, La Compagnie de la Chine, 1698-1719*, p.267.

③ Saxe Bannister, *A Journal of the First French Embassy to China, 1689-1700*, Thomas Cautley Newby, 1859.

④ 参见该书扉页。手稿保存在里斯本的阿儒达(Ajuda)图书馆;52-XIV-23。

⑤ 参见该书扉页及"Introduction"。

即为 *Relation de la Première Mission Française à la Chine, 1689 - 1700*，不过也是一个缩减版。①1926 年沃列泽兹（E. A. Voretzsch）在德国莱比锡出版了较为完整的法文本 *Relation du Premièr Voyage des François à la Chine, Fait en 1698, 1699 et 1700 sur le vaisseau «L'Amphitrite»*，依据的底本为葡萄牙里斯本阿儒达图书馆收藏的法文手稿。②关于这本航行日志的作者，班尼斯特并未介绍或说明，马特罗列则推测"或者是船员费里（Filye），或者很可能是海军中尉拉格朗热（Lagrange）"③，但正如伯希和所指出的，他并没有说明理由或提供证据。沃列泽兹则在书名上就表明日志的作者是弗罗热（François Froger，1676—?），并在正文前附有一篇献给蓬查特兰伯爵（Le Comte de Pontchartrain）阁下的献词，落款为"F. Froger"。

"安菲特利特"号第二次航行中国同样也留下了一本日志：*Journal du Voyage de la Chine fait dans les années 1701, 1702, & 1703*，马特罗列同样有收录。马特罗列的书收录了四个文本，第一卷即上文所说"安菲特利特"号第一次航行日志的缩减版 *Relation de la Première Mission Française à la Chine 1698 -1700*，第二卷即"安菲特利特"号第二次航行日志，第三卷为 *Campagne du "Saint-Anthoine" 1707 - 1711*，第四卷为 *Le Voyage du "Solide" 1709 - 1716*。其中第二卷是四个文本中比较完整的，其底本源自法国国家图书馆的一份手稿（BNF ms. NAF 2086），但马特罗列还是谨慎地做了一些删减，并且补充了大量注释。在手稿中，开篇是一篇致某

---

① C. Madrolle, *Les Premiers Voyages Français à la Chine*, *La Compagnie de la Chine*, 1698 -1719, Livre I. pp.1 - 54. Paul Pelliot, "L'origine des Relations de la France avec la Chine: Le Premier Voyage de L'Amphitrite en Chine (Premier article)", p.436.

② François Froger, *Relation du premier voyage des Français à la Chine, en l'année 1698, 1699 et 1700 sur le vaisseau l'Amphitrite*, ed. Voretzsch, Asia Major, 1926.

③ C. Madrolle, *Les Premiers Voyages Français à la Chine*, *La Compagnie de la Chine*, 1698 -1719, p.vi.

位"先生"的书信。从书信中可知,这本航行日志是应这位"先生"的要求而写,而且不只是介绍一些航行的路线、见闻之类,更多的是要介绍在中国逗留期间所发生的一些"更有趣""更重要"的事情。同时,作者也表示希望他的这本回忆录仅限于在这位先生的书房内参考,不要流通出去,以免落入一些对他"不够宽容的人"手中。①因此,手稿中也没有出现作者的姓名。马特罗列认为其作者是布韦·德·拉图什(Bouvet de la Touche)。②根据日志里的介绍,德·拉图什是第二次航行中的两位二副之一,是曾经航行过印度洋的老手。③马特罗列同样没有提供理由或证据。不过马特罗列的猜测还是有一定的合理性,因为从手稿开篇的书信以及日志中的部分内容④,起码可以肯定作者是一名海军。

与首航日志相比,学界对于第二次航行日志的研究并不多见。的确,"安菲特利特"号第一次航行中国在中法贸易、中法外交、中西文化交流等方面更具有代表性意义。但是,第二次航行日志除了记述航行旅程和贸易事件之外,对"中国礼仪"问题尤其是祭孔仪式多有考察。特别是在"安菲特利特"号两次航行中国期间,关于"中国礼仪"的争论正在法国火热上演,这一争论自然成为两位日志作者考察和理解中国文化时绕不开的时代背景。

二、17—18 世纪之交在法国的"礼仪之争"

有关"礼仪之争"的中西文论著及相关中西文文献可谓汗牛充

---

① 法国国家图书馆手稿,编号 BNF ms. NAF 2086,1—2 页。
② C. Madrolle, *Les Premiers Voyages Français à la Chine*, *La Compagnie de la Chine*, 1698-1719, p.vii.
③ C. Madrolle, *Les Premiers Voyages Français à la Chine*, *La Compagnie de la Chine*, 1698-1719, Livre II, p.56.
④ C. Madrolle, *Les Premiers Voyages Français à la Chine*, *La Compagnie de la Chine*, 1698-1719, p.241. "在这样的场合和整个礼仪中,掌礼所扮演的角色,在我看来跟我们的军队里准将(l'major)的角色差不多。"

栋①，联系到"安菲特利特"号两次航行中国的时间，在此我们只聚焦于17—18世纪之交"礼仪之争"发生在法国的情况。②

17世纪上半叶，随着传教士汉学著作和书信在法国的流传，中国礼仪之争也进入法国人的视野。早在詹森派（Jansénisme）与耶稣会的论战中，帕斯卡尔（Blaise Pascal，1623—1662）与阿诺德（Antoine Arnauld，1612—1694）抓住耶稣会的适应政策和中国礼仪问题攻击耶稣会，他们的著作在法国影响广泛，使得原本属于天主教会内部争论的中国礼仪问题展现在法国公众的面前。③帕斯卡尔在1656—1657年间撰写的《致外省人信札》（Les Provinciales）中，批评耶稣会在远东的传教政策，指出中国礼仪为偶像崇拜。④1682年出版的《耶稣会实用伦理学》（Morale pratique des Jésuites）第二卷⑤，作者在其中彻底地批判了耶稣会士——"不仅对他们的所有传教手段都冷嘲热讽，而且还对他们进行猛烈的攻击"⑥，并且花了大量篇幅论述中国的祭孔祭祖为偶像崇拜，从而反驳耶稣会士将其视为"政治礼仪"⑦。詹森主义虽然后来被教廷定为异端，但其反对耶稣会的书籍在法国社会产生了强烈的影响。为了应对詹森派

---

① 相关研究详细概述可参考黄一农《两头蛇：明末清初的第一代天主教徒》（上海古籍出版社，2015年）第十一章"'中国礼仪之争'被忽略的声音"的开篇部分。对于"中国礼仪之争"历史发展过程的详细梳理可参阅顾卫民长文《中国"礼仪之争"的历史叙述及其后果》（澳门《文化杂志》2006年春季刊，第105—138页）。

② 关于"礼仪之争"在法国的传入、发展和影响，请参考毕诺《中国对法国哲学思想形成的影响》（耿昇译，商务印书馆，2000年）和谢子卿《中国礼仪之争和路易十四时期的法国（1640—1710）》（远东出版社，2019年）。

③ 毕诺：《中国对法国哲学思想形成的影响》，第80页；黄佳：《詹森派视野中的"利玛窦规矩"——以〈耶稣会士的实用伦理学〉第二卷为中心》，《浙江社会科学》2013年第9期，第122—123页。

④ 谢子卿：《中国礼仪之争和路易十四时期的法国（1640—1710）》，第56—57页。

⑤ 该书通常被归在阿诺德名下，前两卷的作者实为詹森主义者康布·德·蓬特沙托（Cambout de Pontchâteau）。

⑥ 毕诺：《中国对法国哲学思想形成的影响》，第83页。

⑦ 黄佳前引文详细深入地分析了文本第二卷的内容。

的攻击,耶稣会选择"灵活能干而名气不大"的勒泰利埃神父(Michel Le Tellier,1643—1719),后者随后撰书逐一反驳詹森派的所有论点。① 此时从中国回到欧洲的柏应理获得了法王路易十四的支持,于1687年在巴黎出版了儒家经典"四书"的拉丁文译本《中国哲学家孔子》(*Confucius Sinarum Philosophus*),并在"前言"中为利玛窦的传教政策和中国礼仪辩护,称中国礼仪是世俗的(civilis)、政治的(politicus),而非宗教的。②

另一方面,1693年3月26日,时任福建宗座代牧的巴黎外方传教会士颜珰(Charles Maigrot,1655—1703)突然发布《颜珰训令》,命福建代牧区,严格禁止祭孔祭祖礼仪。③ 而且,颜珰还派同会会友夏尔莫(Nicolas Charmot,1655—1714)代表他去罗马向教廷圣职部递交训令,希望教廷审查中国礼仪问题,但教廷迟迟没有采取行动。于是夏尔莫前往巴黎寻求巴黎外方传教会长上以及巴黎总主教诺阿耶(Louis-Antoine de Noailles,1651—1729)的支持。在巴黎,巴黎外方传教会寻求到了当时对耶稣会充满敌意的各方的支持:莫城主教波舒哀(Jacque-Beigne Bossuet,1627—1704)、巴黎总主教诺阿耶及其背后的曼特侬夫人(Madame de Maintenon,1635—1719)。在他们的共谋之下,于1700年在巴黎将"礼仪之争"推向了高潮。1700年全国神职人员大会上,他们放过詹森派,要针对耶稣会审查中国礼仪问题,但这遭到大部分神职人员的反对。一计不成,他们再生一计,将中国礼仪问题提交到巴黎大学索邦神学院审查。巴黎大学索邦神学院审查了两位耶稣会士不久前在法国出版的关于中国宗教和思想的书籍:李明(Louis Le Comte,1655—1728)的《中国

---

① 毕诺:《中国对法国哲学思想形成的影响》,第85—88页。
② Philippe Couplet, *Confucius Sinarum Philosophus*, Horhemels, 1687, pp.cxxi - cxxii.
③ 颜珰的7条禁令完全是针对在华耶稣会的做法,具体规定详见张国刚:《从中西初识到礼仪之争》,第439—440页。

近事报道》(*Nouveaux Mémoires sur l'état présent de la Chine*)①和郭弼恩(Charles le Gobien，1653—1708)的《1692年康熙宽容天主教传教诏令史》(*Histoire de L'Édit de L'Empereur de la Chine en Faveur de la Religion Chrétienne*)②。与《中国哲学家孔子》这一由拉丁文撰写、晦涩的学术性著作相比，这两本著作是"面向广大读者的通俗读物"③，以通俗易懂的语言为中国礼仪和利玛窦传教政策辩护。另外，前者获得了法王路易十四的支持，由王家图书馆出版，耶稣会的反对者们还是有所忌惮的。索邦神学院自1700年8月17日开始，召开了30次会议，于1700年10月8日得出结论，判决两本书中总结出的命题违背了天主教神学原则，李明的书被列为禁书。④随后巴黎外方传教会上书教宗英诺森十二世(Innocent XII，1691—1700年在位)，在这封有着强烈导向的上书中，巴黎外方传教会将中国礼仪定性为偶像崇拜和迷信，并谴责耶稣会士为偶像崇拜和迷信辩解且不服从宗座代牧的指示。⑤

关于中国礼仪的争论，不只是在神职人员之间争论不休，当时法国的新闻传媒业已有所发展，杂志和报纸，例如《优雅信使》(*Mercure Galant*)、《公报》(*Gazette*)，对有关中国的新闻以及礼仪之争皆有众多报道。特别是学术性刊物《学者通报》，对当时关于中

---

① Louis Le Comte, *Nouveaux Mémoires sur l'état présent de la Chine*, Chez Jean Anisson, Vol. I, deuxième édition, 1697; Vol. II, première édition, 1696. 中译本参见郭强等译，大象出版社，2004年。

② Charles le Gobien, *Histoire de L'Édit de L'Empereur de la Chine en Faveur de la Religion Chrétienne*, in *Nouveaux mémoires sur l'état présent de la Chine*, tome troisième. Seconde édition, Chez Jean Anisson, 1700 (Première édition, 1698).

③ 谢子卿：《中国礼仪之争和路易十四时期的法国(1640—1710)》，第195页。

④ 罗光：《教廷与中国使节史》，《罗光全书》第27册，台湾学生书局，1996年，第95页。

⑤ 陈喆：《"礼仪之争"在法国——1700年巴黎外方传教会上教宗书背后的派系斗争》，《世界历史》2016年第3期。

国的游记、著作,例如柏应理、李明、郭弼恩及其他传教士或学者关于中国的书籍等,皆有书评简介;对于"礼仪之争",如对巴黎大学神学院审查中国礼仪问题的过程,亦有全面而客观的报道。①

概而言之,"安菲特利特"号两次航行中国的17—18世纪之交,"礼仪之争"在法国发展到了高潮,加上新闻媒体的传播,法国上上下下对于"礼仪之争"以及争论双方——巴黎外方传教会与耶稣会——的观点自然不会陌生。因此,"安菲特利特"号的船员,特别是两位航行日志的作者,定会对中国宗教和中国礼仪怀有浓厚的好奇心和兴趣,想要借此机会一窥究竟。

三、首航日志对中国宗教及祭孔祭祖的介绍

从日志内容可以看出,广州的方方面面都吸引着首航日志的作者弗罗热。1700年1月26日,"安菲特利特"号离开广州前往澳门,在这之后的日志中弗罗热花了大量篇幅来介绍广州城、中国文化以及中国商贸等方面情况,如广州城概况、官员体制、婚姻、儿童教育方法、汉字、汉语、中国戏剧、度量衡、通商口岸、中国内销与出口的各类商品、进口关税以及走私的商品,等等。尤其对于广州和中国的宗教情况,弗罗热着墨最多,做了较为全面的考察。

(一) 关于广州佛寺等宗教状况的考察

佛教方面,弗罗热介绍了当时广州"最大、最辉煌"的三个佛塔:

---

① 谢子卿整理了三份报纸或杂志对中国和礼仪之争问题的相关报道,参见谢子卿:《中国礼仪之争和路易十四时期的法国(1640—1710)》,第171—186页。《学者通报》1700年12月6日对巴黎大学神学院审查礼仪问题的报道则是相关研究的一份重要史料。参见谢子卿:《中国礼仪之争和路易十四时期的法国(1640—1710)》,第281—284页。

第一个是古城北边五层高的佛塔,"每层越往上越小"。①按照弗罗热的描述,这第一个其实并非佛塔,而是始建于明洪武十三年(1380年)的镇海楼。第二个为广州城西郊的佛塔,"它比中国的一般建筑物都高,在最高层有一个很大的平台"。该寺由邻省一位闻名的老和尚(vieux Bonze)重新建造,老和尚"从交趾支那(Cochinchine)带回来 4 000 大银(Taël)的布施"。②这位曾前往越南的和尚是有名的大汕(1637—1705)和尚。③他任广州长寿院住持时,应越南英宗阮福溱之邀于康熙三十四年(1695 年)初前往越南弘法,康熙三十五年(1696 年)中回到广州。随后重修长寿院为长寿寺。因此,这第二个佛塔乃长寿寺佛塔。④释大汕是一位非常有文采的禅僧,诗词书画皆精通,又广交名士,在当时颇有名气。在第二次航行日志中亦介绍了大汕和尚和长寿寺。因为大汕和尚参与海外贸易,尤其是与越南之间的贸易,法国公司经理贝纳克(Benac)在广州了解到他"在交趾支那、东京和柬埔寨都受到尊敬,并被视为如同是一位圣人和非凡之人,受到这些国家的国王尤其是交趾支那的国王的敬重",于是请

---

① François Froger, *Relation du premier voyage des Français à la Chine, en l'année 1698, 1699 et 1700 sur le vaisseau l'Amphitrite*, p.130.

② François Froger, *Relation du premier voyage des Français à la Chine, en l'année 1698, 1699 et 1700 sur le vaisseau l'Amphitrite*, p.131.

③ 大汕生平可参见毛文芳:《顾盼自雄·仰面长啸:清初释大汕(1637—1705)〈行踪图〉及其题辞探论》,《清华学报》新四十四卷第四期,第 789—850 页。越南《大南列传前编·石濂传》载:"石濂和尚,号大汕,厂翁氏,清浙西人,博雅恢奇,凡星像律历衍射理数篆隶丹青之属,无有不会,而尤长于诗。明季清人入帝中国,濂义不肯臣,乃拜辞老母,剃发投禅,杖锡云游,凡山川名胜,足迹几遍。"胡适在日记中亦评价道:"这个和尚能诗,能画,'多巧思',能做海外买卖,赚了大钱,交结名士贵人,是一个有大魄力的狂妄和尚。"转引自姜伯勤:《澳门普济禅院所藏大汕自画像及大汕广南航行于重修普济的关连》,澳门《文化杂志》中文版第四十二期 2001 年春季刊,第 27—50 页。

④ 长寿寺前身是长寿院,建造者为明朝万历三十四年(1606 年)广东巡按御史沈正隆,地点在今长寿东路荔湾公安分局北面一带,离华林寺不远。康熙年间,大汕和尚在平南王的支持下,当上了长寿院的住持,后改名为长寿寺,并大兴土木扩建寺庙。后释大汕因所著《海外纪事》招来横祸,被投入狱,杖押送返原籍,死于路上。长寿寺于光绪卅一年(1905 年)被毁。

求大汕和尚帮忙在越南会安(Faifo)建立贸易据点。释大汕为他从越南国王那里拿到了去越南从事贸易的许可。①按第二次航行日志记载,1702年9月19日日志作者跟随贝纳克前往长寿寺拜见这位大和尚(le Grand Bonze),并对他有细致的描绘:"这位和尚年仅65岁,强健,矮小,貌丑而精干;他的脸和手上都布满了红色的斑点,他头发很长而且留着胡子,浓密而杂乱的胡子遮住了半边脸,头发和胡须的颜色也是红白相间。"②"夏天,他穿着一件棕色的袍子,……非常大且很脏;冬天,他穿另一件由200多个碎片织成的袍子;然而,他富于智慧,而且充满活力。"③

第三个佛寺则在"河对岸的郊区","在入口有一座中国建筑风格的精美牌坊,进入牌坊可以看到五排间隔相等的建筑物,一个很大的院子围住这些建筑物,在院子的边上是和尚们住的斋房",另有一座白色大理石的锥形塔,此佛寺乃是海幢寺。令弗罗热感兴趣的是佛寺里的各种奇怪的雕像,例如三只眼的二郎神、长驴耳朵的招风耳、十八只手臂的千手观音,等等。弗罗热说中国人既害怕又敬畏这些神,而且往往有求于神:"在佛教里最受欢迎的神是主管生产的女神,孕妇们络绎不绝地来到她面前,并带来众多奉献,以便能生育一个男孩。"他想要借此表明佛教是偶像崇拜,而和尚和比丘尼,他们都"来自百姓的底层","不受官员的重视"。④

首航日志还介绍了藏传佛教、伊斯兰教以及在中国的犹太人的情况;当然,日志中也介绍了广州的七座天主教堂以及天主教在中国的发展。然而,他对中国天主教的发展情况了解得并不准确。他

---

① C. Madrolle, *Les Premiers Voyages Français à la Chine*, *La Compagnie de la Chine*, 1698 – 1719, pp.225 – 226.

② C. Madrolle, *Les Premiers Voyages Français à la Chine*, *La Compagnie de la Chine*, 1698 – 1719, p.226.

③ C. Madrolle, *Les Premiers Voyages Français à la Chine*, *La Compagnie de la Chine*, 1698 – 1719, p.226. 从年龄上可以看出日志的内容与中文文献可以互证。

④ François Froger, *Relation du premier voyage des Français à la Chine, en l'année 1698, 1699 et 1700 sur le vaisseau l'Amphitrite*, pp.130 – 131.

认为虽然中国天主教徒的数目不少,但都是穷人,大部分是出于现实的利益而成为天主教徒,并非怀着虔诚的信仰。在法国逐渐白热化的"礼仪之争"必然会引起佛罗热的关注,因而他对于祭孔祭祖有种更强烈的好奇心。

(二) 关于祭孔祭祖的介绍

利玛窦对儒家和祭孔祭祖礼仪的认识,奠定了耶稣会看待这些问题的基调。首先,利玛窦强调要将儒家这一古老的文人教派与崇拜"偶像"的佛道二教区别开来,它不涉及超自然的内容,反而重视道德方面。[①]其次,利玛窦指出儒家文人"并不把孔子视为神祇,也不向他乞求什么,所以祭孔不能被视为真正的祭祀活动"。[②]

弗罗热对儒家、祭孔及孔庙的介绍明显受到耶稣会的影响,但他还是提供了自己的观察和看法。首先,弗罗热注意到中国的官员们其实都是无神论者,宗教只是被用来为政治服务。他介绍了中国各省的官员体制,并指出:"他们的生活没有任何宗教的约束,从而过着非常堕落的生活","如果他们去送礼物给和尚,并去拜偶像,这并不表明他们有任何信仰:这完全只是装装样子,为了获得百姓的支持"。[③]其次,对于孔子的认识,弗罗热基本上也是像耶稣会一样称其为"哲学家",但他还是将敬拜孔子的行为视为一种"宗教"(religion),将《论语》视为这一宗教的经典。"这些官员们并非完全不信神,他们遵循自然法则(la loi naturelle)和孔子的学说,他的格言(即《论语》)成为所有文人奠立他们宗教的基础。"[④]因此,虽然弗罗热称儒家为"宗教",但也强调他们遵循着自然理性。

[①] 利玛窦著,文铮译,梅欧金校:《利玛窦书信集》,商务印书馆,2018年,第338—339页。

[②] 利玛窦、金尼阁著,文铮译,梅欧金校:《耶稣会与天主教进入中国史》,商务印书馆,2014年,第22页。

[③④] François Froger, *Relation du premier voyage des Français à la Chine, en l'année 1698, 1699 et 1700 sur le vaisseau l'Amphitrite*, p.129.

再次,与祭孔相关,弗罗热只是简单介绍了孔庙,这应该与其不能进入孔庙参观、调查有关。"广州城的孔庙位于古城的城门旁,就在南门的对面,宏伟而壮丽;孔庙里不可摆放任何人的画像或雕像,除了四堵高高的围墙和几块竖起的石碑——石碑上刻满了文字——之外,就看不到庙里其他任何地方了。"① 弗罗热所介绍的孔庙乃广府文庙,不过它不在正南门对面,而是正南门旁的文明门对面。从这里的描述可知,弗罗热曾前往孔庙参观,应该未获得允许进入,只能在外观望。因为,对于这些文人同样重要的另一个"公共建筑"贡院(College des Lettrez),他不仅做了详细的描述、介绍了科举考试的场景,而且在其手稿的后面还附有一幅贡院图(见图1)。倘若弗罗热能进入孔庙参观,一样会画一幅孔庙图的。

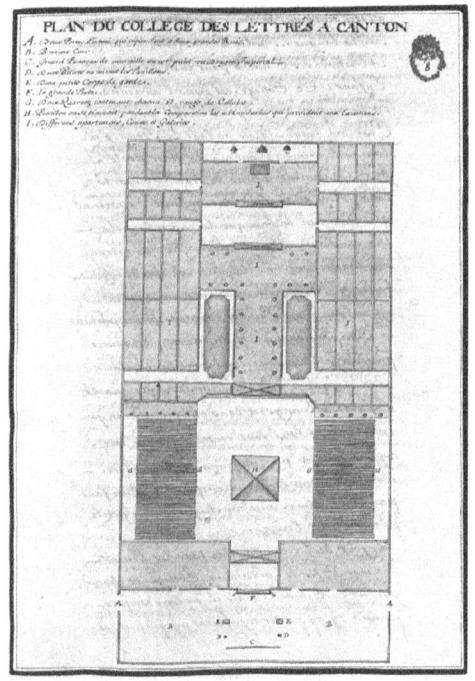

图1　广州贡院图,阿儒达图书馆52-XIV-23(感谢梅欧金教授提供)

---

① François Froger, *Relation du premier voyage des Français à la Chine, en l'année 1698, 1699 et 1700 sur le vaisseau l'Amphitrite*, p.129.

弗罗热强调孔庙与其所看到的佛庙不同,庙内没有任何人的画像或雕像,也即祭孔并非偶像崇拜。弗罗热特别提到,关于祭孔的本质是否与天主教相容传教士们之间有着不同的意见。这说明他对礼仪之争有一定的了解,特别对耶稣会的立场很熟悉:"有一些传教士,为了适应本地的习俗,认为这种祭献的本质与基督宗教并非不可调和,而且这样的礼仪根本不是宗教崇拜,只不过是一种简单的表达尊敬的活动……"①

在弗罗热看来,祭孔并非偶像崇拜,祭祖亦与偶像无关。"除了孔庙之外,还有其他与佛教无关,也没有偶像的庙宇。"他在这里所说的"庙宇"实际上即祭祖的祠堂(temples pour les morts)。中国人每月都会去祠堂祭拜祖先,他指出:"世界上没有哪个民族比中国人对亡者(les morts)更虔诚的(religieus)了,他们哀悼祖先,为祖先祈祷(prient pour eux),每年的忌日他们都来到祖先的墓前,用各种礼仪和花费来祭奠他们。"可见,弗罗热认为中国人哀悼祖先、为祖先祈祷,但并没有向祖先祈求什么,完全是出于纪念祖先而祭奠他们。质而言之,中国人的祭祖行为并非迷信。可见,弗罗热对祭祖的理解亦与耶稣会的观点相似。

四、第二次航行日志对祭孔礼仪的实践调查

1701年3月7日"安菲特利特"号第二次起航前往中国之时,"礼仪之争"已经在法国上下闹得沸沸扬扬,虽然罗马教宗还没有下最后定论,但是法国耶稣会已经受到重大打击。礼仪之争在当时造成的影响,在"安菲特利特"号第二次航行中有非常明显的体现。与

---

① François Froger, *Relation du premier voyage des Français à la Chine, en l'année 1698, 1699 et 1700 sur le vaisseau l'Amphitrite*, pp.129 – 130.

首航日志相比,第二次航行日志对中国礼仪问题尤为重视,可以从以下几方面窥见一斑:首先,日志作者尤为关心礼仪之争的后续进展情况,甚至参与其中;其次,他对中国礼仪,尤其是祭孔礼仪有一定的了解;最后,对祭孔礼仪有着浓厚的兴趣,从而想尽办法去参观了一次祭孔仪式,并详细描述了整个过程。

(一) 对礼仪之争的关注与参与

据日志记载,1701 年 9 月上旬,当"安菲特利特"号仍然滞留在广海海域时,从广州回到船上的耶稣会士洪若翰带来一些消息和书信,其中有康熙帝对中国礼仪的说明以及耶稣会士就此说明而写给教宗的书信。①

1700 年 11 月 30 日,在北京的耶稣会士闵明我(Claudio Grimaldi, 1639—1712)、徐日昇(Thomas Pereia, 1645—1708)、安多(Antoine Thomas, 1644—1709)、张诚(Jean-François Gerbillon, 1654—1707)为了支持李明,联名上书康熙帝,请皇帝来判断耶稣会士一贯以来对中国礼仪的认识是否正确。这一奏折当时有满文、中文和拉丁文三个版本②,其中非常精炼地表达了耶稣会士对于中国礼仪的理解和立场:

> 臣等管见,以为拜孔子,敬其为人师范,并非求福佑、聪明、爵禄而拜也。祭祀祖先,出于爱亲之义,依儒礼亦无求佑之说,惟尽孝思之念而已。虽设立祖先之牌位,非谓祖先之魂在木牌位之上,不过抒子孙报本追远,如在之意耳。至于郊天之礼典,

---

① C. Madrolle, *Les Premiers Voyages Français à la Chine*, *La Compagnie de la Chine*, 1698-1719, p.89.

② 关于满文奏折的翻译和研究参考罗丽达《一篇有关康熙朝耶稣会士礼仪之争的满文文献——兼及耶稣会士的宣言书〈Brevis Relatio〉》(《历史档案》1994 年第 1 期,第 94—97 页)。张国刚《从中西初识到礼仪之争——明清传教士于中西文化交流》(人民出版社,2003 年)中提供了奏折的拉丁文中译、满文中译及中文原文言版,所引文言版亦出自黄伯禄的《正教奉褒》。

非祭苍苍有形之天,乃祭天地万物根源主宰,即孔子所云"郊社之礼,所以事上帝也"。有时不称上帝而称天者,犹主上不曰住上,而曰陛下、曰朝廷之类,虽名称不同,其实一也。①

康熙批复了请愿书,肯定了耶稣会士的观点,也即表明中国礼仪是一种与宗教无关的世俗礼仪。②1700 年 12 月 2 日,耶稣会士们再联名致函罗马教宗,并将他们上书康熙的内容称为"宣言"(Declaration),连同康熙批复一同寄往罗马。耶稣会士们准备了多个版本以不同途径寄往罗马,并于 1701 年秋抵达罗马。这些原始文献的副本后来被收入以 Brevis Relatio(《简短的报告》)为名的档案中。③洪若翰带来的即是其中一份副本。

日志作者从他的一位"特别的朋友"(qui étaient particulièrement de mes amis)④那里获得了耶稣会士致教宗书信副本,并马上将其抄录,分别寄送给苏拉主教(L'évêque de Sura)、白日昇(Jean Basset, 1662—1707)以及索邦博士拉莫特(La-Mothe)。⑤法国国图手稿中有抄录的书信内容,但马特罗列略去了。⑥作者所寄送的对象皆为巴黎外方传教会士。如苏拉主教,即巴黎外方传教士凯梅内(Louis

---

① 黄伯禄:《正教奉褒》(下),转自方豪《中国天主教史人物传·中册》,中华书局 1988 年,第 317 页。

② 康熙的批复:"本日奉御批:这所写甚好,有合大道。敬天及事君亲、敬师长者,系天下通义,这就是无可改处。"参见方豪前引书第 317 页。

③ 按罗丽达文,文献全名为:Brevis relatio eorum, quae spectant ad declarationem Sinarum imperatoris Kamhi circa Caeli, Cumfucii et Avorum cultum; datam anno 1700. Accedunt primatum, doctissimorumque virorum, & antiquissimae traditionis testimonia.(《关于中国皇帝康熙于 1700 年发表的有关敬天、祭孔和祭祖礼仪声明的概述》)

④ C. Madrolle, Les Premiers Voyages Français à la Chine, La Compagnie de la Chine, 1698-1719, p.90. 此人很有可能是耶稣会士方全纪(Jérôme Franchi)。在第 116 页,作者见到方全纪时同样称其为"特别的朋友"。

⑤ C. Madrolle, Les Premiers Voyages Français à la Chine, La Compagnie de la Chine, 1698-1719, p.89.

⑥ 手稿 BNF ms. NAF 2086,第 83—86 页。

Quémener,1644—1704),1685年进入中国并管理广州传教事务，1697年8月13日被任命为苏拉主教，1698年在巴黎祝圣，次年3月返回远东，抵达印度后在本地治里（Pondichéry）待了两年。①日志作者就在此地与其相识。②白日昇毕业于索邦神学院，1685年加入巴黎外方传教会，1689年底到达广州，曾在广东、福建、浙江、江西等省传教，1693年6月30日出版了《颜珰训令》。1701年前往四川传教，1707年回到广州并在广州去世。③索邦博士拉莫特即后文与日志作者一起参观祭孔礼仪的巴黎外方传教士，他将康熙谕旨抄寄给了颜珰。④1702年2月，当巴黎外方传教会士梁弘仁（Artus de Lionne，1655—1713)从厦门搭乘英国东印度公司船只返回欧洲时，带上"宣言"和书信副本，这一副本很可能即日志作者抄录的版本。

另外，日志中还记载，"安菲特利特"号抵达广州之后，9月10日一艘新来英国商船驶入黄埔港，带来了罗马关于中国礼仪的最新消息：罗马的一通教谕将中国礼仪定性为偶像崇拜。⑤

---

① 本文涉及的巴黎外方传教会传教士简介，皆检索自巴黎外方传教会官方网站的人物资料索引库：https://archives.mepasie.org/。

② C. Madrolle, *Les Premiers Voyages Français à la Chine*, *La Compagnie de la Chine*, 1698 – 1719, p.116.

③ 相关简介检索自巴黎外方传教会官方网站人物资料索引库。另外，白日昇在《圣经》中译方面亦有重要贡献。白日昇早在18世纪初依据《圣经》武加大译本（The Vulgate）翻译了几乎整本《新约》。大英博物馆现存其译本的斯隆抄本，包括《四史攸编耶稣基利斯督福音之会编》《使徒行传》《福保禄宗徒与罗玛辈书》《福保禄与戈林多辈第一书》《福保禄与戈林多辈第二书》《福保禄与雅辣达辈书》《使徒与厄弗所辈书》七个部分。后来新教传教士马殊曼和马礼逊译经前有参考其译本。相关研究参考赵晓阳文《二马译本与白日升圣经译本关系考辨》(《近代史研究》2009年第4期）、张西平文《明清之际〈圣经〉中译溯源》（《澳门理工学报》2012年第2期）、郑海娟文《文本之网：〈古新圣经〉与前后代〈圣经〉汉译本之关系》（《清华中文学报》2014年第11期）等。

④ C. Madrolle, *Les Premiers Voyages Français à la Chine*, *La Compagnie de la Chine*, 1698 – 1719, pp.89 – 90. 此处作者称其为"L'évêque de Conon"。

⑤ C. Madrolle, *Les Premiers Voyages Français à la Chine*, *La Compagnie de la Chine*, 1698 – 1719, p.221. "… qu'il avoit esté donné à Rome un décret quy déclaroit les cérémonies des Chinois, idolatriques."

由此可见,第二次航行日志作者不仅对中国礼仪问题非常关心,而且他在巴黎外方传教会和耶稣会的立场之间有着明显的倾向:支持巴黎外方传教会而反对耶稣会。从其抄录耶稣会士致教宗书信分别寄给多位巴黎外方传教会士可知,他支持前者,而且帮助他们获得这份耶稣会的"宣言",从而使在欧洲的巴黎外方传教会尽快掌握耶稣会士的行动并做好准备。到达广州之后,日志作者多次前往巴黎外方传教会的教堂,与这里的传教士关系要好,而且随后与两位巴黎外方传教会士一起考察祭孔礼仪。另外,他在日志中对耶稣会士各种行为的质疑和批评,也表明了他对耶稣会士的敌意。例如他批评李明弄错了上川岛的地理位置①,也批评洪若翰"康熙在皇廷内建教堂"的说法。②也因此,当他于1701年11月23—25日第一次逗留广州期间,他去拜见巴黎外方传教会受到了欢迎,而去拜访洪若翰遇到其他几位耶稣会士时则受到了冷遇。③

(二) 对祭孔礼仪的了解

日志作者不仅关注中国礼仪问题,而且对中国礼仪,尤其是祭孔礼仪,也有一定的了解。他早就有打算趁这次到中国的机会深入了解祭孔礼仪。他记有:"我决心彻底了解中国人的迷信礼仪以及他们纯粹政治的社会礼仪。"④由这一句可知,起码他了解巴黎外方传教会和耶稣会双方对于中国礼仪的界定:前者视为"迷信"的偶像崇拜,后者则宣称只是纯粹政治性、社会性的礼仪而非宗教礼仪。实际上,正如上文所言和后文我们将看到的那样,日志作者对祭孔

---

① C. Madrolle, *Les Premiers Voyages Français à la Chine*, *La Compagnie de la Chine*, 1698 - 1719, pp.72 - 73.

② C. Madrolle, *Les Premiers Voyages Français à la Chine*, *La Compagnie de la Chine*, 1698 - 1719, pp.87 - 88.

③ C. Madrolle, *Les Premiers Voyages Français à la Chine*, *La Compagnie de la Chine*, 1698 - 1719, p.116.

④ C. Madrolle, *Les Premiers Voyages Français à la Chine*, *La Compagnie de la Chine*, 1698 - 1719, p.234.

过程的描述和解释都是基于巴黎外方传教会的立场。

其次,对于祭孔的时间,他也早已经知道。他说:"我计划去参加这些礼仪,或者在春天,或者在秋天。"祭孔之礼在中国每年举行两次,通常在每年春秋两季的仲月第一个丁日举行,因此也称为"丁祭"。再次,作者知道祭孔礼仪禁止外国人参与,为此他买了一身中国人的衣服,准备假扮成中国人,并且花了一些银子从而获得进入孔庙的许可。①种种都说明日志作者对礼仪之争,尤其对于祭孔礼仪有着相当的了解。

(三) 实践调查祭孔礼仪

第二次航行日志中最特别、也最有价值的部分,当属其中对祭孔过程的详细记载了。如前所言,日志作者有备而来,他想要借着航行中国的机会亲身体验一下在法国争论不休的祭孔礼仪,并且要做一份"不偏不倚"的客观报告,好向他在法国的读者汇报。作者的想法获得了两位巴黎外方传教会士的支持,他们也想去亲身体验中国的祭孔礼仪。凯梅内主教同意了他们的要求,不过出发前也要求他们宣誓:去参观礼仪只是为了了解这些礼仪,要求他"不要遗漏礼仪的任何细节,并给他做一份详细的汇报","以便对基督宗教有所帮助"。②

这两位巴黎外方传教士,一位名为贝纳尔(Jean Bénard, 1668—1711),1668 年出生于法国利西厄教区(Lisieux),1698 年 3 月 10 日离开巴黎前往中国,后任巴黎外方传教会在广州的代理(procureur),1711 年在阿拉伯的穆哈(Moka)去世。③另一位名为"La Mothe",马特

---

① C. Madrolle, *Les Premiers Voyages Français à la Chine*, *La Compagnie de la Chine*, 1698 – 1719, p.234.

② C. Madrolle, *Les Premiers Voyages Français à la Chine*, *La Compagnie de la Chine*, 1698 – 1719, p.235.

③ C. Madrolle, *Les Premiers Voyages Français à la Chine*, *La Compagnie de la Chine*, 1698 – 1719, p.94. 马特罗列补充的注释。亦参见 *The Acta Pekinensia or Historical Records of the Maillard de Tournon Legation*, Vol.ii (Kilian Stumpf S.J 编译,Brill 出版,2019 年)599 页注释 26,但编者将贝纳尔的出生年份错录为"1688"。

罗列在注释中这样介绍他:生于利西厄教区,1659年被按立为交趾支那的宗座代牧和贝鲁特(Bérythe)的领衔主教,1660年6月18日被派往亚洲,监理中国福建、广东、广西、浙江以及海南岛传教事务,1679年6月15日在暹罗逝世,并埋葬于此。①马特罗列在注释中所介绍的这位"De La Mothe-Lambert"乃是巴黎外方传教会的创始人之一朗伯尔(Pierre Lambert de La Motte,1624—1679)。显然,马特罗列将日志中的"La Mothe"与朗伯尔混淆了。因为,正如马特罗列自己在注释中所说的那样,显然在"安菲特利特"号第二次到达广州时,朗伯尔已经去世20多年了。而且,虽然朗伯尔名义上负责中国南部多省的传教事务,但其实他并没有踏足中国。②通过检索巴黎外方传教会官方网站人物资料索引库,的确可以找到一位姓氏为"La Motte"的巴黎外方传教士,他曾于1700年到过广州,即让-巴普蒂斯特·德·拉莫特(Jean-Baptiste de La Motte,1668—?)。他于1707年返回法国之后,最终离开了巴黎外方传教会。③检索姓氏为"La Mothe"的巴黎外方传教会士,无一人到过中国。因此,日志中的"La Mothe"应是"La Motte"之误,该传教士即这位让-巴普蒂斯特·德·拉莫特。

除了这两位巴黎外方传教士外,还有一位中国的举人(licencié)Thouy Tien,是他们的翻译,陪同他们一起并全程给他们讲解祭孔过程。这位举人是北京某进士之子,曾是县里的一位低级官员,并曾在某座文庙主持过祭孔礼仪,后来皈依了天主教。④可想而知,这位举人受洗于巴黎外方传教会,必然熟悉他们对中国礼仪的理解和态度。

---

① C. Madrolle, *Les Premiers Voyages Français à la Chine*, *La Compagnie de la Chine*, 1698-1719, p.219, note 1.
② 其详细生平可参见法文维基百科词条:https://fr.wikipedia.org/wiki/Pierre_Lambert_de_La_Motte#Missionnaire_pour_l'Asie.
③ https://archives.mepasie.org/fr/notices/notices-biographiques/la-motte.
④ C. Madrolle, *Les Premiers Voyages Français à la Chine*, *La Compagnie de la Chine*, 1698-1719, p.245.

按日志的记载,他们参观的丁祭在1702年9月29日(农历八月初八)举行。他们的实践调查分两次,第一次在丁祭前一天晚上,第二次在丁祭当天凌晨。

广州古城分为一府两县,即广州府、番禺县和南海县,各有一座孔庙。丁祭前一晚,他们去了位于广州古城东边的"番禺县文庙"(Pouen-yu-hien-vouen-miao)①,这里正在为第二天的丁祭做准备。日志作者关注的主要有两点:第一,祭祀用的牺牲为一豕一羊②,主礼官员要为第二天的仪式准备毛血;第二,在准备毛血的过程中,官员只是鞠躬,但准备好了之后官员还是在两只动物面前磕了九次头。③这或许是因为它们都与基督宗教的仪式有关,反对中国礼仪者因此而将祭孔视为宗教性的礼仪:关于第一点,在《旧约》中到处可见犹太人用动物献祭上帝;关于第二点,则是欧洲人普遍重视、在中外关系史上造成诸多麻烦的磕头礼仪,因为对于欧洲人来说只有在弥撒中或向上帝祈祷时才会跪拜在地、磕头。

第二天丁祭当天,他们四人去了规模更大、礼仪也更隆重的"广州府文庙"(Kouang-chou-fou-vouen-miao),并对整个祭孔典礼做了翔实的报告。首先,日志介绍了广府文庙的建筑规模,各处摆放的祭台和各种祭品。按日志的记载,广府文庙是一座三进的院落,正门由三个大门组成,"在春分和秋分时期主持仪式的官员们才能从中间的门进入",此门应该是"棂星门"。进门即第一进院子,与第二进院子之间由"隔墙"或"隔板"(cloison)分开,"隔墙"上挂着写有孔子名字和称号的牌匾,隔墙后面是第二个院子。第二进院子有一个平台,上有一大殿,应该是"大成殿"。大殿里有一个"壁龛"

---

① C. Madrolle, *Les Premiers Voyages Français à la Chine*, *La Compagnie de la Chine*, 1698-1719, p.235. 因庙学合一,孔庙或文庙又称为学宫。番禺学宫位于广州古城大东门内不远处,在今农讲所附近,相邻即为番禺县衙。南海县衙及南海学宫位于古城西边,后者在今广州市第十一中学附近。

② 即少牢。

③ C. Madrolle, *Les Premiers Voyages Français à la Chine*, *La Compagnie de la Chine*, 1698-1719, p.236.

(alcôve),上面有一牌位写着几个金色大字"至圣先师孔子神位"(Tchy Xing Sien Sse Kong Tse Chin Goey)。①作者解释牌位说:"牌位表示至圣先师孔子的精神和灵魂所在之地。"②日志作者对牌位的解释遵从巴黎外方传教会的理解。而且他用"très saint"这一有着浓厚宗教意味的词汇来翻译"至圣",而不是用比较世俗的词汇"sage"。大殿内外摆放着多个祭台或桌子,日志详细描述了其上摆放的各种各样的祭品。按照后文对祭祀过程的记述,大殿内除了孔子的牌位之外,左右两边应该还有四位大弟子和另外十位弟子的牌位;大成殿外院子东西两庑,各设有另十六位弟子牌位,共32人。③中国举人在解释孔子与四配以及十哲的关系时,将其类比为耶稣与宗徒以及低一级的圣人们之间的关系。④大成殿的后面是第三进院子,中间有一座小山丘,后面有间小"庙"(temple),中间为孔子之父叔梁纥的祭台和牌位,两边为其曾祖父、祖父之祭台,即"启圣祠"。⑤

其次,作者详细记述了祭孔礼仪的整个过程,同时或者附上他自己的说明或者附上同行的中国举人的解释。在"迎神"过程中,中

---

① C. Madrolle, *Les Premiers Voyages Français à la Chine*, *La Compagnie de la Chine*, 1698-1719, p.238.

② C. Madrolle, *Les Premiers Voyages Français à la Chine*, *La Compagnie de la Chine*, 1698-1719, p.238. "Les cartouches signifient le siège de l'esprit ou de l'âme du très saint et très excellent Confucius."

③ C. Madrolle, *Les Premiers Voyages Français à la Chine*, *La Compagnie de la Chine*, 1698-1719, p.237, pp.242-243. 四位大弟子即配享的"四配",依次为颜子、曾子、子思、孟子。十位弟子指从祀的"十哲",源于"孔门四科之子"(《论语·先进》),早于"四配",四配出现之后十位弟子名单有所变动,清朝后来在十哲中又添有若和朱熹,成"十二哲"。东西庑的从祀者称为"先贤先儒","先贤"指孔门高弟,"先儒"则指汉唐以来的诸儒,具体人数(特别是先儒的人数)在清代一直在变动。参见董喜宁:《孔庙祭祀研究》第三章"孔庙中的享祀者",中国社会科学出版社,2014年。

④ C. Madrolle, *Les Premiers Voyages Français à la Chine*, *La Compagnie de la Chine*, 1698-1719, p.245.

⑤ C. Madrolle, *Les Premiers Voyages Français à la Chine*, *La Compagnie de la Chine*, 1698-1719, p.239.

国举人解释说:"这些官员在请求孔子的神(l'esprit de Confucius)降下来接受并享用这些牺牲和其他祭品。"①三献之后,"饮福酒"(yn-fo-tsicou),瘗毛血,燔祝帛,礼毕。中国举人再一次解释:"在最后的九次叩首时,官员们是在叩谢孔子的灵魂(l'âme de Confucius),因为他们相信它参与了这一典礼,而且它会从燃烧的火焰之上升起而离去。"②由此,整个礼仪过程按照中国举人的诠释,孔子的灵魂降临到牌位上,享受了牺牲和祭品,随后离去,这整个过程在基督宗教看来就是典型的偶像崇拜。

最后,礼仪结束后,当所有官员和秀才离去之前在大殿里孔子牌位前行谢礼时,中国举人将这种礼节性的行为解释为祈祷。"举人告诉我们,秀才们希望通过参与祭孔典礼使他们在学问上有很大的进步,并获得与他们的学问相称的仕途。"③读祝文时,作者说圣奥古斯丁会传教士陆铭恩(Miguel Rubio,1641—1710)曾经给他解释"祝"(tcho)为"中国人在祭孔和祭祖时所用的祈祷"。④而且这位举人还向日志作者和巴黎外方传教士们承认,他曾经也举行过祭孔礼仪,"在他举行仪式的时候,他相信孔子的灵魂就在典礼之中,其中他也期盼精神(l'esprit)、财富和好运"⑤。这再一次将祭孔典礼视为一种宗教仪式,不仅相信孔子的灵魂会降临,如同天主教弥撒礼仪中圣神的降临一样,而且还有着明确的世俗祈求。

第二次航行日志的作者给凯梅内主教所写的"一份诚恳而真实的报告",应该也就是日志中记述的内容,同样也是给欧洲读者的报告。这份报告读下来之后,欧洲的读者们自然会得出祭孔礼仪是偶

---

① C. Madrolle, *Les Premiers Voyages Français à la Chine*, *La Compagnie de la Chine*, 1698 - 1719, p.241.

② C. Madrolle, *Les Premiers Voyages Français à la Chine*, *La Compagnie de la Chine*, 1698 - 1719, pp.244 - 245.

③⑤ C. Madrolle, *Les Premiers Voyages Français à la Chine*, *La Compagnie de la Chine*, 1698 - 1719, p.245.

④ C. Madrolle, *Les Premiers Voyages Français à la Chine*, *La Compagnie de la Chine*, 1698 - 1719, p.242.

像崇拜的结论,若加上一点异域想象,就会将祭孔礼仪想象成如同 *Acta Causae Rituum seu Ceremoniarum Sinensium*(1715)中的祭孔图(见图 2)所描绘的那样。然而,这报告内容并非如作者所说的那样"不偏不倚""诚恳而真实",尤其是从中国举人口中说出来的那些充满偶像崇拜的解释。因为出自中国人之口,似乎显得更准确、更客观,但其实这位中国举人的解释不可能与巴黎外方传教会的立场相左,因而这些解释并不客观和准确。仅举一例,祭孔典礼结束后官员、秀才们离去之前去大殿里行礼,显然只是礼节性的致谢,巴黎外方传教会的这位中国举人则解释这些秀才们是在为自己的学问和仕途而祈祷。

图 2　欧洲人想象中的祭孔图(感谢梅谦立教授提供)

五、结语:贸易、宗教与文化交流

不可否认,正如伯希和所言,首航日志作者弗罗热和第二次航行日志作者"对于中国文化的评价源于一些非常肤浅的、表面的认识"①,毕竟他们不懂或者起码不通中国的语言、文字,在中国的时间又短暂。大多数情况下,他们对自己亲眼所见的事物、事件的理解还是要借助传教士们口头上或文字上的帮助。相较而言,首航日志对中国文化、社会风俗,尤其是宗教信仰各方面有着更广泛的兴趣和较中肯的介绍,其对中国祭孔祭祖的介绍和解释持较为开放和宽容的心态,倾向于耶稣会的立场;而二航日志,从其写作的目的开始就有一定的倾向性,作者除了记述通常的航海和商贸事件之外着重关注甚至参与了礼仪之争,在整个航行中积极地帮助巴黎外方传教会士,采用他们的立场和观点来介绍祭孔礼仪,从而从世俗的眼光为巴黎外方传教会提供了"真实和客观"的证明。

17世纪末18世纪初,法国商船"安菲特利特"号的两次航行中国,开启了中法关系的起源,促进了中法商业贸易和天主教在中国的传教事业,亦推动了中西之间的文化交流。在礼仪之争的背景之下,虽然"安菲特利特"号上这些世俗的军人和商务人员对中国礼仪的认识和解释不能脱离传教士们既有的立场和理解,但两本日志中对中国宗教状况的介绍和对祭孔礼仪的考察,从侧面反映了礼仪之争在欧洲尤其在法国的影响之深远,同时也为天主教修会之间烦琐的理论论争提供了一份具有一定历史价值、基于世俗眼光的补充。

然而,在法国发生的礼仪之争,在表象上似乎只是神学与哲学问题、修会理念冲突问题,实际上则是当时法国不同宗教力量和政治力量之间复杂的权力交锋,礼仪之争也就成为各派势力打击异己的工具。②二航日志的作者及其背后的那位"先生"在礼仪之争的双

---

① Paul Pelliot, "L'origine des Relations de la France avec la Chine: Le Premier Voyage de L'Amphitrite en Chine(Quatrième article)", *Journal des Savants*, Paris, juillet, 1929, p.289.

② 陈喆在《"礼仪之争"在法国——1700年巴黎外方传教会上教宗书背后的派系斗争》一文中,分析了1700年巴黎外方传教会上教宗书背后纷繁复杂的政教矛盾、派系纷争及修会冲突,提出修会之间的分歧及礼仪之争被沦为派系斗争的工具。

方之间有着非常明显的偏向,这位"先生"的身份以及他们与当时的反耶稣会派之间的紧密联系,这背后的派系纷争如何,还有待进一步的深入研究。

从首航中国的法国商船"安菲特利特"号略论清代前期粤海关监管下的中法贸易

粤海关博物馆 阮 锋

一、"安菲特利特"号及相关研究

1698年3月6日,在法国大西洋沿岸的拉罗舍尔(La Rochelle)港口,一艘名为"安菲特利特"号①的商船,开始了她的直航中国探索之旅。②据史料记载,这艘商船在罗什福尔(Rochefort)建造,并从法国海军租借而来。③商船免费搭载了白晋(Joachim Bouvet)等11位耶稣会士神职人员以及数名法国海军军官。康熙二十四年(1685),法国国王路易十四出资遣派洪若翰(Jean de Fontaney)、白晋等6名耶稣会士前往中国,当中5位辗转到达北京,他们精通天文数理,受

---

① "安菲特利特"号(L'Amphitrite)以希腊神话中的海洋女神 Amphitrite 命名。传说她可以令大海平静并且能够保佑人们安然穿过风浪。关于该商船在不同研究论文有多个中文译名:安菲特里忒号、昂菲德里特号、海后号、海神号等,为便于阅读,除研究论文题目保留原译名外,本文统一使用"安菲特利特"号。

② S. Bannister, *A Journal of the First French Embassy to China*, 1698 – 1700, Thomas Cautley Newby, 1859, pp.1 – 2.

③ Joel Montague、肖丹:《首航中国的法国商船"安菲特里特号"兴衰史——兼论"安菲特里特号"与广州湾之关系》,《岭南师范学院学报》2018年第1期。

到康熙的信任。为了招募更多的欧洲科技、工艺人才,康熙三十二年(1693)皇帝命白晋以特使的身份出使法国,并赠送路易十四许多礼物,同时邀请法国商船来华经商。1697年回到法国的白晋向国王路易十四力陈派船直航中国的重要性,指出:"一旦建立了贸易关系,在主的庇护下,我们的船只今后将每年运送一批新的传教士到远东,同时在吾王的支持下,每年将搭载很多勤勉的中国人到耶稣基督的国度。"①在传教与商业利益的共同作用,以及当时清政府开放海上通商口岸和自由传教等便利条件推动下,路易十四特别批准建造"安菲特利特"号来华贸易。商船于康熙三十六年(1698)11月初抵达广州,次年1月26日,康熙派使者刘应(Claude de Visdelou,1656—1737)、苏霖(Jose Suarez,1656—1736)两位神父和赫世亨(Hencama)的内廷满洲官员到达广州迎接。②

大量的史料或者档案都显示"安菲特利特"号是法国首航中国的商船,揭开了对华直接贸易的序幕。Nicolas Lenglet du Fresnoy③、Royal Geographical Society④、Donald F. Lach⑤、Clare Le Corbeiller⑥、

---

① Joachim Bouvet, *Histoire de l'empereur de la Chine : presentée au Roy*, M. Uytwerf, La Haye, 1699, pp.168 - 169.

② 陈国栋:《武英殿总监造赫世亨:"礼仪之争"事件中的一位内务府人物》,《两岸故宫第三届学术研讨会:十七、十八世纪(1662—1722)中西文化交流》论文集,2011年。

③ Nicolas Lenglet du Fresnoy, *Méthode pour étudier l'histoire : avec un catalogue des principaux historiens : accompagné de remarques sur la bonté de leurs ouvrages, & sur le choix des meilleures éditions*, chez Debure... [et] N. M. Tilliard, 1772, p.124.

④ Royal Geographical Society(Great Britain), *The Geographical Journal*, Royal Geographical Society, 1908, Vol.19, p.652.

⑤ Donald F. Lach, Edwin J. Van Kley, *Asia in the Making of Europe*, Volume III : *A Century of Advance. Book 1 : Trade, Missions, Literature*, Chicago : University of Chicago Press, 1998, p.104.

⑥ Clare Le Corbeiller, John Goldsmith Phillips, *China Trade Porcelain : Patterns of Exchange : Additions to the Helena Woolworth McCann Collection in the Metropolitan Museum of Art*, Metropolitan Museum of Art, 1974, pp.2 - 3.

Edward Heawood①等作者或机构指出"安菲特利特"号首航时间是1698年。法国学者伯希和(Paul Pelliot)对事情缘由、船上人员、所在货物以及在华贸易情况进行了系统考察,该书2018年再版,用法文撰写,目前尚无中译本。②国内研究方面,耿昇从商船远航缘起、人员及货物分析看17—18世纪的海上丝绸之路。③Joel Montague、肖丹研究商船的兴衰史并涉足剥削、人性堕落和船主罔顾道德从事奴隶买卖的冒险,变成了那个时代的罪犯。④严锴、吴敏通过商船两次中国之行,指出贸易与宗教同行,有利于法国人将商品、教义及文化输入到遥远的中华帝国。⑤伍玉西、张若兰通过商船来华贸易的细节,得出对传教士而言,宗教利益永远高于商业利益的结论。⑥沈洋认为古代海上丝绸之路是1840年鸦片战争之前中国与海外国家之间政治、经济和文化交往的通道,考察与分析了法国在中欧海上丝绸之路中的历史地位。⑦但他们似乎对这一时期我国最重要的对外贸易监管机构粤海关与中法贸易的关系较少注意。本文拟从"安菲特利特"号首航中国作为切入点,结合相关档案史料,在粤海关监管角度下研究清代前期的中法贸易,并进一步发掘粤海关在中法贸易中的重要地位及作用。

---

① Edward Heawood, *A History of Geographical Discovery: In the Seventeenth and Eighteenth Centuries*, Cambridge: Cambridge University Press, 2012, pp.205 - 206.

② Paul Pelliot, *Le premier voyage de l'Amphitrite en Chine*, Create Space Independent Publishing Platform, 2018.

③ 耿昇:《从法国安菲特利特号船远航中国看17—18世纪的海上丝绸之路》,《西北第二民族学院学报(哲社版)》2001年第2期。

④ Joel Montague、肖丹:《首航中国的法国商船"安菲特里特号"兴衰史——兼论"安菲特里特号"与广州湾之关系》。

⑤ 严锴、吴敏:《贸易与宗教同行——以"安菲特里式"号中国之行为中心》,《法国研究》2013年第3期。

⑥ 伍玉西、张若兰:《宗教利益至上:传教史视野下的"安菲特利特号"首航中国若干问题考察》,《海交史研究》2012年第2期。

⑦ 沈洋:《法国在中欧海上丝绸之路中的历史地——以"海后"号两航广州为线索的考察》,《南海学刊》2016年第1期。

二、清代前期的中法贸易

16世纪初葡萄牙人的东来,开启了欧洲国家通过海路直接与中国贸易的时代,随后西、荷、英等国相继赴华贸易,谋取商利。法国亦不甘落后,于1664年组建东印度公司,意欲在印度及中国等地通商敛财,与列强展开竞争。1698年"安菲特利特"号从法国西部港口拉罗舍尔起锚,目的地为中国,揭开了对华直接贸易的序幕。

(一) 中法贸易的历史渊源及其宗教背景

对于法国,清代魏源的《海国图志》这样描述:"法兰西国,东连阿理曼国,西及西班牙国,南及地中海、意大理国,北及英吉利海峡。国广大六十二万七千方里,分八十六部落,田十万三千有余顷,圃园山林万八千有余顷。"① 清朝立国后不久,中法之间曾展开过一些商贸交往,"佛郎机"曾是当时中国人对法国的专称。此佛郎机有时又被写作佛朗机、佛兰西、佛兰哂、哋哂、弗郎西、发郎西、和兰西、法兰西、佛郎西、佛郎佳、佛郎机亚、佛郎济亚等。② 《清朝柔远记》记载中法的首次贸易来往地点在广东,时间是1647年:"顺治四年,佛郎机来广东互市。佛郎机即法兰西,一作佛兰西,欧罗巴洲大国也。东界日耳曼及瑞士、意大理亚,南界地中海、西班牙,西界西洋大海,西北界英吉利,北界比利时、日耳曼。"③ 亦有其他说法,认为法国于顺治十七年(1660)始派商船到广东开展贸易。④

---

① 魏源:《海国图志》卷41,岳麓书社,1998年。
② 庞乃明:《明清中国负面西方印象的初步生成——以汉语语境中的三个佛郎机国为中心》,《明清史研究》2019年第5期。
③ 王之春:《清朝柔远记》卷1,中华书局,1989年。
④ "法国于1660年顺治十七年始派商船到广东。"参见(民)金体乾:《海关权与民国前途》,文海出版社,1928年,第9页。"法国在华之商业殊不发达,其王未曾遣使远至北京,征求通商,1660年,始有商船来华。"参见陈恭禄:《中国近代史》卷1,香港中和出版有限公司,2017年,第45页。

16—17世纪对于欧洲国家就是探索的时代、基督教的传播、海外贸易的扩张以及海上的掠夺。葡萄牙最先崛起,带着武装商船沿着非洲海岸进入印度洋,强行参与亚洲贸易。其后荷兰及英国亦来到亚洲,荷兰东印度公司1602年成立,首间英国东印度公司于1600年成立。法国早期对远东的开拓,其中一个重要的任务就是传教事业。1660年大商人费马内(Lucas Fermanel)在发起组建专门从事中国、东京和交趾支那贸易的公司时,就指出了公司成立的两个主要目的,分别是"在中华帝国、东京和交趾支那王国及毗邻岛屿宣扬教义和发展贸易"以及"便于教皇陛下任命的主教大人们前往上述地区宣扬主的荣光并使当地民众皈依之"。① 为了给宗教传播创造必要的物质条件,法国贸易公司规定,所有法籍传教士皆可免费乘船。② 早期法国的港口并无商船直航中国,法籍传教士唯有乘搭其他国的贸易船只辗转赴华,整个行程往往要耗费数年时间。例如1685年法国国王路易十四派白晋等6名耶稣会士前往中国,其中5位初次抵华是在1687年,次年方进入宫廷服务。17世纪中后期法国国力逐渐增强,国王路易十四下令建立舰队和商船队,仿效英国、荷兰、葡萄牙等西欧国家成立贸易公司,大力拓展在亚洲地区的政治、经济和宗教利益,法国东印度公司也在这样的背景下应运而生,同时促进了资本主义工商业的发展。

(二) 法国东印度公司和法国商馆

早在1604年,国王亨利四世(King Henri IV)向一间贸易公司颁发一份为期15年与印度进行垄断贸易的特许状,但该公司无甚作为。③

---

① Henri Cordier, *Histoire générale de la Chine, et de ses relations avec les pays étrangers*, III, Librairie Paul Geuthner, 1920, p.305.

② *Règlement touchant la marine de la compagnie des Indes*, De l'Imprimerie, 1734, p.38.

③ Harry G. Gelber, *The Dragon and the Foreign Devils: China and the World, 1100 B.C. to the Present*, Bloomsbury Publishing, 2007.

1609年,有人提出仿照荷兰和英国,通过组织东印度公司开展对华贸易,但也迟迟没有得到落实。①然而无论是皇室扶植的公司或者私人商人,都未具备遣发商船远渡重洋前往中国的人力及物力条件。1660年法国曾为进行亚洲贸易而建造了一艘商船,但未来得及出航贸易就遭遇暴风沉没。②1664年,法国东印度公司正式创办,享有为期50年的贸易特许权,这个商业组织的目的是为了与英国和荷兰争夺在印度的利益。1698年法国开始试行派遣商船前往中国贸易,几十年间经历多次重组和贸易特许权转移。③由于商业贸易合作的国家政局不稳定以及英国海外贸易霸权的崛起,法国东印度公司的经营状况并不佳。甚至直到1768年公司商业资本和收益每年都在下降,但与中国的商业贸易活动中却获益丰厚。④

法国商馆的建立,与"安菲特利特"号两次成功到达广州息息相关。根据文献记载,1698年商船原目的地是宁波,由于在横穿印度洋时偏离预定航线,在季风结束前到达宁波已不可能,因此最终选择停泊广州。⑤为了获得税费优惠以及贸易便利等好处,"安菲特利特"号对粤海关及当地官员宣称为"御船",因此粤海关监督也没有像监管普通贸易商船那样对船只进行盘验。⑥为此康熙皇帝还派遣三位钦差到达广州,宣布免除"安菲特利特"号的"计量税(丈量费)"

---

① 沈洋:《法国在中欧海上丝绸之路中的历史地——以"海后"号两航广州为线索的考察》。

② 张雁深:《中法外交关系史考》,北京史哲研究社,1950年,第5、8页。

③ 例如1664年东印度公司(La Compagnie des Indes orientales ou La Compagnie française pour le commerce des Indes Orientales)创立;1700年"安菲特利特"号首航成功后一家新的中国商业公司(La Compagnie de la Chine)成立,东印度公司贸易特许权转让给这家新公司;以及1719年西方公司(La Compagnie d'Occident)、印度公司(La Compagnie d'Indes)和中国公司(La Compagnie de la Chine)合并组成东印度公司。

④ 解江红:《清代广州贸易中的法国商馆》,《清史研究》2017年第2期。

⑤ S. Bannister, *A Journal of the First French Embassy to China*, 1698 - 1700, p.86.

⑥ 伍玉西、张若兰:《宗教利益至上:传教史视野下的"安菲特利特号"首航中国若干问题考察》。

和"锚地税（船钞）"；允许随船到来的商人依其所请在广州购置房屋、设立商行。①1728 年，法国东印度公司就在广州设立了商馆并派驻人员。随着赴华商船及其商贸活动趋于稳定化，法国东印度公司在广州租屋设馆，起初由商馆主管及副主管负责，后由商馆人员及大班组成管理会料理通商事务。法国商馆主要承担保护法国与他国商人在中国商业活动中的利益，并维持清政府给予法国商船的优待政策；同时随着垄断贸易向自由贸易的转变，商馆经历了从东印度公司管理会、王家管理会到领事馆一系列"升格"的演变过程。18世纪后期随着法国国内大革命的爆发，以及其在海外霸权中与英俄等国之间战争的失利，法国东印度公司解散，其在华管理机构广州商馆也随之退出了历史舞台。②鸦片战争前（1832 年）法国重新在广州设立领事馆，虽然一定程度上为法国商人在华贸易往来提供了一定的支援，但无论形式或意义都发生了根本变化。

（三）中法贸易的商品及商船情况

通过较为紧密的贸易来往，当时中国对法国的商品有了一定的理解。《清朝柔远记》记载："（法兰西）土产铜、铁、铅、锡、矾、煤、水晶、玻璃、钟表、羽纱、呢绒、衣棉、蔗糖、葡萄。"③《海国图志》也有描述："（法兰西国）岁出葡萄酒，价银约万有六千万员，织绸缎极精巧。道光四年所载出之货物，约价银八千八百七万员。"④清代前期，清政府宣布开海贸易，中国进入了对外贸易的新阶段，广州口岸的对西洋贸易尤其兴盛，各国洋船所载货物琳琅满目。《澳门纪略》记载："（西洋商船）其来以哔吱、哆啰哒、玻璃、诸异香珍宝，或竟以银钱。其去以茶、以湖丝、以陶器、以糖霜、以铅锡、黄金，惟禁市书史、硝

---

① 杜赫德编，郑德弟、吕一民、沈坚译：《耶稣会士中国书简集》（I），大象出版社，2005 年，第 146 页。
② 解江红：《清代广州贸易中的法国商馆》。
③ 王之春：《清朝柔远记》卷 1。
④ 魏源：《海国图志》卷 41。

磺、米、铁及制钱。"①根据高第(Henri Cordier)所描述,欧洲船只前来广州贸易的货物是茶叶、瓷器、生丝、丝织品、漆器、画纸和其他物品。②法国也不例外,清代前期中法贸易的法国主要从中国输入茶叶、丝绸、瓷器三样数量最多的大宗商品。以陶瓷为例,1700年1月"安菲特利特"号从广州起锚回航,船上运载的物品包括丝织品、瓷器和茶叶。其中不同种类的瓷器就有181箱,并且销售理想,为公司带来了约50%的利润。③此后几十年陶瓷从广州出口至法国的数字更是不断上升,1721年有367件陶瓷进口,1722年则有333 060件陶瓷。④在1722年和1733年,法国东印度公司销售了1 128 149件中国陶瓷;1732—1747年间可能300万件以上中国陶瓷在法成功销售。⑤与此相反,他们带来的油画、法国宫廷人物肖像画、玻璃、毛纺织品(呢绒)⑥似乎不甚受欢迎,在广州的各国大班要想尽办法才可以勉强卖出。而银圆则是法国对中国输出的最大宗商品。根据《清宫粤港澳商贸档案全集》记载的法国商船入口广州的档案整理,发现大量法国商船运载银圆来华贸易的纪录。如"康熙五十四年(1715)壹只系法兰西船,无货,系装载番银来广置货"⑦、"康熙五十五年(1716)法兰西船六只……俱系载银来广置货"⑧、"雍正八年

---

① 印光任、张汝霖:《澳门纪略·官守》,成文出版社,1968年,第164页。

② Henri Cordier, *La France en Chine au XVIIIe siècle*, Vol II, Edouard Champion-Emile Larose, 1913, p.67.

③ Emilia Antiglio, *The Diffusion of Porcelaine des Indes in Eighteenth-Century France From Lorient to Paris and beyond*, 1720 - 1775, the World History Associaion/Phi Alpha Theta Undergraduate Paper Prize, 2015.

④ L. Dermigny, *La Chine et l'Ocident: le Commerce à Canton au XVIIIè Siècle*, 1719 -1833, Vol.I, Ecole Pratique des Hautes Etudes, 1964, p.390.

⑤ M. Crick, *Trade with France* (*Chinese Export Porcelain*), Vol.45, Oriental art, p.53.

⑥ S. Bannister, *A Journal of the First French Embassy to China*, 1698 - 1700, p.86.

⑦ 中国第一历史档案馆编:《清宫粤港澳商贸档案全集》卷7,中国书店,2002年,第84页。

⑧ 中国第一历史档案馆编:《清宫粤港澳商贸档案全集》卷7,第98—99页。

(1730)法兰西、英吉利……等国商船载来货物甚少,银两颇多……业有四十万两"①、"乾隆九年(1744)瑞国、法兰(西)国……洋船新开,装载哆啰绒、银子等货"②等。

"安菲特利特"号首航中国进行商贸等活动,开拓了中法贸易的局面。虽然有研究认为"安菲特利特"号首航到19世纪之初,中法贸易不甚重要③,然而中法贸易的商品及商船的研究显示,直至鸦片战争前,来华的法国商船基本上尽泊广州口岸,并曾经成为除英国外与中国贸易最活跃的欧洲国家,我们从法国在广州建立商馆的时间次序就可以了解一些端倪。据马士的《东印度公司对华贸易编年史》记载资料整理,最早在广州建立商馆的是英国东印度公司,约在1699年10月,英国商船"麦士里菲尔德"号的商人在广州租赁了一间房屋并开始建立商馆。1720年后法国东印度公司在广州设立商馆。1727年荷兰才得准在广州设立商馆,然后1730年西班牙、1731年丹麦、1732年瑞典。④《清宫粤港澳商贸档案全集》显示,在康熙五十四年(1715)至雍正十三年(1735)间,几乎每年都有法国商船出入广州的记录。以雍正年间为例,雍正七年(1729)粤海关监督祖秉圭奏:"仰赖我皇上仁恩远播,海外各国群赍所产,争来贸易,自六月十八日起,至今有英吉利、法兰西、河兰等国洋船陆续已到八只,闻接踵而至者尚有数帆。"⑤雍正八年(1730)祖秉圭再奏:"海外各洋法兰西、英吉利、河兰……等国商船大小陆续共到一十三只,历考从前,

---

① 中国第一历史档案馆编:《清宫粤港澳商贸档案全集》卷7,第434—439页。
② 中国第一历史档案馆编:《清宫粤港澳商贸档案全集》卷7,第933页。
③ "(法)国商业规模甚为狭小,无甚可志。通商希望,亦不激昂。"参见(民)金体乾:《海关权与民国前途》,文海出版社,1928年,第9页。"1728年,该机构在广东设立了一间商馆,但在整个18世纪里,法国的贸易始终是无足轻重。"参见(美)徐中约:《中国近代史》卷1,香港中文大学出版社,2001年,第89页。"法国在华之商业殊不发达……1728年设立商馆而贸易仍无进步。"参见陈恭禄:《中国近代史》卷1,香港中和出版有限公司,2017年,第45页。
④ 马士著,区宗华译,林树惠校,章文钦校注:《东印度公司对华贸易编年史(一六三五——一八三四)》,广东人民出版社,2016年。
⑤ 中国第一历史档案馆编:《清宫粤港澳商贸档案全集》卷7,第399页。

实为仅见,是皆圣主仁恩远播,重译闻风向化,是以争来恐后。"①18世纪中后期,法国国内以及国际形势发生重大的变化,包括1754—1763年的"七年战争"中法国被英国夺取了大量海外殖民地、1774年美国独立战争爆发后欧洲各国在海上贸易方面发生了各类纠纷、1789年法国大革命爆发等,都严重影响前来广州贸易的法国商船数量。1778—1782年,几乎没有任何一艘法国商船来到广州。虽然与英美相比,来华船只呈逐渐下降的趋势,然而法国亦继续维持着派遣船只前往广州进行贸易。

三、中法贸易中粤海关的地位及作用

自古以来,广州一直就是沿海对外贸易的重要商埠,到明清时期逐渐形成了多条广州至世界各洲的贸易航线。广州航线所处的季风带,决定了西洋商船选择航行到这里作为贸易落脚点,由于广州本身并不直接处在海岸线上,清政府可以通过珠江河道有效管制外国商人的进出。②到了18世纪初,广州口呈现出最方便于中国和外国商人进行贸易的潜力,广州对中国和欧洲国家的贸易日趋重要。粤海关作为当时中国官方的一个监管机构,在清代前期中法贸易中扮演着重要角色。

(一)粤海关的设立及相关职能

康熙二十二年(1683)台湾被收复,清政府开始逐步考虑开海展界事宜:"时沿海居民虽复业,尚禁商舶出洋互市,施琅等屡以为言。又荷兰以曾助剿郑氏,首请通市。许之。而大西洋诸国因荷兰得

---

① 中国第一历史档案馆编:《清宫粤港澳商贸档案全集》卷7,第434页。
② Peter C. Perdue, "Rise & Fall of the Canton Trade System," at https://visualizingcultures.mit.edu/rise_fall_canton_01/pdf/cw03.essay03.pdf.

请,于是凡明以前未通中国、勤贸易而操海舶为生涯者,皆争趋。疆臣因请开海禁。"①康熙二十三年(1684),对于九卿等议覆、户科给事中孙蕙疏言"海洋贸易、宜设立专官收税。应如所请",康熙就下旨:"海洋贸易、实有益于生民。但创收税课、若不定例、恐为商贾累。当照关差例、差部院贤能司官前往、酌定则例。"②同年亦正式解除海禁:"令福建、广东沿海民人,许用五百石以下船只出海贸易,地方官登记人数,船头烙号,给发印票,防汛官验放拨船。"③及后,"设粤海、闽海、浙海、江海榷关四,于广州之澳门、福建之漳州、浙江之宁波府、江南之云台山,署吏以莅之"④,专责对海运进出口船舶和货物、人员监管的事务。其中唯粤海关最重要,专置监督,其余三处海关则辖以地方将军或巡抚。《粤海关志》载:"粤海关管理总口七处,以省城大关为总汇,稽查城外十三洋行及黄埔地方,各国夷船进口出口货物。"⑤粤海关口岸监管机构,按功能分类大致分为"正税之口""挂号之口""稽查之口",这些口岸均可承担实际监管征税的职责任务。正税之口设置分布在沿海各县,对进出口船货征收正税、船钞等。商人俱赴所在口岸海关正税口缴纳关税。当货船进出贸易口岸之时,所在地的挂号之口则办理申报、丈量、查验、核销、放行等通关管理程序。稽查之口则负责对进出粤海关各口岸船只及货物的稽查,但不征收关税,如发现偷漏关税行为,则由稽查人员押送到正税口补缴关税和罚款。⑥它们属于具体执行总口指令和业务操作的机构,类似当今海关的查验、缉私、稽查等部门。

对西洋商船的监管,粤海关有明确的规定:"至夷船到口,即先报澳门同知给予印照,注明船户姓名,守口员弁验照放行,仍将印照

---

①④　王之春:《清朝柔远记》卷2。
②　《康熙朝实录》卷115。
③　《清文献通考》卷33《市籴二》,王云五主编:《万有文库》(第二集),商务印书馆,1936年,第5155页。
⑤　梁廷枏著,袁钟仁点校:《粤海关志》卷7《设官》,广东人民出版社,2014年,第121页。
⑥　戴和:《清代粤海关税收述论》,《中国社会经济史研究》1988年第1期。

移回缴销,如无印照,不准进口。"①一位法国东印度公司人员这样形容粤海关的大致监管流程:"所有欧洲人来到这里时,都会对这样的场景印象深刻。大量的船只来来往往,川流不息。河岸入口处设有多处关卡,对河口进行防御,防止偷税漏税……船一停泊至黄埔港,就有海关人员乘两艘中国船只来到船旁,上船检查。所有的货物都得付进出关税,也有些货物是禁止的,例如带入鸦片、运出白银。海关人员会发放一张通行证,任何物品在没有得到许可之前是不能卸货。"②有研究查考了外国文献中关于船舶丈量的记录,并推测粤海关监督通常要亲自出席丈量仪式这样的规律。这一仪式通常会在黄埔港举行,有时也会在澳门(如康熙三十八年)举行。③对于不同种类船只的税费征收,《粤海关志》明确记载:"贡船、渔船则免税。"为了获得税费优惠以及贸易便利等好处,"安菲特利特"号首航中国时,对粤海关及当地官员宣称为"御船",随船传教士白晋亦说明自己具有"钦差"的身份,粤海关及当地官员误以为"御船"即为来华进贡的"贡船"。最后商船估计约减免了 12 000—15 000 两纹银的船钞。④

(二)贸易口岸管控职能的具体实施

《粤海关志》记载:"粤东之海,东起潮州,西尽廉,南尽琼崖。凡分三路,在在均有出海门户。"⑤清代前期,欧洲各国纷纷以广州为中心开展对华贸易,并逐渐形成了在中西贸易史上重要的"广州贸易体制"。在这种体制下,粤海关负责进出口贸易监管,十三行负责同

---

① 梁廷枬著,袁钟仁点校:《粤海关志》卷17《禁令一》,第342页。
② Charpentier Cossigny, *Voyage à Canton, Capitale de la Province de ce nom, à la Chine, par Gorée, le Cap de Bonne Espérance, et iles de France et de la Réunion*, pp.72 - 73.
③ 阿海:《雍正十年:那条瑞典船的故事》,线装书局,2006年,第42页。
④ S. Bannister, *A Journal of the First French Embassy to China, 1698 - 1700*, pp.140 - 141.
⑤ 梁廷枬著,袁钟仁点校:《粤海关志》卷5《口岸一》,第63页。

外商贸易并管理约束外商。在西方的史料里,有些记载"(在黄埔挂号口)要遭受中国人对外国人的种种刁难"①,"对海关胥吏、书办等不使规银……在办事过程中麻烦不断"②,同时要"安排了公司的大班们给广东巡抚、广东粮驿道、粤海关监督送礼"③,或者外国人一些对当时政府行为的不理解④,各种研究、史料均表明粤海关在清代前期中法贸易中是重要角色之一。根据史料记载,"安菲特利特"号分别停泊澳门、虎门、黄埔等口岸,粤海关会同澳门同知等官方机构实施具体管控,包括派出内河引水、签发"部票"、准许开仓贸易、并处罚"在粤海关监督发出贸易许可之前进行贸易的中国私商"⑤。商船最终亦只停留在广州进行贸易后返回法国,并于1702年再度驶到中国广州贸易。此后法国东印度公司也在广州设立商馆,继续与粤海关和行商打交道,并在1745年取得了在黄埔挂号口附近建造货栈的特别许可,堆放船具和存放货物较为便利,再"无舍广州求宁波的意愿"。⑥因此,中法贸易长期在地方政府、军队和粤海关监管之下进行。

根据《清宫粤港澳商贸档案全集》档案整理,以英法为主来华商船,其贸易商品除了茶、丝、瓷、银等物外,还有毕吱缎、哆啰呢、哆啰绒、羽毛、洋布、鱼翅、胡椒、木香、檀香、紫檀、苏合香、乳香、没药、西谷米、自鸣钟、小玻璃器皿、玻璃镜、丁香、降香、棉花、沙藤、藤子、深藤、黄蜡、燕窝、黑铅等物,当中涉及不同的税款征收情况。清政府自康熙二十八年(1689)正式颁布钦定粤海关税则,此后进行多次补

---

① 解江红:《清代广州贸易中的法国商馆》。
②③ 伍玉西、张若兰:《宗教利益至上:传教史视野下的"安菲特利特号"首航中国若干问题考察》。
④ 根据《东印度公司对华贸易编年史(一六三五——一八三四)》内容整理推断。
⑤ S. Bannister, *A Journal of the First French Embassy to China*, 1698 - 1700, p.133.
⑥ 严锴:《18世纪中法海上丝绸之路的航运及贸易》,《甘肃社会科学》2016年第3期。

充修订和完善,至乾隆十八年(1753)固定下来。该年修订的税则计有"正税则例""比税则例"和"估值册"三种,较以前的税则更完整详细。① 粤海关税则包括了进口货物和出口货物在内的系统分类,对进出口货物实行较为明确的"值百抽五"税率;实行不同的征收关税方式(从量税和从价税,以从量税为主);明确了关税的保管、分配和报解等制度;建立了税收考核、奖惩制度的法律基础。同时,清政府亦会根据贸易以及商船进出的情况调整相关政策,就在"安菲特利特"号来到广州的那一年夏天,康熙下旨减粤海关额税:"广东海关收税人员搜括商船货物,概行征税,以致商船稀少,关税缺额,且海船亦有自外国来者,如此琐屑,甚觉菲体。着减额税银三万二百八十五两,着为令。"② 粤海关对进出口商品的结构进行了差别化的设计,根据政府要求对税收进行干预,使关税在对外贸易发展中起到了重要的调节和促进作用,进一步吸引包括法国在内的西洋商船前来广州进行贸易活动。

(三) 怀柔外夷政策的主要执行者

在明代初,明太祖就确立了对前来中国朝贡③的国家实行"厚往薄来"的原则,以实现"怀柔远人"的政治目的。清政府也以天朝大国自居,延续了"怀柔"的思想。如顺治八年(1651)《广东巡抚李栖凤题报澳门西洋人头目委黎哆呈递投诚文书祈一视同仁本》记载:"皇上德教覃敷,遐迩咸服,洋人莫不畏威怀德……加以安抚,以示怀柔。"④ 雍正二年(1724)《两广总督孔毓珣奏请准许西洋人在广州天主堂居住并限定澳门洋船数目折》记载:"外来洋船向俱泊于近省

---

① 广州海关编志办公室编:《广州海关志》,广东人民出版社,1997年,第211—212页。
② 王之春:《清朝柔远记》卷3。
③ "朝贡",是指藩属国向宗主国表示臣服的一种政治制度和礼仪形式。藩属国朝贡时一般都会向宗主国皇帝进献本国的珍品,宗主国也会回馈大量的珠宝财富,"朝贡"也附带了一定的商业贸易行为。
④ 中国第一历史档案馆编:《清宫粤港澳商贸档案全集》卷1,第2页。

黄埔地方,来回输纳关税……不许误其风信,致令守候,则远人得公平交易而去。"①为便于管控,清代前期对朝贡的次数、船和人的数量都有明确的规定:"要之三年一贡,船不过三,人不满百,患亦可杜,防亦少周……扬我大清怀柔德意。"②在设立海关后,清政府仍然重在治理而相对看轻征收关税,同时还沿用一系列繁复的朝贡手续以显示"天朝上国"之威。

清代前期,广东货物贸易以海上和水道运输为主,船只有贡舶和商舶之分,船只进出均需要向粤海关申报,粤海关按照船只大小分等级征收不同税额的船钞,类似于现在的船舶吨税。《粤海关志》载:"清康熙二十三年(1684)……应将外国进贡定数船三只内,船上所携带货物,停其收税。其余私来贸易者,准其贸易。"③当经济利益考虑与怀柔外夷考虑出现矛盾时,清政府更多的是将怀柔放在第一位。以"安菲特利特"号商船为例,当时法国人声称是法国国王派来的,而且给中国皇帝准备了"贡品",粤海关与当地官员履行了清政府所赋予的外交及监管职能,派出内河引水、于黄埔挂号口鸣礼炮欢迎、依例减免有关税费、把船长当成贡使并请进广州的"公馆"。然而清政府对贡舶进行朝贡是有具体规定,《海道贡国说》中的"入贡通例"说明"顺治元年定外国朝贡,以表文方物为凭,该督抚查照的实方准具题入贡"④。广东巡抚李栖凤在题报荷兰船只来粤要求贸易一事中亦强调:"外夷之入贡也,入必有其道,贡必有定期,金叶表文所以道其诚。"⑤同时贡舶进口的贡物一般都有清单、清表,详细列明了贡物的名称、数量,核实后方可以验放。及后亦因为发现并非如此,这其实是"四不像的御船",广东官员无惯例与成法可循,因

---

① 中国第一历史档案馆、澳门基金会、暨南大学古籍研究所编:《明清时期澳门问题档案文献汇编》卷1,人民出版社,1999年。
② 中国第一历史档案馆编:《清宫粤港澳商贸档案全集》卷1,第9页。
③ 梁廷枏著,袁钟仁点校:《粤海关志》卷8《税则一》,第157页。
④ 梁廷枏:《海道贡国说》卷1《暹罗国一》,华文书局,1968年,第6页。
⑤ 中国第一历史档案馆编:《清宫粤港澳商贸档案全集》卷1,第8页。

此由原来具"模糊的政治联系"和"带有官方色彩"的外交往来"获得了免征关税的待遇",到后来发生了依例暂时"封仓"、根据皇帝敕令必须"限日驶离黄埔港"等一系列事件。以上情况都反映了粤海关成为清政府对西欧各国怀柔外夷政策的主要执行者之一,履行了一定的外交职能。

四、结　　语

1698年,法国商船"安菲特利特"号首航中国,开启了中法贸易的历史性新篇章。直至鸦片战争之前,所有来华贸易的法国商船均停泊广州口岸,开展各种商业、文化、外交等活动,接受粤海关监管。本文从"安菲特利特"号的首航作为研究切入点,结合相关档案史料以及专家学者的研究成果,梳理了清代前期中法贸易的概况,并尝试从粤海关的设立及相关职能等,进一步发掘粤海关作为当时中国官方的一个关键代表,成为清代前期中法贸易的重要监管机构,在其中扮演了显著的角色。

"安菲特利特"号与18世纪法国的"中国器物热"和"中国风"*

法国洛里昂法国东印度公司博物馆　布里吉特·尼古拉（Brigitte Nicolas）撰；中山大学中文系　郭丽娜译注

一、"安菲特利特"号返航前欧洲进口的中国物品以及欧洲对中国物品的认识

"安菲特利特"号的货物在1700年分散拍卖，这是中国商品首次在法国销售。而早在1700年之前，经陆上丝绸之路流入欧洲的中国商品虽数量不多，但仍引起了欧洲大贵族对远东器物的浓厚兴趣，特别是神秘的瓷器。中国瓷器结实，光泽度好，十分精致，触感柔滑，洁白无瑕，令西方着迷。瓷器的材质是动物性的呢，还是矿物性的呢？西方科学界对瓷器成分存在各种猜测，这本身就增加和提升了瓷器的魅力。在卢浮宫考古遗址中，出现青白瓷（Qingbai）碎片，这说明14世纪法国宫廷已经使用来自中国的瓷器。已知在德·贝里公爵（duc de Berry, 1340—1416）的收藏品中，有一件非常漂亮的镶边白瓷。16世纪初期起，葡萄牙国王曼努埃尔一世（Manuel Ier）便命令印度总督弗郎西斯科·德·阿尔梅达（Francisco de Almeida）和阿方索·德·阿尔布克尔克（Afonso de Albuquerque）在远征亚

---

* 基金项目：《广州大典》与广州历史文化研究重点课题"法国商船'安菲特利特'号与广州"（2018GZZ005）。

洲时带回绘有王室徽章的定制中国瓷器。绘有曼努埃尔一世浑天仪徽章的青花执壶①是欧洲最早的定制中国瓷器。

1557年葡萄牙人获许在澳门定居,且每年两次到广州采购②,于是贸易情况发生变化,葡萄牙国王的船队将成千上万的中国货物运回里斯本。在整个16世纪中,葡萄牙对亚贸易遥遥领先于欧洲其他国家。里斯本成为人人趋之若鹜的异国商品的卸载港,而其中最受欢迎的商品也成为宫廷的珍贵外交赠品。16世纪中叶,旅行者游历葡萄牙首都里斯本时,均描述过不同商行的中国物品,琳琅满目,数不胜数。威尼斯大使提婆罗(Tiepolo)难掩内心的兴奋,1571年在日记中写道:"精美的生丝……大量瓷器……黑漆器具和家私,像乌木一样发亮;象牙匣子,上面刻有人物,并镶嵌着金子和红宝石;用印度檀香木和金子制成的女用折扇。"③中国商品的到来在里斯本引领新风尚。1580年前后,努埃瓦街(Rua Nueva)六位卖家推波助澜,使绸缎、瓷器、漆器和折扇流行一时。历史学家安娜玛丽·乔丹·克施文德(Annemarie Jordan Gschwend)的研究证明,卖家们用东方物品激发起文艺复兴时期里斯本的狂热。④葡萄牙摄政皇

---

① 参见1992年3月9日至4月30日里斯本克鲁斯皇宫展览和1992年5月19日至8月31日巴黎吉美亚洲艺术国家博物馆展览《从塔霍河到中国海:一部葡萄牙史诗》的目录,国家博物馆联盟编,巴黎:1992年,第70页(*Du Tage à la Mer de Chine*, *une épopée portugaise*, catalogue d'exposition, Palacio Nacional de Queluz, Lisbonne, 9 mars-30 avril 1992, Musée national des arts asiatiques Guimet, Paris, 19 mai-31août 1992. Ed. Réunion des musées nationaux, Paris, 1992, p.70.).

关于绘有曼努埃尔一世浑天仪徽章的执壶,参见万明:《明代青花瓷的展开:以时空为视点》,《历史研究》2012年第5期。——译注

② 参见路易·德尔米尼:《18世纪的广州贸易,1719—1833》,SEVPEN;国家印书厂,1964年,共4卷。(Dermigny Louis, *Le Commerce à Canton au XVIIIe siècle. 1719 - 1833*. SEVPEN, Imprimerie nationale, 1964. Vol 4.)

③ 安娜玛丽·乔丹·克施文德、K.J.P.罗伊:《全球化的城市:文艺复兴时期的里斯本街道》,保罗·霍尔贝通出版社,2014年,第47,244—245页。(Annemarie Jordan Gschwend and K.J.P. Lowe, *The Global City*, *on the Streets of Renaissance Lisbon*. Paul Holberton Publishing, 2014, pp.47, 244 - 245.)

④ 参见安娜玛丽·乔丹·克施文德、K.J.P.罗伊:《全球化的城市:文艺复兴时期的里斯本街道》。

后奥地利的凯瑟琳(Catherine de Austria,1507—1578)把东方商品赐给亲信,在欧洲掀起了一轮小奢侈品风潮。这证明了葡萄牙王国的强大,也只有她才配得上"欧洲对亚贸易之主"的称号。由于扇子免税,里斯本到处都是扇子。1630年,印度总督米格尔·德·诺罗尼亚(Miguel de Noronha)指挥三艘商船,载回多达1.9万把扇子。迭戈·德·卡斯特罗(Diego de Castro)一个人就载回1万把![1] 此外,葡萄牙船只将成千上万的明代克拉克瓷(Kraak)运回欧洲。1620年,葡萄牙"圣地亚哥号"(Sao Tiago)在圣赫勒拿岛附近被抢掠,船上估值150万荷兰盾的克拉克瓷由荷兰东印度公司在米德尔堡出售。这次销售激发起荷兰人对青花瓷的热情[2]。

图1 绘制蝴蝶花鸟图案的克拉克瓷盘,产于明代万历期间(1573—1620)
青花瓷盘系列,直径37厘米,洛里昂市法国东印度公司博物馆收藏,编号 Inv. 2012.12.1

---

[1] 参见安娜玛丽·乔丹·克施文德、K.J.P.罗伊:《全球化的城市:文艺复兴时期的里斯本街道》,第262—266页。

[2] 参见罗曼·贝尔当:《均势贸易史:16—17世纪东西方相遇述略》,巴黎:瑟伊出版社,2011年,第201页。其中包括5个大花瓶和650—700个碗碟,是托斯卡纳商人弗朗西斯科·卡雷蒂在1598年驻留澳门期间赴广州十三行采购的。(Romain Bertrand, L'Histoire à parts égales: récit d'une rencontre Orient-Occident, XVIe - XVIIe siècle, Paris: Seuil, 2011, p.201. Parmi elles, 5 grands vases et de 650 à 700 assiettes, écuelles, etc, que Francesco Carletti, un marchand Toscan, avait acquis à la foire de Canton durant son séjour à Macao en 1598.)

图 2　里斯本桑托斯宫的克拉克瓷屋顶

也就是说,在"安菲特利特"号首航返回南特之前,欧洲(起码贵族阶层)已对远东商品有相当的了解。1553 年,意大利美第奇家族的王公们拥有 400 件中国瓷。①1677—1689 年,英国女王玛丽二世(Mary II),也即荷兰奥兰治纪尧姆三世(Guillaume III)的王妃,收藏了 1 000 多件来自中国和日本的瓷器。法国的大收藏家首推红衣大主教黎士留(Richelieu,1585—1642),他在红衣大主教宫(即现在的巴黎皇宫)收藏了 400 件瓷器,后来又增添了各类漆器和一扇中国屏风。②1670 年之后,王室还专门修建存放瓷器的收藏室。路易十四的皇太子命人布置凡尔赛宫的金色收藏室,来展示他的 381 件瓷器。③这些藏品主要是通过中间商从荷兰东印度公司购得的,只有

---

①　参见斯泰芬·卡斯特卢西奥:《中国与日本瓷器鉴赏》,圣勒米昂洛莫内勒·海约出版社,2013 年,第 45—49 页。(Stéphane Castelluccio, *Le Goût pour les porcelaines de Chine et du Japon*, Saint-Rémy-en-l'Eau, Editions Monelle Hayot, 2013, pp.45-49.)

②　莫尼卡·科普林:《17 世纪法国漆在欧洲的诞生》,安娜-福莱·卡利尔主编:《漆的秘密·马丁漆》,巴黎装饰艺术出版社,2014 年,第 12 页。(Monica Kopplin, *Naissance des laques françaises dans le contexte européen du XVIIe siècle*, in Anne-Forlay Carlier(dir.), *Les Secrets de la laque, le vernis Martin*, Ed. Les Arts Décoratifs, 2014, p.12.)

③　斯泰芬·卡斯特卢西奥:《中国与日本瓷器鉴赏》,第 57 页。

少数由法国公司采购。当时法国公司的个别商船确实能够借"在印度从事印度贸易的名义",从东南亚万丹(爪哇)和北大年(暹罗)的某些商行采购中国商品。早在1614年,"克洛弗"号(Clove)船长萨瑞斯(Saris)就曾建议他的东印度公司法国同行:"莫在万丹购胡椒或者中国商品,如果二月初有时间去暹罗北大年,在那里的港口,你会遇到中国帆船,做成大买卖,价廉物美,关税低。"①

法国人在房间里除了摆放瓷器之外,还在做工考究的欧式横档上放置中式或日式橱柜。1675—1680年间,亨利·加斯卡(Henri Gascar)②绘制了一幅蒙特斯庞夫人(Madame de Montespan)肖像画,背景是两个立在横档上的亚洲大漆柜,上面摆放着青花瓷。国王的枢机主教马扎然(Mazarin)酷爱远东器物,1661年去世时,其藏品清单上列有26个中国漆盒。③

正是在马扎然红衣大主教的影响下,法国从17世纪60年代起出现远东器物热,并有一专门术语"中国器物热"(le lachinage)来指称这一风潮④。这一风潮因暹罗国王帕·纳拉伊(Phra Naraï)向路易十四及王公贵族赠送大批礼物这一事件而变得激涌。1686年,首任暹罗大使到达巴黎,带去大量中国和日本的瓷器、漆器、织物、金

---

① A. 乔弗雷:《金色东方出口市场:瓷器及其对欧洲器物的影响》,格拉纳达出版社,1979年,第21页。(Geoffrey, A., Godden Oriental export market: porcelain and its influence on European wares. Ed. Granada, 1979, p.21.)

② 佛罗伦萨乌菲齐宫油画:《克拉涅堡的德·蒙特斯庞侯爵夫人(弗朗索瓦丝·阿泰纳伊斯·德·罗什舒瓦尔)肖像》,亨利·加斯卡尔,制作于大约1679—1685年,博物馆编号:inv. 2837。(Henri Gascard, Portrait de Françoise Athénaïs de Rochechouart, marquise de Montespan au château de Clagny, vers 1679 - 1685, huile sur toile, Florence, Palais des Offices, inv. 2837.)

③ 参见吉田忠子、克洛迪娜·勒布伦-儒弗:《1661年红衣主教马扎然去世后的财产清单》,《法兰西铭文与美文学院文集》第30卷。(Tomiko Yoshida-Tadeka et Claudine Lebrun-Jouve, Inventaire dressé après le décès en 1661 du cardinal Mazarin, Mémoires de l'Académie des inscriptions et des belles lettres, t.30.)

④ H. 贝莱维奇-斯坦凯维奇:《路易十四时期法国的中国品位》,茹弗出版公司,1910年,第87页。(H. Belevitch-Stankevitch, Le Goût chinois en France au temps de Louis XIV. Jouve & Cie, 1910, p.87.)

银器、木偶、壁纸和画卷①,充盈了王家宫室,也使几个世纪以来西方对远东财富的抽象幻想得以具体化。

二、"安菲特利特"号运回的中国商品

(一)"安菲特利特"号的商品清单

"安菲特利特"号的商品清单保存在普罗旺斯—艾克斯海外殖民档案馆中。②《文雅信使》(*Mercure Galant*)在1700年刊登过这份清单③,为东印度公司位于南特(谢齐耐,Chézines)的商店进行商品拍卖做广告:"印度公司广而告之,将于10月4日起连续几天在南特出售商船载回的货物,8月2日和9月出售'安菲特利特'号从中国载回的商品。"

在拍卖品中,除了中国白铜、铜、茶叶、樟脑和大黄,还有成包的头发、墨水、"用于铸币的金饼"和大量丝织品,如花缎、锦缎(Damas)、图尔的格罗斯(Gros de Tours)④、单色缎、方格缎、条纹缎、"英式"布块、"萨亚"布块(Saya)或小塔夫绸、潘西(Pansi)和东京(Tonkins)布块、织金与织银面料、绉纱与薄纱、镶边白缎挂毯和丝绸小餐巾。

某些丝织品是用欧洲词汇来命名,比如"图尔的格罗斯"和"英式布块"(Façon d'Angleterre),非常滑稽,不过这也说明商船采购人员面对形形色色的中国丝绸时不仅没有方寸大乱,而且还将它们与欧洲产品进行类比。除了织物之外,还有绘着花朵、用金子或丝绸

---

① H. 贝莱维奇·斯坦凯维奇:《路易十四时期法国的中国品位》,第156—162页。

② 法国普罗旺斯—艾克斯海外殖民档案馆(ANOM)档案,文献号C1 17。该文献未出版。

③ 巴黎皇宫文献:《文雅信使》,1700年,第205—213页。

④ 一种横棱绸,比塔夫绸更结实。——译注

镶边的广州或南京信笺以及一些画卷，令人吃惊的是，竟然还有107幅画。"安菲特利特"号上有后来常见的中国壁纸吗？这个问题有待后续整理，再加以回答。接着是折扇或折扇半成品、屏风，还有系列生漆器，被归在"Verny"（漆器）一类，包括盒子、写字台、酒桌、剃须盆和橱柜。写字台和橱柜属于"精细漆器"类，有"描金花枝图案"。令人遗憾的是，并不是所有瓷器都能够被识别，特别是"精致瓷器"类。不过还是可以识别出如下瓷器：水壶、碗、盆、执壶、茶托、剃须盆、盘、碟、水罐和茶罐、瓶、平底大口杯、茶杯、玻璃杯、糖罐、盐瓶和壁炉配件。对这些瓷器与某些漆器进行归类，可以说明当时中国人已经懂得按照葡萄牙采购商（尤其是英格兰采购商）的订单要求来生产对欧出口产品。17世纪末期，厦门早已是英格兰采购定制商品的港口，英格兰采购商带来金银制品、锡制品甚至是木制品的模板，到厦门定制符合欧洲餐台和盥洗室规格的配件。

除了中国货物外，还有"日本货物"：橱柜、办公台、匣子、盒子、38架屏风以及酒桌、茶壶和巧克力壶……珐琅制品没有出现在"安菲特利特"号的第一批货物中，而是出现在1703年的那批货物中。

（二）一份指令性清单，有助于了解"安菲特利特"号上的中国商品

法国海外殖民档案中保存有一份文献，标题为《清单：送即将赴华采购的"皇家雅克"号（Royal-Jacques）船长德·朗日里先生（de Langerie）》（以下简称《清单》）。① 文献是新成立的中国公司②所撰

---

① 法国普罗旺斯—艾克斯海外殖民档案馆（ANOM）档案，文献号 C1 17，第87—103页。

② 法国东印度公司在科尔贝推动下成立于1664年。法国富商儒尔丹从法国东印度公司获得向东方派遣商船进行贸易的许可，"安菲特利特"号首航得到的利润让法国政府和商人看到了商机，儒尔丹随后组建一个新的"中国公司"（la compagnie de la Chine），专事中国贸易。18世纪法国东印度公司因法国与荷兰爆发战争而濒临破产，1719年5月，约翰·劳将"西方公司""印度公司"和"中国公司"合并组成新的东印度公司，其特许经营权持续到1770年（参见解江红：《清代广州贸易中的法国商馆》，《清史研究》2017年第2期）。由此可见，该《清单》应该是成文于1719年5月之前。——译注

写。新中国公司获得法国对华贸易特权,名下两艘商船"掌玺大臣"号和"弗朗索瓦"号曾在1702年和1704年间到广州从事贸易。当"皇家雅克"号打算赴华采购时,公司根据"安菲特利特"号的两次贸易经验,再结合"掌玺大臣"号和"弗朗索瓦"号的贸易经验,发出指令,罗列出哪些中国商品适宜带回欧洲,哪些是不合适的。除了大黄、樟脑、茶和丝绸之外,《清单》特别推荐了如下货物:瓷器、漆柜、屏风、清漆假发匣、酒桌、折扇、铜质煮壶。这份《清单》与《文雅信使》上的货物清单形成了增补,从另一个角度提供了南特的中国拍卖品的状况。这是一份珍贵的稀有文献,尚未出版。对这份文献进行研究,有助于理解商船所在公司的务实性贸易策略。目前看来,这份文献起码说明了法国人对中国物品的品位在整个18世纪是不断变化的,这就迫使唯一有权从事东方商品买卖的贸易公司和中间商不断地调整销售策略,推陈出新。

德·朗日里船长最先收到的指令是关于瓷器。指示十分简短,仅建议船长在购买大件瓷器时必须谨慎。这意味着"安菲特利特"号带回的瓷器未必符合欧洲一般消费者的期待,而那批瓷器是当时景德镇作坊生产的青花瓷,其中极可能有中国家庭绿瓷。

图3 中国家庭绿瓷,法国东印度公司博物馆收藏

《清单》写道,"橱柜在船上很占空间",易损坏,且"难以修补,销量也少,因此建议德·朗日里先生不宜采购"。关于屏风,"彩绘屏风在法国销量好,采购大件屏风耗时,德·朗日里先生可以载回100

件,小件宜多,大件宜少。但须精心挑选,以黑漆描金花枝屏风为好,不能含任何石质。以前曾运回此类屏风,但没有销路,因为石子易跌落,难以长期固定在木头上。石料需用金属固定,这样的处理方法在中国成本不高,但在法国手工费颇高,大大影响公司的屏风销量"。至于假发匣,"需进口一千多个三件套,即三件一套装,其中一半是红漆镶金边,另一半是黑漆镶金边,均配精美铜锁"。关于漆酒桌和漆托盘,"根据销售经验,运回大、中、小三种漆器酒桌。中型酒桌销量最少,不宜大批进货。大型可以用作餐桌,而小型若不用于收藏酒具,也可用于收藏贵重物品。特告知德·朗日里先生如下两件事:一、必须带有金色龙纹;二、必须是红漆黑漆各占一半。可带回2 000件大酒桌和1 000件小酒桌"。《清单》对图案提出具体要求:镶金边和绘金色龙纹。这说明在那个时代,纯粹中式图案因其异国情调而受到欢迎。

图4　饰画镶金漆木,产于清乾隆时期(1736—1795),
洛里昂法国东印度公司博物馆收藏,编号 Inv.20

扇子存在严重问题:"公司驻广州代理人在折扇进货上表现得非常糟糕。'安菲特利特'号运回的扇子尺寸太大,而且质量低劣。折扇种类多,但很普通。'掌玺大臣'号和'弗朗索瓦'号[①]带回的竹

---

① 新成立的中国公司垄断对华贸易,1704年购买"弗朗索瓦"号和"掌玺大臣"号。两艘商船于1707年到达中国。安德烈·莱斯帕尼奥尔曾指出,这两艘法国商船没有到达中国,甚至连秘鲁都没去,但这份文件似乎说明事实并非如安德烈所言。参见安德烈·莱斯帕尼奥尔:《圣马洛的先生们,路易十四时期的商贸精英》,雷恩大学出版社,1997年,卷2,第655页。(André Lespagnol. *Messieurs de Saint-Malo, une élite négociante au temps de Louis XIV.*, t2. Rennes, Presses universitaires de Rennes, 1997, p.655.)

扇比'安菲特利特'号的大,都是同一类型,价格低廉。公司请德·朗日里先生吸取经验教训,切勿购买大折扇,带回2 000把小折扇,包括竹扇黑漆扇和红漆扇,扇面以烫金纸为好,部分有图画,部分为金色折页纱扇。"①"安菲特利特"号商品畅销的神话被扇子打碎了。这份文件也透露出如下信息:公司对折扇有高品质要求,为的是维持购买欲望,可是去哪里寻找物廉价美的商品呢?可见1700年公司驻广州商务代理人在寻找折扇进货渠道方面是不容易的。

指令非常清晰:除了提及货物数量,也提及尺寸、颜色和图案,以迎合法国顾客的期待。不过从往返中国需时两年的情况看,采购指示在商品正式销售之前提前两年下达,时尚法则变化无常,指令的时效性值得商榷。

三、"安菲特利特"号的中国货物在法国的销售情况及其对中国趣味在法国流行的影响

在这份《清单》之外,我们能否知道"安菲特利特"号的货物在法国的销售和接受情况?它们对法国艺术家和手工业者产生了什么影响?法国人的中国品味又如何得以提升?采购商如何从中盈利?

首先历史学家们一致同意,销售是成功的,因为"安菲特利特"号的投资者们获利高达50%。卢浮宫保存有一幅画作,制作于1700年代,证实了这一点。

在路易十四时期,凡是能够彰显法国国力、庆祝和"传递"法国引以为傲的历史性事件,都会以绘画方式保存下来。拍卖会成为

---

① 法国普罗旺斯—艾克斯海外殖民档案馆(ANOM)档案,文献号编号C1 17。

图 5 "安菲特利特"号的商品拍卖会(水彩画,1700 年),
让·盖拉尔(Jean Guérard)绘制,藏于卢浮宫博物馆

让·盖拉尔(Jean Guérard)①的绘画主题,并复制在折扇扇面上,在市面上流通,这说明拍卖非常成功。这幅画虽色彩清淡,但却展现了重大的商业利益。它敏锐地捕捉到"安菲特利特"号从中国载回的货物;从更高的角度看,它描绘了 18 世纪法国两家私人贸易公司(或两家东印度公司)派往中国的 150 余艘商船所载回的中国货物。②

有学者认为,"安菲特利特"号的中国之行象征着法国的外交和商业成功。这是法中之间的首次直接贸易。此后随着对华贸易的常态化,更多中国商品进入法国社会,首先赢得贵族精英阶层的芳心,然后引起整个贵族阶层的关注,继而进入市民阶层的视野。"中国器物热"(le lachinage),也即收藏具有远东异国情调的中国物品和家具的品位,自觉在整个法国社会流行。也有学者指出,这意味着外国商品进入法国,对本国商品构成竞争,并因税收低而迅速成为热销商品。由于对进口漆品的制作工序一无所知,法国折扇、桌台、木器和陶器等行业制造商纷纷做出反应,自 1700 年起向政府提

---

① 让·盖拉尔:"安菲特利特号"的商品拍卖会,水彩画,1700 年。埃德蒙·德·罗特希尔德藏品,现存于卢浮宫博物馆。(*La Vente des marchandises de l'Amphitrite*, Jean Guérard, lavis sur papier, vers 1700. Ancienne collection Edmond de Rothschild. Musée du Louvre.)

② 参见路易·德尔米尼:《18 世纪的广州贸易,1719—1833》,共 4 卷。(Louis Dermigny, *Le Commerce à Canton au XVIIIe siècle, 1719‑1833*. 4 vols.)

出申诉,反对中国公司管理层进口"外国玩意儿"①,中国漆"是一种树胶或树脂,涂于家具之上,观感柔和舒服。对于外国人而言,庞大的中华帝国曾可望而不可即。如今亲王一纸敕令,使中国漆器在欧洲广为接受,特别是在法国、英国和荷兰"。②这种反应与此前欧洲人对中国瓷器的反应如出一辙。

尽管法国工匠不断申诉,但这不能阻止中国和日本漆器的进口。远东漆器进口品在18世纪上半叶法国的进口商品中一直占有一席之地。③这些商品包括五斗橱、屏风、办公桌、镜框④、鼻烟壶⑤,特别是托盘(酒具)和盒子(尤其是游戏盒),基本上是涂有"中国漆",外形接近法国家具,或仿制法国家具。

图6 仙境屏风,法国东印度公司博物馆收藏

图7 漆器游戏盒及筹码,东印度公司博物馆收藏

---

① 参见法国普罗旺斯—艾克斯海外殖民档案馆(ANOM)档案,文献号编号C1 17—34,"1700年'安菲特利特号'第二次赴华采购事件,法国折扇制造商陈情书,注释"。
② 参见"中国漆"词条,雅克·萨瓦里·德·布吕斯隆:《通用商业词典(1726—1732)》,瓦尔斯堡让森出版社,1923,第355页。(Jacques Savary des Brûslons, *Dictionnaire universel de commerce*, 1726-1732, Imp. Chez les Jansons, à Waesberge, Amsterdam, vernis de la Chine, p.1923.)
③ 参见南特市档案馆,洛里昂HH系列和SHD系列文献之1 P系列。
④ 参见南特市档案馆,HH225系列文献。
⑤ 参见南特市档案馆,HH223系列文献。

图 8　漆茶盒,法国东印度公司博物馆收藏

法国国防部历史档案还罕见地提及上了清漆的轿子、坐便椅和饰有绸穗的粉盒①,还有个人定制的漆器,比如两个剃须盘,其中一个绘有罗比安(Robien)家族的徽章,另两个绘有拉吉尔·德·桑蒂(Larguier de Santy)家族的徽章。②大屏风由于体积过于庞大,进口量少,只运回几件,加之成本高昂,所以一般是为富人预订。屏风的壁板是双面的,运抵欧洲之后被锯开,摊开拼装,反面也当作正面使用。

从17世纪初期起,欧洲工匠们先后投身于漆器制造。先是荷兰工匠,后是柏林漆匠达格利兄弟,接着是英国工匠,不少人是仿制远东漆器。法国工匠别无选择,也只能努力破解中国清漆的秘密,

---

① 参见国防部历史档案处(SHD),洛里昂,文献编号 1P,第 105 页。
② 安托万·勒贝尔:《18 世纪中国瓷器上的法国和瑞士纹章》,阿·勒贝尔出版社,2009 年,第 70、72 页。(Antoine Lebel, *Armoiries françaises et suisses sur la porcelaine de Chine au xviiie siècle*, Bruxelles, 2009, p.70 et 72.)

图9 "皇帝在木兰围场狩猎"屏风,属于国家亚洲艺术博物馆所有,
由吉美博物馆寄存在法国东印度公司博物馆

1728年马丁兄弟推出首件仿制品。而在此之前,工匠们的不懈努力充满神奇色彩:"伪造和仿制美丽清漆制品的尝试至今徒劳无功;据说最成功的仿制品是使用格鲁耶尔奶酪和生石灰,用胶水调制。加入朱砂,成为红漆;熏黑,则成为黑漆……"①这就是滑稽可笑的法式仿制漆,配方是瑞士格鲁耶尔奶酪、胶水和石灰!尽管仿制品粗制滥造,法国漆匠们还是毫不犹豫地为他们的作品贴上艾蒂安·萨热(Etienne Sager)的头像,自我标榜为"中式生漆"。而萨热从17世纪上半叶起就以"中国作品制造大师"②(Maître faiseur③ d'ouvrages de la Chine)的面目出现在法国生漆生产界。

与漆器相反,中国丝绸以及印度或中国的纺织品受到贸易限制。东印度公司的创始人和保护者科尔贝(Colbert)去世不久,法国政府在1686年和1687年先后出台法令,禁止印度纺织品进口,将丝绸贸易金额限制在50万里弗尔以内④,为的是保护法国纺织工业和制造业,特别是保护里昂和图尔的丝绸制造业不受东印度公司的大

---

① 参见"中国漆"词条,雅克·萨瓦里·德·布吕斯隆:《通用商业词典(1726—1732)》,第355页。
② 莫尼卡·科普林:《17世纪法国漆在欧洲的诞生》,第14页。
③ Faiseur一词为贬义,多指大量生产但粗制滥造的作者和制作者。——译注
④ 路易·德尔米尼:《18世纪的广州贸易,1719—1833》,第392—405页。

量远东织物进口所影响。

远东织物在法国成功销售的原因是多样的。就印度纺织品而言,布料轻薄透气,图案欢快多彩,法国人对其编织工艺不了解,这些都是流行的主要原因。17世纪初欧洲的编织业还处于起步时期,复杂的工艺、抽丝和织造技术以及印花技术还处于探索阶段。在法国,直到1759年远东织品禁令结束之前,编织行业的生产基本上还是依靠经验。至于孟加拉丝绸和中国丝绸,价格低廉是流行的主要原因,此外织品图案充满异国情调,令人浮想联翩。法国大众对中国和印度织品的痴迷一直持续到18世纪末,因此东印度公司得以在第一次拍卖会上成功抛售印度和中国织物,令"安菲特利特"号船东大获其利。①

1714年,法国政府颁布禁令,禁止中国和日本丝绸进口。大部分染色或提花丝绸都被列入违禁品登记处的名册,不准在法国销售,如彩色北京绸、单色绸或条纹绸、十字条纹绸或提花绸、帕提绸(patisoyes)、单色或条纹缎、锦缎、金丝和银丝缎,还有一些图案和色彩搭配极其怪诞的彩色绸缎。②1719年之后东印度公司又获得授权,可以进口生丝,特别是塔尼丝(Tany)和南京生丝,以"半成品"成绞(enmosche)进口。这种生丝只能吸引有能力进行加工的制造商,主要被加工成袜子或花边。当时洛里昂仍可进口远东的彩色丝绸,前提是必须运到法国境外才能合法出售,于是法国境内形成一个地下非法销售网络。

除了在葡萄牙市场上出售的中国面料之外,目前我们能鉴别出来的18世纪中国面料是非常少的。在这些罕见的中国纺织品中,有一种北京彩缎,是一种"上面绘制有水粉颜料图案的中国丝绸,在18世纪非常流行"③,到了18世纪下半叶风靡一时。这种北京绸用于室内

---

① 路易·德尔米尼:《18世纪的广州贸易,1719—1833》,第397页。
② H.贝莱维奇·斯坦凯维奇:《路易十四时期法国的中国品位》,第193页。
③ E.富吉尔·哈多因、B.贝尔托和M.富萨罗·查文特:《织物:历史词典》,巴黎拉玛德出版社,1994年。(E. Hardoin-Fugier, B. Berthod, M. Chavent-Fusaro, *Les Etoffes*, *Dictionnaire historique*, les Editions de l'amateur, Paris, 1994.)

图 10　织布机旁的蓬巴杜夫人，弗朗索瓦·于贝尔·德鲁埃（François-Hubert Drouais）绘制于 1763—1764 年，油画，现保存在伦敦国家美术馆

装饰或制作成衣，特别是连衣裙。厄尔和卢瓦尔省丰盛堡（château d'Abondant）的大厅窗帘就是用这种面料制成的，目前保存在卢浮宫。另外，蓬巴杜夫人（marquise de Pompadour）曾身着彩绘北京绸礼服，命人为她绘制肖像，玛丽·安托瓦内特王后（Marie-Antoinette）"为她在圣克卢的内室和在凡尔赛宫的游戏厅选择了彩绘北京绸"①。

不过保护法国产业的想法始终还是存在于法国东印度公司领导人的脑海之中。1734 年"和平"号（la Paix）和"海王星"号（le Neptune）将 5 000 柄扇子从广州运抵洛里昂时②，公司理事和董事

---

①　A. 弗：《法国丝绸史》，巴黎西部—法国出版社，2010 年，第 111—113 页。（A. Fau, L'Histoire des tissus en France, éditions Ouest-France, 2010, p.111-113.）

②　唐纳德·惠灵顿：《法国东印度公司：历史账簿与交易记录》，哈密尔顿手册，2006 年，第 143—176 页，"1687—1769 年间的进货单"。（Donald Wellington C., French East India Companies, A Historical Account and Record of Trade. Hamilton Books, 2006. Tableaux des cargaisons pour la période 1687 - 1769, pp.143-176.）

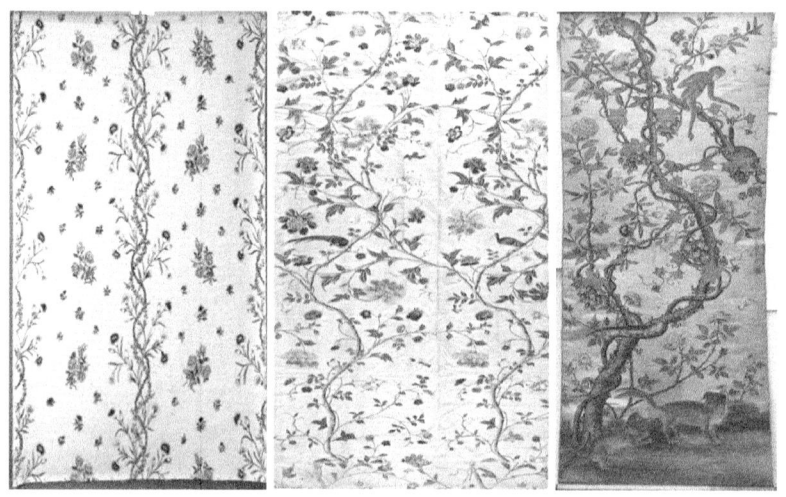

图 11　三种北京绸彩绘式样:18 世纪塔夫绸或绸缎,水粉,
中国生产,近期收入东印度公司博物馆系列藏品

做了一份货物质量评估报告,报告指出"公司认为不宜进口此类精致产品,这会剥夺法国工人的生计"。[①]看来亚洲纺织品被指责对法国行业构成不公平竞争,与折扇进口一样,都面临贸易保护主义的威胁。

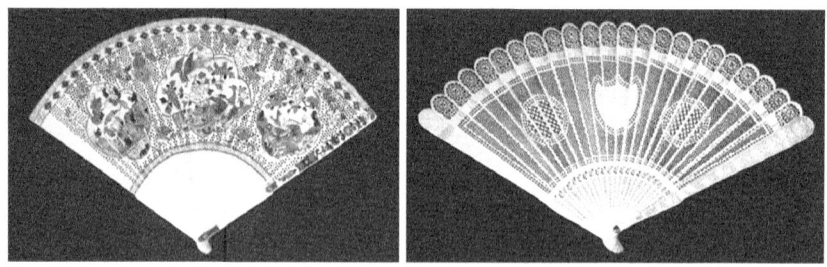

图 12　中国折扇,法国东印度公司博物馆收藏

---

① 引自《贝尔热拍卖会目录,N°53——1734 年从广州返航的"和平"号和"海王星"号货物观察报告》,洛里昂,1734 年 11 月 1 日。(Extrait du catalogue de la vente Bergé, lot N°53—Observations sur les marchandises de la cargaison des vaisseaux La *Paix* et Le *Neptune* de retour de Canton en l'année 1734. Lorient, 1er novembre 1734.)

四、中国器物热(le lachinage)推动生活品位的提升

清漆屏风或彩绘屏风、中式或日式漆柜、酒台、瓷器、折扇和中国壁纸此类远东商品进口到法国之后,倒卖到中间商手里,然后再流转到消费者手中。确实,随着"安菲特利特"号和后期赴华采购的船只将亚洲货物运回法国,倒卖二手奢侈品中间商这一行业蓬勃发展。中间商购买来自东方的商船上的货物①,他们的投机行为助长"中国器物热",并使收藏家和爱好者数量不断增长。

在"中国器物爱好者"中,富裕阶层并不满足于收藏物品,而是希望开发中国器物,在欧洲建筑的空间中展现一个中式装饰世界。他们修建瓷器收藏室、中式客厅和印度客厅。在收藏室或客厅的漆面墙壁上,相间贴着中国壁纸、亚洲织物、中国丝绸或印度丝绸。②幽黑发亮的漆器家具与洁白无瑕的瓷器形成鲜明对比,相互辉映,精致风雅,颇具风情,唤起一个梦幻般的中国。"中国器物热"趣味的最典型例子是波兰亲王奥古斯特·德·萨克斯(Auguste de Saxe,1670—1733)在德累斯顿的瓷器收藏室。这位亲王绰号"强者",自称患上"瓷器痴迷症",对瓷器的热爱达到狂热的地步。而欧洲最大的中国瓷器收藏室位于夏洛滕堡宫,是1703年普鲁士王后汉诺威的索菲亚-夏洛特(Sophie-Charlotte,1668—1705)下令布置的。

收藏室唤起人们对中国这个遥远且神秘的国度的无限遐想,那

---

① 参见娜塔莎·科克里:《18世纪在巴黎经营商店:奢侈品与二手货》,CTHS出版社,2011年。(Natacha Coquery, *Tenir boutique à Paris au XVIIIe siècle, luxe et demi-luxe*. CTHS, 2011.)

② 参见凡妮莎·阿莱拉·菲尔丁主编:《梦幻中国》,安维尼出版社,2017年。(*Rêver la Chine*, collectif sous la direction de Vanessa Alayrac-Fielding, ed. Invenit, 2017.)

里的天才工匠把天然原材料变成美轮美奂的艺术品,而欧洲对此却一无所知。定居于北京宫廷的耶稣会士在 1702—1776 年间出版了系列《耶稣会士中国书简集》,对法国知识分子和哲学家孕育启蒙思潮产生了影响,而中式空间则与启蒙知识分子共同见证了法国的亲华情结。①

在 18 世纪前 30 年,法国时尚界一直沉浸在收藏中国"白金"(即瓷器)的狂热之中,以至于建筑师马罗(Marot)的欧式收藏室设计图不再流行。法国人对瓷器收藏追捧有加。法国家庭的遗产清单显示,到了 18 世纪下半叶,中国瓷器已不再是富裕阶层的专属品。普通法国家庭可以轻易购得清代的青花瓷、金线莲纹样茶具、仿伊万里瓷器和胭脂红釉瓷器。这类瓷器均是通过东印度公司流入洛里昂的。

图 13 胭脂红釉瓷器,法国东印度公司博物馆收藏

图 14 嘉布遣会修士套装茶具,法国东印度公司博物馆收藏②

---

① 参见《耶稣会士中国书简集,1702—1776》,卡尔尼埃·弗拉马里昂出版社,1979 年。(*Lettres édifiantes et curieuses de Chine par des missionnaires jésuites*, 1702 - 1776, Garnier Flammarion, 1979.)

② 这种茶具被命名为嘉布遣会修士套装,是因为其表面着色与嘉布遣会道袍的颜色一样。嘉布遣会是天主教方济各会的一支。1525 年由意大利方济各会修士玛窦·巴西(Matteo di Bassi, 1495—1552)创立。1528 年获教皇克雷芒七世(Clément VII, 1523—1534)批准,因其会服带有尖顶风帽(capuche)而得名。——译注

洛里昂档案显示,1760—1770年间,年均销售大约30套装(餐具或盥洗),总瓷器量为20万—30万件。①以法国东印度公司为例,1764年、1769年和1771年出售将近10万个金线莲纹样茶杯和茶托。中国瓷器热销并走向普及,肯定会影响到审美风气。从18世纪30年代起,奢侈品二手商贩开始请法国铜匠对瓷器加以"美化",天马行空地把青铜和欧洲瓷器花纹结合在一起,加工出精美的烛台、写字桌和餐桌。铜匠们各施奇技,为瓷器加装了洛可可风格的托座。②瓷器变得日渐寻常,如果不借助铜匠的奇思妙技,迎合路易十五时期的审美趣味,很可能卖不出去。从表面上看,奢侈品中间商是中欧混合式审美趣味形成的推手,可实际上并非如此,他们只不过是希望商品获得大幅度增值。给出一个例子便可证实:在洛里昂,购买一套完整瓷器(数百件)只需支付325里弗尔,而商人拉扎尔·杜瓦(Lazare Duvaux)1751年在日记③中记录,蓬巴杜夫人购买一件绘有双猫的天蓝色瓷饰品和三个定制铜鎏金龙纹瓶,支付了高达3 600里弗尔的款项。这相当于东印度公司资历最深的水手15年的薪水!

图15 法国东印度公司商船模型,法国东印度公司博物馆收藏

---

① 国家历史档案处,洛里昂1 P,第257、258、260、262、266、303、305、308页。

② 参见雅利:《中国风:中国趣味对17世纪和18世纪装饰艺术的影响》,书社出版社,1981年。(M. Jarry, *Chinoiseries, Le rayonnement du goût chinois sur les arts décoratifs des XVIIe et XVIIIe siècles*, Office du livre, 1981.)

③ 参见《国王御用珠宝商拉扎尔·杜瓦的凭单日记账,1748—1758》,法国书友协会,1873年。(*Livre-journal de Lazare Duvaux, marchand-bijoutier ordinaire du Roy, 1748 - 1758*, Société des bibliophiles français, 1873.)

18世纪上半叶,东印度公司将数百万件中国瓷器进口到欧洲,进口量大增,加上瓷器制造秘方被破解,加速了瓷器的贬值。从1750年起,瓷器只占进口货物总值的2%—3.5%。①到了19世纪初,布朗卡尔(Blancard)编写《东印度和中国贸易手册》②时指出,中国瓷器除了作为船只的优质压舱物之外,别无其他好处!

同样,"中国器物热"风潮过去之后,除了漆酒具之外,大屏风和漆家具等物品极少出现在东印度公司的船只和提单上。另外法国社会的审美趣味也发生了变化,从1730年起,屏风开始被锯成碎片,由法国高级细木工匠重新加工处理。工匠们把屏风漆面板的碎片镶帖在装饰有青铜镀金雕饰的路易十五式家具上。18世纪上半叶为权贵准备的折扇(主要是漆竹扇,和镂空象牙扇)③也不再出现在东印度公司的中国进口商品清单上。折扇贸易似乎与漆器贸易一样发生转型:一种情况是由船员在小型通商港内进行,也因此被称作"pacotille",即"运销海外小商品";另一种情况是由东印度公司指定的私人货运④为"有条件的人群"服务。确实,当时仍有一些消费者对远东精致物品保持着特殊爱好,而洛里昂的东印度公司以大批量进货为主,无法满足此类爱好者的需求,因此

图16 中国书台,东印度公司博物馆收藏

---

① 路易·德尔米尼:《18世纪的广州贸易,1719—1833》,第392页。

② 参见P. 布朗卡尔:《东印度与中国贸易手册》,巴黎,1806年。(P. Blancard, *Manuel du Commerce des Indes Orientales et de la Chine*. Paris, 1806.)

③ 布里吉特·尼古拉:《中国折扇贸易》,载于2019年6月15日至11月27日东印度公司博物馆展览目录《一只羽饰:中国折扇》,城市出版社,第17—25页。(Brigitte Nicolas, *Le Commerce des éventails de Chine*, in *Un brin de panache, éventails de Chine*, catalogue d'exposition, musée de la Compagnie des Indes, 15 juin-27 novembre 2019. Ed. Ville de Lorient, pp.17-25.)

④ 国家历史档案处,洛里昂1 P 第305页"1764年行政会议"。

公司自18世纪30年代起开始授权,接受"有条件的人群"以个人名义订购"日常用品、瓷器、织物、家具等物品,平均利润为25%[……]'特殊人群'需在每年九月上旬在巴黎的柜台支付货款[……]。特殊订单在印度拟订"①。公司驻印度代理人、商船商务负责人和船长都可为此类"有条件的人群"提供服务。据我们了解,"灵敏"号(*la Subtile*)船长热斯兰(Geslin)先生"那些天返回欧洲,愿意承接两个货柜,是两张中国清漆写字台"②,专门为苏比斯亲王(Prince de Soubise)预订的;此外,在"恒河"号的货物中,有艾吉永公爵(duc d'Aiguillon)的"四个大盒子,各包装着一个瓷瓮";还有"奥尔良公爵先生(Duc d'Orléans)的一个大箱子和谢弗勒兹公爵夫人(duchesse de Chevreuse)的一个小糖果盒"③;"维尔沃号"(*le Villevault*)的船舱侧翼"放着绘制有科蒙公爵夫人(duchesse de Caumont)徽章的全套定制咖啡具"。德·桑塞元帅(maréchal de Sancé)定制了"一个漆器游戏盒和筹码、六个中国小墨砚、还有几个剃须盘以及配套的海绵盒和肥皂盒"。④

图17　漆器套装(大盒子内装17个小盒子),法国东印度公司博物馆收藏

由于"私人货运"的存在,私人定制品可以合法进入法国。不过当时"有条件的人群"并非唯一能以个人名义购得中国货物的顾客,

---

① 国家历史档案处,洛里昂1P。
② 国家历史档案处,洛里昂1P第299页。
③ 国家历史档案处,洛里昂1P第63页。
④ 国家历史档案处,洛里昂1P第266页。

东印度公司还允许船员或公司驻远东代理人以私人名义带回一些纪念品,因此洛里昂的商店也会兜售一些远东小商品。那些无法利用"私人货运"这一渠道暗度陈仓的顾客,会委托相识的船员从中国或印度带回异国小商品,比如鞭炮、灯笼、墨水、果酱、壁纸、银器、鼻烟壶、中国花缎鞋、螺钿饰品、珐琅、水彩画和玻璃油画等。洛里昂东印度公司负责人洛特(Rothe)的"中国小玩意儿"清单上,还提到罕见的"配备12支箭的中国弩、3 000个土球"。1764年,布列塔尼瓦纳(Vannes)主教收到了"一小盒清漆"。①

图18　玻璃油画(左),法国东印度公司博物馆收藏;广州珐琅彩瓷杯和水壶(中),法国东印度公司博物馆收藏;清官大人瓷像(右),法国东印度公司博物馆收藏

由此可见,"私人货运"是一种为了满足个人需求而出现的贸易方式,东印度公司尽管对此严加监管,但这一贸易形式仍不时钻规章制度的空子,表现出"非法"面貌。参与"运销海外小商品"的船员从中获得额外收入,许多人还与地方当局勾结,常年非法进口明令禁止的印度丝绸和中国丝绸,谋取暴利。档案显示,中央政府曾敦促洛里昂港负责人"逮捕运销海外小商品的卸载人。'普拉兰公爵号'(le Duc de Praslin)运载此批货物,抵达时发生过持械抢劫"②。运销海外小商品交易的存在,对亚洲商品在老百姓阶层的传播起到推波助澜的作用,而二手交易市场的存在则潜在地助长倒卖行为。

此外东印度公司也将为王公贵族提供预订定制徽章瓷器的服

---

① 国家历史档案处,洛里昂1 P第110页"博蒙的服饰与日用品盘点登记簿"。
② 国家历史档案处,洛里昂1 P第300页。

务转让给船员,法国的"特殊人群"慷慨地购买了多达 400 件定制徽章瓷。

图 19　路易十五定制徽章瓷盘(左),瓷器类,中国制造,约 1730 年,
法国东印度公司博物馆收藏;彭提维里公爵定制徽章小便池(右),
瓷器类,中国制造,约 1730 年,法国东印度公司博物馆收藏

图 20　彭提维里公爵定制徽章螺钿游戏盒,中国制造,
约 1730 年,法国东印度公司博物馆收藏

从另一方面看,这种贸易机制也是对 1700 年"安菲特利特"号返航后,法国折扇制造商和手工艺制作者的新诉求做出回应。其积极一面表现为:返航商船在长达一个世纪里源源不断地带回一种重要原材料,满足法国折扇制造商和手工艺制作者的生产需求,这种原材料就是"漆"①,形态各异,分成"木状漆"(laque en bois)、"叶状漆"(laque en feuille)和"无木漆"(laque sans bois)。

---

① 尚未查获国内关于明清漆器涂层材料"漆"的文献和研究工作,无法得知上述"漆"品种所对应的材料专名,仅做字面翻译,特此说明。——译注

1730—1740年间,法国的中国器物进口出现暂时中断,原因是洛可可审美趣味出现。然而新趣味并没有割断与中国器物的关联,而是与中国器物所呈现的东方品位相互调适,产生融合中西审美因素的各式"中国风"。

五、各式"中国风"(les chinoiseries)的兴起

18世纪初中国商品进入法国,与本地生产形成竞争。法国工匠们迅速做出反应,生产和仿制相关产品,试图夺回制造业主权,特别是漆器、瓷器和折扇领域。然而应战并不容易,1741年,《通用商业词典》①曾这样描写当时的折扇制造业:(法国扇子的)"扇骨由手工艺大师制作,扇面制作和整扇组装由扇子制造商负责。不论如何,还是来自中国的扇骨最受到青睐,不过价格昂贵,只能用于制作精品"②。

在手工艺者的艺术创作中,装潢工的帮助必不可少。装潢工收藏有大量雕塑,可以提供图像模型。在所有物品里面,最能激发艺术创造力的是中国器物,为手工艺者所偏爱。他们无法理解中国图案的意义,却对图案相当着迷。图案构图独特,线条无序,充满异国情调,激发他们的创作灵感。他们对凌云驾雾的中国文人感兴趣;"宝塔"和东方人使他们联想到奇异的猿类。雕塑模型变幻多端,纷繁琐细,轻盈纤细。各式"中国风"就这样出现了,而最能体现这一审美趣味的是欧洲人对中国"宝塔"的偏爱。对于18世纪欧洲收藏家而言,"宝塔"(pagodes)是一种滑稽的中国小雕像,其形状奇异,充满异国情调,愉悦身心。当时的法国文人、哲学家和艺术家,比如画家弗朗索瓦·布歇(François Boucher),都是这种东方物品的

---

① 唐纳德·惠灵顿:《法国东印度公司:历史账簿与交易记录》,第143—176页。

② 参见"中国漆"词条,雅克·萨瓦里·德·布吕斯隆:《通用商业词典(1726—1732)》,第355页。

爱好者。①1740年,知名艺术品经销商埃德蒙·弗朗索瓦·热尔圣(Edme-François Gersaint)把商店招牌写作"在宝塔"(A la Pagode)。弗朗索瓦·布歇设计的名片上有一尊坐在日本漆柜上的菩萨。这种戏谑式艺术在摄政王时期出现,在路易十五亲政时期更是广为流传。当时贵族阶层所崇尚的轻浮、愉悦和享乐的新生活艺术,可在洛可可和各式中国风中找到印迹。中国器物蕴含的审美品位被吸收、消化、重新诠释,并展示出来。洛可可式家具的青铜镀金雕饰上点缀着漆屏风碎片和瓷器饰件。这一切成就了洛可可风格,标志着异国情调趣味与精致装饰艺术相结合,象征法国社会的奢华。

图21 菩萨烛台,约1750年,法国东印度公司博物馆收藏

图22 法国工匠受皮勒蒙一书启发而创作的壁纸,法国东印度公司博物馆收藏

---

① T.沃思柏:《奢侈品商人与1700—1760年间的中国》,载于2007年2月24日至6月17日赛努奇博物馆和巴黎市亚洲艺术博物馆展览目录《宝塔与龙:1720—1770年间欧洲洛可可风潮中的异国情调与幻想》。(T. Wolvesperges, *Les Marchands-merciers et la Chine 1700 - 1760*, in *Pagodes et Dragons, Exotisme et fantaisie dans l'Europe rococo 1720 -1770*, catalogue d'exposition, Musée Cernuschi, musée des arts de l'Asie de la ville de Paris, 24 février-17 juin 2007.)

"中国风"风尚一直持续到1776年之后,当时让·皮勒蒙(Jean Pillement,1728—1808)在巴黎出版《中国花纹、饰物、边饰、图案与主题集》(Recueil des fleurs, ornements, cartouches, figures et sujets chinois)一书,对法国工匠们的艺术创作产生了长期影响。

六、东印度公司的中国商品:融合中西审美风格的商品与具有全球贸易特质的商品

我们回顾一下18世纪"安菲特利特"号返航之后法国各家贸易公司的中国物品进口状况。当时绝大多数器物(除了极少数外)都不是亚洲款式,像漆器家具、漆盒、瓷器和珐琅器等,基本是定制产品,外形符合西方家庭生活的需要。法国东印度公司会和荷兰东印度公司一样,把图纸和款式寄送驻广州商务代理人。[①]绝大部分定制品品相不同,但基本以最低成本在亚洲生产,以最高利润在欧洲销售。公司的欧洲总部和亚洲商行代理人之间的通信函件反映出,贸易公司强烈希望亚洲定制品能符合欧洲人的品位,适应欧洲风尚。比如1709年东印度公司"罗亚尔·布利斯"号(Loyal Bliss)代理人收到指示,建议购买5万—6万把扇子,共19个款式,均是管理层所指定。[②]扇子价位不同,以满足不同需求和喜好。

这一时期的中国器物还有另外一个共同点,就是绘制有欧洲的

[①] 《1706—1710年英国东印度公司订单》,载于大卫·S.霍华德:《三城传说:广州、上海和香港——三个世纪中英在装饰艺术上的交流和贸易》,索斯拜斯出版社,1997年(Extrait du livre de commande de la Compagnie anglaise des Indes 1706 - 1710, in David S. Howard, A Tale of Three Cities. Canton, Shanghai & Hong-Kong. Three Centuries of Sino-British Trade in the Decorative Arts, Sotheby's Edition, 1997)。

[②] 复制图像来自克里斯蒂安·J. A.约尔格:《瓷器与荷兰瓷器贸易》,马尔提努·尼约夫出版社,1982年,第100、106、109、115、167页(Chrisitaan J. A. Jörg, Porcelain and the Dutch china trade, Martinus Nijhoff, 1982. Dessins reproduits pp.100,106,109,115,167)。

乡村场景，上面也有人物。

图 23　瓷器，法国东印度公司博物馆收藏；折扇；珐琅器

中国工匠在制作上述器物时绘制上欧洲人物，并不是因为他们喜欢"欧洲的野蛮人"，而是欧洲人定制产品时提出了要求。18世纪，西方商人从版画上复制下图像，寄给中国工匠，因此定制产品上出现大量人物身着盛装的欢愉场景。画家弗朗索瓦·布歇（1703—1770）笔下的田园风光也常出现在瓷器、珐琅器、扇子和玻璃画上，不过通常和原画相差甚远，只有皮毛相似。那么，欧洲人把自己的文化影像送到千里之外，绘制在商品上，再当作自身文化"镜像"置于眼前，这种心态该如何理解呢？

当时的定制品是一种采用中国技艺，将欧洲文化元素与儒道佛元素相结合并图式化的商品，是亚欧技艺和文化汇合的典型。因此严格上讲，这些融合中西审美风格的商品并不属于某种特定的文化。它们首先是以资本主义模式运营的公司创造的商品，是一种具有全球贸易特质的产品。这些商品在亚洲定制，在欧洲销售，市场庞大，制作成本低廉，利润丰厚，完全符合公司追逐商业利润的要求。这种行为纯粹出于商业动机，而非对艺术的热爱。定制品的大批量进口满足欧洲爱好者的需求，但与此相伴而生的是质量下降，并导致商品贬值。同理，欧洲的瓷器和漆器需求下降，也使中国之旅变得越来越无利可图。

结　　语

"安菲特利特"号商船返航，恰逢"中国器物热"进入全盛时期。

此后瓷器、漆器、丝绸、壁纸和折扇此类商品不再为上层贵族所专有。18世纪初期,成千上万定制品进口,法国富裕阶层沉迷在"中国器物热"之中。可是18世纪三四十年代之后,他们逐渐对大屏风、壁纸、漆橱、丝绸和瓷器套件失去兴趣。中国器物作为小配件嵌在洛可可式家具上,参与建构洛可可美学。东印度公司对审美趣味变化做出反应,停止大部分中国物品的进口,将不确定的市场转让给船员或者私人货运。在整个18世纪,只有瓷器仍然是东印度公司的批量进口物品,保持着数千件的进口量,也是为了迎合蓬巴杜夫人对"中国风"的喜好。

清代广东十三行与中外文化交流*

中山大学历史学系 章文钦

一、引　　言

中国是一个具有悠久文明的泱泱大国。中华民族的子孙,以世代相承的努力,创造了伟大的物质文明和精神文明,显示了中华民族自立于世界民族之林的力量。经历了五千多年的传承和积淀而形成的中华民族文化精神,是中华民族的祖先留给我们的宝贵遗产。

中国对外文化交流历史悠久,影响深远。文化交流是双向的,而不是单向的。不同国家民族总是立足于自身固有文化的基础,来汲取适合于自身发展的文化元素,为自身文化注入活力,并丰富其内涵。这才是文化交流的正常状态。

举其大要而言,中国古代四大发明造纸、印刷术、火药和指南针的西传,对世界文明的发展进程产生了深刻的影响。英国的培根指出:"(印刷术、火药和指南针这三种发明)曾改变了整个世界事物的面貌和状态。第一种在文学上,第二种在战争上,第三种在航海上,由此又产生了无数的变化。这种变化是这样的大,以致没有一个帝国,没有一个教派,没有一个赫赫有名的人物,能有比这三种机械发明在人类的事业中产生更大的力量和影响。"[①]另一方面,世界三大

---

* 本文为2016年6月30日在广州塔举行的"清代广作红家具文化论坛"论文。

① 《新范畴》第四篇,转引自齐思和:《中国史探析》,河北教育出版社,2003年,第442页。

宗教佛教、伊斯兰教和基督教的东移，每一次都在中国掀起巨大的文化交流浪潮。如基督教中的天主教，在明末由利玛窦（Matteo Ricci）等耶稣会士通过澳门传入中国，开启了中西文化交流的大门，西学东渐，中学西渐，蔚为壮观，其影响及于十三行时代前期。

中华民族的历代祖先，在对外文化交流中所体现的文化精神，正是中华民族文化精神的重要组成部分，沈从文先生有言："无论是政治、文化、学术或者艺术，其伟大之处在于真诚、正直与无私。"这可视为对中华民族文化精神的一种精辟诠释。中华民族以尊崇道德、坚守气节、追求真理、热爱和平构成优秀的文化传统。五千多年来，中华民族优秀的子孙，包括无数勤劳朴素、善良正直的平凡人和极少数或为导夫先路，或为中流砥柱的杰出人物，紧密结合在一起，以世代相承的努力，追求治进于道、学进于道、艺进于道的精神境界，追求真善美，摈弃假恶丑，来体现中华民族的文化精神。

这里仅举一例，我们见过敦煌的壁画和雕塑，一定会为之赞叹：这是不朽的杰作，是中国的达·芬奇绘画和米开朗基罗雕塑！这些作品的作者，当年都是社会身份低微的画匠和工匠，他们忘却了人世间的酸甜苦辣，生死荣辱，以一往无前的精神，锲而不舍的努力，成就了不朽的杰作，却连自己的名字也没有留下，支撑着他们的精神支柱，正是艺进于道的中华民族的文化精神。我们今天所展示和即将在广州清代红木家具文化博物馆展示的广作红木家具的精品，正是广作家具工匠心血的结晶，与这种艺进于道的文化精神一脉相承。

二、十三行与中华文化交流

中华文化多元一体，岭南文化既是中华文化不可分割的组成部分，又是一种滨海地域文化，与海洋文化有着十分密切的关系。古代中外交通分西域、南海两道，广州地当南海贸易要冲。秦汉之际已为天下一都会,隋唐宋元时代的扶胥港和番坊,清代前期的黄埔港和十三行,皆为当年世界闻名的港口和贸易区。

广东十三行经营对外贸易的传统大约起源于明代,至康熙二十四年(1685)清政府开海贸易,设立粤海关;次年,广东洋行制度建立,广州一直是最重要的中西贸易口岸。乾隆二十二年(1757)清政府将自海路而来的中西贸易限制在广州一口,广州之势益重,十三行进入全盛时期。此后,清政府逐步健全广州口岸中西贸易的体制。这一体制大致包括四个重要环节:粤海关负责征收关税并管理行商,十三行商负责同外商贸易并管理约束外商,黄埔作为外国商船停泊的港口,澳门作为广州的外港兼西方各国商人的共同居留地,这四个环节互相联系而又各自形成一套制度。

十三行处在中国历史从古代向近代转变,中国对外关系从朝贡贸易体制向条约体制转变,从与亚洲藩属国的关系为主向与西方国家的关系为主转变。当代大多数西方国家与中国的关系,是从十三行的历史开始的。十三行时代的中外文化交流,主要是中西文化交流,可以说是明清之际中西文化文流的继承和发展。

古代的中外文化交流,是伴随着经济交流而来的,在进行经济交流的同时进行文化交流,十三行时代的文化交流也是这样:

一方面,中国的丝、瓷、茶叶三大名产输出欧洲和美国,使欧美各国的社会生活和消费时尚发生了变化,有的还成为文化层面的交流,如在雍正、乾隆时期,外销瓷器是广州口岸一项有特色的贸易,西方商人为了保证所购瓷器能迎合欧洲人的口味,先将写明瓷器品种并绘有模式及纹饰、图像的订货单送往广州,由行商转交中国工匠制作。这些图案取材于西方或中国的传统故事,却带有欧洲绘画的风格。此外,还定制一些带有贵族盾形与族徽的"纹章瓷",以及绘有欧洲城乡景色和生活场景图案的瓷器。这类外销瓷器,世界陶瓷史上称为"订烧瓷",由于起初送往景德镇瓷厂制作,后来改在广州珠江以南设厂制作,中国陶瓷史上称为"广彩"或"河南彩"。这些当年作为商品运出的外销瓷,如今都成为具有收藏价值的艺术品。

另一方面,欧洲的呢绒、钟表、印花布输入中国,也给中国的社会生活和消费时尚带来一些变化。其中属于文化层面的交流,例如嘉道年间,首位基督新教来华传教士马礼逊(Robert Morrison)以英国东印度公司广州商馆翻译的身份,寓居广州和澳门,将《圣经》译成中文,出版《华英字典》(*A Dictionary of the Chinese Language*)和《中国语法》(*A Grammar of the Chinese Language*)等书,将利玛窦所开创的中西宗教文化和语言文化交流推进了一大步。其时西方种牛痘术通过广州和澳门传入中国,行商郑崇谦与英公司广州商馆大班哆啉哎(James Drummond)等联名刊行《新出英吉利国种痘奇书》,并在十三行洋行会馆设立种牛痘局,接种牛痘,成为中西医药文化交流的一件大事。道光年间,英国画家钱纳利(George Chinnery)流寓澳门,来往广州,将西洋绘画技法传授关乔昌(啉呱)等中国弟子,啉呱等在十三行开设画店,制作销售外销画,成为十三行时代中国外销艺术品的一个重要门类。

到了十三行后期,西方商人尤其是英国散商,勾结中国奸商,进行鸦片贸易。英国发动鸦片战争,清政府腐败无能,随着中国在鸦片战争中的失败和《南京条约》的签订,十三行时代结束,中国进入百年屈辱时代。

三、广作家具文化与中外文化交流

广作作为中国古代家具三大流派之一,起源于明代而盛行于清代,十三行正当广作家具盛行的时代。

清代的广州,存在着一个巨大的家具市场,从外销画中可以看到,当年广州的家具店有竹器店、藤器店和木器店。高档的广作木器家具,用料十分考究,多为花梨、紫檀、红木等贵重木材。下文就读书所及略为论之。

关于花梨,又作花榈。藏器曰:"出安南及南海,用作床几,似紫檀而色赤,性坚好。"李时珍曰:"木性坚,紫红色。亦有花纹者,谓之花榈木。可作器皿、扇骨诸物。俗作花梨,误矣。"①

关于紫檀。晋崔豹曰:"紫木,出扶南而色紫,亦曰紫檀。"②李时珍曰:"《大明一统志》云:檀香出广东、云南,及占城、真腊、爪哇、渤泥、暹罗、三佛齐、回回等国,今岭南诸地亦皆有之。(宋)叶廷珪《香谱》云:皮实而色黄者为黄檀,皮腐而色紫者为紫檀。其木坚重清香,而白檀尤良。"③

关于红木,因手头乏书,不便悬拟。然道光年间在广州出版的约翰·马礼逊《中国商业指南》载,进口货物"木料如红木、紫檀木、黄杨木等例不该载者,俱按价值若干每百两抽银拾两"④,似可补其缺略。

高档的广作木器家具,在清代拥有一个刚需的国内市场,又拥有一个广阔的海外市场。关于前者,2011年笔者赴台湾新竹清华大学访问研究,见到一套大型的清宫档案,载内务府有广木作,每年由粤海关监督呈进花梨、紫檀、红木等珍贵木料,作为用材;制器的工匠,亦由粤海关监督在广东征调,资送进京。近日见荧屏展示两件清宫宝座龙椅,其中一件为乾隆年间的紫檀器,应为出自广作工匠之手的精品。

上有所好,下必甚之。当年广州的达官贵人、豪商巨富,亦以使用广作木器家具作为消费时尚。林剑峰先生对笔者说,他们所收藏的红木家具,其风格与清代西洋画中所描绘的颇为协调,足资印证者,十三行潘、卢、伍、叶四大商,钱纳利及其中国弟子啉呱关乔昌,皆有茂官卢文锦和浩官伍秉鉴的画像传世,画像主人所用座椅、茶几、长桌,皆为高档的广作木器家具。以啉呱所做的卢文锦画传为

---

① 李时珍:《本草纲目·木部》,卷三五《榈木》条。此以俗做花梨为误,当有所据,然至今已习非成是矣。
② 崔豹:《古今注》卷下《草木》。
③ 李时珍:《本草纲目·木部》,卷三四《檀香》条。
④ John Rotert Morrison, *A Chinese Commercial Guide*, Canton, 848, p.195.

例,画像主人安坐在宽敞舒适的座椅上,茶几上摆着红顶官帽,与包边长桌上摆设的古玩,墙上悬挂的字幅,柱旁悬挂的宫灯相映成趣,大方得体,颇有气派。①

关于后者,广作木器家具的外销市场,约翰·马礼逊书中出口货物部分便载有杂木器(Furniture of all kinds)和檀香木器(Sandalwood ware)。②较此稍前同属道光年间的顺德梁廷枏载粤海关征税:"木器:紫檀器、檀香器、影木器每百斤各税九钱,凤眼木器、花梨木器、铁梨木器、乌木器每百斤各税一钱。各式竹木器:紫檀大围屏每架税五两,紫檀小围屏每架税二两五钱,花梨木达围屏、楠木大围屏每架各税五钱。"③这些当年作为商品输出的广作木器家具,如今都成为文物现身海外的博物馆和文物市场。

海外博物馆所展示的广作木器家具中,有一部分用料为亚洲硬质木材,款式为西洋风格,由广州工匠制作,类似外销器中的订烧瓷一类文物。英国学者克罗斯曼(Carl L Crossman)所展示的英国私人藏品中有这样几件文物:一件为18世纪中期的书柜,出自广州工匠之手;另两件为书桌,年代分别为约1730年和1760—1770年,皆为中国出口家具。三件的型制皆为西方风格。同书还载有一幅广州木器店的外销画,画面上工匠正在制作木器,店中的木器,亦有西式的书柜和书桌。④十三行时代来华贸易的美商亨特(W. C. Hunter)曾记载,十三行小溪馆东边有木匠广场,"是碇泊广州船只的船长们唯一常去的地方。那里可以买到各式各样的樟木箱和盒子、衣箱、写字台等"⑤。广州的工匠迎合海外顾客的口味,制作出与

---

① Carl L. Crossman, *The Decorative Arts of The China Trade*, Antique Collectors' club 1991, p.9.
② John Robert Morrison, *A Chinese Commercial Guide*, pp.189-190.
③ 梁廷枏著,袁钟仁点校:《粤海关志》,卷9《税则二》。
④ Carl L. Crossman, *The Decorative Arts of The China Trade*, pp.223, 230, 241.
⑤ 亨特著,沈正邦译,章文钦校:《旧中国杂记》,广东人民出版社,1992年,第84页。

订烧瓷类似的广作西式木器家具,从而成为中西文化交流的一种表现形式。

十三行时代结束后,直至清末,广作木器家具的制作仍然保持发展的趋势。笔者的好友澳门土生葡人沙巴治(Antonio Sapage)先生,家中收藏一套樟木沙发金漆龙椅,一长二短,配以茶几,亦一长二短,一共六件,视为镇宅之宝。1994年欧共体文化年,代表澳门参展的200件藏品中,以长沙发龙椅作为藏品集的封面。①承肖洽龙先生告知,林永飞、林剑峰先生的红木家具藏品大部分为清末文物;又承张秦先生告知,其中有一件龙椅,弥足珍贵。

四、结　语

中华民族的祖先,为我们留下了丰厚的文化遗产,为我们留下了伟大的文化精神,这是实现21世纪中华民族伟大复兴的重要精神支柱,要建立我们的民族自尊心,首先要树立文化的自信心,将其化成道德的力量、行动的指南,才能让中国要得更加富强,让世界变得更加美好!

---

① Do Neolitico Ao ultimo Imperador, Lisiboa 1994, pp.66, 68, 185.

理法之辨:1831年广州十三行中英冲突考释

中山大学历史系　王彦波

有清一代,中英贸易始终摩擦不断。英国为了进一步打开中国市场,曾两次派使团进京,都无果而终。驻粤贸易的东印度公司和英国散商,只能谋求以其他手段扩大自己的利益。

1822年十三行发生大火,不少商人损失惨重。随后几年,部分中国商行不堪朝廷税费和外商高利贷的重负,接连倒闭。一些商人甚至携款潜逃,广州贸易陷入危机。1829年贸易季节,在华英商为维护自身利益,将商船停泊外海,以中断贸易的方式进行抗议,引发了"延不进口"事件。中英双方反复交涉,互不相让,英公司广州特选委员主席部楼顿(W. H. C. Plowden)受到来自广州官府和英商内部的双重压力,于1829年底主动请辞,离开了广州。同时他写了一封信,向伦敦的东印度公司董事会说明情况。

此后,临时继任主席的盼师(William Baynes)采取了更直接的方式反对他们认为不合理的制度。1830年从澳门返回广州时,他违反禁令带外国妇女住进商馆。此举引发广州官府和英商之间的激烈冲突,险些兵戎相见。后经行商调节和双方密集的文书交流,才未走向极端,此为"番妇案"。1830年底,东印度公司董事会派遣马治平(Charles Marjoribanks)等人到达广州,接替了盼师的特选委员会主席,中英各有让步,事态进一步缓和。

表面上看,1829年、1830年的两次事件,似乎都是肇始于双方对于某些具体规条的龃龉,或者可以归因于政治、文化、观念上的差异,相关的研究也成果丰硕。①但从根本上来说,中方对外商的禁令,由来已久,内容也基本稳定。之所以在这一时期发生冲突,其主因在于,从19世纪初开始,鸦片贸易逐渐成为广州贸易的重要组成,而鸦片贸易的主体,正是英国散商。这一曾长时间受制于东印度公司的群体,由于经济地位的提升,影响力也渐趋提高。出于对开拓市场的强烈需求和对中国诸多禁令的长期不满,散商逐步开始采取积极的行动,原本立场保守的东印度公司,也被裹挟在这场浪潮之中。

清廷维护制度的必然,东印度公司稳定贸易的需要,散商实现利益的愿望,三者注定无法取得平衡。两次冲突事件中,时任两广总督的李鸿宾竭力维系各方关系,终于勉强恢复了贸易的运转。但这两次事件,自中英交涉以来都堪称罕有,清廷不可能等闲视之。尤其是一些在朝的官员,一贯关注广州鸦片贸易的情形,得知外商如此骄横,自然不会坐视不理。而且,清廷最后做出的减免税费的举措,非但没有平息英商的不满,反而更激发了他们抗议的动力。事态的暂时缓和,酝酿着一场更大的风波。

一、邵正笏奏陈夷人违例八条,
朱桂桢突访英商馆

1830年10月13日,年过六旬的朱桂桢调任广东巡抚。②此刻的

---

① 相关问题的研究和对话,请参见:梁嘉彬著:《广东十三行考》,广东人民出版社,1999年。章文钦:《清代前期广州中西贸易中的商欠问题》,《中国经济史研究》1990年第1期。章文钦:《清代前期广州中西贸易中的商欠问题续》,《中国经济史研究》1990年第2期。郭卫东:《鸦片战争前后外国妇女进入中国通商口岸问题》,《近代史研究》1999年第1期。吴义雄:《兴泰行商欠案与鸦片战争前夕的行商体制》,《近代史研究》2007年第1期。吴义雄:《"国体"与"夷夏":鸦片战争前中英观念冲突的历史考察》,《学术研究》2018年第6期。张坤:《在华英商群体与鸦片战争前的中英关系》,暨南大学出版社,2014年。

② 据道光十年八月二十七日(1830年10月13日)上谕:"以漕运总督朱桂桢为广东巡抚。未到任前命两广总督李鸿宾兼署。"《清宣宗成皇帝实录》卷一七三,《清实录》第35册,中华书局,1986年,第680页。

他或许并不知道自己将要面对什么。在漕运总督任上不到一年的时间里,他雷厉风行地进行治理,使"吏丁积弊尤邃"的漕运面貌一新,"层递交接,无所侮,故廉人而用裕"。①10月24日,朱桂桢奏请陛见,道光皇帝下旨:"朱桂桢着俟吴邦庆接印后,即赴广东巡抚新任,无庸来京请训。"②

1831年2月5日,一封落款1月2日的奏折呈给皇帝,朱桂桢首次以广东巡抚身份与广东另外三位大员联名上折。三个月后,1831年4月19日,工科掌印给事中邵正笏,就广东外商问题上折呈控,引起道光帝重视。其中将1830年盼师案前后经过简略梳理,总结道:"是直以有恃无恐之情,行其有挟而求之计",认为"夷情叵测,不可不严为防范"。这一事件李鸿宾曾有汇报,道光帝其实早已知晓,奏折真正触动皇帝的,是邵正笏在文尾列出的所谓"臣所风闻"的"该夷人违例八条",归纳如下:1.致毙汉民,抗不交凶;2.横行衢市,鱼肉汉民;3.雇汉乳妈、贩买幼女;4.汉奸违例多为购书;5.私造临水马头,以为偷税之地;6.涂抹告示,且自行擅出告示;7.集结二三百人违例进城,莫敢拦阻;8.违例逗留,在穗过年。③

次日,道光帝引邵正笏所奏并降旨"着朱桂桢逐款严密访查,据实具奏,毋许含混。并查明地方官如有苛虐夷人情事,亦当一并参处示惩,勿稍隐饰"④。既然要查明地方官员苛虐夷人,自然不可能由地方官自查,这一任务很自然地交给了履任不久且以刚正著称的新巡抚朱桂桢。

---

① 潘咨:《故广东巡抚权两广总督朱庄恪公墓志铭》,缪荃孙纂录:《续碑传集》,文海出版社,1966年,第362页。
② 道光十年九月初八日内阁奉上谕。中国第一历史档案馆编:《嘉庆道光两朝上谕档》第35册,广西师范大学出版社,2000年,第322页。
③ 中国第一历史档案馆编:《鸦片战争档案史料》第1册,上海人民出版社,1987年,第75页。
④ 《清宣宗成皇帝实录》卷一八五,《清实录》第35册,中华书局,1986年,第937页。

1831年5月12日,粗略算来,应该是道光帝的密旨刚到广州一两天。①"暂护两广总督广东巡抚朱桂桢"②突然出现在十三行英国馆的门口。他立即注意到邵正笏奏折中提到的英商违建的码头,随后进入英国馆大厅,开堂审讯了总商和通事,并勒令拆毁了英商多年来苦心营建的码头和围墙。行商、通事虽已提前收到消息,但在此后与英商的通信当中,伍受昌坦言,"没有料到"(quite unexpected)③巡抚本人会过来。朱桂桢治理地方,向以微服闻名,而且,"海王星"号事件之后,中外文献中很难看到清朝官员亲临商馆的记载,在督抚级别,朱桂桢可能是历史上的第一位。④行商的意外,亦在情理之中。

美国人马士(H. B. Morse)《东印度公司对华贸易编年史》(The Chronicles of the India Company Trading to China)第4卷有"与中国当局的争执,1831年"(Dispute With Chinese Authorities, 1831)一章,对此次事件记载颇详,兹引述如下:

> 5月14日,一封密信将事件的相关消息送到澳门。次日,委员会三班、四班覃义理(J. N. Daniell)和师密(T. C. Smith)乘一艘公司的单桅帆船赶回广州。⑤16日二人到达时,商馆区正是一片狼藉。伍受昌告诉他们,13日起便开始拆除围墙和拔树,15日傍晚开始拆毁"石码头"(Stone Quay 按:原文大写)⑥,

---

① 根据此前的记录,北京的谕旨到达广州,一般需要1个月左右。
② 英国国家档案馆藏中文档案,FO 1048\31\31-54 PT2, p.00023。李鸿宾此时不在广州,由朱桂桢"暂护"。
③ Extract from China Consultations, 14 May 1831, Papers relating to the affairs of the East India Company. Accounts and Papers 1831-2. Vol.XXXI, p.55.
④ "海王星"号事件(1807年4月6日)审讯时出现的官员是广州知府、前任广州知府、澳门海防军民同知和番禺知县。
⑤ H.B. Morse, The Chronicles of the East India Company Trading to China, 1635-1834 (Global Oriental LTD. 2007), Vol.4, p.279.
⑥ H.B. Morse, The Chronicles of the East India Company Trading to China, 1635-1834, Vol.4, p.279.

伍受昌觉得这位巡抚"极端暴烈"①，称朱桂桢是"对他们暴跳如雷"(come upon them like *thunder*)②。所有的行商和东印度公司的中国雇员人心惶惶，这极大地触动了覃义理和师密。16日当天他们就复信委员会报告情况，19日，这份饱含愤怒和不解的报告到达了澳门的委员会的手中。

20日，委员会又收到了行商来信，内容是新的《防范夷人章程八条》。如果说朱桂桢的行动过于突然，令他们略显无措，那这份在破坏英商馆的同一天发给行商（而非外商）的新章程（3月19日，李鸿宾会同朱桂桢和粤海关监督中祥于"二月间奏议"③的新《防范夷人章程八条》得到了皇帝的批准），无疑彻底点燃了所有英商的愤怒——他们前一年刚刚为一个例行的告示进行过激烈的抗议。

5月20日，委员会在澳门开会讨论对于广州一系列事件的应对，随后决定在贸易开始之前，对广州政府进行明确的警告，以坚决的行动反抗新规条的执行，并由林赛（H. H. Lindsay）将委员会的函件送往广州，同时他们还给英属印度威廉要塞最高政府"去公函，并请求管理会副主席给予认为适当的支持"④。19日和20日，委员会分别发出对全体在华英商的告示，通报最近广州发生的种种事件，以及他们准备采取的对策，包括如果申诉无果就将于8月1日再一次中止贸易。履任不久的朱桂桢并不知道，他的第一次严厉惩罚，刺伤的却是一群与中国贸易多年的英国人一再被触痛的逆鳞。

---

①② H.B. Morse，*The Chronicles of the East India Company Trading to China*，1635–1834，Vol.4，p.279.

③ H.B. Morse，*The Chronicles of the East India Company Trading to China*，1635–1834，Vol.4，p.284.

④ H.B. Morse，*The Chronicles of the East India Company Trading to China*，1635–1834，Vol.4，p.282.

二、英商的抗议与朱桂桢的分寸

自马治平任主席以来,中英双方的矛盾已经有了明显缓解,不仅李鸿宾对马治平的态度颇为赞赏,朱桂桢在后续的交涉中也称其"颇知礼义"。①但朱桂桢的行动和新的禁令,还是激怒了一向温和的新委员会。在呈递给朱桂桢的禀帖中,委员会讲道:巡抚的行为是"对一个国家品格的故意侮辱和对商业性质的损害",对通事和行商的羞辱则是"一种罩在我们与中国人日常往来上的阴影,它的必然结果是动摇本地人对我们的信任,使得为我们服务成为一种可耻的、甚至是危险的工作"。②

委员会在禀帖中表达了可以被随意破坏的英国商馆给他们带来安全上的担忧,并直接让前去送信的林赛带上所有公司的钥匙点名交给"抚院阁下",表示贸易不必继续,但是行商都"不肯代递"。③5月29日,委员会再发公告,颇为愤怒地说:"我本国、属国众商,以倘未见伸冤,则我英国与中华国所有之交易必早日尽然停止……虐政我断不服之。"④

委员会并非说说而已。他们在5月26日寄给威廉要塞的报告中,措辞更为强硬,其中列出朱桂桢的几项罪过,如朱桂桢对英国前国王的画像不敬一条,马治平就曾在抗议禀帖中说"大人亲到我英国公馆时,闻得有将我英国国主绘容大画之前布强行打下拆去,又有以不敬之貌相待"。⑤散商也在自己的决议中表示:"各项规条的重

---

① 英国国家档案馆藏中文档案,FO 1048/31/31-45 PT2,p.00097。
② 英国国家档案馆藏中文档案,FO 1048/31/47,p.00097。
③ H.B. Morse, *The Chronicles of the East India Company Trading to China*, 1635-1834, Vol.4, p.282.
④ 英国国家档案馆藏中文档案,FO 1048/31/41-54 PT2,p.00067。
⑤ 英国国家档案馆藏中文档案,FO 1048/31/47。

新出现,侮辱英伦国王画像同时出现,以及拒收委员会的陈述,表明是一个有意压迫和羞辱不列颠臣民的计划。"① 值得注意的是,在威廉要塞的报告中,委员会甚至重提了前一年给董事部报告中的建议:"我们主张强行占领一个岛屿。"②

此时英商一方已经惊涛骇浪,当事人朱桂桢似乎是在台风眼中,丝毫未受影响。事起之初没有人敢将英商的禀帖呈递给朱桂桢或中祥。5月下旬,行商似乎尝试找机会呈递也告失败③,因此直到6月20日,李鸿宾从海南回来后,官府才接收了这些禀帖。1831年6月24日,行商终于将英方的抗议送达李鸿宾。

李鸿宾之所以被英商区别看待,甚至使英商怀疑朱桂桢和中祥是出于和李鸿宾政见不合才一起破坏商馆,正是由于李一贯的克制。但对于此案,李鸿宾并没有更多的办法,他回复委员会称朱桂桢得到了皇帝的指示,这件事他也无权过问。此时散商渣甸(W. Jardine)身在广州,大概是在参与抗议活动,他写信给澳门的生意伙伴马地臣(J. Matheson)称:"6月24日。行商已经见到了总督。他们说,总督告诉他们,巡抚不得不这样做(could not avoid acting as he did),因为他得到了皇帝的命令。而且总督还让他们跟特选委员会说说好话(sweet words),让他们保持安静。"④

在委员会不断争取的同时,散商也同步进行抗议。从1829年部楼顿离开广州开始,可以明显察觉散商活动的增加,而且他们要比管理他们的公司更加激进。一家英国本土的报纸援引5月26日

---

① H.B. Morse, *The Chronicles of the East India Company Trading to China*, 1635-1834, Vol.4, p.311.

② H.B. Morse, *The Chronicles of the East India Company Trading to China*, 1635-1834, Vol.4, p.316.

③ Extract from China Consultations, 1831年5月14日。Papers relating to the affairs of the East India Company. Accounts and Papers 1831-2. Vol. XXXI,第84页。

④ Alain Le Pichon, *China Trade and Empire: Jardine, Matheson & Co. and the Origins of British Rule in Hong Kong*, 1827-1843, Oxford University Press. 2006, p.122.

的《广州纪事报》称:"这场冲突被认为是许多年来最严重的一次。"①5月21日和6月27日,渣甸、因义士(J. Innes)代表全体散商向巡抚朱桂桢上禀帖,抗议新发布的《防范夷人章程八条》,禀帖开列了"抗议八条",回应了禁令中新增的条款。他们表示,这不只是为了英商,也为了全体外国人,抗议这份侮辱远商的谕令。②

这封禀帖,朱桂桢并未第一时间回复。可能他也没有第一时间听到、看到这些抗议。这一点从他给道光皇帝的调查报告中大略可以推测:朱回给道光皇帝的奏折,无法读出他对英商的任何不满或者批评,英国人长达一个月的反复抗议,似乎对他没有产生任何影响。

6月27日,朱桂桢向道光皇帝上奏自己调查的结果。在这封《密查夷人大概情形》③中,他对道光帝要求调查的条款逐一回复。对比邵、朱二人的"八条",朱桂桢对"夷人致毙汉民""内地书籍,例不出洋……"两款都是靠查阅"旧案"和"查例"得出结论,中规中矩,但事实上,他回避了现实情况。阮元和李鸿宾任总督时,有两起命案都是凶手提前逃匿,尤其是1830年荷兰船长美坚治(Machenzie)被殴伤致死一案,是荷兰商人和英国商人共同议定将凶手送走,双方自行处理。而内地书籍的问题,尽管目前似乎没有系统深入的研究,但当时英商已经有了专职翻译④,有大量文献反映出他们介绍中国书籍、讨论中国的制度文化,可见朱桂桢的结论并不全面。至于对二、三、四、五款的描述,也基本与已知的事实相符。至少在目前可见的史料和已有的史学研究成果中,没有证据支持我们得出相反的结论。

---

① *The Norfolk Chronicle and Norwich Gazette* (Norwich, England), Saturday, November 19, 1831; pg. 2; Issue 3207. British Library Newspapers, Part III: 1741-1950.
② 英国国家档案馆藏中文档案,FO 1048/31/31-54 PT2. p.00073。
③ 中国第一历史档案馆编:《鸦片战争档案史料》第1册,第83—84页。
④ 例如马礼逊(R. Morrison)及其儿子马儒翰(J. R. Morrison)。

六条中,关于外商群集进城的问题,颇值得考究。1830年英商记载,为了抗议侮辱性告示,他们曾分两批各80人分别前往城门和总督、海关监督衙门递送禀帖,里外合计160人,虽不及二三百,但绝不是"十余人"可以概括,而且既有前往衙门递禀者,自然不可能没有进城。李鸿宾和中祥的奏折也有部楼顿于衙门呈控的记载,英人禀帖中有大班乘轿前往总督衙门的记载,可知朱桂桢所言不实。

此条中有一细节,"把总黄德威将为首之夷人打倒",中英文的官方文书都未见涉及,惟谭宗浚于《复友人书》中,提到了有些类似的情节:"西关汛把总王某,眂而懋,俗呼为盲眼王。当夷人呈诉时,以靴尖踢之,夷人悻悻径去。"①这一记载与朱桂桢的调查结果颇有吻合之处。所不同者,朱桂桢的记录有名有姓,而谭宗浚的则只有姓,且与朱记录的姓名不同。不过细作思考或可推知,粤语中"王""黄"二字的发音几乎相同②,谭宗浚虽供职翰林院,但他生长于广州,其父谭莹与十三行商人伍崇曜过从甚密,或许是他于坊间听说此事时,错将"黄"作"王",在北京写信给友人时又无法查证,造成讹误。

英方材料中也有支持这种说法的证据,渣甸等人于6月27日向朱桂桢抗议新禁令,对于其中赴城门投禀只准一二人的条款,在禀帖中讲道,多人同去是为了"自护",因为"守门弁兵常向詈骂甚至击打凌辱"。③这证实了上述事件不但极有可能存在,甚至还发生过不止一次。此外,道光帝关心的地方官员"苛虐夷人情弊",朱桂桢在回复中也称不存在。

至于邵正笏所奏"匪徒练习快蟹船只,为夷人私运偷税"一事,朱桂桢认为要责成官弁认真巡缉查拿,不过他说"不敢因现无实据,稍存疏懈",言下之意,"快蟹"一说也被否定。但事实上,李鸿宾实

---

① 谭宗浚:《复友人书》,《清代诗文集汇编》编纂委员会:《清代诗文集汇编》第763册《希古堂集》甲集卷二,上海古籍出版社,2010年,第184页。
② 两个字的发音都是"Wong"。
③ 英国国家档案馆藏中文档案,FO 1048/31/31-54 PT2. p.00083。

行巡船制度,也曾与道光皇帝商议,模仿快蟹形制建造船只用于禁烟,快蟹的存在是绝对的,况且,即便广州当时的贩毒未发展到快蟹私运的程度,也决不可轻视,"鸦片战争前20年,……以伍家为首的行商,是地主阶级内部鸦片利益集团中引人注目的角色"。①

道光初年,阮元严禁在内河贩运鸦片,伍受昌就与"英吉利人铁头老鼠者(渣甸)串通",将鸦片"移在大屿山屯(趸)船开装,自后俱用现银交易"。②而本该用于禁烟的巡船,随着时间推移,官兵私相授受,反而使得鸦片贸易更加快速地发展起来。所以说,行商参与或包庇鸦片贸易在当时的广州是公开的秘密。而官员或许不直接参与,却可以通过正税之外送给本地官员的"陋规"③获得大量额外的利益。

不仅如此,对于广州的鸦片泛滥,朱桂桢很可能有亲身体会。1831年1月3日,《广州纪事报》报道了一起火灾:"(火灾)本月1日凌晨一两点钟,总督的府邸……发生了一起火灾,烧毁了他府邸和他公堂附近的一大部分。据称是因为他的佣人在吸鸦片时没熄灭烟灯就睡着了……据报损失了很多财物……"④导致李鸿宾有一段时间寓居其他地方无法回家。根据前文的推算,此时朱桂桢很可能已经身在广州。总督本人的佣人都在吸鸦片而且闯下大祸,事发后一天,朱桂桢就已和李鸿宾等人联名上折,朱桂桢不可能对广州的鸦片泛滥一无所知,只是他选择不在回复中奏明皇帝。

其中原因,无非两种,一是他确实被蒙在鼓里,广州的大小官民联合起来骗过了他,而朱桂桢目之所及难以发现广州鸦片泛滥的状况;二是广州烟毒横流,朱桂桢洁身自好已属不易,很难动摇业已根深蒂固的大环境。无论如何,直至离任,朱桂桢都未将广州鸦片贸

---

① 章文钦:《广东十三行与早期中西关系》,第55页。
② 《黄爵滋奏疏、许乃济奏稿合刊》,中华书局,1959年,第49页。
③ 相关研究参见章文钦:《清代广东十三行与粤海关》,《广州文博》第九辑,文物出版社,2016年。
④ *The Canton Register*, Vol.4, No.1, 1831年1月3日。

易的情况上报朝廷。即使是他雷厉风行亲自处理的商馆码头一事，朱桂桢也只轻描淡写地奏称："惟其新砌临水马头，较旧日马头已宽出十余丈，究属违例，当经臣亲往查看，饬令洋商等，即于十日内拆卸净尽。"①对审理、冲突、抗议等事，只字未提。

总而言之，朱桂桢的调查结果中，除了码头之外，或是无法查实，或是查无此事，对当时英国人的抗议全未提及（后来也未曾提过），相当于"基本推翻"②了邵正笏的八条。无论是出于什么原因，朱桂桢给皇帝的奏折回避了广州真正可怕的鸦片贸易和贪腐弊病，客观上放过了年已63岁的李鸿宾，以及牵涉其中从中获益的一众官弁商民，当然，也放过了从1829年开始，屡屡生事、"日生桀骜"的外商。治理这些问题的工作，几年后落在了钦差大臣林则徐的肩上。

三、法与理："朱案"争议点辨析

（一）重审错讹层叠的史料

朱桂桢事件本身的过程并不复杂，只因有几个核心问题缺乏实据，无论对当时的事件中人还是对后来的研究者，还原史实，恰当评判，都不无困难。就目前的材料和研究成果来看，事件的基本事实包括以下几点：

1.5月12日，朱桂桢"命驾至海关署，声称欲入洋行观自鸣钟，拉监督同往"。到达英国馆门口后，"降舆周视，勃然怒见于面，趣召洋商甚急"。③2.在进入花园时，朱桂桢令人将前国王画像前的

---

① 中国第一历史档案馆编：《鸦片战争档案史料》第1册，第82—84页。
② 郭卫东：《鸦片战争前后外国妇女进入中国通商口岸问题》，第252页。
③ 张渠撰，程明校点：《粤东闻见录》；陈徽言撰，谭赤子校点：《南越游记》，广东高等教育出版社，1990年，第187页。

遮布拿开,于画像前落座,开始审讯。3.不久,通事蔡懋(即总通事阿谭 Atam)到达,朱桂桢责问,为何将馆前空地围起,蔡懋称此事自己"无权干涉",朱桂桢随即将他戴上枷锁,要求他两天之内将码头和围墙"恢复到三年前的状态",否则"砍下他的脑袋",对伍受昌也威吓要将他立即下狱论处甚至斩首,得中祥求情,两个人才除了跪地"一小时"之外没有遭受其他的处罚,拆除码头的时间也宽限为十天。①4.其后便有石工将英国馆"新砌临水码头"②以及商馆西侧的围墙丈量好尺寸,要求行商"十日内"照所量尺寸掘毁,并立即执行。(5月21日,伍受昌报粤海关已按朱桂桢要求的期限"掘毁完讫"。③)

基于这些事实推出事件的主要争议点:无论是在覃义理的记录、目击者伍受昌的评论,还是在后来诸多研究的结论中,一部分信息强调了朱桂桢"未经事先通知擅闯英商馆"④,即缺乏"合法性":首先他是在李鸿宾前往海南和英商返回澳门期间,擅自行动,说明他没有得到两广总督的同意,且违背了早年与英商议定的条款。

另一部分信息则强调了朱桂桢到达商馆时的规模,尤其是武力上的压制,以及审讯时对行商等人的惩罚和侮辱过度"暴力",即不具备"合理性":指称朱桂桢到达英商馆时,带了"一队强大的武装随从"(a strong body of armed attendants)⑤,或称"一大批武装随从"⑥;朱桂桢以死亡威胁了总商和通事,并让他们跪了"一小时",被冠以"行为处处都极端暴烈",或者"暴跳如雷"⑦这样的字眼。破坏设施、侮辱英王画像的指控则更为严重。

这些细节多数都来自英方的记录。另一部分,由于缺少中文材

---

① 马士著,区宗华译,林树蕙校,章文钦校注:《东印度公司对华贸易编年史(1635—1834年)》第4卷,广东人民出版社,2016年,第290页。
② 中国第一历史档案馆编:《鸦片战争档案史料》第1册,第82页。
③ 梁廷枏著,袁钟仁点校:《粤海关志》,广东人民出版社,2014年,第518页。
④⑥ 张坤:《在华英商群体与鸦片战争前的中英关系》,第239页。
⑤⑦ H.B. Morse, *The Chronicles of the East India Company Trading to China*, 1635-1834, Vol.4, p.279.

料的对比,令马士以及一些研究者在引用英文材料时,很自然地站在了英商的立场上,比较激进的观点是,认为朱桂桢的行为是"对英商权益的践踏和损害……折射出了'夷夏观念'为核心的传统思维方式的缺陷"。①然而,通过考证和辨析已经掌握的中英文材料,甚至是那些最常见的材料,我们或许会得出不同的结论。

学者诟病最多的中方材料之一,载于1891年出版的《国朝柔远记》:"道光七年,广东巡抚朱桂桢毁英商公局。初,粤城外民居失火,多斥为平壤,英商欲广其公局,以次侵占,拓地数里,地当渡口,居民欲返故地不得,控于总督。李鸿宾置不理,粤人谓其受贿,乃乘其入觐,控于巡抚朱桂桢。桂桢素有威望,洋商惮之,受控立置通事于狱。洋行惧误开舱,事免究,乃亲督拆毁之。"②王之春将时间误作1827年,出现了明显的瑕疵。1827年朱桂桢根本不在广州,只要略做考察,就不该有如此错误。但有趣的是,相同错误在不同作者的相关记载中反复出现,这让不少中文记载的真实性打了折扣。

道光三十年(1850)成书的《南越游记》将事件起因解释为:"蕃人贪缘得以巨石甃址,设栅置守,一若厥土为所有者。"巡抚故而前往商馆,将码头"喝令毁之,顷刻而尽"。③此书是陈徽言笔记见闻的汇集,想来"巨石"之说必是民间讹传进行的夸张。《广州府志》也采用了相同的说法。《南越游记》成书较早,作者曾身在广东,时间上也只说"道光某年"。虽然事件过去不久,但是记录者都不确知其何时发生,不免引人生疑。

究其原因,后世对码头一案记载的模糊,很可能是因为多数记载都不是出于作者见闻或研究,而是始于对叶钟进《寄味山房杂说》记录的误读。

---

① 张坤:《在华英商群体与鸦片战争前的中英关系》,第246页。
② 王之春撰,赵春晨点校:《清朝柔远记》,中华书局,1989年,第177页。
③ 张渠撰,程明校点:《粤东闻见录》;陈徽言撰,谭赤子校点:《南越游记》,广东高等教育出版社,1990年,第187页。

叶家是"走广"徽商的一支,在粤贸易多年。① 叶钟进在广州自设寄味山房,以读书刻书为乐。《寄味山房杂说》成书于约道光十三年(1833),当时"夷乱"未起,避免了"倒放电影"的问题,遗憾此书已佚,现在能读到的片段最早似出自方东树的《考盘集文录》。书中记载:"道光十一年,歙县叶钟进,号蓉塘,客粤中,著有《寄味山房杂说》记英夷滋患之事。"英人在"道光七八年于夷馆前立大马头,置围墙栅栏。其地为对河居民往来渡口,具禀上控,总督李鸿宾偏徇夷人,准其设立。迨奉廷寄,巡抚朱桂桢亲莅折毁……"② 随后,叶的记录出现了严重的错误:"又纠各国夷人随声附和……惟米利坚夷不从,时各船主争噪大班部楼顿庸愧无能,此十三年事也。"③ 部楼顿1829年底已离开广州,很显然,叶钟进将1829年和1831年的两次冲突混淆了。

方东树对叶钟进的转引影响深远,《国朝柔远记》应该也是采自本文,但王之春很可能误将文中"道光七八年……立大马头"当作1831年冲突发生的时间,才有了之后的讹变。不止王之春,魏源的《海国图志》在介绍英国时,引自《寄味山房杂说》的片段与方注几乎一字不差,可知也是由《考盘集文录》而来。梁廷枏《夷氛闻记》也记载:"道光中,署督朱桂桢毁其夷馆前马头,遽率其来船碇泊外洋举八事要挟,以米利坚不从而止。"④ 与方引叶钟进的记载在关键情节上也一致。

这些错讹迭出的材料,不少学者引用时,都因其明显的硬伤而提出质疑,甚至进一步质疑其他中文材料。对比翔实丰富的英文材料,研究中出现这种倾向,在所难免。矛盾的是,一些研究者在不信

---

① 张子俊:《晚清婺源商人在广东之研究》,暨南大学历史学系硕士学位论文,2018年,第14页。
② 方东树:《考盘集文录》卷二,《清代诗文集汇编》编纂委员会:《清代诗文集汇编》第507册,上海古籍出版社,2010年,第137页。"折毁"系原文。
③ 方东树:《考盘集文录》卷二,《清代诗文集汇编》编纂委员会:《清代诗文集汇编》第507册,第137页。
④ 梁廷枏:《夷氛闻记》卷一,中华书局,1959年,第5页。

任中文史料的同时,又不加甄别地将这些记载中的只言片语作为证据,试图概括当时的中方民众、官员乃至整个中国的情况。但值得注意的是,对于已经是既成事实的码头一案,当时本地的官民无人质疑,李鸿宾返粤后也未反对。这意味着,迄今以来,大部分反对和质疑是来自当时的英商以及支持英商的论者,这种现象不免引人深思。

(二) 基于考证的理法之辨

基于以上考证,或许可以尝试分析事件中的争议点了。首先探讨合理性,朱桂桢的行为是否如行商和英商所认为的,过于"暴力""不分青红皂白",毫无尺度?

在覃义理等人的报告中,强调了朱桂桢来访时带了很多武装随从。如上文述及,他们常被称为"一队强大的武装随从"[1],或"一大批武装随从"[2],但这很可能是语言转译过程中产生的误解。

朱桂桢早年在贵州镇远任知府,后任漕运总督,最后任广东巡抚,都有许多典故流传。他去世后,镇远府还将朱桂桢入祀名宦祠。这些《清史稿》都有总结,故而多为研究者知晓,反而是他在广东的典故鲜有人提。按照清制,督抚出行有"八座之仪"[3],前呼后拥,排场甚大。但《南越游记》记载,朱桂桢"仅用四人"[4]。记载中,朱去商馆想带海关监督同往,却不直说,借口往洋行观自鸣钟。这惟妙惟肖地佐证了朱桂桢墓志中的描述:"每治一弊,不动声色。"带官弁"曰去某地,莫知其事"。[5]这些信息,足可证明朱桂桢行事一向朴素低调,料理公事时尤其如此。

---

[1] H.B. Morse, *The Chronicles of the East India Company Trading to China*, 1635-1834, p.279.
[2] 张坤:《在华英商群体与鸦片战争前的中英关系》,第 239 页。
[3] 李乔:《大清衙门》,人民出版社,2017 年,第 41、42 页。
[4] 张渠撰,程明校点:《粤东闻见录》,陈徽言撰,谭赤子校点:《南越游记》,广东高等教育出版社,1990 年,第 187 页。
[5] 潘咨:《故广东巡抚权两广总督朱庄恪公墓志铭》,缪荃孙纂录:《续碑传集》,文海出版社,1966 年,第 362 页。

朱桂桢前往英商馆要拉中祥同去,都找了托词,而且前文已论及,行商没有料到巡抚会亲自过来,可见也是他的有意安排。况且如果鸣锣开道、回避肃静,伍受昌他们不可能毫无准备。这个矛盾,只能理解为朱桂桢已经简化的仪仗,在伍受昌眼中都已经是"A strong body of"①。但这个模糊的说法再经过转译,很容易令读者产生朱桂桢"调集大军"前往商馆的错误印象,进而推出"暴力"的结论。综上所述,"一大批武装随从"的说法,本身就值得怀疑。

然后是事件最大的争议点——"侮辱英王画像"。这里也有因材料转引不严谨而产生的误解。马士在记录了覃义理和师密写给当时身在澳门的委员会的报告,其中指出朱桂桢"出乎意料之外"地拿掉画像遮布一事,似乎伍受昌在表达对巡抚行为的不满。

对此,马士《编年史》中译本写道:"浩官告诉我们,12日早上,抚院由海关监督陪同前往贵公司商馆;(按:分号)完全出乎行商意料之外,(按:逗号)当他进入花园时,他命令随从将前国王的画像(King's picture)的遮布拿开,并坐在它面前……"②查此书英文版第279页,原文为:"… accompanied by the Hoppo;(按:分号)and quite unexpected by the Hong Merchants,(按:逗号) while walking in the gardens……"其标点方式与中译本一致,可见译文并无大的问题。但是,在《下议院档案》中,这封信的原文副本清晰地写着:"… accompanied by the Hoppo,(按:逗号)and quite unexpected by the Hong Merchants;(按:分号)……"③也就是说,文件原文是指,朱桂

---

① 按:"a strong body of"似乎并不是一个非常通行的用法,因为委员会在1831年5月14日的记录以及给董事会的信函中,谈到完全相同的情节时,将这句话换成了"a strong party of"。以我的初步研究,难以判断这个描述代指的人数区间。参见 Extract Canton Consultations, 14th May 1831. Papers Relating to the Affairs of the East India Company. Accounts and Papers 1831-2. Vol. XXXI, p.54.

② 马士著,区宗华译,林树惠校,章文钦校注:《东印度公司对华贸易编年史(1635—1834年)》第4卷,广东人民出版社,2016年,第316页。

③ Extract Canton Consultations, 14th May 1831. Papers Relating to the Affairs of the East India Company. Vol. XXXI, p.55.

桢和海关监督同时出现令行商意外,而非指分号后关于画像的部分。马士将"出乎意料之外"之前的逗号误作分号,又将"while"之前的分号改为逗号,看似很小的错误,却完全改变了"出乎意料之外"所指的部分,也改变了语义侧重。如此一来,或多或少对阅读和研究者都产生了误导。

英商记录,伍受昌说当时朱桂桢进入英国馆后,拿开了盖着前国王画像的帷幔,审讯时也坐在画像前。这一系列行为,被英商解读为"侮辱英王画像"。英国馆的内部设置,实际上是中部有一个大厅,旁边设有小的办公室租赁给商人和各个公司。具体布局,可参考1807年"海王星"号事件审理时英国馆的格局:

图1 对四个英国海员的审判,广州,1807年10月1日,法庭内景①

朱桂桢查办案件,自然要升堂入座,其座位自然而然也会安排在如上图正中官员所坐的位置。英王的画像或许就挂在大厅正中的墙壁上,这是非常合理、有据可查的情况。但朱桂桢在9月5日给

---

① The Court of Inquiry(into the trial of the sailors of the ship Neptune), after 1807, Peabody Essex Museum. Peter C. Perdue: Rise & Fall of the Canton Trade System-III Canton & Hong Kong. https://visualizingcultures.mit.edu/rise_fall_canton_03/cw_essay02.html.发布时间:2009年,访问时间:2020年4月15日。

马治平的回复中,直接否定了这件事存在。朱桂桢是否对画像之事一无所知呢?并不是,他补充说:"若绘容供奉其君,原无不可,但须设帐幔香案以致虔。"①可见朱桂桢认为当时所见供奉国王画像的规格不符体制,虑及"该大班颇知礼义,言及恭敬二字"②,所以才提出建议。

朱桂桢一贯刚正③,对英方的指控,他愤然讲道:"三尺小儿苟非犯法亦不肯践踏,岂有入人之馆而轻侮其国王之绘容者乎。"④可见他的回应,或许未必是出于"无法非议的忠君观念……只能否认有此事"。⑤这似乎只能理解为,朱桂桢确实注意到了大厅中帷幔所遮的油画,或许也有掀开帷幔的行为(否则看不到画),但他并未将画拆除,也未唾骂、染污,很难就此定性为"侮辱"。或许在英商的尺度之下,坐在画像前就是对画像的侮辱,即使朱桂桢本就该坐在那个位置。

最后讨论对行商和通事的审讯是否过于严厉的问题。朱桂桢将蔡懋用锁链锁住,以死亡威胁他和伍受昌,这令伍受昌颇受惊吓,实属人之常情。但是,前引道光帝的谕旨中,只令朱桂桢"逐款严密访查,据实具奏",并未授予其随意处刑甚至杀人的权力。而且,杀人一项,有清一代,除几种特定情形可以"就地正法"外⑥,处分极其慎重,有旷日持久的复核、审判制度⑦,绝不是督抚一言可以决断。

---

①② 英国国家档案馆藏中文档案,FO 1048/31/31-45 PT2, p.00097。

③ 对朱桂桢生平行谊的研究,请参见王彦波:《势变:1831年前后的中英冲突》第四章第四节,中山大学硕士学位论文,2019年。

④ 英国国家档案馆藏中文档案,FO 1048/31/31-45 PT2, p.00097。这一回复后被译成英文发表在《广州纪事报》上,参见 The Canton Register, Vol.4, No.18, 1831.9.15。

⑤ 吴义雄:《"国体"与"夷夏":鸦片战争前中英观念冲突的历史考察》,第110页。

⑥ 王瑞成:《就地正法与清代刑事审判制度——从晚清就地正法之制的争论谈起》,《近代史研究》2005年第2期。

⑦ 参见张晋藩编:《清朝法制史》,中华书局,1998年;董康著:《清秋审条例》,中国书店,1991年。

尽管有锁拷和威胁的行为,但两人既没有受到严刑逼供,也没有被下狱监禁,在清朝的社会生活中,应该很难称之为"暴力"。恰恰相反,正是朱桂桢有意请来的海关监督中祥作保,这才释放了二人,并且放宽了期限。

同时,朱桂桢破坏码头设施的行为,非但没有证明他"不分青红皂白",相反,证明了朱桂桢非常清楚圣旨授予自己的裁量权:他事实上不能立即将通事、行商处死,但他可以下令毁掉码头。此事在皇帝谕旨中明确点出,也是朱桂桢在给皇帝的回复中唯一明确解决的。码头本属违建,行商等人说不出它存在的任何道理,拆除亦属自然。朱桂桢想以此作为对行商和"夷人"的警告。此外,他事实上没有伤害任何人——他甚至没有按照"惯例"罚款敲诈行商银两。这正是朱桂桢的分寸所在。

由此看来,朱桂桢唯一值得批评的,是将伍、蔡两人罚跪"一小时"。一小时之说现在已无法确证,朱桂桢拿人审案,不过追问了几个关于码头的问题,蔡懋回答不在自己权限之内就被拷起,真的需要一小时之久? 其次,即使真的有一个小时,在中国的时间观念中也只有"半个时辰",可能也并不是很重的刑罚。需要指出的是,伍、蔡二人世代从商,均非士人,见到身为"暂护两广总督广东巡抚"的朱桂桢,依清朝礼仪应当下跪回话。平日尚且如此,更何况升堂审案之时。但是对于英方来说,下跪或许是很严重的侮辱。关于这一点,参考从马嘎尔尼事件以来的中英礼仪之争的研究[①],会易于理解,但这种理解,不足以成为给朱桂桢的行为定性的充分条件。

第二是合法性。1831 年 9 月 5 日,事件发生近四个月后,朱桂桢回复了委员会的抗议。他开门见山地说:"该夷馆于道光七年,乘码头淤积,擅敢添筑围墙及东面用木板栅栏。"意指英商违例私建,

---

① 参见王开玺:《清代的外交礼仪之争与文化传统》,《北京师范大学学报(社会科学版)》2008 年 2 期;吴义雄:《"国体"与"夷夏":鸦片战争前中英观念冲突的历史考察》,《学术研究》2018 年第 6 期。

他才亲往商馆将其拆毁。朱桂桢称自己"钦遵大皇帝谕旨,密行查办"①,因此,马治平等人搬出的嘉庆十九年规章,既不能解释英人的违例在先,又无法与皇帝谕旨的效力相提并论,纯粹是"哓哓渎辩"。朱桂桢的解释已是他行动合法性的最好注脚。

当时的英商和后来一些学界中人或指,朱桂桢是趁"李鸿宾不在广州"采取行动②,"擅闯"英国馆。③事涉外夷,向属总督职权,因为"化外互市之国的通商夷务不同于朝贡事务,被视为疆吏的守土之责,具体责成于两广总督"④。朱桂桢身为巡抚,除非有涉百姓安宁,贸易相关的事务,一贯无须过问。总督如非必要,也往往假手广州府、南海县处理。这既是惯例,也是制度。既然督抚大员对于涉外事务极少过问,那么亲往夷馆更是有损身份,但朱桂桢依然选择了亲临商馆,亲眼确认皇帝要求访查的事件,可见其负责的态度。

朱桂桢后来回复散商极不恭敬的禀帖时,也不客气地说道:"本部院曾于四月初亲至公司馆查办事件。该馆系省城之地,即为本部院所辖,不但亲往,如该夷胆敢肆无忌惮,必当带兵轰击,绝不稍有顾虑。"⑤朱桂桢此处并未搬出谕旨支撑自己的行为,而是强调了自己作为守土之官、封疆大吏,本来就有这样的职权。对朱桂桢来说,基于上谕和职权带来的合法性,允许他在办案时进入本就属于行商的夷馆。东印度公司租用行商的商馆,商馆有许多独立的办公室,商人,尤其是散商们租用办公室工作。朱桂桢除了进入大厅之外,没有打开任何一个英商公司的门,客观来说谈不上破坏了他们的财

---

① 英国国家档案馆藏中文档案,FO 1048/31/31-45 PT2, p.00101。
②③ 张坤:《在华英商群体与鸦片战争前的中英关系》,第239页。
④ 许安朝:《清季总理衙门与省直关系研究》,中山大学历史学系博士学位论文,2018年,第20页。许安朝在脚注中举例分析:"嘉庆十四年,英国商船武装占领澳门东望洋等三处炮台,酿成外交事件,时任粤督吴熊光未及时奏报,又不亲往查办,因而遭到嘉庆帝申斥,谓:'各省封疆大吏,守土是其专责,遇有关涉外夷之事,尤当立时亲往勘办,方为无忝厥职。'可见,清代将交涉事件看成是直省疆吏的守土之责。"该事件相关研究已备,此不赘述。
⑤ 英国国家档案馆藏中文档案,FO 1048/31/31-45 PT2, p.00084。

产,"擅闯"的指控缺乏事实依据。

那么朱桂桢是否有乘总督不在而擅自行动的嫌疑呢？从目前的材料来看,4月份李鸿宾已经离开了广州,5月12日前一到三天,朱桂桢才收到令他调查的密旨。据行商1831年6月26日给英商的信件:"四月上旬(5月12日到21日)"李鸿宾已前往"雷州(Luychow)和海南督军(review the troops)","五月十一日(6月20日),总督回到了广州"。①可知3月29日到6月20日之间,李鸿宾都不在广州。码头事件结束后的5月16日,李鸿宾还从雷州行营发谕令回广州,要求将一个外商带来的"番妇"遣送回澳。对于广州商馆爆发的事件,李鸿宾当时并不知情(甚至在他6月回来的时候,对这件事都没有太多的过问)。1831年7月30日上谕,李鸿宾"前奏广东署南雄协副将事罗定协副将德方,自缢身故"一事,"情节殊属可疑",需再做调查,但同时又说李鸿宾"此刻计已起程来京陛见",就将此事交给朱桂桢办理。②也就是说,李鸿宾6月20日回到广州后,因为例行陛见,在广州停留若干时日之后,于7月再次离开了广州。

如此不厌其烦地整理时间线,其实只是为了证明一个容易被忽视的要点:朱桂桢收到的确实是一道"密旨"。因为是一道密旨,所以李鸿宾不知道,民间的传闻中没有提到,英国商人只能猜测内容,东印度公司的中英文档案中有许多的奏折、上谕的抄本和译本,唯独找不到这一封密旨的文本。所以,不存在朱桂桢找了李鸿宾不在广州的机会,而是这道密旨需要朱桂桢隐瞒他人。如此一来,就可以很好地解释朱桂桢前往商馆时,借故拉上海关监督的行为。中祥虽对密旨一事并不知情,但中祥身为天子家臣,与朱桂桢共同前往,一来可以作为他执行谕令的见证,二来可以第一时间将中祥排除在事件之外,不惹苛虐之嫌。倘若事实如此,朱桂桢可谓心思缜密了。

---

① Extracts from China Consultations, 30 June 1831. p.84. 公历日期为原文注。
② 《清宣宗成皇帝实录》卷一九一,《清实录》第35册,中华书局,1986年,第1016页。

英商不这么认为,在他们看来,"总督没有反对建造"(Viceroy would not permit to be finished)的工程被毁,码头变为了"无用"的状态①,是对他们的严重伤害,无论是财产还是精神。但事实上,英国人回避了一个事实,英商馆门口的码头,是英国商人借 1822 年大火之后东印度公司重建商馆之机,明知故犯违规建造的。不仅如此,他们首先以隔离火源和"汉民"的理由修建了一小段围墙,并且在 1827—1829 年间,因为购买毗邻店铺未成,又暗中将围墙加长;其后,他们还将商馆前不平整的码头渐次加固,从隐现于江水中的泥滩变成了朱桂桢拆除的"石码头",且码头向江面延伸至和同时期商馆的广场差不多的宽度(估算约 30 米)。②这两项,广东方面只允许了围墙最初一段的建造,但并不支持继续延长。对于英商急于加宽加固的码头,官府一开始就坚决否定且从未表示支持。1830 年初,盼师派人连夜改造码头,还曾遭到行商阻止。很快广州府毁掉新建的部分,警告英商"不得妄生觊觎"③,可见态度非常明确。

英方虽然蒙受了损失,但河床淤积不加疏浚,而是私造码头、加盖围墙,均属违例。一直以来,他们得到的回复几乎都是否定的,不存在所谓"不反对"的说法。这背后或许有广州官府的腐败和懒政的因素,但是既然本地官府此前明确反对,那么朱桂桢执行禁令就更加无可厚非。④

至此,1831 年十三行中英冲突的事实已基本清晰。朱桂桢身兼要职,保境安民本是责任所在,同时又是奉密旨查案,具备充分的合法性。他命人暗中调查,自己亦亲自微服出访,且各个环节都拿捏得当,最后交给道光皇帝一份客观而不无保留的答卷。既起到了震

---

① Extract from China Consultations, 14 May 1831. Papers Relating to the Affairs of the East India Company. Vol.XXXI, pp.55 - 56.
② 相关研究参见王彦波:《势变:1831 年前后的中英冲突》第三章,中山大学硕士学位论文,2019 年。
③ 梁廷枏著,袁钟仁点校:《粤海关志》,广东人民出版社,2014 年,第 519 页。
④ 相关研究参见王彦波:《势变:1831 年前后的中英冲突》第三章,中山大学硕士学位论文,2019 年。

慑的作用,仍不致引起大的震荡,又具备了充分的合理性。中英双方之所以出现对事件认识和评价的差异,是基于两国不同的政治文化和思想观念,更是始于清廷恪守旧规与散商扩大贸易,尤其是鸦片贸易之间无法化解的矛盾,这也是19世纪20年代之后,中英冲突不断升级的关键。

四、结　　语

1833年,朱桂桢卸任巡抚离开广东,"远近士民来相送者水路麇至,船舆溢郭外数十里,南中父老以为毕生所谨见云"①。朱作《予病久请告归里留别广东士民》一诗相赠,其诗云:

余家先世守儒风,两代依人在粤中。今日居然持使节,恒将祖德励微躬。

家君宦迹在龙州,常把宽仁勉士流。回首趋庭如昨日,每当用猛辄怀忧。

粤东自昔号名邦,屈指人才数曲江。愧我三年无教养,此心耿耿不能降。

花楼灯市闹繁华,都士年年竞自夸。到底此风留不得,从此勤俭作人家。

仁甫丰裁向绝伦,廿年相见倍相亲。临歧莫作伤心语,礼让还期劝士民。

回首浮云五十年,功名炙手亦徒然。谁知天网恢恢甚,几个英雄得保全。

老兵缠身不自由,君恩高厚岂能酬。眼看无限哀鸿苦,惹

---

① 张渠撰,程明校点:《粤东闻见录》;陈徽言撰,谭赤子校点:《南越游记》,广东高等教育出版社,1990年,第187页。

得行人满腹愁。

不材勉自谢风尘,简畀英贤仰至仁。从此谋猷应过我,伫看恩泽部如春。①

广州城争相传抄,以致后来《广州纪事报》发文描写了当时送别的场面,并附上了这首诗的拼音和英文译本。诗中表达了他对奢靡之风的反感和对功名炙手的慨叹,对广东士民的情感和对圣明君主的忠诚,勾勒出一个典型的传统士人兼清官循吏的形象。1840年,朱桂桢病逝,道光帝下诏嘉其"居官清正,勤政爱民"②,赐谥庄恪。也正是这一年,"夷人"和鸦片的重担,落在了林则徐的肩上。

1831年的事件,反映出一个重要的现象。鸦片贸易的发展,腐蚀了广州的官僚系统,削弱了朝廷对广州的控制。皇帝只能以"密旨"敕谕以正直闻名的朱桂桢,以暂护两广总督、广东巡抚的身份直接介入,才得以了解相对真实的情况。由此产生的问题是,初来乍到的朱桂桢,对广东根深蒂固的弊端比较生疏,加上有皇帝支持,行事难免果决。朱桂桢清正廉明、深得民心。但他凌厉的举措,却可能授英人以生事之柄,反而加速了局势的失控。这种模式,在后来很长的历史时期内反复发生、不断加剧。码头事件前后绵延数年,仍有许多问题需要解决,而个案研究的意义,正如钱辛楣先生所言,在于卟其年代,揆其时势,解人之所难行,体人之所难受,以更丰富的细节,展示出鸦片战争前中英关系变化的一个侧面。

---

① 朱桂桢:《庄恪集》,《金陵朱氏家集》,国立清华大学图书馆藏,出版时间不详,第38、39页。

② 赵尔巽:《清史稿》卷三八一,中华书局,2003年,总第11632页。

洋关涉入近代中国多领域事务述略

——兼论洋关在中国近代化进程中的特殊角色和影响

广州海关 谢 松

本文中的"洋关",指近代史上由外国人扮演主要管理角色、专征洋船贸易税的中国海关机构。它草创于1854年英、法、美等国家以税务管理委员会形式攫取江海关管理权之时,在第二次鸦片战争后从上海一口推广至全国各通商口岸,结束于1949年中华人民共和国成立。[①]洋关所扮演的不仅仅是现代意义上进出口监督管理者的角色,它在近代中国的多个方面都带来前所未有的影响。笔者通过梳理洋关在监管征税等"主业"之外多个领域的职能拓展情况,试图在更广阔的视角下观察洋关在近代中国所扮演的更加立体的角色。

---

① 笔者在《从粤海关一口通商到洋关终结的历史画像》(《海关与经贸研究》2018年第5期)一文对洋关的始末进行了梳理和分析。1853年小刀会起义,为英、法、美三国参与中国海关"改革"提供了借口,《江海关征税规则》的签订标志着税务管理委员会制度的建立。1861年,清政府设立外交事务专门机构总理各国通商事务衙门(简称"总理衙门"),统一管理海关,并正式任命李泰国为海关总税务司,系统管理洋关。洋关在特殊历史条件下扮演着平衡中外各方利益的重要角色,直至1949年,洋关正式退出历史舞台。

一、鸦片战争后清政府被迫加入新的国际秩序,洋关登上近代中国外交舞台

(一) 清政府沿袭传统朝贡外交体制,没有主动建立现代外交关系的意识和需求

中国自古以来以天朝上国自居,各朝代统治者们视其与各国君主为诸侯与臣子的关系,将外国使臣视为朝贡者。《清朝续文献通考》记载:"乾隆五十年,我为上国,率土皆臣,无所谓外交也,理藩而已。"①可见清朝统治者认为外交并不重要,当时也没有形成平等的外交理念和礼仪。

1840年,英国用坚船利炮轰开中国大门,但清政府依旧没有主动与西方国家建立由西方主导的外交关系的想法。以派遣使节为例,《中英天津条约》明确规定了中外互派使节。②在19世纪60年代各条约国公使纷纷进驻北京后,清政府却始终没有派出驻外使节。恭亲王奕䜣驳斥各国关于清政府派遣使节的要求:"以各国至中华,通商传教,有事可办,故当遣使;我中国并无赴外国应办之事,无须遣使。"③这道出了西方国家与清政府对待中国重新建立外交体系一事的矛盾。西方国家开展外交是以宗教和经济作为先导的,具有扩张性质;反观当时的清朝,自给自足的自然经济仍占主导,民族工业还处于萌芽状态,且中国的宗教和民间信仰根植于东方文化体系,不具有对外扩张性,使得清政府没有主动建立外交关

---

① 刘锦藻:《清朝续文献通考》,浙江古籍出版社,2000年,第26页。
② 《中英天津条约》第二款规定:"大清皇帝、大英君主意存睦好不绝,约定照各大邦和好常规,亦可任意交派秉权大员,分诣大清、大英两国京师。"王铁崖编:《中外旧约章汇编》第一册,生活·读书·新知三联书店,1982年,第102页。
③ 文庆、贾祯、宝鋆等:《筹办夷务始末》,中华书局,2008年,第21—25页。

系的现实需求,只能逐步被动地进入西方列强主导的国际关系体系中。

(二) 清政府需要与西方各国交涉的事务越来越多,不得不考虑加强外交力量应付涉外事宜,洋关被纳入了这股力量

在中国古代的朝贡外交体制中,没有专门的外交管理机构。在中央,外交事务由礼部和理藩院兼理。礼部职掌"宾礼",并负责东方和南方国家的事务,理藩院负责与西方和北方国家的交涉。在地方,清朝设置了粤海关和十三行来办理与非朝贡国家相关的外交事务。①随着系列战争和冲突的爆发,清政府沿袭多年的涉外事务处理体制已无法满足形势的发展,也无法使西方列强满意。根据《天津条约》的规定"允许外国公使进驻北京"②,但按照原来做法,只能由驻在北京的各国公使与驻在地方的两广总督(两江总督)进行交涉,在北京没有一个相应的部门直接交涉。于是,1861年,一个新的外交事务专门机构总理衙门应运而生,负责直接与列强进行交涉。当时的清政府不熟悉国际外交规则,不能独立自主掌控通商口岸,更不能与强大的西方列强抗衡。若洋关协助办理外交事务,不仅能帮助清政府对通商口岸洋人和税务实行有效控制和管理,还能缓解列强的强势压力。由此,与当时西方国家的海关归属不一样,洋关被划为总理衙门这个外交部门管辖。③它凭借较为丰富的涉外工作经

---

① 笔者在《近代中国海关史研究设计若干基本问题略考》(《海关与经贸研究》2017年第38期)一文中论述了粤海关的职能发挥以及行商垄断制度。基于外交考虑,粤海关成为清政府对西欧各国怀柔外夷政策的主要执行者,从而履行了一定的外交职能;洋行的主要职能除了代外商缴纳关税以外,还有代外商购销货物、代外商办理一切交涉、代清政府监督外商活动等四大职能,兼具商务和外交双重性质。

② 王铁崖编:《中外旧约章汇编》第一册,第100页。

③ 笔者在《从粤海关一口通商到洋关终结的历史画像》(《海关与经贸研究》2018年第5期)一文中对总理衙门与海关的关系做了论述,第一任总税务司李泰国由总理衙门任命,继任总税务司赫德评价洋关"它一开头就是中国外交部门(总理衙门)必然的附属部门"。

验,承担了部分沟通联系中外的特殊使命。

洋关在外交场上发挥的作用在赫德担任总税务司时期尤为典型。赫德在清朝官场上的长袖善舞,得到了统治者和重臣们的青睐。①他主动参与中国各项对外活动,基本都得到了清政府和总理衙门的支持,其中包括支持中国加入到新的外交体系。例如,赫德力促中国派员尽快到国外考察。如1867年底,清政府第一个进行出国访问的官方代表团——"蒲安臣使团"前往与中国有条约的国家办理中外交涉事务,当时的舆论皆认为此事"发自于赫德的头脑"。②又如,1875年,在赫德的极力促成下,郭嵩焘及其使团在英国建立了中国近代第一个驻外使馆。洋关为驻英使馆的建立提供了人力物力等多方面的支持,不但令海关驻伦敦办事处做好一切准备工作,连使馆成立的费用也是出自洋关的税收。③在赫德管辖下,很多海关洋员也在外交具体事件中发挥了举足轻重的作用。例如包腊④,1872年担任粤海关税务司,时常成为两广总督的"座上客",经常出面接待到访的西方各国将军、舰队司令、外交特使等显要人物。此外,很多洋员在闲暇时间是翻译者、语言学家和学者,通过民间渠道的传播使中国在国际文化和学术组织中占有一席之地。

---

① 赫德得到当时总理衙门大臣文祥、恭亲王奕䜣以及慈禧太后的信任与好感:他与文祥建立了密切的联系,二人以晤谈为乐,并从中获益;他与奕䜣经常性的亲密闲谈,在奕䜣的支持下打破地方阻力迅速在各地建立洋关,奕䜣盛赞希望洋人中有"一百个赫德";多次获准觐见慈禧太后,慈禧太后赞其"深明大体,遇有紧要事宜,无不赞助,实属著有劳绩"。参见布鲁纳(Katherine F. Bruner)等编,傅曾仁等译:《步入中国清廷仕途——赫德日记(1854—1863)》,中国海关出版社,2003年,第309—310页;陈霞飞编:《中国海关密档——赫德、金登干函电汇编》第三册,中华书局,1990年,第674页。
② 上海《北华捷报》,1867年12月14日刊。
③ 陈霞飞编:《中国海关密档——赫德、金登干函电汇编》第三册,第680页。
④ 英国人包腊(字垄梅,Edward Charles Macintosh Bowra)自1863年至1873年效力于洋关,是最早一批进入洋关任职的洋员,颇受赫德器重。

(三)洋关作为脆弱的中国和过度扩张的欧洲帝国共同认可的外交机构,所参与的外交并不是真正意义上一个国家的现代外交

作为清政府和西方列强共同承认的机构,洋关外交活动的最终结果往往融合吸收多方意志,不少学者将洋关称为"变色龙"①。一方面,它是清政府外交部门的附属机构,另一方面,洋关的设立离不开英国的一步步推动,英国为了进一步掌控中国对外贸易,将总税务司的职务牢牢把控在自己人手中。尤其是赫德担任总税务司的48年时间②,赫德本人及其带领的洋关周旋于中西利益碰撞中。与德俄日等国家不同,英国在华利益主要是商贸利益,中国是他们理想的商品倾销市场,清政府又是一个较为合作的政府,帮助维护清政府政权的稳定符合英国的利益。但如果英国利益与清政府利益存在不可调和的矛盾时,赫德不可避免地首先维护英国在华利益,驻英公使郭嵩焘在闲谈中询问赫德是帮英还是帮中,赫德回答:"我与此都不敢偏袒。譬如骑马,偏东偏西便坐不住,我只是两边调停。"郭遂进一步追问若无法中立时将如何自处,赫德回答:"我固英国人也。"③

无法完全体现国家意志的外交并不是真正意义上的国家外交。洋关确实在客观上为建立近代中国外交体系发挥了不可替代的作用,但与此同时,也利用清政府的依赖为列强谋取利益,多次使得西方列强不费一兵一卒,在谈判中讹诈到大量特权。如促成《辛丑条约》的签订,以内容苛刻的条款换取了联军的最终退兵,恢复了清政府的统治④;

---

① 方德万著,姚永超、蔡维屏译:《潮来潮去——海关与中国现代性的全球起源》,陕西人民出版社,2017年,第35页。
② 赫德自1863年成为总税务司直至1911年去世。
③ 郭嵩焘:《郭嵩焘日记》第三册,湖南人民出版社,1982年,第214页。
④ 《辛丑条约》第六款规定:"上谕大清国皇帝允定付诸国赔偿海关银四百五十兆两,此款系西历一千九百年十二月二十二日即中历光绪二十六年十一月初一日条款内第二款所载之各国各会各人及中国人民之赔偿总数。"王铁崖编:《中外旧约章汇编》第一册,第986页。

一手导演了结束中法战争的《巴黎停战协定》①,为法国打开了中国的西南大门;促成《中葡里斯本草约》②,承认葡萄牙"永驻"澳门。清政府到后来也逐步认识到这一做法的弊端,再加上当时已经陆续培养了有能力的中国外交人才③,1901年宣布成立外务部,中国外交走向更专业化和职业化的道路;1906年宣布成立税务处,将税务处安置于总税务司署之上,希望借此重建对海关活动和经营的掌控,洋关才逐渐从表面上淡出外交舞台。

二、洋关作为中国国债的重要担保者,深度涉入近代中国金融的管理和变革

(一)清朝前期并没有公债制度,农业型财政收入结构无法适应内外形势的发展

自给自足的经济使清朝统治者认为放债、借债均非君子所为,向国内民众借钱是与民争利,向其他国家借钱更是天方夜谈,不符合"天朝上国"地位。④然而,鸦片战争后,光凭清政府已有的资金还

---

① 《巴黎停战协定》,参见王铁崖编:《中外旧约章汇编》第一册,第463页。该协定是清军在广西、越南战场上获得重大胜利之际签订的,并以清政府承认法国保护越南为基础。西南官僚认为《中葡里斯本草约》的签订,使中国的西南藩篱尽失,为法国打开了中国的西南大门。参见陈诗启:《中国近代海关史》,人民出版社,2002年,第379页。

② 《中葡里斯本草约》,参见王铁崖编:《中外旧约章汇编》第一册,第505页;陈诗启:《中国近代海关史》,第379页。

③ 时任税务处会办大臣的唐绍仪在与英国外交官讨论时指出:"同样优秀的甚或更有资格的中国人被拒绝在海关之外,即便很多人是在外国接受教育的。"参见"康乃吉致格雷"私人信函,1906年7月2日。

④ 郑观应在阐述内债问题时提到:"昔周赧王欲拒秦师,军资匮乏,称贷于民,厥后兵溃无偿,人民哗噪,乃筑台以避之。至今传为笑柄,故我中华以为殷鉴,向无国债之名。"参见施正康:《困惑与诱惑——中国近代化中的投资理念与实践》,生活·读书·新知三联书店,1999年。

不足以支撑偿还赔款和稳定政局,于是他们将目光放到了对外借款上。当时清政府对举借外债仍持很大的怀疑态度,除非迫于无奈应急之需,基本不考虑。面对战后大量军费和巨额赔款,清政府在穷尽旧有各种常规性的和非常规的财政手段仍然无法达到目标时,不得已尝试公债这种全新的筹资方式。

(二) 清末时期,洋关凭借关税收入和信用地位,成为无可替代的国债担保者

鸦片战争后,五口通商口岸被迫开放,加上鸦片贸易合法化、征税效率提高、洋关税种扩大等原因,洋关税在财政收入的占比大幅提升。恰逢当时太平天国起义,对农业、商业造成较大影响,田赋征收、常关税骤减。通商口岸地区的传统产业日益衰弱,久而久之清朝财政来源的构成也发生了变化:关税在财政收入的占比越来越大,逐渐成为最重要的财政收入来源之一。这改变了清朝旧有的以田赋税收为主体的农业型财政税收结构,开始向以关税为代表的商业性税收结构转变。而在关税收入中,洋关税占比又不断增长。

第二次鸦片战争后,洋关税沦为战争赔款的抵押品。根据《北京条约》,清政府需支付给英国、法国的战争赔款分别增加到800万两,最后议定从洋关税中扣收。英法赔款以各口所征关税总额的二成按结摊付[①],还债税款的征收、保管和会计等由外籍税务司进行监督。[②]这样,洋关税成为抵押赔款的保证机关。与此同时,洋关和外债开始发生联系。这主要是由于在洋员的掌控下,其人员、运作模式等相对于清政府其他机构都更受西方国家认可。[③]外国银行或商行在借

---

① 根据《中英北京条约》第三款:"其余银两应于通商各关所纳总数内分结,扣缴二成";《中法北京条约》第四款:"其余银两,宜在中国各海关每年税收银若干,按五分之一扣归"。王铁崖编:《中外旧约章汇编》第一册,第144—145、147页。

② 黄月波等:《中外条约汇编》,商务印书馆,1936年,第11页。

③ 例如洋关提供了自身详细和公开的信息、每年会有较明晰的统计信息等。

贷时纷纷要求洋关"背书",清政府和一些地方官员也顺应债权人要求拿洋关的公共信用和税收作为担保。甲午战争后,洋关促成了国家公债,在借债担保、联系协调方面发挥重要作用。日本向清政府索赔两亿银两的巨额赔款①,清政府无法从现有的税收中获得足够的经费,故只能向国际银行申请贷款。赫德促成近代中国第一次具有典型意义的国家公债。此外,当时洋关有能力发行国内外债券,但清政府却无法做到,说明洋关本身具有不可替代的公共信用。八国联军侵华战争后,洋关成为清政府协调并处理具体债务偿还的机构。当北京落入八国联军之手,赫德非常担心洋关将会为偿还债务所累,而变得"像埃及一样,被放到国际共管之下"②,于是竭力促成清政府与八国联军集体协商③,以赔款4.5亿两白银代替瓜分领地。④赫德还将赔款设计成单一的中国和八国之间的国家债务。⑤洋关成为清政府与各国赔款协调机制的核心基础,与各国在华利益、中央财政完全捆绑。

值得一提的是,在最初的外籍税务司制度下,洋关本来只是承担原本由海关监督承担的估税部分的职能,还没有直接管理和收支关税的权力。但自19世纪60年代起,借着一系列战争赔款、外债偿付等历史契机,洋关开始逐步参与并掌控了关税收支保管权。⑥甚至

---

① 《马关条约》第四款:"中国约将库平银二万万两交与日本,作为赔偿军费。"王铁崖编:《中外旧约章汇编》第一册,1982年,第610页。

② 1876年,在埃及成立的国际公共债务管委会。陈霞飞编:《中国海关密档——赫德、金登干函电汇编》第三册,第1446页。

③ 赫德在各国主要杂志上发表文章,谴责联军暴行,并呼吁对中国做出同情的对待,同时还向庆亲王安排了汇丰银行的贷款。此番举动深得清朝统治者的心,清政府在此后洋关处理赔偿款等事宜中给予极大便利。陈霞飞编:《中国海关密档——赫德、金登干函电汇编》第三册,第519页。

④ 王铁崖编:《中外旧约章汇编》第一册,第986页。

⑤ "总税务司孤函抄本""使馆被围困期间的4号备忘录",参见中国第二历史档案馆,卷宗号679(7)/112。转引自方德万著,姚永超、蔡维屏译:《潮来潮去——海关与中国现代性的全球起源》,陕西人民出版社,2017年,第220页。

⑥ 笔者在《从粤海关一口通商到洋关终结的历史画像》(《海关与经贸研究》2018年第5期)以及《浅析近代史中海关监督的角色演化——窥探近代特殊历史背景下的权力博弈与制度变迁》(《海关研究》2018年第5期)等文中对洋关获取税收保管权、分配权等进行了论述。

到八国联军侵华后,赫德以庚子赔款为契机,成功达到了把通商口岸五十里内常关改归税务司监管的目的,常关所征税款并入海关税款统计,并成为庚子赔款主要的保票来源。①洋关获取新的职能,并深度涉入中国金融管理。

(三)民国时期,洋关成为中国版的"公共债务委员会",进一步强化了对中国金融的影响力

1911年辛亥革命以后,各国公使团逼迫中国下令将海关税款改为由总税务司保管,洋关从监督手中接管了关税,并把税收送到上海的外国银行以支付中国的债务。洋关沦为了赫德极力避免的样子——中国版的公共债务委员会。各债权国把洋关看作索取赔款的可靠担保机关,洋关变成中国与各国赔款协调机制的核心基础,以保证赔款能够如期兑现。这一运行机制将洋关与各国在华利益完全捆绑在一起。

随着1914年第一次世界大战爆发,外债来源大大减少,逐渐转向内债。②新统治者袁世凯设立了内国公债局,安格联被任命为该局副主席,拥有借贷的否决权,负责管理账户。客观上看,洋关对维护民国时期金融稳定以及经济发展发挥了一定作用。当时安格联被称作"中国的金融沙皇"。1915年,袁世凯为了复辟帝制,掏空了中国银行和交通银行,使北京暴发通货膨胀,安格联动用利息担保资金为这两家银行提供支持,从而避免了全面崩溃。然而,洋关此时已经是一个"国中之国,几乎差不多独立于中国财政之外,并且终究还是以列强利益为首要考虑,而非中国政府"③。安格联凭借关税不

---

① 最终确定纳入担保的有三项:海关关税除了已承保的借款本利偿清后的余数和把进口货税增至切实值百抽五所增加的收入;所有常关的各项进款;盐税除了归还泰西借款一宗外,余数全充担保。

② 1912—1926年期间,仅北洋政府交通部、财政部举借内债总额就达到9亿9千万元。戴一峰:《论北洋政府时期的海关与内债》,《中国社会经济史研究》1994年第4期。

③ 顾维钧著,中国社会科学院近代史研究所译:《顾维钧回忆录》第一册,中华书局,1983年,第38页。

可替代的担保效力①,几乎强迫北京政府把取消的对德庚子赔款转拨给内国公债局,使外国在华金融实力有了进一步扩张。至此,安格联既保管全国海关税款,又经理外债包揽内债,还趁势控制关余,俨然成为北洋政府的"太上财政总长"。洋关对中国金融的干预越来越甚,逐渐超过了国人容忍限度,这个可以操纵中国财政的金融沙皇安格联却代表着外国在华利益,种种做法激起了孙中山等有识之士的愤慨,为此后收回海关主权的斗争埋下伏笔。

三、洋关利用其独特地位和职权优势,在文化教育领域发挥重要影响力

(一)鸦片战争后清政府陷入"本领恐慌",有意培养熟悉西方语言文化的人才

随着中西文化碰撞加深,中国的外语人才显得十分匮乏,使得清政府和清朝社会发展处于不利困境。例如,在签订《北京条约》时,清政府官员被洋翻译牵着鼻子走,稀里糊涂地在中法条约中掺杂了不少关于传教士特权的内容。②再加上《中英天津条约》明文规定"嗣后英国文书俱用英字书写,暂时仍以汉文配送,俟中国选派学生学习英文、英语熟习,即不配送汉文。自今以后,遇有文词辩论之处,总以英文为正义"③,因此以恭亲王、曾国藩、左宗棠等为代表的洋务派认识到自己培养翻译人才的紧迫性,上奏建议"设立外文学

---

① 北洋时期共发行27种内债,每次发行内债都要制定担保品,担保基金先后达45种之多,但这些担保品中除了关余和退还的庚子赔款较为可靠以外,其余都是不确实的税收。

② 《中法北京条约》第六款规定:"……任法国传教士在各省租买田地,建造自便。"此为翻译擅加,条约的法文本并无此句。许俊琳:《中法〈北京条约〉第六款"悬案"再研究》,《东岳论丛》2016年第1期。

③ 王铁崖编:《中外旧约章汇编》第一册,第118页。

馆,培养熟谙外国语言文字的人才"①。经批准,1862年7月11日,"京师同文馆"(英文馆)设立开张。第二年又陆续开了法文馆等。

然而,早期同文馆招生及教学的范围均较为狭窄,成效也并不显著。到1865年第一批学子读完三年时,考试的结果仅是"其翻译各文虽未能通体贯串,亦尚有相符之处,外国语言亦多吻合"②。究其原因,出身八旗的孩子身份显贵,没有苦读外语的强大动力,最终几年读下来仍属一知半解③;而且,这所唯一朝廷倡导学习西方语言的同文馆,更多的是为传统的满族既得利益阶层谋求新出路,使得不至于因上海、广州等地的汉人掌握外语而占据中外交涉要津,其设立本意就具有局限性。

(二) 洋关扶持并改造同文馆,推动设立天文、算学、化学、物理等近代学科

在以赫德为首的洋关势力推动下,同文馆从学习外国语言的学校逐渐演变成为开设自然科学和应用科学的综合学校。1865年,总税务司署从上海移到北京后,赫德向总理衙门提议扩大同文馆教学范围,开设自然科学和应用科学等门类,并获批准。1866年,赫德和金登干前往巴黎招聘教授化学、数学、天文学等学科的教师。同年,在赫德建议下,同文馆招收学生的年龄放宽至20—30岁,并且不限于八旗子弟;开始实行考试录取,对通晓算学的人,可以不限年龄破格录取。此外,在赫德的建议下,总理衙门还奏请增开天文算学馆、化学馆、布文馆(后改称德文馆)、天文馆、格致馆(教授物理)等,并扩大办学规模,添设实验室、博物馆、印刷所、天文台等设施设备。

同文馆的运转在多个方面与洋关有着密不可分的关系。首先是在经费方面,设立同文馆需要的教习薪水、学生及工人的伙食费

---

① 李时岳、胡滨:《从闭关到开放》,人民出版社,1988年,第315页。
② 杨智友:《大事件:帝国海关风云》,中国海关出版社,2015年,第114页。
③ 丁贤俊:《洋务运动史话》,社会科学文献出版社,2011年,第118—119页。

用等,加起来每年大概需要数千两的经费,由海关船钞收入的三成提供。①在人事方面,每当有教习离职的时候,总理衙门就得通知总税务司,请总税务司介绍新任教习。②1888年起,同文馆教习纳入总税务司署编制中,各教习名单也编入洋关人员花名册《新关题名录》,总税务司相应增设教育部门。③此外,赫德还建议在北京设立译书局,聘请中国的有名文人和外国专家,共同翻译西方基础学科的一些入门书籍。利用同文馆之便,翻译了欧几里得的《几何原本》、惠怀特的《机械学》等书,编译了《外国公法》《格物入门》等教材,编译并出版《国际法》等书籍,对晚清乃至民国教育有很深的影响。

(三) 洋关为清政府派员赴外考察、出洋留学提供经费等支持,一定程度上促进了中西文化交流,但效果不如预期

总税务司赫德促成斌椿使团到西方游历。1866年,经总理衙门授权,赫德利用回英国休假的机会,带上同文馆的学生到国外考察,并选定总税务司华员文案斌椿为考察团团长,即后来所称"斌椿使团"。恭亲王将这次使团出行视为一个机会,可以以西方若干时间以来一直在了解中国的同样方式去了解西方。考察团跑了12个欧洲国家,团长斌椿在考察笔记《乘槎笔记》中记录了沿途大量的山川形势和风土人情,但仍囿于传统士大夫的视角。④年轻的团员心态则更加开阔,如19岁的同文馆学生张德彝,将所见所闻命名为《航海

---

① 1862年8月恭亲王奏请设立同文馆时称:"此项教习薪水及学生茶水饭食、服役人等工食,一切零费,每年约需数千两。近来部库支绌,无款动支,再四斟酌,惟于南北各海口外国所纳船钞项下酌提三成。"参见《洋务运动》第二册,转引自陈诗启:《中国近代海关史》,第226页。
② 齐如山:《齐如山回忆录》,载杨智友:《大事件:帝国海关风云》,第145页。
③ 直到1902年同文馆归并于京师大学堂为止。
④ "见到显微镜,老大人不关心作何用途,却大大地感叹《庄子》里的寓言不虚;见到自行车,不问如何制造,却大谈特谈其有'木牛流马之遗意'……他努力观察西方的结果,是只看到了自己。"参见谌旭彬:《中国1864—1911》,浙江人民出版社,2012年。

述奇》,既记录一路见闻,例如在巴黎的商店橱窗见到的令他感到惊奇的安全套①,也记录自己的学习与感悟,例如观察到法国"王子无异于庶民",并将其议会制度与英国议会制度比较。张德彝在"开眼看世界"后得出了"倘中土能效西法,国自富,兵自强"的结论。

赫德还主张派遣留学生出国留学,在实际运作中洋关给予留洋学生经费支持。赫德建议选派留学生,随出使各国的大臣到外国学习,以便推广西学②;同时也支持曾国藩等人关于派幼童留洋的建议。清政府在美国成立了"幼童出洋肄业局",由江海关调拨白银120万两作为预算经费,其后又在上海成立"幼童出洋肄业沪局"作为预备学校,选拔幼童培养后,择优派往美国留学,学成回国后由总理衙门任命职位。虽然由于文化差异等原因,幼童留学计划从头到尾推进得不甚顺利,总理衙门最终决定将出洋学生提前召回,不过这批留学生中仍然涌现了许多优秀人才,如设计建造京张铁路的詹天佑、曾出任民国总理的唐绍仪、外交官梁诚、北洋大学校长蔡绍基,等等。

四、洋关在职能扩张过程中试图将更多的西方制度和模式引入并嫁接到中国,建立近代邮政体系的尝试是其中的重要体现

(一)中国近代之前主要有邮驿和民办信局两种邮递形式,难以适应清朝中后期快速发展的形势

近代以前,中国邮递主要通过两种途径。一种是古老的邮驿制

---

① "将是物冠于龙阳之首,以免染疾。牝牡相合,不容一间",评价它"虽云却病,总不如赤身为快",并命名为"肾衣"。张德彝:《航海述奇》,转引自杨智友:《大事件:帝国海关风云》,第108页。

② 《帝国主义与中国海关资料丛编之六——中国海关与义和团运动》,中华书局,1983年,第47页。

度,其功能主要是传递官方文件、命令和军情。但随着其日渐发展,弊端日益显现,主要体现在行政经费支出过多,效率不见提升,且易滋生腐败。①另一种是主要依靠民信局的民间信件往来。民信局是民营的邮递组织,主要通过人力的方式为普通商人、民众传递书信和银钱,但其大多局限在经济较为发达的区域,无法形成一个全国性的完整通信网络。与此同时,西方国家陆续推行邮政改革,逐渐建立近代邮政体系。

鸦片战争后,西方列强的邮递形式开始进入中国。第一次鸦片战争后,英国首先在通商口岸设立邮局②,为在中国的侨民以及侨民同本国之间的通信服务,即所谓"客邮"。随后各国纷纷效仿。由于《中英天津条约》中约定:"大英钦差并各随员等,皆可任便往来,收发文件,行装囊箱不得有人擅行启拆,由沿海无论何处皆可。送文专差同大清驿站差使一律保安照料。"③又由于最惠国条款,美、俄、德、日等国也取得了在中国自行开展通信服务的"条约依据"。

所以当洋关在中国兴起时,他们所面临的国内邮递局势就是如此:古老、成熟又积重难返的官方驿站系统遍布全国,民信局在沿海沿江等发达地区勃兴,客邮在各口岸林立,多种邮递方式并存,又相互补充,共同构成了混乱的邮递体系。

(二) 19 世纪 60 年代开始,洋关势力介入近代中国邮递系统,在邮政体系建设中争取主导地位

洋关关于设立政府官方邮政系统的计划酝酿了很久。1861 年

---

① 有人指出,驿站"岁耗三百余万金钱,而上与下胥受其病,此非穷极则变时乎"。参见刘锦藻:《清朝续文献通考卷三百六十邮传一》,新兴书局,1965 年。

② 1834 年,英国商务监督纳皮尔(Napier,即律劳卑)在他的广州住所开办了一个类似英国邮局的机构,为外国人提供邮政服务。这就是在中国最早的"客邮"。

③ 王铁崖编:《中外旧约章汇编》第一册,第 100 页。

6月,当赫德第一次到北京时,他就向总理衙门提出要仿照西方开办新式邮政的建议,但由于清朝官员还未达成改革共识,且交通等硬件条件还不成熟,设立政府官方邮政的设想迟迟未能实施。①但很快,洋关就找到了介入邮政事务的切入口。从1866年开始,洋关统一收集各国驻京公使的文件、邮包,并以此为契机,在北京、上海、镇江、天津海关先后设立了邮务办事处。但收寄的主要还是使馆公文和涉及海关自身的信件。后来洋关一度有机会借助马嘉理事件和烟台谈判的契机开办邮政,但最终未能如愿。②赫德只能再徐徐图之。

在李鸿章等人的支持下,洋关着手试办邮政,为晚清国家邮政体系的搭建打下了基础。1878年起,洋关以天津为中心,在北京、烟台、牛庄(营口)、上海五处试办邮政。同年,海关发行了中国历史上第一套邮票,赫德作为邮政总办参与选定邮票的图案设计,最终票面上印的是龙的图案,这也是为什么后来在民国期间,人们又称邮票为"大龙""龙头"。直到1896年,全国设有海关的地方基本上都开办了海关邮局,打下了搭建覆盖全国邮政系统的基础。

在赫德及李鸿章等洋务派官员再三游走奏请下,清政府决定正式开办全国邮政。1896年3月,光绪帝颁布上谕,成立全国邮政,总税务司兼任总邮政司。洋关主持下的中国邮政正式开始运行。第二年,总税务司署另设额外的邮政总办,受辖总邮政司,负责各项邮政事务,各口岸海关税务司兼管邮局。此后,中国邮政迅速发展。到1903年,洋关已开通邮路8 200余里,邮政总局共计33所,邮政

---

① 海关总税务司署通令第706号(事由:为上谕创办大清邮政事),海关总署编译委员会编:《旧中国海关总税务司署通令选编》第一卷,中国海关出版社,2003年,第356页。

② "不料条约告成之时,邮政语义卒被遗忘,是以此举迁延未办。"《大清邮政光绪三十年(1904年)事务通报总论》,转引自杨智友:《大事件:帝国海关风云》,第200页。

分局共计 309 所,支局及邮政代办所共计 388 所①,业务量也不断增长。②值得一提的是,与英国、日本等国通用的红色邮筒不同的是,中国采用绿色的邮筒。有研究认为,很有可能是赫德为致敬他的故乡、远在地球另一端的爱尔兰。③

(三) 洋关在中西方多种邮递形式和制度间调和,实现了对中国邮政体系的全面掌控

洋关在办理邮政时,一方面小心处理与其他邮递形式的关系,并着力吸收借鉴其成功经验和教训。对于邮驿,赫德认为"其(邮驿)办事程序及效果与他国之官办邮政局相比,后者之为公众服务何其优哉"④,因此希望通过邮政的快速、高效,以及为普通民众提供服务的优势,来达到逐渐淘汰、取代对方的结果。对于民信局,赫德将其视为推行邮政的重要干扰⑤,采取政策上控制、打压,业务上竞争、利用的办法:一方面对于邮政未能通达的地方,利用民信局代理

---

① 姚永超、王晓刚:《中国海关史十六讲》,复旦大学出版社,2016 年,第 144 页。

② 例如,据统计,1908 年广州邮递的邮件、广州邮出的平信、广州本埠信件三项分别从 1 290 万件增加到 1 820 万件,173.9 万封增至 278.5 万封,44 万封增致 55 万封;1909 年又分别增至 2 460 万件、322.2 万封、64.1 万封。由此可见,邮政业务发展迅速。

③ "对邮筒来说,绿色并不显眼。英国维多利亚时期邮筒的颜色是红色的,并沿用至今。赫德也经常把绿色用在海关的旗帜上,尽管他从来没有解释过原因,但我猜想或许是他对爱尔兰根源的致意。"参见方德万著,姚永超、蔡维屏译:《潮来潮去——海关与中国现代性的全球起源》,第 412 页。

④ 海关总税务司署通令 709 号(事由:为附发开办邮政章程汉文本及总理衙门奏折并事)。海关总署编译委员会编:《旧中国海关总税务司署通令选编》第一卷,第 358 页。

⑤ 赫德在 1904 年致外务部的申呈中曾说:"泰西邮政归国家独办,不准他人侵扰,中国则不然,不但各处均有民局,且官局尚需代民局来往寄包,不纳资费,以致官局应寄之件均被民局攘夺,官局应得之资均被民局侵取。"中国近代经济史资料丛刊编辑委员会编:《中国海关与邮政》,科学出版社,1961 年,第 121 页。

寄递内地往来信件,与海关邮路形成互补①;另一方面不允许民信局在邮政可通达的地方递送信件,逐渐蚕食民信局②。对于客邮,由于客邮涉及清政府与列强间的外交问题,所以早期洋关采取和客邮合作的方式,同时还不断提出抗议,希望取缔客邮,直到民国才终于实现。

另一方面,总税务司赫德借鉴西方的邮政运作制度,制定了中国邮政一系列规章制度。通过《邮政开办章程》《大清邮政章程》,逐步搭建起了邮政制度的框架。除此之外,洋关还在业务、人事、财务等方面制定了一系列具体规章。不可否认,海关创办的邮政,把中国的通讯业务推向近代化,对民国乃至于以后的邮政事业都产生了较大影响,但外籍税务司的掌控也使得邮政发展带有一定消极色彩。例如,法国曾迫使清政府承诺,来日邮政脱离海关时,应聘用法国人管理。总税务司为了不使邮政落入法国人手中,宁可不参加万国邮联,因为万国邮联要求会员国必须设立专署专办,那样就可能落入法国人手中。

---

① 据《粤海关十年报告》记载:1897年2月2日粤海关在广州和黄埔分别设立邮政办事处,即所谓的皇家邮政局。开办之初,该处遭到各方面的反对——这个反对运动或多或少是由当地递送邮件代理行业所组织并煽动起来的,本地行业担心将被禁止营业,也不同意向皇家邮政局缴纳营业费。为了跟各代办邮政分店进行较好的合作,粤海关将卖给城内邮政代办分店的邮票都打折扣,并对它们送来的每一件邮品都给以少量报酬。于是,新设的邮政办事处与这些现有的邮件代理行业配合进行工作并允许给他们以特殊便利,他们意识到反对是无用的,便停止了反对活动。不久他们发现行业不但没有受到损害,所得的利润反而更多了,顿时许多店纷纷要求成为邮政代办行。在1892—1901年10年间总共有79间这类代办所被批准了执照。张富强等:《广州现代化历程:〈粤海关十年报告(1882—1941)〉译编》,广州出版社,1993年,第12页。

② 例如,广州的民信局从1901年的70家减为1908年的35家,而到1910年仅剩24家,仅为1901年的1/3多。广州市邮政局编纂:《广州邮政志》,广东人民出版社,1994年,第6页。

五、洋关为了服务西方列强贸易扩张的需要，兼办一系列与航运密切相关的口岸管理工作①

（一）第二次鸦片战争后，列强出于航运和贸易扩张的需要，要求清政府开展海务港务管理工作

在近代以前，中国的口岸管理较为原始。没有统一的航标建造标准，也没有固定的经费来源或专业管理队伍。②出于跨国商贸扩张的需求，列强要求清政府按其要求改善航运和贸易环境。中美《天津条约》规定"设立浮桴、亮船，建造塔表、亮楼，由通商各海口地方官会同领事官酌量办理"③；《天津条约》附约《通商章程善后条约》规定"任凭总理大臣邀请英（美、法）人帮办税务并严查漏税，判定口界，派人指泊船只以及分设浮椿、号船、塔表、望楼等事，毋庸英（美、法）官指荐干预""其浮桩、号船、塔表、望楼等经费，在于船钞下拨用"④，即洋关帮办税务的同时，也要兼办海务和港务。也就是说，从洋关设立之初，海务和港务就是其基本职能。同时，以建设航标为主的海务工作相关经费由船钞费提供。

（二）洋关将开展海务港务的专门机构合并于自身内部，集权化特征进一步凸显

条约签订后一段时间内，由于船钞经费常被挪作他用，引起了

---

① 笔者在《近代中国海关史研究设计若干基本问题略考》（《海关与经贸研究》2017年第38期）一文中对近代海关涉入邮政、港务、检疫等事务有关情况曾作粗浅论述，认为海关史料也是研究现代邮政、港务、检疫等现代化建设的珍贵资料。
② 江涛：《近代福建沿海助航标志探析》，福建师范大学硕士学位论文，2012年。
③ 王铁崖编：《中外旧约章汇编》第一册，第93页。
④ 王铁崖编：《中外旧约章汇编》第一册，第118页。

洋人不满和对船钞的觊觎。根据《通商章程善后条款》，60年代初期各口海关设立后开始征收船钞。同文馆的开办占用其中三成，一成交赫德统筹沿海各口岸所需，剩下的六成由各个口岸洋关保存并按照条约用于海务经费。但此时正值太平天国运动，各口岸留存的六成船钞费用没能正经地用于修筑航标等事务上，这引发了外商们的责难抗议。有人提议，应当把船钞置于一个混合的国际委员会监督之下来使用①，或交给西方国家自行使用。②总理衙门认为，相比将船钞交给国际委员会，或者交给领事，还不如直接交给总税务司，"中国尚可稽察，公同商酌"（总理衙门奏折）。于是从1866年起，除了同文馆的三成经费外，其余的七成船钞直接交由总税务司收领并统筹建造塔楼等航标。

洋关以行政成本为理由，将海务和港务纳入洋关管理范围，而非另外成立独立机构。由于设置航标、改进港口航道的工作比预想的还要繁重困难，总理衙门谋划筹建一个专门的机构。赫德考虑到"筹建此一机构，即使组织严格，等级制度分明，薪饷丰厚，却因独自为政，会使转款耗于薪饷，难于实现公众寄望之工程"③，故将这个机构并入洋关，由海事税务司主管，灯塔及理船营造司辅助。由于其经费来自船钞，所以命名为船钞部。后来，总税务司又根据机构运行的情况，不断对船钞部进行调整。到80年代以后，船钞部的组织逐渐形成营造司、理船厅和灯塔处三足鼎立的结构。④民国以后，总税务司署船钞部先后改成海政局、海务科，但职责不变。

---

① 海关总税务司署通令第25号（事由：为附送有关船钞使用之两件节略由），附件《有关使用中国政府征自外洋船舶之船钞节略》。海关总署编译委员会编：《旧中国海关总税务司署通令选编》第一卷，第114页。

② 法国公使伯尔德密甚至跟总理衙门说，要把历年所收的船钞100余万两发还给法国，他们自行修建塔楼。陈诗启：《中国近代海关史》，第137页。

③ 总税务司署通令第10号（事由：为发船钞部编制事）。海关总署编译委员会编：《旧中国海关总税务司署通令选编》第一卷，第55—60页。

④ 营造司负责灯塔、浮标以及其他建筑物的设计、工程事项；灯塔处负责维护灯塔，以及灯塔和海关间的运输交通；理船厅则管理航船行政，包括引水、检疫、维持秩序等工作。

(三) 洋关虽然促成了中国航海和贸易环境的转变，但同时也加深了列强对中国的经济侵略和主权侵夺

船钞部立志要"使中国沿岸之海航，有如在纽约百老汇路煤灯下的安然散步"①。为此，洋关引进了西方国家的技术设备和管理方法，对海务、港务多项事务进行统一的组织管理。在航标设置方面，总税务司署以船钞作为沿海助航设施的经费，广泛建设与管理沿海内河灯塔、灯船、浮标、雾号及其他各项航行标识。在航道测量方面，洋关规定由沿江各口以税务司名义发布本口《航船通告》，内容涵盖标志异动、航道状况、航行规定等，对航运安全起了重要的作用。在港口引水方面，赫德代表清政府与各国公使协商起草《各海口引水总章》，约定引水事务由海关会同各国领事官一起管理，由此统一了中国引水的管理。②在港口安全方面，总税务司设立港口警察，并要求各关因地制宜制定港章，对港口实施安全管理，等等。

检疫业务是其中一项较为特殊的口岸管理业务，与其他事项不同，列强在与中国签订的各条约中并未就检疫问题提出要求。最初洋关开展检疫业务，主要是基于应对烈性传染病的需要。西方列强用坚船利炮打开中国大门后，中外人员、贸易往来日益频繁，鼠疫、霍乱等传染病也如影随形，而清政府在这方面的经验非常匮乏，沿海港口并无实施疫情检疫的专门机构，也没有采取什么官方的防范措施。19世纪70年代，为保护洋人的健康，按照各国使团在口岸实施检疫的倡议，从上海、厦门开始，各口岸逐渐开展防疫工作。1873年，由于暹罗和马来半岛霍乱流行，上海道委任海关医官兼任海港防疫医官，办理检疫事宜；厦门关税务司和各国驻厦门的领事一同

---

① 班思德（T. Roger Banister）:《中国沿海灯塔志》前言，总税务司署统计科，1932年。

② 海关总税务司署通令第30号（第二卷）（事由：附送引水事宜节略抄件存查）中对洋关统一引水管理的过程和建议措施进行了回顾总结。海关总署编译委员会编：《旧中国海关总税务司署通令选编》第一卷，第135—138页。

制定了《厦门口岸保护传染瘟疫章程》,要求来自疫区的船舶必须停泊在指定处所,等海关医官登船检验后,经海关允许,才能移动或上下客货。①此后,汕头、宁波、广州等口岸也先后制定防疫章程。各关税务司对口岸的检疫工作开展,以及相关经费的使用管理,负有监督的责任。此外,洋关还在检验工作中主要起协助作用。例如,1928年以后,国民政府公布《商品出口检验暂行规则》,由工商部在各个大的通商口岸设立商品检验局,对规定商品实行出口检验,海关协助执行。直到1949年中华人民共和国成立后,检验检疫工作步入了崭新的发展阶段。②

借由海务、港务、检疫等系列口岸管理工作的开展,洋关将西方航海技术、设备与口岸管理制度引入中国。但同时也应看到,这一系列口岸管理工作更多是为了便利外国轮船航行和贸易扩张,其实际运行中也带来多方面的联动效应、负面影响。例如,外籍税务司掌握了各港口、内河等水域地理状况、航行路线等重要信息,甚至于总税务司的海务设施方案,是在英国海军部海道测量局的支持下进行。这给国防安全带来了重大的潜在威胁。又如,在海关兼管检疫事务时,列强对于出国华人检疫程序严格,如美国甚至派遣卫生官员在上海对前往美国的人员实施检疫,而对于入境洋人,洋关检疫却并不严格、形同虚设③,防范疫情传入的效果有限。

---

① 厦门海关编著:《厦门海关志》,科学出版社,1994年,第283页。
② 1949年后,检验检疫的组织机构经历多次调整:1960年开始实行以地方领导为主的双重领导体制,改革开放后又陆续划归中央垂直管理;1998年开始,实行"三检合一",将进出口商品检验局、卫生部卫生检疫局和农业部动植物检疫局合并组建成为国家出入境检验检疫局;2018年,根据《深化党和国家机构改革方案》工作部署,出入境检验检疫管理职责和队伍划入海关,从4月20日起实行统一上岗、统一着海关制服、统一佩戴关衔。
③ "我国检验入口外轮,虽系经过海港检验处之手续,然对于外人来华者,均视为尽善尽美,海关检疫机关,形同虚设。"(《卫生部检验入口外轮》)转引自刘利民:《近代海港检疫权的丧失及其危害探论》,《历史教学》2018年第4期。

六、洋关还参与承办博览会、商标注册、军民用工业等事务,一定程度加速了近代中国社会经济面貌变革

(一) 特殊历史条件下形成的海关洋员代表中国人参与国际博览会的奇特局面,反映了近代中国曲折走向世界的"跛脚开放"

鸦片战争后,清政府被动加入西方国际博览会体系,并顺应特定环境放权给洋关承办博览会事宜。随着西方近代工业经济的发展,一些资本主义国家开始热衷于各种展示会、博览会,并纷纷邀请中国参加。当时,清政府将博览会视为"炫奇会"或者"赛奇会"①,对参加博览会持漠视甚至疑惧的态度。②"直至 1973 年维也纳世博会,中国才有了以官方名义正式参与世博会的记录。"③奥匈政府要求清政府专派机构组织管理博览会,总理衙门考虑到洋关稳定的关税收入可提供经费支持,以及洋关长期与商船打交道,更容易挑选合适的物品参会,且更易与外国人交流,将该事宜授权赫德迅速妥善处理。④在总理衙门长达 35 年时间里,洋关包办了 29 次国际博览会,

---

① 《外交档·各国赛会公会》:"光绪三十一年十月十七日收留欧学生、商人公禀。"

② 驻华英国外交部门和商人们向两广总督申请"在博览会上进行合作的建议",但遭到清政府拒绝。咸丰元年(1851 年)的伦敦国际博览会上虽有中国展品的影子,却是民间外商和在华外国官员或商人组织的,并非清政府以官方名义派代表参加。

③ 俞力:《历史的回眸:中国参加世博会的故事(1851—2008)》,东方出版中心,2009 年,第 4 页。

④ 魏尔特著,陈效才、陆琢成译:《赫德与中国海关》上册,厦门大学出版社,1997 年,第 535—536 页。

总理衙门自身对博览会只是例行公事①,基本上对洋关听之任之。当时的博览会,也一度被称为"赫德之赛会"。

参加国际博览会有助于进一步打开中国走向世界和世界了解中国的窗口,一定程度上促进了国人思想观念的转变。赫德在筹备巴黎博览会时对各税务司谆谆教导:"这类博览会,以及很快到来的其他博览会,起到了很好的作用,激起(中国人)对别国现状的好奇,加上中国展品的很受青睐和赞扬,逐步改变了中国人以往不愿参加博览会的观念,而每一次参与,都可使中国与外界建立更密切、更友好、更有利的联系。"②魏尔特也认为,从1867年巴黎博览会到1905年列日博览会,海关洋员要么协助组织,要么在行动上为中国筹划和安排中国展品的展览事宜,这有助于世界了解、赏识中国人民的文化艺术。③通过博览会,也奠定了本国一些产品的国际地位。此外,赫德也致力于让中国人了解世界。国人从博览会中获得了不少西方工业革命后社会发展的信息,例如李圭的《环游地球新路》等。国际博览会的意义也开始逐渐受到国人重视,尤其是甲午战争后,国内振兴工商事业的舆论兴起,中国对博览会功能的认识逐渐从"炫奇"和"疑惧"转向了"商战"和"竞争"。早期资产阶级改良派开始竭力呼吁,将举办博览会作为提高竞争能力,培育国内外市场,扩大商品生产的重要手段之一。④

由于中国博览会事业是西方资本主义扩张下的被动发展,在发展

---

① 总理衙门在札令总税务司赫德时,不是"查照向章,办理在案",就是"如有商民愿赴是会者,所有确系入会物体应于出口时查明,准免纳税,可也"。乔兆红:《中国近代博览会事业的流变》,《学术月刊》2007年第7期。
② 《总税务司通令》第12号,1876年。海关总署编译委员会编:《旧中国海关总税务司署通令选编》第一卷,第60页。
③ 魏尔特著,陈效才、陆琢成译:《赫德与中国海关》上册,第3—4页。
④ 当时有人撰文提出:"夫恤商惠工,条理万端,而提倡风气,开辟津途,可以破华商之愚,惩华商之伪,劝华商之勇,扩华商之见,合华商之势……孰有先于赛会者乎?"参见贺长龄:《皇朝经世文编》卷57;刘祯麟:《论中国宜开赛会以兴商》。

中不可避免地带有局限性。他们非常看重母国的殖民利益。例如,在1883年英国举办的渔业博览会,开幕当天金登干特意安排赫德夫人向英国威尔士亲王夫人献花,并重点介绍赫德在中国的殖民成就。同时,洋关忽视了对国际市场的开拓和占领,巴黎博览会上,金登干等主张将华商限制于一处销售商品,以抵挡那些嘲弄洋关利用博览会的集市做买卖的流言,使华商大失商机。①19世纪下半叶至20世纪初,在中国民族资本主义经济发展的重要时期,国际博览会上少见民族资本家的影子。不光如此,有时还出现在博览会上丑化中国及中国人形象的情况。在1904年圣路易斯博览会上,代表中国参会的法国人巴世博竟然将中国的小脚妇人与一个大烟鬼一同安排给外国人观看,同时还设置了娼妓、囚犯、乞丐、洋烟鬼等小木人数百个,等等。这激起了国人的反抗。②在国人的呼吁下,再加上清政府对举办博览会观念的改观,民族资本主义经济的不断发展,清政府收回了洋关承办国际博览会的权力。1905年9月,中国人开始自己承办国际博览会事务。

(二)近代商标保护法规在西方列强多方博弈下诞生,洋关作为清末商标保护法规的起草者和具体事务的执行者,更多是维护外商利益

近代中国商标保护规定的诞生,更多是为了保护外国商人利益。中国"重农抑商"的传统已经传承上千年,清朝对商业活动的法律规定少有正面保护、促进发展的规定。鸦片战争后,"华商对于商标之观念,尚极薄弱",而"洋商则因互市多年,于其工商品所用之商标,行销各处,已殊觉有注册保护之必要"。③1902年中英《续订通商

---

① 陈霞飞编:《中国海关密档——赫德、金登干函电汇编》第三册,第680页。
② 陈琪在《新大陆圣路易博览会游记》中对国人提出了警告:"中国国家赛品,因托洋员购运,陈设诸多劣败,故略为表出,以告国人,俾知所以求工商业之改良,且使他日与赛勿复假手外人以辱国。"
③ 孙祖基:《商标法之沿革及其颁布后所引起之国际交涉》,转引自侯强:《近代中国商标法的肇始及其演进》,《青岛科技大学学报》(社会科学版)2007年第12期。

行船条约》第七款规定"英国本有保护华商贸易牌号,以防英国人民违犯、迹近假冒之弊,中国现亦应允保护英商贸易牌号,以防中国人民违犯、迹近假冒之弊";其后的中美《通商行船续订条约》①、中日《通商行船续约》中也有类似规定。②这些条约款项,都更强调中国应保护外国商人所用商标的责任,而对中方权利则轻描淡写或干脆不提。为了维护外商利益,清政府于1903年设立商部,并谋划在商部内设立商标注册局,准备为中外商人办理商标挂号、备案等业务。

近代中国第一部商标法律原始稿由总税务司赫德主持起草。由于此前中国的商标保护基本上是一片空白,起草商标法律的任务,再次交给了清政府颇为倚重的赫德来完成。1904年8月4日,光绪皇帝钦定颁布《商标注册试办章程》。客观上看,引入了西方关于商标注册管理的制度,一定程度上填补了空白③,但其诞生就是出于保护外国商人利益的需求,在具体条款上也有着不平等的色彩。④

在将近二十年的时间里,洋关承担了办理商标注册的具体事务的职责。《商标注册试办章程》规定商务部设立注册局办理注册事务,并在天津、上海两地洋关设立商标挂号分局,便于办理业务的人就近申请;申请注册的,可以直接将纸面申请送交注册局或由挂号分局转递。为此,商部向两地的海关道发文,要求会同税务司设立商标挂号分局。但同时,由于《商标注册试办章程》牵扯到各方利

---

① 第九款规定:"凡美国人民之商标在中国所设之注册局所由中国官员查察后,经美国官员缴纳公道规费,并遵守所定公平章程,中国政府允由中国该官员出示禁止中国犯用、或冒用、或射用、或故意行销冒仿商标之货物,所出禁示应作为律例。"龚育之:《中国二十世纪通鉴(1901—1920)》,线装书局,2002年,第148页。

② 第五款规定:"中国国家允定一章程,以防中国人民冒用日本臣民所执挂号商标,有碍利益,所有章程必须切实照行。"龚育之:《中国二十世纪通鉴(1901—1920)》,第153—154页。

③ 屈春海:《清末中外关于〈商标注册试办章程〉交涉史实考评》,《历史档案》2012年第4期。

④ 如该章程规定,中国商人和外国商人间的商标纠纷,通过外国领事裁判权来解决,破坏了中国在商标法律上的司法主权。

益,各国对此持不同意见,导致商标注册局并未设立,受理业务的职责实际由洋关履行。受理中外商人商标挂号业务的职责交由津海关、江海关商标挂号分局来履行。直到1923年5月,北洋政府成立农商部商标局,洋关办理商标注册的局面才告结束。在这期间,办理的大部分是外商的商标挂号①,而且由于商部商标注册局一直没有成立,津海关、江海关挂号分局受理的商标注册业务也仅限于发放登记表、收费、发照等,而未能按照既定程序转递到商标局核准注册。为此,北洋政府农商部商标局成立后,专门公告宣布津海关、江海关受理的各国厂商商标不受法律保护,需在商标局重新办理商标注册手续。②

(三) 清政府在内忧外患下试图借助西方的军事工业和民用工业来稳固自身统治,洋关在其中发挥重要作用

经历了长时间闭关锁国的清王朝十分闭塞,对世界形势,包括外国的器物、科技等知之甚少。在太平天国运动、西方列强入侵的内忧外患之际,清政府权衡利弊后,选择借助洋人势力,学习采用洋人科技、器物等维护自身统治。19世纪70年代后,以李鸿章、左宗棠、张之洞等为代表的资产阶级洋务派逐渐认识到应向西方学习的不仅是"求强"的军事工业,还有"求富"的民用工业。他们在全国各地效法西方先进的科学技术,希望通过自上而下的改革来挽救大厦将倾的大清帝国。与此同时,洋关对推动清政府改革也有着异乎寻常的热情。赫德竭力通过推动引进西方工业成品或技术来促进清政府改革,防止清朝一旦有能力将外国人赶出中国,就再一次关闭对外开放的大门。他主张:"英国在中国的政策是支持(清)帝国的事业……它总比试图统治的太平军好些,希望更加支持它、加强它。"③也就是说,在支持中

---

① 姚永超、王晓刚:《中国海关史十六讲》,第146页。
② 左旭初:《海关商标挂号制度的始末》,《中华商标》1996年第5期,第45页。
③ Chinese Customs, *Documents illustrative of the Origin, Development, and Activities of the Chinese Customs Service*. Vol.7, p.76.载连心豪、詹庆华:《论赫德、海关近代化与洋务运动的关系》,《中国社会经济史研究》1993年第1期。

国通过洋务运动等方式发展军工业和民用工业这方面,清政府与洋关的主张"殊途同归"。

洋关也确实在其中扮演了很重要的角色。一方面,总税务司是洋务派的代表之一,是支持借助西方力量发展军用和民用工业发展的倡导者。尤其是对于军工业发展的支持,因为对于英国来说,支配甚至控制中国的军事力量,尤其是它的舰队非常重要。①虽然后来李泰国通过阿思本事件将中国新式海军力量控制在自己手里的企图失败,但赫德仍继续劝说中国购买英国炮舰、学习英国管理舰队的经验。光绪元年,赫德通过与总理衙门会晤以及多方联络,解决镇压太平军购置新式船炮的问题。②在帮助中国采购舰艇的同时,赫德个人也一度试图获取舰队的实际管辖权③,但所图未遂,只好通过其他迂回方式参与中国海军舰队建设,到了甲午战争前夕,中国海军在世界上排到了第八位。不只是军工业的发展,赫德于1865年向清朝政府呈递《局外旁观论》,劝说清政府仿行西方的"善法",从货币、交通、通信等各方面推进工业化,尽快"转移国政"。另一方面,洋关依托稳定的关税,提供了物质方面的支持。在总税务司的推动下,直接将很大一部分资金投入、或通过减税等方式来促进西方新兴事务引入中国、支持清政府改革。例如,在军工业方面,赫德主动提出将海关部分税收用于购买海军军舰。④又如,将关税收入用于支持民用工业发展,1861—1910年的50年中,有人统计,清政府60%的关税分拨给有关各省,用于中央直辖地方事业的运营经费,

---

① 1858年《天津条约》中,就有一条关于中英共同肃清海盗的条款,为海关设立海上武装埋下了伏笔,英国首相巴麦尊认为"不把这支强大的舰队置于英国军官统率之下,女王陛下政府是不会同意组织的"。

② 顾廷龙、戴逸编:《李鸿章全集》,安徽教育出版社,2008年,第211—212、337、510页。

③ 1879年,总税务司上奏并请军机处审议由他出任"总海防司",但是遭到了国内大臣的反对。李鸿章函致总理衙门:"天津方面文武幕吏,多不以为然,谓其既有利权,又执兵权,钧署及南北洋必为牵制。"

④ 樊百川:《清季的洋务新政》第二册,上海书店出版社,2003年,第987—1015页。

如江南制造总局①、福州船政局②、天津机器局③等。可以说,关税成了一些民用工业企业开办运营的主要资金来源。

小 结

赫德曾强调:"我所管理的机构虽然叫作海关,但是它的范围是广泛的,它的目的是在最大可能方面为中国做有益的工作。"④但同时也应看到,洋关此举并不是为了"做慈善"。赫德在1876年的《改善对外关系》中分析道:"外国人方面所企求的目标就是要获得经营各种贸易或工业的自由……要能够进入任何由他感兴趣的地方而不受限制;纳税要按照一种公平、固定,而且一律的税则;行动和运输的方式要改良;要有使用一切适合于发展地方资源和新式工业的

---

① 江南制造局的运营费来源在《江南制造局记》中有这样一段记载:"制造款项,创办之初,暂在军需项下通融筹拨。同治六年(1867)议兴船工,两江总督曾国藩奏请在江海关解部四成洋税酌留二成案内,以一成为制造轮船之用。同治八年(1869),两江总督马新贻附奏,请以酌留洋税二成全数作为制造之用。光绪十八、十九两年(1892、1893),设无烟、栗色火药两厂,二十一年(1895)设炼钢厂,两江总督刘坤一奏奉部拨银40万两为三厂开办经费。二十三年(1897),复奏请加拨三厂常费每年银20万两,在江海关税厘项下拨解。二十五年(1899),改由江苏各司关道局分筹协济。……二十九年(1903),江海关解局二成洋税改为十二成之二成。"参见《晚清海关与洋务运动》,广州海关"史苑博萃"粤海关研究资料。

② 福州船政局的开办费47万两白银,由当时的闽海关全额拨付。并每月向其拨款5万两白银,又称六成税款,作为福州船政局的常用经费。截至1874年6月底,共拨给福州船政局470万两白银。参见《晚清海关与洋务运动》,广州海关"史苑博萃"粤海关研究资料。

③ 天津机器局开办费用耗银48万余两白银,除其中的8万两外,全部由津海关拨付。该局的常年经费,则以津海、东海两关四成洋税为主要来源,由于两关关税收入的不稳定,所以天津机器局每年的收入也随之变化,收入最多的年份,如1892年达45万余两白银;收入最低的年份,如1872年和1873年,每年只有不到20万两白银。

④ 陈诗启:《中国近代海关海务部门的设立和海务工作的设施》,《近代史研究》1986年第6期。

机械的权利;关于人身和财产的待遇,要依照不同于中国方式的那种外国方式。"因此,他才主张:"我现在是站在中国(清政府)的一边,我要尽我最大的能力去帮助他们。"①正是出于拓展对华关系基石、扩大在华利益的需要,洋关才极力扩张,包揽尽可能多的业务,以期将中国改造成为资本主义商品输出的乐园。

在这样的动机驱使下,洋关发展成为一个奇特的机构:一方面,它包罗万象、庞杂无比,活动范围十分广泛,既履行一般意义上海关的征税职能,又包揽与进出口业务相关的港务、海务等职能,与此同时还大量参与外交、教育,以至于金融、邮政、博览会等看上去和海关并不相关的职能;另一方面,经由洋关创办或涉入的领域,其管理制度大多不是延续传统中国内生性或源发性的制度,而是在移植西方制度的基础上,结合近代中国实际所形成,从而呈现出中国管理传统与西方现代文明成果交融的特殊面貌。在这个过程中有着复杂的综合因素作用:从外部环境来看,中外各方势力的博弈中,洋关处于十分微妙的地位,无论是列强在背后的支持,还是中国政府和官员对洋关的倚重,都为洋关拓展权力、实施各领域改革减轻了阻力;从制度环境来看,当时的中国处于前所未有的大变局,旧秩序被摧毁、新制度尚未建立,诸多领域存在着混乱或空白,正是洋关包揽业务、创设制度的有利时机;从实际作用来看,洋关引进的近现代外交理念、西方管理制度、技术、设备等,确实有其先进性、科学性、合理性的一面,这为洋关的权力扩张和制度创新创造了有利条件,客观上也推动了中国的近代化进程。但是,必须认识到,洋关所掌控的各种权力和职能,始终渗透着西方殖民主义者的利益,其实质是国家主权的丧失。即便洋关对中国近代化进程起到了推动作用,也无法完整体现中国的国家利益,一定程度上还加重了中国争取独立自主、摆脱半殖民地半封建社会斗争的复杂性和艰巨性。

---

① 《赫德日记》,1961年1月25日,载司马富:《赫德与中国早期近代化》,《近代史研究》1989年第6期。

东波塔档案中关于清代广州中西文化交流的描述

中山大学历史系 章文钦

一、引 言

  中华文化多元一体,岭南文化是中华文化不可分割的一部分,又是一种滨海地域文化。广州位于南海之滨,是一个两千多年长盛不衰的港口,在中国对外经济文化交流中居于重要地位。

  广州古称番禺,秦汉时代属南海郡,三国东吴时始名广州。唐代为岭南节度使驻扎地,称为广府。明清时代称广州府,辖珠江三角洲十三个县,为广东省城。

  笔者近年颇留意古代广州对外交通的历史,将港口、贸易区和官方管理机构联系起来进行考察,在隋唐、宋元时代,港口设在广州东郊南海神庙前面的扶胥古港,贸易区设在广州城西怀圣寺和光塔一带的蕃坊;至于官方管理机构,唐代设市舶使,宋、元、明设市舶司。而在清代,港口设在广州东郊琶洲塔下的黄埔古港,属番禺县地;贸易区设在广州城西油栏门外的十三行,属南海县地;官方管理机构为设在广州外城五仙门内的粤海关,亦属南海县地。我们应该用发展和联系的眼光,来研究广州的这些历史文化遗产。

  清代自康熙二十四年(1685)开海贸易,设闽、粤、江、浙四海关,次年创立由十三行商垄断对外贸易的广东洋行制度以来,广州一直是最重要的中西贸易口岸。乾隆二十二年(1757),清政府将自海路而来的中西贸易限制在广州一口,并逐步健全广州口岸中西贸易的管理体制。这一体制大致包括四个重要环节:粤海关负责征收关税并管理十三行行商,行商负责同外商贸易并管理约束外商,黄埔作为外国商船停泊的港口,澳门作为广州的外港和西方各国商人的共同居留地。

澳门在明清时代属广州府香山县,本名蠔镜,又作濠镜,在明代嘉靖初年已成为广州沿海蕃船停泊的海澳之一。嘉靖三十二至三十六年(1553—1557)葡人入据澳门以后,到清代道光二十九年(1849)葡萄牙强占澳门以前,澳门成为葡人在中国领土上的居留地,中国对澳门拥有完整的主权,包括领土主权和管治权。广东十三行经营对外贸易的传统起源于明代,且与葡人入据澳门有一定的关系。

自明清之际开始,中国历史从古代向近代转变,中国对外关系从朝贡体制向条约体制转变,从与亚洲藩属国的关系为主,向与西方国家的关系为主转变,当代大多数西方国家与中国的关系,是从澳门和十三行的历史开始的。清代前期的中外文化交流主要是中西文化交流,包括精神文化和物质文化的交流。

东波塔档案包括汉文文书和葡文文件 3 600 件,由澳门特区政府文化局澳门档案馆和葡萄牙东波塔国家档案馆以"汉文文书"("清代澳门地方衙门档案,1693—1886")为题申报。于 2017 年 10 月 30 日由联合国教科文组织公布,成功列入世界记忆名录。

这批档案的中文部分,于 1952 年由研究中西交通史的中国著名学者方豪教授首次发现,引起国际学术界的重视。至 1999 年,刘芳辑、笔者校的《葡萄牙东坡塔档案馆藏清代澳门中文档案汇编》(上下册)在澳门基金会出版;2000 年,澳门基金会又出版了金国平、吴治良主编的《粤澳公牍录存》葡文文件 8 卷,将这批档案全部整理公布,呈献给学术界。

为庆祝这批档案成功列入世界记忆名录和中葡建交 40 周年,迎接澳门回归祖国 20 周年,从 2018 年 7 月 6 日起,以"汉文文书:东坡塔档案中的澳门故事"为题的展览在澳门回归纪念馆、北京图书馆和葡萄牙东波塔档案馆各展出半年,笔者应邀担任此次展览的学术顾问、撰稿人和开幕式主讲嘉宾,并于同年9月30日在中山大学接受中央电视台国际频道《国宝档案》的采访,采访内容在10月30日、11月1日的两集中播出,重点是谈这批档案所体现的清代前期中国对澳门的主权,说明中文是当年中国官员与澳门当局间文书往来的正式文字。

承梅谦立教授的盛意,邀请参加此次国际学术会议,然而笔者近半年来承乏《戴裔煊先生诞辰一百一十周年纪念文集》一书编务和彭泽益先生《广州洋货十三行》一书整理校订之责,迟至今日,始匆匆撰成此文,赴此盛会。拙文以《葡萄牙东波塔档案馆藏清代澳门中文档案汇编》的资料为主,与中外档案文献相印证,对清代广州中西语言文化、中西医药物和物质文化的交流做一个初步的探讨,以求教于与会的方家学者和学界同仁。

二、中西语言文化的交流

中外文化的交流,首先是语言文字的交流。换句话说,语言文字的交流是中外文化交流的先决条件,东波塔档案以及相关文献为我们提供了生动的例证。

东波塔档案的主体是清代乾隆、嘉庆、道光年间,两广总督、广东巡抚、粤海关监督、广州知府、澳门同知、香山知县和香山县丞等清朝官员,与澳葡兵头(总督)判事官和理事官之间文书往来所形成的档案。其中作为广州知府的副手驻扎前山寨的澳门同知、澳门所在地的地方行政长官香山知县和作为香山知县的副手驻扎澳门的香山县丞,是当年中国管理澳门事务的三位实际负责官员,是澳葡当局最直接的顶头上司。而作为澳葡议事会成员的理事官则负有与清朝官员文书往来,协调交涉之责。在澳门档案馆刘芳馆长于

1997年出版的东波塔汉文文书目录中,已登录的文书1 567件,由广东地方官员向澳葡理事官发出的下行文书1 268件,其中澳门同知等三位官员发出的为1 158件,占91.2%,即为明证。

当年的清朝统治者以"天朝上国"自居,只知有藩属,不知有外交。无论是居留澳门的葡萄牙人和西方各国商人,还是来华的天主教传教士,都被看作归顺天朝王化的外国子民。按照清朝定例,汉文是中外交往文移往来的正式文字,清朝官员向澳葡理事官发出的是以谕、札、牌等为文种的下行文书,理事官等向清朝文官员发出的是以禀、呈等为文种的上行文书,由此形成主客有别,尊卑分明的行文关系。

清代文献最有助于阐明东波塔档案主体形成过程的记载有两则:一是成书于乾隆十五年(1750)的暴煜修《香山县志》卷八《濠镜澳》称"澳中彝目为西洋理事官,督理濠镜澳事务。通事一名,番书一名。文上县用呈,县行拘提则牌仰理事官"。二是成书于乾隆十六年(1751)的印光任、张汝霖《澳门记略》卷下《澳蕃篇》称:"理事官一曰库官,掌本澳蕃舶税课、兵饷、财货出入之数。……蕃书二名,皆唐人。凡郡邑下牒于理事官,理事官用禀上之郡邑,字遵汉文。"

足以证明东波塔档案这种行文关系的文书有两件:一是乾隆五十七年十一月初六日(1792年12月19日)《香山知县许敦元为催纳地租银事行理事官牌》称:"案照濠镜澳地租钱粮银两,递年完解司库,附入地丁册内报销,难容迟缓。所有乾隆五十七年分前项租银,合行饬催。为此,牌仰西洋理事官喽嚟哆,即便遵照,文到立将乾隆五十七年分濠镜澳地租钱粮银两,刻日备办齐足,呈报本县,以凭差委吏书赴受,解充兵饷,毋得迟违,速速。须牌。右牌仰夷目喽嚟哆准此。"二是道光二年八月(1822年10月)《理事官为恳请驱逐华人王乌事呈香山县丞禀稿》称:"西洋理事官喽嚟哆禀,为沥情禀明,恳请驱逐,以杜滋端事:……讵有华人王乌,突至西洋武职家中,询及西洋官场事务,其意何居?……想王乌意在唆耸为生涯,讆张为幻,酿成巨祸,掠乱相求。此等多事华人,若不禀蒙驱逐,于仁台管下,旦夕无虞,而荣升之后,势必堪嗟。与其噬脐莫及,孰若早为之所。如蒙俞允,感恩无既矣。切赴太爷台前俯准施行。"①

按照近代以来的国际法,主权包括领土权和管治权。这两件文书,一为香山知县向澳葡理事官催交乾隆五十七年分濠镜澳地租银的下行文书,濠镜澳岁输地租银五百一十五两,始至明末,经济上微不足道,然而却是当年中国对澳门领土权的重要体现;二为澳葡理事官向驻澳香山县丞禀请驱逐华民王乌的上行文书,证明澳葡当局无权管辖居澳华民和处理民蕃交涉事务。因此,这两件文书对于东波塔档案的行文关系和当年中国对澳门行使主权的历史实际都是很好的证明。其他同类文书,限于篇幅,不再枚举。

东波塔档案包括汉文文书1 500多件和葡文文书2 000余件,笔者对此的解释是:"理事官不通汉文和官方文书格式,官方下行文书必须译成葡文始能领会,呈递官方的上行文书必须先写出葡文发文底稿,再译成符合官方文书格式的汉文文书,必须由负责传译言语的通事和书写文书的蕃书,或由兼通中西语言文字的传教士及文秘人员代劳,东波塔档案为什么分成汉文文书和葡文文书两部分,原因就在于此。"②

然而不无遗憾的是,学界中人或以为东波塔档案有葡萄牙文书部分,便认为"澳门是中葡共管之地,主权在我,治权在彼",又认为"这批档案是以葡语件为主"。对于上述两点看法,关于主权问题,笔者上文已引用汉文文书略予论证,在此再予强调主权和治权是不能割裂的,作为学界中人,必须严守国家民族的立场。关于后者,笔者认为,东波塔档案是以汉文文书为主的,亦为国际学术界所认同,可以说已经成为一种共识。这是由清代中外交往的文书往来制度

---

① 刘芳辑,章文钦校:《葡萄牙东波塔档案馆藏清代澳门中文档案汇编》上册,第89、355页。

② 霍芷芸:《章文钦:东波塔中文档案汇编感言》,澳门特别行政区政府新闻局《澳门 Macau》杂志第124期(2018年7月),第23页。中央电视台《国宝档案》亦采用以上解释说明东波塔葡文文书的由来。

决定的,笔者将在下文做进一步的探讨,仅进行正面阐述,无意与人商榷。

中国官员与澳葡当局间的文书往来可以追溯到明代。业师戴裔煊先生为中国澳门史研究的奠基人。戴先生据中外文献考证,明代嘉靖四十三年(1564),葡人协助广东地方当局平定柘林海兵事件后,广州的高级官员发给葡人两个首领每人一道"金剳"(Chapa de ouro),应为一种金字荣誉奖状。剳又称札,"在清代为下行文书的一种,澳门葡人土话称中国官府中公文为 Chapa,音意都与'札'相合。葡文的 chapa 与英文这种用法的 Chop,应出自中文的'札'"①。这种"金剳"即为明代广东官员发给居澳葡人首领的下行文书。

沿至清代,除了居澳门葡人之外,前来广州口岸居停贸易的西方各国商人,与中国官员间的文书往来,仍然是以中文为正式文字,之所以称为汉文文书,则相对于满文文书而言,清代的官方档案文书和国外的中文档案,皆可以找到与东波塔档案相印证的同类文献。笔者限于篇幅,仅略举嘉庆年间广州口岸中俄、中英交涉的两个事例。他日读书有得,再行撰文探讨。

按照清代中俄关系的格局,自乾隆年间起,中俄贸易被限定在以恰克图为互市地点的陆路贸易。至嘉庆年间,由于俄国皮货在北方销路大减,俄美公司于嘉庆十年(1805)十月派出以噜哑啦(Krusensten)为船长的"希望"号(Naded'ja)和以咻嚤咖(Lisiarsky)为船长的"涅瓦"号(Neva)两艘俄船,携带各式皮货,前来拓展广州贸易。粤海关监督延丰因有违定例,擅自允许俄船驶入黄埔开仓贸易而被清廷革职。嘉庆帝谕旨令新任两广总督吴熊光与新任粤海关总督阿克当阿晓谕俄商遵照旧章,在恰克图通市。两艘俄船滞留黄埔,直至同年十二月始放关出口。东波塔档案和《清代外交史料·嘉庆朝》皆有相关文献描述。

---

① 戴裔煊:《关于澳门历史上所谓赶走海盗问题》,蔡鸿生编:《戴裔煊文集》,中山大学出版社,2004年,第236—237、244—245页。

据业师蔡鸿生先生考证,在俄船滞留黄埔期间,船长噜呕嗍用英文写了一封抗议信,准备递交新任总督吴熊光。英国东印度公司驻粤大班哆啉哎(James Drummond)告以,总督不会轻易接见外商,此信必须由行商递交海关监督转呈总督,遂由哆啉哎利用其"公班衙留粤大班"的影响力,托二号行商茂官(广利行卢观恒)将该信递交海关督阿克当阿。茂官向哆啉哎指出,"此信语欠恭顺,碍难代禀。同时,交出自行代拟的禀文,要求噜呕嗍和哝嚪咐签字,遭到俄方拒绝。最后,经哆啉哎倡议,当场另草一份语意简明的信件。这份三易其稿的'夷禀',以如下面目反映在清代文献中:'本国地处极北,若遇此时风汛,遂致阻滞一年,叩求早赐红牌,放关开行。如开行之后奉到大皇帝谕旨,交暎咭唎国留粤大班代寄回国,钦遵办理。'"①这份"夷禀"最后由俄船保商西成行黎颜裕向监督阿克当阿转递,由阿克当阿咨商吴熊光,最后由吴熊光具折奏闻。

在清代前期的中西关系中,中英关系居于最重要的地位。东波塔档案所提供的文献,有嘉庆年间英军图占澳门的相关文书15件。其中有关嘉庆十三年(1808)英军在澳门登陆事件者9件,多为澳门同知等三位官员下理事官谕札。嘉庆十三年,英属印度殖民地当局借口拿破仑出兵占领葡萄牙,担心法军图占澳门,派遣海军少将喥嗠唎(W.Obrien Drury)率兵东来。同年八月,英军在澳门登陆,占领东望洋、娘妈角、伽思兰三炮台,不久又将兵船驶入黄埔。总督吴熊光下令将黄埔外船封仓,停止贸易;并奉到谕旨,统兵剿办,加上英国商人反对,喥嗠唎被迫将兵船撤出黄埔,广东当局遂恢复通商,开仓验货。嘉庆十四年(1809)三月,英军撤离澳门。清廷以总督吴熊光"示弱畏葸"而革职查办。

新任总督百龄到任后,筹办善后事宜,于嘉庆十四年四月初八日(1809年5月21日)具折上奏查明上年英兵入澳及吴熊光办理迟

---

① 蔡鸿生:《俄美公司与广州口岸》,《广州海事录》,商务印书馆,2018年,第153—154页;《清代外交史科·嘉庆朝》第一册,北平故宫博物院,1932年,第47页。

延错谬各情由,此折之末奏称:"合将喕咭唎夷商所呈夷字禀结二件,及译出汉字禀结二件,并西洋夷目汉字押禀一件恭呈御览。"英商所呈译出汉字禀结二件,即附于此折之后的《喕咭唎夷商喇㗌禀》和《喕咭唎夷商喇㗌所具甘结》;西洋夷目汉字押禀一件,即同附于折后的《西洋理事官喽嚟哆禀》。原件书影日期之末,"禀"字或"结"字之下皆按手印,并用西文签名。其中《喕咭唎夷商喇㗌所具甘结》称:"具结喕咭唎夷商喇㗌:情因十三年七月,我们嗑呀喇地方兵头嘟嗞喱,冒昧带兵来澳。蒙大皇帝谕旨,即行回国,不敢违抗。今大人亲临训斥,词意明切,㗌等不胜惶惧,感激之至。㗌等从前遵奉天朝法度,嗣后益当谨澟。恳祈大人垂怜远人,代奏大皇帝施恩免罪,阖国沾恩,所结是实。"①

喇㗌即接替哆啉哎任"公班衙留粤大班"的约翰·威廉·罗伯茨(John William Roberts)。他于同年八月初九日(9 月 7 日)复上禀帖,由总督百龄代奏,至八月二十六日(9 月 24 日)奉上谕:"百龄奏喕咭唎国货船将次到粤,夷目恳请照常贸易一折。上年因该国夷兵冒昧入澳,曾经降旨令该督察看该国夷人,如果畏罪感恩,俟其货船到日,奏明请旨定夺。今伊祖家船十六只将次到粤,夷商等所具禀函,以涉险远贸,悔罪乞请为词,尚属恭顺。著准其照常贸易。……令其将兵船留泊外洋。"②

据此可知,仅为嘉庆十三年英军图占澳门的善后事宜,英公司驻粤首席大班喇㗌,便向广东官员呈递"夷字"即英文禀结二件,汉字禀结三件,复由负有管理居澳西方商人之责的澳葡理事官呈递汉字押禀一件,押禀者,签名画押于禀上以示负责也。与东波塔档案一同印证了清代中外交往的行文制度,是清代广州中西文化交流的一个重要内容,而属于中西语言文字的交流。

---

① 《清代外交史料·嘉庆朝》第一册,目录之末;第二册,目录之末;第三册,第 1—6 页。

② 《清代外交史料·嘉庆朝》第三册,第 26 页,喇㗌汉字禀帖书影载第三册目录之后。

清代广州中西语言文化的交流,值得一提的还有广东葡语和广东英语。自 16 世纪葡萄牙人东来以后,从印度、斯里兰卡、马六甲到中国东南沿海,都出现葡萄牙语与当地语言交流而产生的混合语。在明代嘉靖年间,葡人入据澳门以后,澳门迅速发展成为与日本、菲律宾、马六甲和中国内地贸易的东方国际商港,赴澳贸易谋生的中国商民逐渐增加。明代末年,在那些日与葡人相周旋、负责传译言语、媒介交易的中国通事和包揽对葡贸易的揽头(中介商人)中间,逐渐形成葡萄牙语与广东方言的混合语广东葡语(Cantão Português),作为中葡贸易的商业专用语,其时葡语为东方商业通用语,来华贸易的英国和荷兰商人,也必须依靠懂得广东葡语的中国通事,始能进行贸易。这种语言,自明末流行于澳门,清初粤海开关以后,流行于整个广州口岸,乾隆中叶以后,逐渐被广东英语(Pidgin English)所取代,但仍流行于澳门。

在乾隆中叶以后,英国人成为广州商场的一支重要力量。至乾隆末年,击败法国和荷兰两个主要竞争对手,垄断了广州中西贸易。美国在乾隆末年进入广州贸易,在贸易中迅速跃居第二位。英语成为广州西方商业通用语。在依赖贸易为生的中国商人、通事、买办和百姓中间,逐渐形成新的商业混合语广东英语。它的词汇部分来源于葡语,同广东葡语一样,同音异字而无文法,其口头语言或书面形式,是用广东方言尤其是广州方言拼读或拼写的英语词汇。如 Today(今日)一词,用粤语"土地"二字作注音。①

清代与中西文化交流史和东波塔档案有关的一位人物是谢清高(1756—1821)。他是广东嘉应州金盘堡(今梅县丙村)人,自幼聪颖,博闻强记。早年随商人到海南岛贸易谋生。18 岁时,航海遇风覆舟,被葡人蕃舶救起,随船到各国贸易,曾到过英葡等国。他往来于东西方沿海各国,学习外国语言,熟记各国岛屿要塞、风俗物产,

---

① 章文钦:《广东葡语和广东英语初探》,《岭峤春秋:岭南文化论集》第一辑,中国大百科全书出版社,1994 年;章文钦:《广东葡语初探》,澳门《文化杂志》第 68 期,2008 年秋季。

历时十四年。后寓居澳门,为铺户、通译以自给。东波塔档案中,有嘉庆十一年至十三年(1806—1808)他与居澳葡人嗳哆呢嘚哆(António Rosa)、嗳哆呢叻嘿嘞嘿(António Fonseca)租务纠纷的文书五件。在这场交涉中,他备受不肖葡人的欺凌,血本无归,痛苦不堪,以致双目失明。嘉庆二十五年(1820),他在澳门遇见同乡举人杨炳南,讲述其身历或得诸传闻的世界95个国家和地区的情况,由杨炳南整理成书,名为《海录》,成为东西方海上交通史的传世名作。次年病逝。①

谢清高在澳门为通译以自给,所用的语言工具是广东葡语。《海录》一书所载的西文译名,多为广东方言的葡语音译。他是一个不懂中葡书面语言的普通中国人,却又是一位在中西文化交流史尤其是中西语言文化交流史上足以不朽的人物。

三、中西医药和物质文化的交流

医药和物质文化的交流,是中外文化交流的重要组成部分,清代广州中西文化交流也是这样。笔者在中秋节前忙于彭泽益先生《广州洋货十三行》一书的最后一遍校样,这是中国前辈学者关于清代广州中西经济文化交流的一部重要著作,其中关于中西文化交流的内容,体现在第十章"广州行商倡导对外洋牛痘法及荷兰豆的引进与传播"②,成为清代广州中西医药和物质文化交流专题研究的重要成果。

其中牛痘法的传入,为清代广州中西医药文化交流的一件大

---

① 章文钦:《谢清高与葡萄牙》,章文钦:《澳门历史文化》,中华书局,1999年;刘芳辑,章文钦校:《葡萄牙东波塔档案馆藏清代澳门中文档案汇编》上册,第271—273、277页。
② 原题为《广州洋货十三行商》,《九州学刊》第四卷第1期,1991年4月。收入本书时由著者生前改定。

事。此法于嘉庆三年(1798)始为英国医师郑耐(Edward Jenner)发明,通过来广州贸易的英国人、西班牙人和十三行商的引进与传播,很快传入中国,奠定现代免疫学的基础。后通过经广州前往长崎贸易的荷兰人传入日本,至今仍在造福中日两国人民。

曾与梁辉、张尧、谭国诸人受行商郑崇谦及其后继者之聘,在十三行洋行会馆专司种痘的南海人邱熺,自叙其习传种痘法有言:"洎嘉庆七年(1802)四月,由小吕宋舟载婴儿远传其种以至澳门,予时操业在澳,闻其事不劳而效甚大也。适予未出天花,身试果验。洎行之家人戚友,亦无不验者。于是洋行好善诸公,以予悉此,属于会馆专司其事。历十数寒暑,凡问途接踵而至者累百盈千,无有损失。"①可知澳门与十三行同为牛痘法传入之地。

西方医药之传入中国,应始于明代,且与澳门有密切关系。印光任、张汝霖《澳门纪略》卷下《澳蕃篇》,描述澳门北隅之花王庙、南隅之支粮庙以及医人庙,皆建于明代,其中有言:"别为医人庙,于澳之东,医者数人。凡夷人鳏寡茕独,有疾不能自疗者,许就庙医,其费给自支粮庙。"这座医人庙,应为中国最早的一家西医医院,医者数人则为西医医生。

沿至清代,在医人庙之外,西方各国在澳门和广州的商馆皆有西医医生,如英国公司商馆医生跋咂(Alexander Pearson)为引进牛痘法的重要人物。东波塔档案中,乾隆五十八年八月初十日(1793年9月14日)《澳门同知韦协中为给发英商啵啷等上省贸易牌照事行理事官牌》,和同年十月十七日(11月20日)《澳门同知韦协中为给发英商啡叻吐等上省贸易牌照事行理事官牌》,皆有"医生叮呢一名"②。啵啷即 Henry Browne,时任英公司广州商馆首席大班,叮呢即 Duncan,与啵啷同见于1795年(乾隆六十年)英公司档案记录中,

---

① 邱熺:《引痘略》,嘉庆二十二年广州百兰堂刊本《自序》,转引自彭泽益先生之文(《九州学刊》第四卷第1期,第80页)。

② 刘芳辑,章文钦校:《葡萄牙东波塔档案馆藏清代澳门中文档案汇编》下册,第732—733页。

为公司商馆医生①,即跛呱的前任。

而在此之前,乾隆四十二年十月二十八日(1777年11月27日)《香山知县杨椿为饬将法国般主啹呢等搭船回国日期具报事行理事官牌》内称,同年九月三十日(10月30日)粤海关接澳门总口委员禀称:"案查八月十四日(9月15日),有咈哢哂国夷船一只,被风飘至澳门港外潭仔洋面湾泊,该船主啹呢患病进澳,居住该国医生啰哩咐家。"②啰哩咐即为居留澳门的法国医生。

至于嘉庆五年五月二十日(1800年7月11日)《署澳门同知三为理瑶同知来澳就医事下理事官谕》,为一位中国官员来澳寻求西医治病的记录,全文称:"署军民府三,谕澳门夷目喽嚟哆知悉;照得原任理瑶军民府刘耳患重听,先据该夷目具禀,有澳夷能于医理,续经刘分府抵澳就医,迄今旬余,未见效验,合行谕知,谕到该夷目,立将在澳不诵外国本澳夷人,如有精于耳病者,另行选举医治,以期速痊。速速。特谕。嘉庆五年五月二十日谕。"③从这件文书可知,当年澳门的西医既有居澳葡人,又有西方各国之人,其佼佼者在中国人中已享有盛誉,可以择优就医。

古代中外文化交流,通常是属于物质层面的经济贸易与文化交流同步进行,清代广州中西文化交流也是如此。就清代广州中西贸易的进出口商品而言,进口商品中的红木、乌木、檀香木等名贵木料,经过广州广作家具工匠和清宫内务府造办处广作工匠的精心制作,制成中国古代家具三大流派之一的广作家具,如今已成为北京故宫博物院和海内外公私收藏的珍贵文物。④汲取西洋绘画技法绘

---

① 马士著,区宗华译,林树惠校,章文钦校注:《东印度公司对华贸易编年史》第二卷,广东人民出版社,2016年,第295页。
② 刘芳辑,章文钦校:《葡萄牙东波塔档案馆藏清代澳门中文档案汇编》下册,第672页。
③ 刘芳辑,章文钦校:《葡萄牙东波塔档案馆藏清代澳门中文档案汇编》上册,第363—364页。
④ 章文钦:《清代广东十三行与中外文化交流》第三节"广作家具与中外文化交流",为2016年6月30日在广州塔举行的"清代广作红木家具文化论坛"提交的论文。

制的广州外销画，如今已成为中外博物馆珍藏的艺术品。从广州出口的丝、瓷、茶三大中国名产，同样具有中西交融的丰富文化内涵。中国丝绸影响西方服饰文化，为时甚早。清代广州的外销装，尤其是按照西方款式图案绘制的订烧瓷，即广彩中的河南彩，体现了中西文化交融的艺术特色。中国茶叶的输出，影响了东西方各国的饮食文化，与所在国的本土文化相结合而形成各具特色的茶文化。

自明代末年茶叶经荷兰人输入欧洲以后，欧洲的茶文化逐步发展，茶叶成为清代前期广州中西贸易最主要的出口商品，茶树茶种的移植也随之发生，值得在中西特质文化交流的历史上书下一笔。

清代乾隆年间，英国人便进行茶树的移植。英国是广州中西贸易的最大茶叶输出国，由东印度公司经营，英公司在广州贸易的最后时期，是以茶叶贸易的利润来维持的。据英公司广州商馆档案记载，1764年（乾隆二十九年），"（英公司）董事部在他们给大班的命令中特别着重指出，向马尔巴勒要塞（Fort Marlborough）移植茶树的可能性及鼓励在中国丝的贸易"①，马尔巴勒要塞设在苏门答腊西海岸的萌菇莲（Benkulen），其时为英属印度殖民地诸要塞之一。

乾隆五十八年（1793），英国马戛尔尼（George Macartney）使团自北京南返，在杭州至广州一程与新任两广总督长麟同行，据马士（H. B. Morse）引述马戛尔尼日记称："11月21日，（经过江西的茶园时，总督允许马戛尔厄勋爵）拿走几棵成长着的茶树，并用大包泥土包裹起来，我不胜自喜，我可以把这种茶树移植到孟加拉。"②曾任英属印度殖民地总督的马戛尔尼，对获得中国的茶树茶种"不胜自喜"，首先想到的是移植到印度的孟加拉。其后中国文献，如魏源的《海国图志》，则有中国茶树移植到印度的记载。

而在东波塔档案中，则有嘉庆年间葡萄牙人通过中国的铺户、

---

① 马士著，区宗华译，林树惠校，章文钦校注：《东印度公司对华贸易编年史》第一卷，第345页。
② 马士著，区宗华译，林树惠校，章文钦校注：《东印度公司对华贸易编年史》第二卷，第259页。

华工,将茶树茶种从澳门移植到巴西的记载。两件文书皆出自中国华工的手笔,弥足珍贵:一件为嘉庆十七年七月初一日(1812年8月7日)《华工石保致澳门铺户南兄等叙述在巴西种茶生活情形书信》,一件为同年《华工亚腾等致澳门铺户南兄叙述在巴西王家花园种茶情形并托带茶种及制茶工具书信》。① 兹将其有关种茶情形内容分别引述并略做分析。

前一件华工石保书信称:"弟前岁粮兄台手上,头路西洋,往去种茶生理。到兵头埠,茶树十余条,细茶仁种,泥土三块,并无声气。七月半,兵头搭过船,弟二人往去西洋王,到于八月丁漼大子花园。九月兴工,弟俱已料理,分发乌鬼十余人锄园地。大子说及时刻要种。弟说及月令不通时气,十一月种子日。工欲善其事,必先治用其生。不生不见面,茶仁甚少,九冬十二月,正月、二三月正当热,所有大小官府男女来看,亦无所有。大子说及百让种,不便尔种,所种要唐山细茶,果木花种。弟又兼且求来,铺盖、锅枪俱已料理。目下闲住,每月支使用银十二元。""兹今壬申年三月,亚抱游至免帝船到埠。……弟问及(兄台)书信、亚抱、鼻烟官说及无信带来。寄来茶树二箱,未知钦差大人寄来茶种多少?并无声气。弟所忧虑者,澳门钦差大人及兄台茶种寄来,弟紧用种。……弟等皇上、娘娘声气出处,进退之归。茶生不生,三年为满回唐山。……叩禀字愚弟石得拜托纸笔多少。(嘉庆)十七年七月姆路架然那路娘娘花园吉日封寄。"

此信发出的年份为嘉庆十七年壬申,发出的地点姆路架然那路为中国人对里约热内卢(Rio Janeiro)的早期音译,娘娘花园即葡萄牙国王的王家花园。自1807年(嘉庆十二年)起,葡萄牙王室为逃避欧洲拿破仑战争迁往巴西。娘娘应指葡萄牙女王玛丽亚一世(Maria I,1777—1816年在位);皇上当指女王玛丽亚一世的丈夫,

---

① 刘芳辑,章文钦校:《葡萄牙东波塔档案馆藏清代澳门中文档案汇编》上册,第121—123页,及章注①—④。

被尊称为佩德罗三世(Pedro III)。澳门钦差大人指澳葡判事官咩嚩嘈唎(Miguel de Arriaga),因英时判事官由葡萄牙国王亲自任命,故称。可见巴西茶树茶种的移植,受到葡萄牙国王的重视,移植的地点在里约热内卢的王家花园。至此信发出时已历时二年,其间颇多曲折,寄信人石得则颇为执着。

后一件由华工亚腾拜托石宝(应即石保)代笔书信称:"年前岁澳门粮国使大人种细茶,往西洋王家花园佣工,粮食用工赀银三钱二分,每日食物、布疋甚贵。兹今托赖上天神祖庇佑,身体平安。三人开得茶园一座,落得细茶种,条条可生,国王甚至欢喜。""信到店中,烦兄携来老气细茶种,细茶匣不可开孔,不可泄气,不可落藏酒气、雨湿、咸水,时时小心料理,不可失误。又嘉应州锅头十大口,做茶家伙物件样样要紧关。至今澳门钦差大人细茶甚多,大箱小箱,不知几多。无用细茶种,枉费功劳,枉费心机。"

此信发出之年份同在嘉庆十七年,而时间在上一件之后,可视为亚腾与石宝(保)联名发出之函,皆以澳门铺户南兄为收件人。南兄应为澳门判事官咩嚩嘈唎与华工石宝(保)、亚腾等之间的中介人或联系人,故两件书信最后都由澳门议事会收藏保存,并成为东波塔档案中的汉文文书。两信皆谈到茶树保存、茶树种植、气候条件以及制茶工具诸问题,甚至着重谈到葡萄牙国王见到茶园中茶种长势喜人时的喜悦心情,可与葡文资料相印证。①

四、结　　语

中国著名前辈学者钟敬文先生有言:"我们是历史之舟的搭客,同时又是它的划桨人。"人是历史活动的主体,古代的中外文化交流

---

① 澳门《文化杂志》第 22 期(1995 年春季)载葡国学者莫拉(Carlos Francisco Moura)《十九世纪上半叶澳门与巴西的关系》一文,述及当年中国人在巴西种茶情形,以及澳门议员拉法尔波达多·阿尔梅达寄出的茶种。可参阅。

也是这样。从汉唐时代到明清时代，通过中外有识之士的学术文化的接力，掀起了一波又一波中外文化交流的浪潮。中国四大发明的西传，世界三大宗教的东传，成为古代中外文化交流的壮举。

清代广州中西文化交流，在清代中外文化交流中居于重要的地位。在当代的国际学术界，区域研究与个案研究之风方兴未艾，而以档案作为历史研究的第一手资料，已经成为国际学术界的共识。拙文以东波塔档案的汉文文书为基本资料，与中外档案文献相印证，对清代广州中西文化交流做一个简略的描述。而在这一学术领域，尚待发掘研究的中外档案文献为数甚多，当以数百万计，还需中外学者付出数代人的学术接力，为此必须寄希望于有志于学的青年学者，笔者愿在其中尽绵薄之力，并发挥一点桥梁的作用。

明清"西学汉籍"的影印与域外汉籍的回归[*]

——评《梵蒂冈图书馆藏明清中西文化交流史文献丛刊》

华南师范大学历史文化学院　代国庆

明清之际的西学东渐、中学西传造就了近世早期中西文化交流的历史,东西方的往来还复构建起真正意义上的全球史。以布道宣教为己任的传教士成为此一时期中西文化交流的主要承载者,他们写就了数量可观的中西文文献,加之中国奉教、友教、反教之士的涉教文献,其煌煌大观堪比入华佛教典籍。这些文献距今足有三四百年,泛黄书纸演绎的是中西文化互识、耶儒义理互动的鲜活历史。即便今日而观,其内容仍扣人心弦,引人深思。梵蒂冈图书馆典藏有相当可观的明清中西文化交流史文献,它可与徐家汇藏书楼、法国国家图书馆以及耶稣会罗马档案馆等量齐观、比肩而立。新近出版的《梵蒂冈图书馆藏明清中西文化交流史文献丛刊》(第一辑)[①]向世人呈现了它的典藏瑰宝,这批汉籍的回归与面世势必对明清史、中西文化交流史以及近世以还的全球史研究大有裨益。

---

[*] 本文在中山大学哲学系梅谦立教授的建议和催促下写就,初稿完毕后,梅教授通读了文稿,并给出了修改意见;张西平教授亦提供了文献出版过程中的细节,并解答了笔者的一些问题。在此向梅教授、张教授致谢。本文是国家社会科学基金课题(编号:17BZJ028)的阶段性研究成果。

① 张西平、马西尼、任大援、裴佐宁主编:《梵蒂冈图书馆藏明清中西文化交流史文献丛刊》第一辑,大象出版社,2014年。

一

早在明季,当时之士亦已意识到此批文献的重要性,并力图刊刻成册以便流传后世。明末奉教士人李之藻在《刻天学初函题辞》中说道,自利子"抱道来宾,重演斯义"以来,"多贤似续,翻译渐广,显自法象名理,微及性命根宗,义畅旨玄,得未曾有。顾其书散在四方,愿学者每以不能尽睹为憾",故而旧刻胪作,汇为理器二编,名曰《初函》,并期待后来者能把唐代景教文献以及当时入华不久的"西来七千卷"检入其中,以共臻厥成。①由此可见,明季人士对此批文献的整理具有宽宏的视域与广博的胸怀,不仅包括当时传教士的迻译著述,亦计划囊括历史上的景教文书;不仅涵盖中文文献,亦力图收录西文书卷。明清时期"天学"文献是中西两方历史各自演变、交汇的产物,它成就于此,亦受制于此。明季以还的中西关系史跌宕起伏,与之如影随形的中西文化交流亦命运多舛,明清"天学"文献更是中辍维残,颇多离难。以致清末间,陈垣早年在读四库提要时获知此批文献的存在,但却"久欲一睹原书,粤中苦无传本也"。②

也就是从陈垣这一代学人开始,教内名流的推崇,教外学者的访求,使得隐秘不宣的"天学"文献重获捡拾。徐宗泽、方豪、向达、王重民等中国学者,伯希和、裴化行、佐伯好郎等域外汉学家均参与其事,不少明清中西文化交流史文献被披露、重刊。其中,伯希和、徐宗泽专门对梵蒂冈图书馆中的明清天主教文献做了书目简介,梵蒂冈图书馆中的明清典藏概貌首次呈现于世。显而易见,民国期间,中外学界对明清天主教史、中西文化交流史的研究别开生面、蓬

---

① 李之藻:《刻天学初函题辞》,李之藻编:《天学初函》,台湾学生书局,1965年,第2—5页。
② 陈垣:《万松野人言善录跋》,陈智超主编:《陈垣全集》第二册,安徽大学出版社,2009年,第404页。

勃有为,其背后正是得益于明清中西交流文献挖掘与刊布的支撑。陈垣先生给英华先生的信函中极具信心地宣称要继承李之藻未竟之业,接续《天学初函》而为"天学二函、三函,……分期出版,此事想非难办"①。这其实也是徐宗泽、向达、王重民诸公的共同学术愿望。然而,天不假年,时势变迁,"非难办"之事却也变成这一代学人毕生无缘无力之业,令人感慨万千。仅有新会别脉的方豪先生不负重托,迁台后于明清天主教文献的翻刻、出版贡献良多。在他的倡议和主持下,《天学初函》以及《天主教东传文献》三个系列相继影印出版,并多有序跋相附。其中,《天主教东传文献续编》3册中的19种、《天主教东传文献三编》6册14种文献均取材于梵蒂冈图书馆,这是梵蒂冈图书馆藏汉籍的首次大规模影印出版。此外,方豪还系统搜集了明季吕宋刊刻的汉文天主教文献,并进行了专门研究。在后世明清"天学"文献的整理事业中,方豪可谓居功甚伟。

方豪先生辞世之时,正值政治、学术格局大变动之际。一方面,中国大陆拨乱反正、改革开放,中国历史与文化重新受到审视,明清中外文化交流史研究强势回归;另一方面,域外汉学开始所谓"学术范式"的更新,中国内在视角受到前所未有的重视。两种学术潮流内在理路虽异,但都指向中外交流中的汉文典籍。可想而知,对这批汉文典籍重要性的认识,中外学术界具有高度共识。许理和、杜鼎克、钟鸣旦、梅欧金等汉学家在世界范围内搜寻文献,并与中国大陆、中国台湾地区、意大利、法国等地学者合作,影印出版了典藏于原徐家汇藏书楼、耶稣会罗马档案馆、法国国家图书馆中的明清天主教部分文献。中国大陆学者亦不遑于后,朱维铮、周振鹤、李天纲、王美秀、夏瑰奇、章文钦、汤开建、黄兴涛、韩琦、周岩、张先清、叶农等学者躬身有为,尤其在文本的点校对勘以及外典涉教文献的搜集等方面卓有贡献。《梵蒂冈图书馆藏明清中西文化交流史文献丛

---

① 陈智超编注:《陈垣往来书信集(增订本)》,生活·读书·新知三联书店,2010年,第29页。

刊》(第一辑)就是在此种学术氛围下,中外学人合力协作的又一极具分量的学术成果。这一大宗文献汇编既延续了此前相关文献影印的优秀传统,又具有其独特的品格。

二

明清中西文化交流史文献内容庞杂,数量繁多,见藏于世界各地。其中的汉文文献虽大多在明清时期的中国书写、刊刻,但由于各种历史机缘,这批文献较为大宗的典藏之地却是海外教会背景的图书馆或档案馆。经过几代学人的不懈努力,我们对明清中西文化交流史汉文文献的数量、传布、典藏有了较为大致的了解,"其中,梵蒂冈图书馆的收藏量最大"。[1]这自然也引起诸多学者的侧目与垂青。不过诚如高田时雄所言,梵蒂冈图书馆典藏汉籍"绝不是根据某些有组织的标准进行搜集的,而是全部出于各个时期随意的赠送,这样说并不为过……其内容五花八门,又相当有偏向性"[2]。因此,书目简介与目录分类是我们进一步了解、利用这批典藏的前提。其中,伯希和—高田时雄目录(1995 年)[3]、余东目录(1996 年)[4]是我们探知梵蒂冈图书馆典藏汉籍最为倚重的工具书。前者以"编年

---

[1]　张西平、任大援:《梵蒂冈图书馆藏明清中西文化交流史文献丛刊·前言》,第 1 页。

[2]　高田时雄:《梵蒂冈图书馆有关中国的收藏》,伯希和编,高田时雄校订、补编,郭可译:《梵蒂冈图书馆所藏汉籍目录》,中华书局,2006 年,第 185 页。

[3]　伯希和编,高田时雄校订、补编,郭可译:《梵蒂冈图书馆所藏汉籍目录》,中华书局,2006 年。

[4]　Yu Dong, *Catalogo Delle Opere Cinesi Missionarie Della Biblioteca Apostolica Vaticana*(XVI - XVIII Sec.).梵蒂冈图书馆馆藏早期传教士中文文献目录(十六至十八世纪),Citta Del Vaticano Biblioteca Apostolica Vaticana,1996.此目录共录有 90 位有名作者以及佚名人士的 487 种汉文文献,基本涵盖了梵蒂冈图书馆中明清天主教汉文文献。这些文献可谓高田时雄所言之典藏"偏向性"最为重要的体现。

体"模式,真实反映了文献的典藏原貌,并对其内容、版本等信息做了简明扼要的说明;后者则以"纪传体"模式,把典藏文献分类归附在某一作者名下,并按照姓氏字母排序,把典藏的天主教汉文文献做了较为系统的梳理。前者较为直白地反映了梵蒂冈图书馆汉籍收藏的历史轨迹,后者则较为完整地呈现了某一作者某一文献不同版本的收录情况。

正是在上述诸多学术工作的铺垫下,梵蒂冈图书馆藏汉文典籍系统整理、影印的时机日趋成熟。我国清史编纂工程则为此批域外汉籍的出版提供了契机。在张西平先生、任大援先生、马西尼先生、裴佐宁先生等中外学者的积极奔走、辛苦努力下,于2014年在大象出版社出版了《梵蒂冈图书馆藏明清中西文化交流史文献丛刊》(第一辑),并将在未来几年陆续出版续辑。据张西平先生言,梵蒂冈图书馆典藏汉籍将分四辑影印出版,共计300册,"我们这次影印的梵蒂冈图书馆中文文献藏品,是以1922年伯希和到梵蒂冈图书馆之前的藏品为主……我们的工作对象,也基本上在伯希和目录的范围之内"①。这基本上把梵蒂冈图书馆典藏的明清汉籍网罗殆尽。影印某一图书馆中的明清典藏并不新鲜,已经有数个同类文献影印"选集"出版,但把一所图书馆中的所有明清典藏汉籍一并整理出版,则开创了域外图书馆典藏汉籍"全集"出版的先例。正因如此,此一文献丛刊的主编者极具信心地宣称,这"是中国学术界近百年来,对欧洲所藏中国文献的复制、整理、出版的最重要成果之一,是继敦煌文献回到中国以来,在中国出版的最大一批欧洲所藏的中文历史文献"。②

其实,单以已出版的《梵蒂冈图书馆藏明清中西文化交流史文献丛刊》(第一辑)而论,其篇幅超过了目前所出版的各类明清天主

---

① 张西平、任大援:《梵蒂冈图书馆藏明清中西文化交流史文献丛刊·前言》,第4页。

② 张西平、任大援:《梵蒂冈图书馆藏明清中西文化交流史文献丛刊·前言》,第8页。

教汉文文献汇编。此辑共计44册170种文献,它不仅呈现了大批梵蒂冈图书馆汉籍的典藏原貌,其编排方式还反映了主编者对这批文献整理的思路,并折射了他们对这批文献的学术再思考与历史再定位。就整体来说,《梵蒂冈图书馆藏明清中西文化交流史文献丛刊》(第一辑)的内容可分为密切相关的三部分:总览全体文献并予以宏观论说的序言、前言,针对单个文献并就其版本、内容考据的提要以及影印文本。此编排结构意味着,这套文献丛刊不单是文本编排与影印,还保留有相当可观的学术探讨空间。而实际情况也没有让人失望,序言体大思精,论说精辟,深具启发;提要梳理精当,考证较为翔实;文本影印亦较为清晰,且录有不同版本,可资比较、对勘。

主编者以"论明清之际'西学汉籍'的文化意义"为本丛刊的代序,这篇序文可谓是明清中西文化交流史文献的学术证言。在篇幅可观的行文中,主编者并没有囿于梵蒂冈图书馆典藏的汉籍,而是以"西学汉籍"来统合明清时期中西文化交流史中的汉文文献,并以此概念一以贯之、统领全文,分别考察了"西学汉籍"的产生、传布、留存的历史过程;中外学者对"西学汉籍"的接触、利用、整理的学术研究过程。尤为重要的是,主编者从一种新颖的视域来审视它们的历史地位以及学术价值,即"不再仅仅局限在'天主教文献'这样的理解之中,而是将这批文献放入中西文化交流史、中国近代文化思想史、西方汉学史的角度来加以考察。概言之,以全球化史的新视角来重新审视这批文献"。①接下来,主编者分别从明清史、中国基督宗教史、中国翻译史、中国近代概念史、中国近代科技史、中国近代思想史、西方汉学史等研究领域阐释"西学汉籍"的重要性及其独特性,并回应了当下学术讨论中的一些热点、难点话题,诸如"中国内发原生的近代性思想文化因素"问题、"汉语神学"与基督教本土化问题、新术语在日本传布以及回传中国问题、西学与清代汉学关联

---

① 张西平、任大援:《论明清之际"西学汉籍"的文化意义》,《梵蒂冈图书馆藏明清中西文化交流史文献丛刊》第一辑,大象出版社,2014年,第15—16页。

问题、域外汉学学术走向问题,等等。这充分展示了"西学汉籍"的内在历史价值及其学术魅力,是当之无愧的"具有当代文化意义的重要文化思想遗产","具有世界文化史意义的重要宝藏"。①

此文献汇编的另一特色是,对所收录的每种文献做了较为翔实的提要简介。在此辑中,叶农、任大援、谢辉、毛瑞芳等学者共撰写了180余篇简繁不一的提要,不仅提供了每种文献的馆藏目录编号、版本藏本、物理形态等信息,而且更为重要的是,考订了作者或文本刊刻时间,简述了作者生平以及文本内容,并汇总了此一文献不同的馆藏地、文献收录情况,据此得出不同版本的异同之处。这些提要大大丰富了伯希和目录中的概要,并承续了徐宗泽《明清间耶稣会士译著提要》、方豪《天主教东传文献续编》以及陈纶绪对耶稣会罗马档案馆藏汉籍所做的目录提要工作。提要所引征的前人目录文献以及相关研究文献之多亦令人印象深刻,几乎网罗了后世主要的有关明清中西文化交流史文献的目录著述。更难能可贵的是,一些提要基于对文献多个版本的考据,纠正了方豪、费赖之等前辈学者的错漏和不当之处,提供了更为清晰可靠的文献版本信息。我们有理由期待,当梵蒂冈图书馆中的典藏汉籍影印完毕后,亦将会形成最大宗的对明清"西学汉籍"的提要研究文献。这将为我们了解明清中西文化交流史汉文文献以及中西文化的双向传播提供极大便利。

当然,作为原始文献丛刊,其最大价值还在于它所披露之文献的质量和数量。对于梵蒂冈图书馆馆藏明清汉籍数量之丰、品种之富,学术界大多认可,但其斑杂凌乱恐怕也是不争的事实。针对其中的非教会文献,高田时雄评价道:"令人遗憾的是,从中国书目版本学的角度看,其中并没有很多珍稀版本,当然也有极少数例外。"②因此,梵蒂冈图书馆藏汉籍的特色主要体现在明清中西文化交流史

---

① 张西平、任大援:《论明清之际"西学汉籍"的文化意义》,第31页。
② 高田时雄:《梵蒂冈图书馆所藏汉籍目录·前言》,第10页。

文献中。庆幸的是,梵蒂冈图书馆藏"西学汉籍"大多为明末清初版本,可算得上明清中西文化交流史汉文文献的善本。就第一辑的影印文本而言,一些文献是首次影印面世。如高一志的《神鬼正纪》(绛州景教堂明刻本),这是明季首次系统阐释天主教天使论的汉文文献;罗雅谷的《周岁警言》(明崇祯七年刻本)世所罕见,其内容中西合璧,从一个侧面反映了当时奉教人士的宗教修身生活。《天主圣教瞻礼斋期表》(康熙至咸丰朝,共五种)呈现的是中国信徒宗教生活的时间周期。此外,其他耶稣会士的某些汉文著述亦为首次披露,如孟儒望的《孟士表先生辨敬录》(明崇祯十五年全能堂刻本)、利类思的《天主圣教约徵》(清刻本)、《圣教简要》(清刻本)及《物元实证》(清刻本),陆安德的《真福直指》(清康熙十二年粤东天主堂刻本)、《善生福终正路》(清初刻本)以及《天主圣教略说》(清康熙十三年粤东天主堂刻本),费乐德的《天主圣教念经总牍》(明崇祯元年杭州超性堂刻本),鲁日满的《领洗要理》(清康熙间刻本),郭居静等的《圣教总牍》(清康熙四十年济南天衢堂重刻本),潘国光的《天主十诫劝谕圣迹》(广州福音堂清刻本)等。

更值得关注的是,此辑对其他入华修会尤其是方济各会的汉文著述多有收录,这与方济各会士康和子返欧携带的书籍密切相关。影印了诸如方济各会士叶巴西略的《坚振圣规义》(清抄本)、叶尊孝的《天主教要注略》(清刻本)、石铎琭的《默想神功》(清南昌天主堂刻本)及《初会问答》(清康熙间刻本)、康和子的《天主圣教经文》(清刻本)、恩若瑟的《圣父方济各行实》(清雍正五年广州扬仁里福音堂刻本)等。多明我会士高母羡的《天主要理》(1593年马尼拉龚容刻本)、万济国的《圣教明徵》(越南刻本)、奥斯丁会士白多玛的《要经解略》(清康熙四十四年肇庆真原堂刻本)亦一并收录。此外,佚名中国作者的《论儒家之天、太极与天主》(清抄本)和李祖白的《同善说》(清刻本)均属护教作品,属首次影印出版,尤其是前一部作品涉及中国礼仪之争话题,更具价值。而佚名作者的《会同四教》(越南刻本)虽用汉文写就,但呈现的是越南黎朝禁教背景下的护教言辞,颇具特色。最后,此辑收录了清末民初间的一些教会文献合集,包括《道原精粹》、李杕主编《益闻录》(31 至 81 号)等。

梵蒂冈图书馆中的"西学汉籍"亦不乏世所罕见的新版本、内容完备的较好版本以及内容有所差异的不同版本。此辑收录了利玛窦《天主实义》闽中钦一堂明刻本,这一版本的特色在于体例分上下两卷,并新增顾凤翔的《天主实义跋》。此一版本亦见藏于耶稣会罗马档案馆(编号:I,48),陈纶绪考订其最早刊刻于 1610 年左右。此前,学术界参考使用的多为燕贻堂本(1607 年,后收入《天学初函》),钦一堂本的面世无疑将会促进对《天主实义》传布的进一步探讨。此外,本辑收录的艾儒略三种文献版本亦值得关注:《西学凡》(明天启六年闽中钦一堂重刻本)与《天学初函》本相比,增录何乔远的序;《万物真原》(明崇祯元年皇城首善堂初刻本),此版本其他图书馆未见收藏,弥足珍贵;《天主降生出像经解》虽同为晋江景教堂明刻本,但收录五十七图,比之《耶稣会罗马档案馆明清天主教文献》影印本多四图。此外,梵蒂冈图书馆藏有龙华民《圣若撒法始末述略》两本,均是南明隆武元年福建天主堂刻本,但其中一本文末附有刘蕴德的印章,出于它在研究此文本流传方面的价值,此辑特将钤印摘出,影印附后。鉴于梵蒂冈图书馆中的某一文献多个版本共存的情况,主编者亦会有针对性地挑选,"兼收版本价值高、国内较为稀见的别本一两种"。①

此辑收录的多个版本文献有:艾儒略《三山论学纪》,明末关中景教堂藏板段袭重刻本、闽中天主堂重刻本两个版本;朱宗元《答客问》明末刻本、清康熙三十六年刻本两个版本;利类思《司铎典要》清康熙十五年北京天主堂刻本、清抄本两个版本;柏应理《四末真论》清康熙间云间敬一堂两个刻本;杨廷筠的《代疑编/篇》,明天启间刻本、明末刻本两个版本;严谟《帝天考》两个清抄本;南怀仁的《熙朝

---

① 张西平、任大援:《梵蒂冈图书馆藏明清中西文化交流史文献丛刊·前言》,第 6 页。

定案》三个清刻本；等等。

此辑影印的某些文献在版本上虽无新奇之处，但却是完整的影印本。如阳玛诺的《景教流行中国碑正诠》（明崇祯十七年杭州天主堂刻本）便被全文收录。此一文献此前曾收入《天主教东传文献续编》，是方豪"在台北街头购得，欠缺数叶，疑即土山湾本"。①此版来路不明，自然会引发一些学者的质疑。后来《法国国家图书馆藏明清天主教文献》收录了明崇祯十七年版（编号：Chinois 1190），遗憾的是，仅影印了封面页、序言以及福建出土的十字架碑刻，正文完全没有涉及。本丛刊所影印的《景教流行中国碑正诠》则是其初版的首次完整面世。类似的情况亦可见诸利类思的《超性学要》（北京天主堂清刻本）。此前《法国国家图书馆藏明清天主教文献》仅收录了《超性学要》（编号：Chinois 6907 6910）的序言及凡例，而正文阙如。此辑则全本录入，计三十卷，目录四卷。

《梵蒂冈图书馆藏明清中西文化交流史文献丛刊》（第一辑）的出版是梵蒂冈图书馆藏明清汉籍整理的阶段性成果，此辑对"西学汉籍"的学术史定位、研究价值论证、文本考据以及文本影印等方面均能承续过往学术之脉，并立足当下学术前沿，回应时代学术诉求，在一定程度上可为将来相关学术研究提供坚实的文本基础。如能循此而为，达至"预流"之果，实为对我国学术之一大贡献。

三

出于梵蒂冈图书馆典藏汉籍的固有特性与偏向性，其局限性也是显而易见的。加之此前多个同类同质文献汇编已陆续出版，在相当大程度上起到了先声夺人的效果，降低了梵蒂冈图书馆藏汉籍影

---

① 方豪：《影印景教流行中国碑颂正诠序》，吴相湘、刘兆祐主编：《天主教东传文献续编》，台湾学生书局，1966年，第23页。土山湾本即1878年重印本。

有欠缺,影印文本的编排显得较为无章。诚如主编者坦言,整个出版工作"只能采取边整理边出版的方法,按照复制和整理的顺序,分批次出版"①。第一辑文本出版之时,全部文本的影印复制工作其实还没有结束。至于说"复制和整理的顺序"具体何为,主编者并没有明确说明,或许还是参照伯希和目录推进。这本身并无不可,但文本的复制顺序不宜直接成为出版编排顺序。第一辑的影印文本大概还是据伯希和编目排列,其内容虽在某些方面做了变更调整,但基本上不出梵蒂冈图书馆东方一般搜集部(Raccolta Generale-Oriente)的范围。主编者或许可以参考余东目录中的作者分类,或者借鉴《法国国家图书馆明清天主教文献》中的主题分类方式,对梵蒂冈图书馆中的明清典藏分门别类,层次分明地予以整理、出版。相信打破现有典藏格局,对文献分类重组,并以规整化一的思路整理,分批出版,更便于学界对此批文献的利用,更能彰显梵蒂冈图书馆藏明清汉籍的独特价值。

目前来看,明清中西文化交流史文献影印出版有两种思路,一是有编者主观思考,将其文献按照一定思路展开整理;一是按照文献典藏原貌展开整理。这两种思路各有所长、各有利弊。就梵蒂冈图书馆藏汉籍的整理而言,文献的编排出版方式其实受制于多方面因素。据笔者了解,由于本丛刊是中外合作项目,其编排体系要尊重梵蒂冈图书馆方面的意见,梵方希望基本按照其原藏形式出版;此外,之所以不加以编辑、重新排列,还出于更为谨慎的考虑。因为如若重新编排,势必有主观的评估与挑选,这很有可能会造成重要文献的遗漏,某些疏忽亦会导致文献排列错误。前述一些文献汇编就曾出现过此种失误。出于诸种考量,此辑现有的编排或许是主编者能够接受的一种方式。对此,笔者能够体会到主编者的良苦用心。

---

① 张西平、任大援:《梵蒂冈图书馆藏明清中西文化交流史文献丛刊·前言》,第6页。

长久以来,明清之际中国与西欧初识与互动的历史被纳入到中外关系史、中外文化交流史或中国天主教史的范畴下审视,其所产生的中西文献亦局限在一个较为狭小的学术空间中讨论。其实,它完全可以与佛教(汉晋至隋唐,佛教典籍),伊斯兰教(宋元,中国穆斯林族群)入华相提并论。更为重要的是,中欧的交流对各自社会发展及历史走向产生了深刻影响,并延续至今。从这个意义而言,我们仍生活在达伽马、利玛窦所开启的中西汇通的时代,徐光启所倡言的"翻译超胜"之说仍具现实意义。那么,明清之际中西文化交流史文献是梳理四百余年来全球历史无法绕过的第一批典籍,其价值自不待言,足以引发中外主流史学界的高度重视与认真研读。

17世纪末广州天主教出版业与本地社会的互动*

中山大学哲学系、广州与中外文化交流研究中心　梅谦立

有两份耶稣会与方济各会在广州出版的书籍目录收藏在梵蒂冈图书馆 Borgia cinese 473。这两份目录表明，在17世纪末，天主教会在广州出版了39本书，由此可见，自1674年起，广州变成了中国天主教重要的出版中心。本文基于这两份目录，试图梳理在出版过程中传教士与本地社会的交往情况：传教士如何出版了那么多书？他们与当地社会有着怎样的合作？这些书有着怎样的读者？

一、1674年前广州天主教出版业

广东作为耶稣会士在中国大陆的第一个基地，早在1584年，罗明坚（Michele Ruggieri, 1543—1607）就在那里出版了中国第一本西洋书籍，即《天主实录》。①17世纪，天主教的出版业随着耶稣会团体的发展，主要集中在江南及北方地区。由于明清之变，曾德昭（Alvaro de Semedo, 1586—1658）及毕方济（Francesco Sambiasi,

---

* 本文为笔者2018年11月10日在上海大学"书籍的文化间巡回传播：在十七世纪的中国建立一个之间的文本性社群"工作坊上的发言。感谢王琦同学润色本文，同时感谢肇庆学院汪聂才及华南师范大学代国庆对本文提出的意见和建议。

① 对于罗明坚《天主实录》的出版地，有肇庆、广州两种看法。

1582—1649)去了广州,并且建立了天主教堂。在这种混乱时期,毕方济只出版了《坤舆全图》(1648年)。

1659年,陆安德(Andrea-Giovanni_Lubelli,1611—1685)被派到广州。不久之后,天主教在广州的场所才更为稳固,即西门外第六甫教堂,名为大原堂。

从1666年3月25日至1671年9月8日,二十几位传教士被软禁在广州。在这期间,他们写了许多著作及报告,但是当时不方便出版。

在这期间内,只有两本给传教士所用的语言教材出版了,分别是《中国政治道德学说》和《无罪获胜》。《中国政治道德学说》(*Sinarum Scientia Politico-moralis*)一书为殷铎泽(Prospero Intorcetta,1626—1696)所作,其于1668年7月1日离开广州之前便将前半部分(26页)刻板①,而后半部分则在他到了印度果阿之后才完成。《无罪获胜》一书为鲁日满所译。1669年下半年,当广州传教士知道北京发生了政变时,新的耶稣会省会长何大化(Antonio de Gouvea,1592—1677)让鲁日满(François de Rougemont,1624—1676)把十份有关历狱的文件翻译成拉丁文。1670年12月28日何大化写了许可,1671年5月至9月期间,《无罪获胜》(*Innocentia Victrix*)出版了。②

在出版业方面,《中国政治道德学说》与《无罪获胜》这两本书有着非常特殊的价值,也有很多共同点:(1)中拉双语出版;(2)中文竖排,拉丁文横排;(3)包含同样的罗马字母注音;(4)封面上没有中文标题(面对的是欧洲读者)。

其实,这两本书就是1666年在建昌出版的《中国智慧》(*Sapientia*

---

① 1667年7月31日,本书被省会长成际理(Feliciano Pacheco,1622—1687)批准。
② 《无罪获胜》提及了潘国光的死亡(1671年4月25日),此书应该在5月至9月期间出版。关于《无罪获胜》,参见陈辉:《〈无罪获胜〉语言学探微》,《浙江大学学报》(人文社会科学版)2009年第1期。

Sinica）基础上完成的。可以说，这三本书都属于同一系列的教材，使传教士可以一边学习中文，一边学习儒家经典或中国天主教史。

我们注意到，这三本书都用同样的拼音。最大的区别在于《中国智慧》的汉字用横排，而《中国政治道德学说》《无罪获胜》都用竖排。今天我们比较习惯用横排，不过，那时非正常，也许《中国智慧》是第一本书用横排的书籍，在这方面很有创意。不过，为什么殷铎泽在建昌使用横排，然后在广州放弃？也许殷铎泽有意回到中国传统的竖排，使传教士在学习中文时要习惯使用竖排。不过，《中国政治道德学说》完全跟着中国习惯，自右往左的竖排，而《无罪获胜》使用比较偏向西方的方式，自左往右的竖排。《中国智慧》的编辑工作是殷铎泽负责，不过，他离开广州之后，也许何大化或鲁日满决定了自左往右的竖排，使《无罪获胜》综合中西排版的方式。

 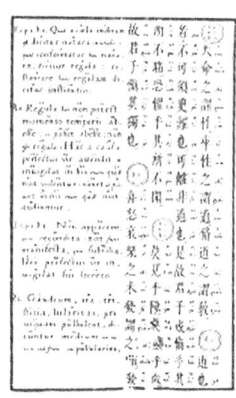 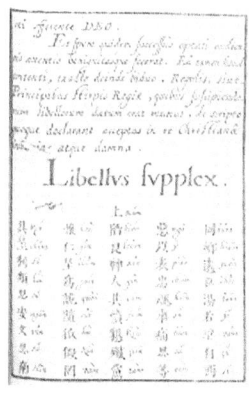

图1（左） *Sapientia Sinica*，Nanchang，1666；Archivum Romanum Societas Iesu Jap.Sin.III.3/a

图2（中） *Sinarum Scientia Politico-moralis*，Canton，1668；Biblioteca Alberto Bombace，Palermo PAL0203416

图3（右） *Innocentia Victrix*，Canton，1671；Bayerische Staats Bibliothek Cod. sin.31

可见，这样的双文书籍要求很特殊的技术，要在同一张刻板上刻中文字及西文字，必须与刻工密切合作。确实，西班牙多明我会士闵明我（Domingo Navarrete，1618—1686）提及了殷铎泽"离开广州时有一位很好的中国基督徒,他也是印刷师,名字Paul,去陪伴他"①。这位印刷师是江西建昌人万其渊(字三泉,西文姓名 Paulo Banhes,1635—1700)。按照 Isabel Pina 的研究,万其渊很可能 1662 年在建昌认识了殷铎泽。②他变成基督徒之前是否作为印刷师,或者他后来学习的印刷术,这个很难确定。也许,万其渊在建昌参与了《中国智慧》的出版。1667 年 7 月 31 日,成际理在广州批准了《中国政治道德学说》的出版;1667 年 8 月 15 日,他也给万其渊写了一封证明,表示他是好基督徒,熟悉中国文学,并且陪伴殷铎泽旅行。③不过,当时殷铎泽无法离开广州,而他和万其渊开始刻《中国政治道德学说》,这样可以理解闵明我为什么把万其渊作为印刷师。1668 年 7 月 1 日,殷铎泽及万其渊有离开广州的机会,那时《中国政治道德学说》只印刷了一半(26 页)。1669 年 1 月,他们从澳门坐船往果阿。在那里,他们印刷了《中国政治道德学说》下半部分。④果阿部分不使用中国传统的雕版印刷术,而使用西方的活字印刷机。万其渊可以帮忙制造中国字,确认没有错误。1669 年,徐日昇(Tomás Pereira)往中国经过果阿时,他认识了殷铎泽及万其渊,把后者称为"字体制造者、机械师"(*scultor de letras,official mechanico*)。⑤殷铎泽继续往罗马的旅行,而万其渊返回中国,也许返回广州帮助

---

① Intorcetta "took with him a good Christian Chinese, a Printer of Books, by name Paul. In Goa, later, I heard that this Man had returned thence to his Country";参见 J. S. Cummins, *The Travels and Controversies of Friar Domingo Navarrete 1618 - 1686*, Cambridge: Hakluyt Society, 1962, p.232。

② 参见 Isabel Pina, "Chinese and *mestizo* Jesuits from the China Mission(1589 - 1689)," in *Europe-China: Intercultural Encounters(16th - 18th centuries)*, edited by Luís Filipe Barreto, Lisbon: Centro Científico e Cultural de Macao, 2012, pp.117 -137。

③ ARSI Jap.Sin.162:184.

④ 参见 Thierry Meynard, *The Jesuit Reading of Confucius*, Boston: Brill, 2015, pp.12 - 13。

⑤ Tomás Pereira, Carta ao Assistente de Portugal António do Rego, Pequim, 5/12/1689;ARSI Jap.Sin. 199 I, fls. 58 - 59;Tomás Pereira, *Obras*, Lisboa: Centro Científico e Cultural de Macau, Vol.1, 2011, p.314.

出版《无罪获胜》。

总之,在江西出版《中国智慧》的经验有助于他们在广州出版其他两本双文书籍,而在这方面需要传教士与刻工的密切合作。殷铎泽及万其渊在建昌已经把握这样的技术,使这样的技术可以从江西移到广州,在那里培养其他刻工把握这种技术。

二、广州耶稣会的出版目录

梵蒂冈图书馆收藏有傅圣泽(Jean-François Fouquet,1665—1741)的一部中文—葡萄牙文词典,标题为《类纂古文字考》(约1700年)。①附录有"圣教书数目"一篇,其中收有六个中文著作目录,其中两份目录有关北京,两份有关广东,一份有关福州,一份有关杭州。广东的两个目录分别为《广东书板目录》和《广东圣方济各会堂书板目录》。②

《广东书板目录》列举了耶稣会士及一位天主教徒的16部著作:《圣母行实》三卷(1)、《教要序论》一本(2)、《真福直指》二卷(3)、《善生福终正路》二卷(4)、《天神会课》一卷(5)、《三山论学纪》一卷(6)、《妄推吉凶辩》一卷(7)、《妄占辩》(8)、《豁疑论》一卷(9)、《推验

---

① BAV(Biblioteca Apostolica Vaticana, Rome), *Catalogo delle opere cinesi missionarie della Biblioteca Apostolica Vaticana*(XVI - XVIII sec.), 124 shelf: Borgia Cinese, 473.

② 感谢杜鼎克(Ad Dudink)博士为我提供了这两份目录。他给我解释:"In 1993(Rome) I have copied these lists by hand(in Pinyin) found at the end of (BAV) Borg.cin. 473(ms. of Leizuan guwen zi kao 类纂古文字考, 481 numbered single pages): 1) Fuzhou shubanmu; 2) Beijing shubanmu; 3) Lifa gewu qiongli shubanmu; 4) Hangzhou shuban mu(these four lists are already well-known; only the Hangzhou list mentions in addition the prices of the 26 titles); 5) Guangdong shuban mulu[SJ]; 6) Guangdong Sheng Fangjige hui tang shuban mulu."也参见 CCT-Database: https://www.arts.kuleuven.be/sinologie/english/cct.

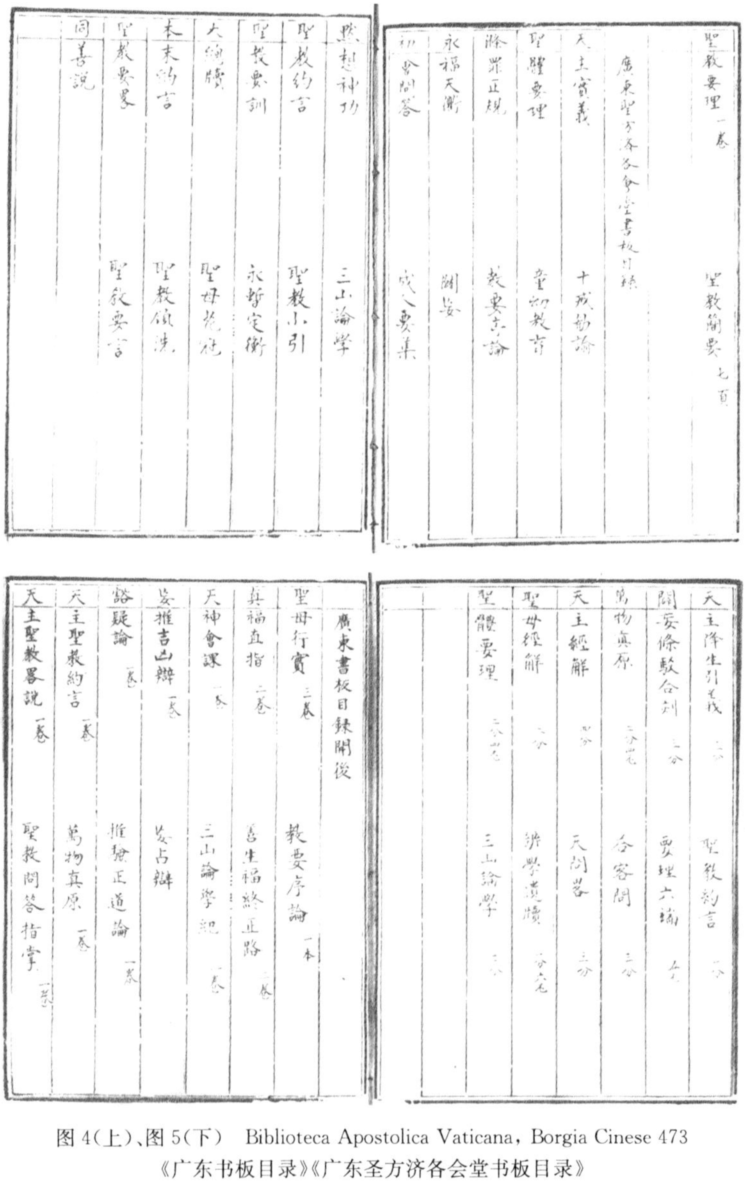

图 4(上)、图 5(下)　Biblioteca Apostolica Vaticana，Borgia Cinese 473
《广东书板目录》《广东圣方济各会堂书板目录》

正道论》一卷(10)、《天主圣教约言》一卷(11)、《万物真原》一卷(12)、《天主圣教略说》一卷(13)、《圣教问答指掌》一卷(14)、《圣教要理》一卷(15)、《圣教简要》七页(16)。我们不知道这个顺序是否反映了出版顺序。在这 16 部著作中,有 5 部著作乃意大利耶稣会士陆安德写的新书,其他 11 部则是再版。关于中国人是如何参与到这些书的生产、发行、接受之中的,我们能找到的资料并不多。因此,最可靠的方法还是按照书的内容分类去理解这些书的对象是谁。

(一) 针对百姓的要理本:九部

从 1659 年起,陆安德长期住在广州,1670 年做了团体的院长,1674 年成为中华副省的副省长,不过只担任了两年,因为 1676 年他被任命为日本省的省会长;1680—1684 年,他成为日本及中国的视察员(visitor)。

从上文的目录中可以看到,他写的五本书,即《真福直指》(1673 年,粤东天主堂,BNF Courant 6980)、《善生福终正路》、《圣教略说》(1674 年,粤东天主堂,BNF Courant 6987)、《圣教要理》、《圣教问答指掌》,都归属于简单的要理本,提供关于信经、十诫、圣事等基本的介绍。其中,《真福直指》及《善生福终正路》的篇幅比较长,达到近 300 页,而《圣教略说》及《圣教问答指掌》只有 35 页,《圣教要理》只有 18 页。这些书都符合同样的标准:不与本地文化进行讨论,文风简单,文字比较口语化,易懂。《圣教问答指掌》于 1674—1675 年在广州首次出版。①

1659—1664 年,在历狱案件之前,陆安德在广东有很有效的传教方法:他建立了一些传道员的小组(有 20、40 或 60 人),培养他们,然后派遣他们回老家传福音。可以注意到,陆安德针对的是老百姓,包括小兵、水民等。②很可能,他在软禁时期开始整理这些要理本,到 1673—1675 年才出版。我们可以合理地推测陆安德的动机:为了广州及广东的传教作用,很可能是为了传道员专门使用,在条

---

① 这本书 1676 年在上海再版。同样,1738 年《真福直指》在北京再版。这也说明陆安德著作的流通并不只限于广东,而是有比较大的流通范围。

② 费赖之 Louis Pfister, *Notices biographiques et bibliographiques sur les jésuites de l'ancienne mission de Chine*, 1552 - 1773, Shanghai: Imprimerie de la Mission catholique, 1932, t.1, p.330。

件允许的时候他要尽快出版这些书籍。

关于《真福直指》,我们注意到了庚戌仲春(1670年2月)鄞江(浙江)康庭槐写的序,其中说明,他到了广州:

> 首赴圣堂瞻礼,即过访蔡先生。因先生而得晋谒陆师焉。先生随袖一卷示余曰:"此陆师《真福直指》也。"余受而读之。

浙江人康庭槐马上被陆安德通过蔡先生邀请作序,这可以表明当时中国天主教网络的势力。很可能康庭槐有比较高的社会地位,因此陆安德马上请他作序。1670年春,传教士还没有完全被解放,因此那时无法出版,时隔三年之后才得以出版。正如前文所言,这本书针对百姓,文风朴实,简单易懂,然而康庭槐还能欣赏。这表明连这样简单的要理本都可以跨越不同社会文化层次的人群,既面向普通百姓,也可以满足有一定学识的士大夫。在广州及其郊外,陆安德取得了很出色的成果,在1672—1676年期间据说有6 000人皈依天主教。①可以看出,陆安德出版书籍的一个主要目的就是向老百姓传教。《真福直指》很可能是耶稣会目录中最早出版的书籍。

 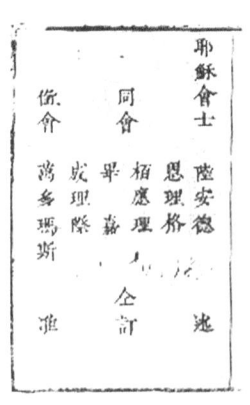 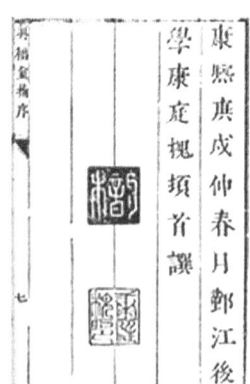

图6(左)、图7(中)、图8(右) 《真福直指》(BNF 6980)

---

① 费赖之 Pfister, *Notices biographiques et bibliographiques sur les jésuites de l'ancienne mission de Chine*, 1552–1773, t.1, p.331。

陆安德的5本新书不能完全满足传教的需要。因此，耶稣会士再版了其他4本要理本。其中引人注目的，当属南怀仁（Ferdinand Verbiest，1623—1688年）的《教要序论》（1670年在北京慈母堂初版）。这本书作为一个比较详细的要理本（150页左右）有着较高的权威，是北京耶稣会被平反之后所出版的第一本书。这本书不一定是给一般信徒们看的，而是专门作为传道员使用的一个工具。

与长篇幅的要理本相比，有两本篇幅较短：利类思（Ludovico Buglio，1606—1682年）的《圣教简要》（约1670—1680年初版），只有7页的篇幅；还有长27页篇幅的高一志（Alfonso Vagnone，1566—1640）的《推验正道论》（约1610年）。

篇幅最短的出版品是苏如望（João Soeiro，1566—1607）的《圣教约言》（约1606年）。在中国，耶稣会以传单形式出版了这个要理本，其中写了天主教信仰的核心思想。我们没有找到广州版本，梵蒂冈图书馆收藏的传单为25厘米×70.5厘米（Raccolta Generale Oriente III-246.2）。也许传道员在马路上将这些传单发给大家。

这些要理本和传单在广州的再版应该在1673年之后。由此可以看出耶稣会士的传教策略：对不同人群要写不同的要理本。一些人满足比较简略的要理本，然而陆安德在广州尝试了篇幅更长、内容更详细的作品。这说明当时有一些天主教徒需要比较详细的解释，但无论如何，这些要理本不会有太多创意，因为只能在比较固定的神学道理内去发挥。

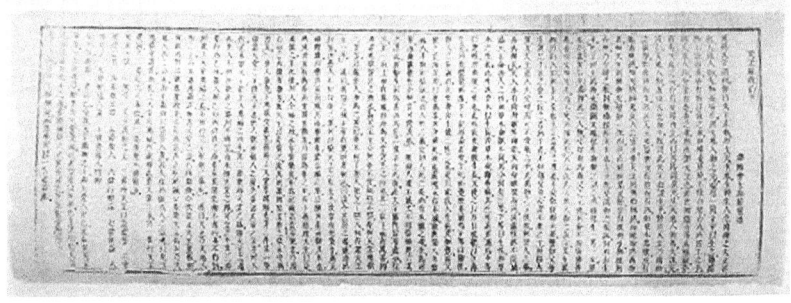

图9　苏如望《圣教约言》（Raccolta Generale Oriente III-246.2），出版地方不明

(二)针对士大夫的哲学式的要理本:两部

从利玛窦开始,耶稣会士区分了两种要理本:一种如《天主实义》(1603年),是为知识分子写的;另一种如《天主教要》,是为比较容易接受信仰的大众写的。耶稣会的广州出版业还是延续这种模式:有一套书针对老百姓,另一套书面向士大夫。前者主要介绍天主教信仰,不进行论证,也不与中国文化进行深入的讨论,因此它们很难说服有较高文化水平的士大夫。要说服他们就需要后者。因此,在《广东书板目录》中有两本哲学式要理本,即艾儒略(Giulio Aleni,1582—1649)的《万物真原》(1628年)及《三山论学纪》(约1629年)。

这些著作要求作者及读者都有很高水平的文化。在清初,已经没有耶稣会士能够像晚明的耶稣会士一样可以与士大夫进行高水平的对话了。与中国士大夫有过深刻讨论的利玛窦、艾儒略、高一志这样一个"巨人的时代"已经过去了。中国思想环境也发生了变化,更重视意识形态。因此,当时的耶稣会士只能重版晚明第一二代耶稣会士的经典著作。

(三)针对官方政府的辩护著作:两部

上文说明,目录中主要是晚明耶稣会士的著作,不过除了陆安德的五本新书之外,还有南怀仁在1669—1670年刚出的三本新书,其中两本为科学著作,即《妄占辩》及《妄推吉凶辩》(两本皆于1669年在北京首次出版)。其实,我们可以注意到在目录中没有别的科学著作。这两本书的主要目标并不在于教科学,而在于为天主教辩护,说明杨光先从天文学观察来推理吉凶,这样的方法有严重的错误。1669年北京耶稣会士被平反之后,广州的耶稣会士也许感觉到,他们必须在他们被软禁四年的广州重版这两本书,向广州士大夫证明他们的科学知识是正确的,也表明他们是无辜的。前面提及《无罪获胜》针对的是欧洲读者,而在广州被重刻的两本科学书籍针对的是中国人,特别是士大夫。我认为《妄占辩》及《妄推吉凶辩》在 1673 年左右在广州出版。

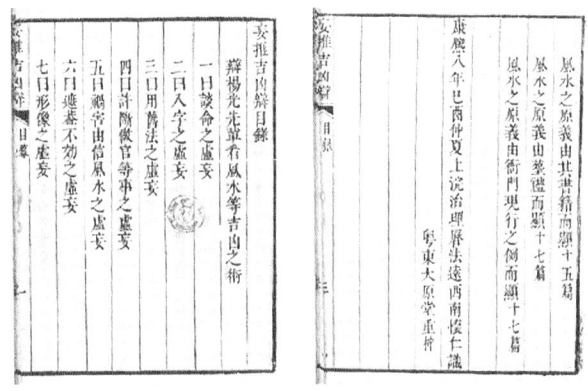

图 10(左)、图 11(右)　南怀仁《妄推吉凶辩》(BNF 4995)

(四)针对儿童的要理本:一部

在 1640 年之后,潘国光(Francesco Brancati,1607—1671)在上海建立了一个"天神会",专门给天主教徒的孩子们开慕道班。为此,他专门写了很简略的要理本给儿童慕道班使用,即《天神会课问》(1661 年在上海初版),他在其中介绍了十字号、天主经、圣母经、十诫、七大圣事、真福八端等内容。①这本书初版于上海,在 1650—1660 年间,江南地区很多天主教堂也成立了"天神会"来培养儿童②,并在杭州、湖州等地重版了《天神会课问》。

在广州软禁时间,潘国光有机会修订《天神会课问》。由此可知,耶稣会士在广州也成立了"天神会",或者起码有这个计划。从 1659 年起,陆安德重建广州及郊外的天主教会,使天主教在 60 年代

---

① Albert Chan, *Chinese Books and Documents in the Jesuit Archives in Rome*, Armonk, NY: M.E. Sharpe, 2002, pp.155 - 156.

② Liam Matthew Brockey, *Journey to the East*, *The Jesuit Mission to China 1579 - 1724*, Cambridge, Massachusetts: Harvard University Press, 2007, p.347.

得以发展。因此,培育广东天主教徒的孩子们变成了很关键的事务,有必要成立"天神会"来教育儿童,也有必要再版《天神会课问》这样的儿童要理本。1669 年,为了支持"天神会"在广州府的运作,省会长成际理批准了《天神会课问》在广州的修订本,书的标题稍微改为《天神会课》。1671 年 4 月,潘国光在广州去世,修订本《天神会课》应该在 1673 年之后面世。

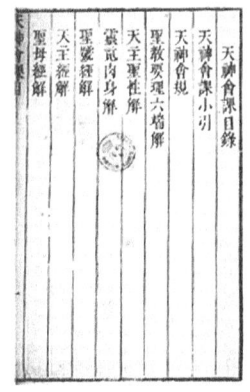 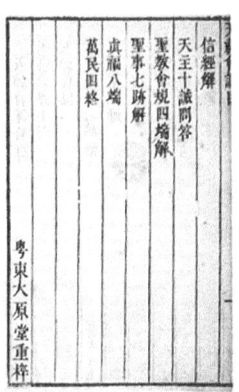

图 12(左)、图 13(右)　潘国光《天神会课》(BNF 6953)

(五)针对在灵修方面有追求的基督徒:一部

目录包含高一志的《圣母行实》,也是为了培养天主教徒的灵修生活,培养他们与圣母玛利亚精神上的交往。这本书原于 1631 年出版。法国国家图书馆收藏广州版本(BNF Courant 6699),上面记载有"康熙十九年年终[1680 年],广州大原堂,重梓"字样。在耶稣会目录的十六本著作中,《圣母行实》是唯一一部属于灵修的著作。我们下文将会分析,在方济各会的目录中列有多本灵修方面书籍,这表明方济各会在灵修培养方面投入了更大的努力。

(六)中国天主教徒的著作:一部

目录中唯一一本中国人写的书是朱宗元(约 1615—1660 年)的《破迷论》(1635—1640 年)。葡萄牙耶稣会士瞿笃德(Stanislao

Torrente，1616—1681)修订了原本,把标题修改为《天主圣教豁疑论》。1660年瞿笃德来华时,朱宗元刚刚去世,因此他们之间没有什么来往。是什么原因令长期住在海南的瞿笃德决定修订这本书,使得1673—1680年左右《天主圣教豁疑论》在广州出版呢？或许是因为在这本书里朱宗元解释了传教士来中国传教的目的,以及对他本人造成的巨大变化。这样的中国天主教徒的经验表述对传教事业来说,当然很有效。

总之,耶稣会的出版目录非常可靠,因为我们在法国国家图书馆和梵蒂冈图书馆能找到几乎所有这些广州版本。最早的书应该是1673年初版的《真福直指》。另外,可以确定《圣母行实》于1680年再版。不过,许多书很难判定再版的年份,也许延续到1700年。① 如前所述,广州天主教从陆安德1659年来广州后重新开始,但耶稣会出版业主要从1673年起开始。如果这16本书在1673—1700年这27年期间陆续出版,等于每一年半耶稣会在广州就出一本书。如果16本书是在1673—1680年这7年期间出版,那等于每半年出一本书。这也说明,广州耶稣会出版业有一定的力度来支持。

在16种出版物中有5本新书,都由陆安德所写,好像有很大的创意。但是,在内容方面,出版范围还是比较狭隘,没有关于科学或人文主义的著作,而集中于要理本。不管陆安德所出的新要理本,或者重版第一二代耶稣会士的哲学式著作,很难看到有什么创新。

不过,从另一个角度来看,原来在北京、江南或福建所写的书,在广州获得了新的生命力,服务当地的需求。在对这些书籍进行分类分析之后,我们发现了三个不同的群体:(1)需要简单要理本的是一般的天主教徒;(2)为了天主教会的特殊人群,如儿童及对灵修有追求的人,因此有了《天神会课》及《圣母行实》这样的书;(3)因为有

---

① 魏若望认为这个词典(*Dictionarium Sinico-Lusitanum*)也许是1714年写成的;John Witek, *Controversial Ideas in China and in Europe: A Biography of Jean-François Foucquet*, Rome: Institutum Historicum Societatis Iesu, 1982, p.344。

寻找天主教的合理性及合法性的士大夫,因此有了一些哲学或科学的著作。

三、广州方济各会的出版目录

与耶稣会比较,方济各会晚来中国40多年。方济各会士利安当(Antonio de Santa-Maria Caballero, 1602—1669)在山东传教30多年;1666年,他与其他传教士一起被软禁于广州,1669年在那里去世了。7年之后,1676年,方济各会再次来到中国。1678年,西班牙方济各会士文都辣(Buenaventura Ibáñez, 1610—1691)及卞芳世(Francisco Peris a Concepción, 1635—1701)在广州建立了固定的场所。其实,他们本来计划要去山东找到利安当曾经建立的天主教团体,由于清初藩王尚之信(1636—1680)的要求,卞芳世留在了广州。方济各会在广州城内老城朝天街建立了天神圣母堂(Iglesia de Nuestra Senora de los Angeles,或称为 Portiuncula)。但是,这个地方太小,也不太自由,因此,作为省会长(commissarius)的文都辣在城外杨仁里也建立了福音堂(也称为圣方济各 San Francesco)。①这个教堂作为方济各会中华省会的驻守地长达60年。需要注意的

---

① 参见 A. Van den Wyngaert & G. Mensaert, *Sinica Franciscana* V, Rome: Collegium S. Antonii, 1954, p. 78; Riposta a'quesiti della S. C., o relatione breve delle cose della China, Initio Ianuarii 1685: "In Kuantong, nella cita metropoli chiamata Quangcheu e da'Portoghesi Canton, vi sono 3 chiese, una dentro le mura de'PP. Francescani con titulo della Portiuncula; due altre fuori della mura, una degl'istessi PP. Francescani scalzi di Spagna col titulo di S. Francesco in cui hora mi ritrovo, accolto con grandissima charita; l'altra de PP. Gesuiti." 注释: "Prima Fratrum Minorum ecclesia in Canton, sita in via Hwa-t'a chieh, a regulo *Shang Chih-hsin* P. Francisco Peris dono data; Ecclesia extramuros in Canton residentia comissarii provincialis, sita in via *Yang-jen li*, sub titulo S.P.N. Francisci erecta; Provinciae Iaponiae SI lusitanorum, sita in via Tilopu." 也参见崔维孝:《明清之际西班牙方济各会在华传教研究(1579—1732)》,中华书局,2006年,第181—196页。

是,杨仁里堂离耶稣会大原堂只有 500 米左右距离,这并非偶然,方济各会士故意靠近耶稣会以获得他们的保护。

《广东圣方济各会堂书板目录》收录了 23 部著作:《天主实义》(1)、《十诫劝论》(2)、《圣体要理》(3)、《童幼教育》(4)、《涤罪正规》(5)、《教要序论》(6)、《永福天衢》(7)、《辟妄》(8)、《初会问答》(9)、《成人要集》(10)、《默想神功》(11)、《三山论学纪》(12)、《圣教约言》(13)、《圣教小引》(14)、《圣教要训》(15)、《永暂定衡》(16)、《大总牍》(17)、《圣母花冠经》(18)、《本末约言》(19)、《圣教领洗》(20)、《圣教要略》(21)、《圣教要言》(22)、《同善说》(23)。与耶稣会目录一样,我们并不知道这个排序的理由。在目录中有 11 本书与耶稣会有关(八本耶稣会士及三本耶稣会教友所作),另十二本为方济各会士自己所写。

(一) 耶稣会著作再版本:十一部

我们先谈及目录中与耶稣会有关的著作。方济各会重版耶稣会的著作,也许有人会感到很意外,因为我们一般认为两修会之间有竞争关系,并且在礼仪之争中它们之间发生了巨大的冲突——方济各会的官方历史也表现出与耶稣会有这样激烈的冲突。事实上,方济各会士与耶稣会士互相来往,在具体生活中互相帮忙。①出版业也证明这一点。来中国不久,方济各会士为了他们的信徒们需要一些出版物。由于他们也来不及写那么多新的著作,并且耶稣会士在 60 年内积累了两三百著作,方济各会可以在其中挑选一些,重新出版。很可能广州的方济各会得到了广州耶稣会的许可来重版这 11

---

① 如 Pascale Girard, *Les Religieux Occidentaux en Chine à l'Époque moderne: Essai d'analyse textuelle comparée*, Lisbonne—Paris: Centre culturel Calouste Gulbenkian, 2000, p. 217: "Les franciscains ont été sans doute plus proches des jésuites que leur historiographie ne veut bien l'admettre. Il semble en effet, et la querelle des Rites en un révélateur, que ces derniers ont eu souvent plus de contacts et d'échanges avec les membres de la Compagnie de Jésus."

本,特别是耶稣会士本人写的8本。如同广州耶稣会士重版了前辈耶稣会士的著作一样,方济各会也很方便这样做。这些书不需要再批准,也不需要重新写序。

看到他们所选择的耶稣会著作,我们会很吃惊地发现他们与广州耶稣会重版过的书没有多大的区别。方济各会士也没有选择科学著作。与耶稣会相较,他们自己没有很强的科学教育,而且最关键的是广州离北京钦天监非常远,如同历狱案件所说明的那样,天文学的问题是在北京所讨论的,并不在广州。如同广州耶稣会一样,方济各会也没有选择人文主义的著作。

现在,我们按照前面的分类进行分析。我们提到的第一分类是针对大众的要理本。与广州耶稣会一样,方济各会士重版了南怀仁的《教要序论》(1670年)。这表明广州的耶稣会教堂或方济各会教堂都使用《教要序论》作为工具书来解释天主教信仰。如此,广州天主教徒有同样的基础。然而《教要序论》简单谈及七个圣事,并没有展开。广州方济各会的目录表明他们非常重视天主教徒对圣事的培育,他们重版了关于圣事的两本书:关于办告解的有艾儒略的《涤罪正规》(1627年初版),关于领圣体的有《圣体要理》(1644年初版)。与圣事有密切关系的有十诫,因此他们也再版了潘国光的《十诫劝论》或称为《十诫劝论圣迹》(1650年初版)。这本书的规模很庞大,每诫各一卷,超过300页。在这方面,我们可以看出方济各会士非常重视教会圣事这样的礼仪。这也说明他们所针对的对象就是那些喜欢在教堂里参与宗教礼仪的群众。方济各会也再版了苏如望《圣教约言》这样的传单。与书不同,为了向大众传教这样的传单也许印刷了几百份甚至更多。

第二类书就是面对士大夫的哲学著作。方济各会士并没有忽略他们,因为他们再版了利玛窦的《天主实义》(1603年)、艾儒略的《三山论学纪》,后者同样被广州耶稣会再版。我们知道,方济各会一开始在广州与尚之信有密切来往,使他们有机会与士大夫交往。因此,他们也需要这样高水平的哲学著作来吸引士大夫。

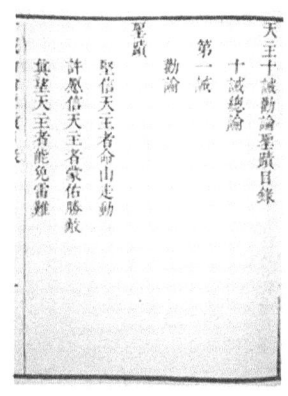 

图 14　潘国光《十诫劝论圣迹》　　　图 15　艾儒略《涤罪正规》
　　（RGO.III.285.12）　　　　　　　（RGO.III.285-1）

我们也可以注意到,如同耶稣会士出版了《天神会课》的修订本,方济各会士也注意到儿童教育,出版了高一志的《童幼教育》(1632年)。这本书是唯一讨论西方教育的一本书。它所介绍的教育并不是很狭隘的宗教教育,而是一种人文主义的教育。①方济各会在广州建立了新的团体,他们很自然会感觉到孩子们教育的重要性。

如上文所言,广州耶稣会重版了朱宗元的一本书。在方济各会目录中,中国天主教徒有更强大的声音:匿名作者的《辟妄》(1615—1680 年初版)、范中(第慕德阿)的《圣教小引》(约 1630 年初版)和匿名的《同善说》(1630—1650 年初版)三本书。方济各会应该有一些考虑来选择这三部著作。我们可以注意到,这三本书的攻击性特别强。《辟妄》专门攻击佛教及民间宗教,《圣教小引》及《同善说》专门攻击宋明理学的概念,如天、太极等。也许,方济各会士有意选择这三本,要以中国天主教徒之口来攻击佛教及宋明理学,更清楚地表达出天主教与佛教及宋明理学的矛盾之处。在这方面,广州耶稣会目录所包含的著作没有那么强的攻击性。也许,耶稣会士刚经历过历狱而比较谨慎。与此相对,利安当去世之后,返回中国或新来的方济各会士没有这样的经历,比较勇敢。这些中国天主教徒的著作

---

① 高一志著,梅谦立注,谭杰校勘:《童幼教育今注》,商务印书馆,2017 年。

得到了方济各会士的注意,很可能是因为在广州比较激进的中国天主教徒向他们推荐这三本书。

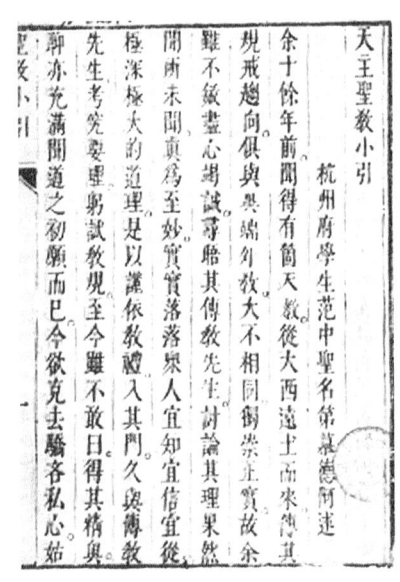

图 16 《圣教小引》(BNF 7058)出版时间及地点不明

总之,耶稣会与方济各会所再版的著作有很多相似之处,甚至于《教要序论》《三山论学纪》《圣教约言》这三本是重复的。这也反映出,在中文著作的出版业方面,修会之间的差异性并没有那么大,因为它们面对同样的社会需求。然而,我们不能忽视差异性,特别是方济各会目录中有三本中国天主教徒的书。还需要说明,我们很难知道方济各会什么时候再版耶稣会的 11 本,因为只有潘国光《十诫劝论》广州本标注了年份(1695 年)。

方济各会在广州出版了耶稣会的著作表明两个修会之间有某种合作关系。这些书在广州方济各会教堂发行,很可能在耶稣会教堂也发行。可能发生这样的情况:《教要序论》《圣教约言》《三山论学纪》在耶稣会大原堂已经绝版,方济各会与耶稣会商量之后决定把这三本在方济各会教堂重新出版。很遗憾,今天可以看到《三山论学纪》的耶稣会大原堂版本,尚没有看到方济各会杨仁里堂的版本,因此无法比较。

关于《圣教约言》,这种情况更加明显,因为这样的传单需要大量发出。因此,可以理解耶稣会及方济各会的教堂都有自己的刻板,按照他们自己的需要而印刷。

(二)方济各会自撰:八部

如同上文证明,为了传教的需要,方济各会大量使用了耶稣会的著作,不过,他们最突出的贡献在于发展有方济各会特色的著作。这一时期也可以说是方济各会在中国出版业的黄金时代,17世纪末在广州出版了12本方济各会的著作,占他们目录的一半以上。这些著作包括:《永福天衢》(7)、《初会问答》(9)、《成人要集》(10)、《默想神功》(11)、《圣教要训》(15)、《永暂定衡》(16)、《大总牍》(17)、《圣母花冠经》(18)、《本末约言》(19)、《圣教领洗》(20)、《圣教要略》(21)、《圣教要言》(22)。

比较容易判断这些著作出版的年份,因为大部分是在广州初版。即便书上没有标注年份,通过作者或其他信息,我们可以比较正确地判断出版时间。我们也需要注意,在12本中有两位方济各会士写了8本!前面,我们把书分类区分,使我们更能把握广州出版业所针对的对象。接下来,为了方便,我们先按照作者分析这些著作,也会继续谈及中国人如何参与这些书的产生,并分析这些书所针对的对象,从而使我们对出版网络有更好的理解。

(三)利安定撰著:四部

在目录中一共有4本是利安定(Agustín San Pascual,1637—1697)写的。利安定出生于西班牙南部,1656年入方济各会,1664年离开西班牙,次年到达马尼拉,1671年到澳门,1672年到福建。1677年到山东利安当原来传教的地区,据说在15年间有5 000人受洗。1683年,由于经济资源不足,他来到广州求助。1685—1690年,他担任省会长,直到1697年他一直住在广州。1697年他被罗马召回询问,1697年12月在归途中经过墨西哥时去世。①

关于《永福天衢》,按照利安定自己写的序,应该于1674年在福建写成,当时没有出版。确实,当时利安定来到中国才两年时间!因此,当省会长文都辣在广州收到了《永福天衢》稿子时,他发现这本书需要润色,于是,他安排广东的两位天主教徒——霍勿略省生及岑保禄春贤——"订梓"这本书。1680年,文都辣批准了这本书,霍勿略也写了序,然后在广州老城朝天街天主堂首次出版,而那时利安定还在山东。这是广州方济各会出版的第一本书。目录中的其他方济各会作品出版于1694—1702年间,因此,有可能目录中的《永福天衢》是在1694—1702年期间的第二次印刷,再用1680年的刻板,使我们今天无法区分出现在收藏的《永福天衢》是1680年还是1694—1702年期间印刷。在内容方面,这本书归属于简单的要理本,解释十二经。

关于霍勿略,我们知道他是南海人。他圣名为沙勿略(Xavier),也许因为南海离上川岛(沙勿略死亡之地)不远。他在"景福堂"写序,或许就是朝天街天主堂的另一称呼。在序中,霍勿略提及耶稣的许多奇迹,并且强调"信德"的重要性。他还认为,圣方济各(Saint Francis of Assisi)有坚定的信德,这个表达出于他身上的"印刻五伤"。霍勿略的序提供了宝贵的信息:

> 今一千六百八十龄,耶稣眷顾中华,振铎西来京省,悉崇天学。吾儒深契,其旨世人一息尚存,宜坚立信德,以为跻福之路。天主必宠照而加祐焉。信经之言,非肉目可得而见。若比以见而信,岂真福哉?西儒惟止利先生乃圣方济各会铎德也。秉铎东鲁光扬圣教。盖虑世人必以见而信,爱注信经,以提世之无坚定者。或曰:"信者何?"曰:"信天主之言,与天主之行而已。"超性三信德实丕基,欲游天国而臻永福,其可不由信门而

---

① 参见 A. Van den Wyngaert, *Sinica Franciscana* III, Rome: Quaracchi, 1936, pp.333-336。

入为天衢之稳步乎？康熙十九年上章涒滩端阳节。天教后学南海霍勿略省生甫书于景福堂。

霍勿略没有以耶稣会士利玛窦（1582年来华），也没有以方济各会士利安当（1632年来华），而是以另一个"利先生"即利安定为中国传教事业的起点。而且霍勿略似乎认为利安定1680年来到中国——事实上，如前面所说利安定在1672年进入福建。霍勿略的说法表明他对利安定不太了解，应该与他没有深入的交往。

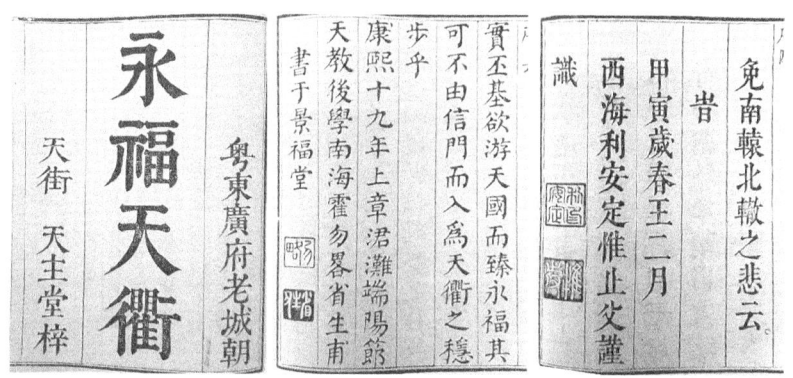

图17（左）、图18（中）、图19（右） 《永福天衢》广州本跟霍勿略及利安定的章（BAV Borg. 332.5）

1695年，利安定的《成人要集》在广州首次出版。当时，利安定长期住在广州，因此他有机会参与出版过程。这本书的内容涉及基督宗教在伦理生活上的功能，使人们在道德上成就自己。从该书的章节内容可以看出，这本书提及了自然道德、超自然道德的概念，并非为一般的天主教徒而写，而是为有一定神学基础的人而写。①

---

① 关于章节的介绍，参见 George Mensaert, Fortunato Margiotti & Sixto Rosso, *Sinica Franciscana* VII, Rome: Collegium S. Antonii, 1965, pp.1274 - 1275: [1]de religionis excellentia et [2] divina origine, [3] de eius necessitate pro anima humana, [4] de custodia virtutis et [5] de puritate perfectae virtutis, [6] de ambitu virtutis supernaturalis, [7] de infusione fortitudinis et [8] diffusione verae scientiae, [9] de fundamento supernae veritatis et [10] de canali divinae gratiae.

在目录中有利安定的《圣教要略》，但是这本书并不存在。因此，杜鼎克推测这个标题或为利安定的《圣教要理》。该书于1677—1683年间在山东写成，直到1683年他到广州之后才出版。这本书是简单的要理本，包括信经、圣事、十诫、教会规定、美德。①

同样的情况，目录中利安定的《圣教要言》也并不存在。杜鼎克认为，这指的是《醒蒙要言》。这本书也是首次在广州出版，被省会长恩懋修（José Navarro，1655—1709年）批准，时间应该在他任期之内，即1696—1699年。②这本书的特色在于排斥佛教与道教的彼岸观念，推动天主教的末世论。

（四）石铎琭撰著：四部

石铎琭（Pedro de la Piñuela，1650—1704）生于墨西哥，父亲为西班牙人，母亲为墨西哥本地人。他入了方济各会之后，1670年跟随文都辣离开墨西哥到菲律宾，1676年到福建接续利安定的工作，1684年到广州，1686年到韶关开辟新传教区，1687年到江西南安，1699年被选为省会长，长期驻广州，1704年在厦门去世。

我们注意到他当省会长的时候，写了《从1579至1700年入华传教方济各会士目录》③，其中他写了"各种各样出版的著作有24本"。④我们注意到，24本这一数字非常接近目录23本的数字。不

---

① George *Mensaert*, Fortunato Margiotti & Sixto Rosso, *Sinica Franciscana* VII, 1965, p.1275: "Est catechismus doctrinae christianae, a quodam franciscano scriptus, verisimiliter a P. Augustino. Constat 29 capitulis seu sectionibus, in quibus explicantur veritates credendae, sacramenta in genere et in specie, preces principalores, symbolum apostolorum, decalogus, praecepta ecclesiae, virtutes et novissima".

② 崔维孝误认为于1690年出版。

③ A. Van den Wyngaert, *Sinica Franciscana* IV, Rome: Quaracchi, 1942, pp.321-336: Catalogus Religiosorum S. P. N. Francisci qui Sinarum Imperium ad Iesu Christi Evangelium praedicandum ingressi sunt, ab anno 1579 usque in 1700 annum.

④ A. Van den Wyngaert, *Sinica Franciscana* IV, 1942, p.323: Varii libri a missionariis in lucem editi 24.

过,石铎琭所说的 24 本不仅包括在广州出版的作品,还有山东及福建的。另外,广州目录包括一些 1702 年出版的作品。由此可以肯定,《广东圣方济各会堂书板目录》是 1702 年之后写的。

石铎琭的主要著作是《初会问答》。按照他所写的序,可以知道这本书在 1680 年写成,当年出版,但是如今尚未发现存本。由于第二版被恩懋修批准,由此可知再版于 1696—1699 年之间。这本书归属于哲学式的要理本。如同《天主实义》一样,它解释天主的属性及灵魂不灭,也批评佛教的轮回。按照石铎琭写给马尼拉省会长的一封书信(1687 年 11 月 10 日),《初会问答》概括了他来华的最初几年与天主教徒及非天主教徒的对话。杜鼎克也表示,就此而言,这本书很像《口铎日抄》。不过,我认为《口铎日抄》按照历史顺序记录了回答,缺乏系统性。由于利玛窦《天主实义》包含他与士大夫在 1594—1601 年期间的对话,并且这本书很有系统性[1],把《初会问答》与《天主实义》做对比会更合适。

石铎琭的序说明这本书有三类不同对象:"期上可以告君公,中可以语士夫,下可以喻黎庶。"[2] 我们经常以为,方济各会只针对普通百姓,其实他们也针对士大夫。上面已提及,他们在广州重版了《天主实义》及《三山论学纪》这种有较高理论水平的著作。从利玛窦开始,耶稣会士写的著作按照对象区分,比如《天主实义》针对还没有受洗的士大夫,《天主教要》针对群众或已经受洗的人。与此不同,石铎琭在《初会问答》这本书试图针对君公、士夫、黎庶。其实,这样的尝试很有难度,因为这样容易忽略中国社会的不同等级。

在目录中石铎琭的其他三本著作都属于灵修类。《默想神功》1694 年写成,约 1695 年出版。这本书主要介绍阿尔坎塔拉圣彼得(Pedro de Alcántara,1499—1562)的《论祈祷与默想》(*Tratato de*

---

[1] 参见利玛窦著,梅谦立注:《天主实义今注》,商务印书馆,2015 年,第 33—34 页。

[2] 《初会问答》序 2a;Pascale Girard, *Les Religieux Occidentaux en Chine à l'Époque moderne:Essai d'analyse textuelle comparée*, p.413。

la oración y meditación，1587）：默想利益、默想切要、默想规程、默想受难规程、默想前后六端、求神爱祝文、默想总括三路等。这表明，如同耶稣会士一样，方济各会士也将自己修会的著作带到中国来，并翻译成中文。我们很遗憾没有找到广州版本。后来在南昌有 7 位中国天主教徒合作润色广州版本，约于 1700 年出版。梵蒂冈图书馆收藏有南昌版本（BAV Borg. 355.4）。

1696 年 4 月，石铎琭为《永暂定衡》写了自序，同年 10 月 7 日韩隽写了序。该书应该于 1696 年底首次在广州出版。该书主要谈及灵修方面的重要话题，即末世论：不知眼前因不知未来，思永远能改过迁，圣贤论永远，永者无终，不想永时为大误，想死侯不如想永时，古贤论暂时，解暂时及人命长短，暂时不当失机会，永暂之分唯一几希，永为终向。

按照韩隽的序，可以知道他是广东惠州的天主教徒。在惠州传教的方济各会士麦宁学（Bernadino de las Llagas；修会名字：Bernadinus a Plagis Mercado，在菲律宾出生）把石铎琭的《默想神功》交给韩隽。当年秋天，石铎琭自己去惠州，而那天韩隽去参加瞻礼；麦宁学这样给韩隽介绍石铎琭："尔所佩服《默想神功》者，今解悟有人矣。"那时，石铎琭把《永暂定衡》的稿子给韩隽看。①由此可以看出，《默想神功》这本书的影响力使韩隽佩服作者，然后愿意为《永暂定衡》写序。由于这种作者与读者的互动，天主教出版业才能发展。

《圣母花冠经》没有出版信息。因为石铎琭在《从 1579 至 1700 年入华传教方济各会士目录》中没有提及这本书，杜鼎克猜测这本书是 1702 年左右出版。该书只有 13 页的篇幅，解释《圣母花冠经》来源于方济各会圣若望嘉庇当（John of Capistrano，1386—1456），包括《玫瑰经》中的"七乐"。

---

① 惠州方济各会教堂是尚之信去世之后（1680 年）而成立的。参见崔维孝：《明清之际西班牙方济各会在华传教研究（1579—1732）》，第 199—200 页。

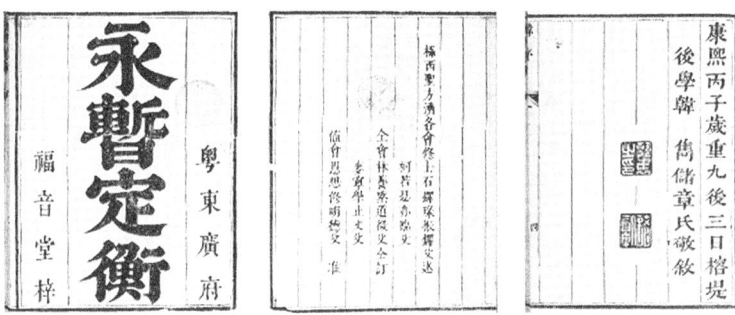

图 20(左)、图 21(中)、图 22(右) 《永暂定衡》封面及韩霂的章(BNF 7030)

(五) 其他四部

利安当的《本末约言》或称谓《万物本末约言》初版于济南,孟德卫认为应该在 1664 年出版,但是至今尚未发现有留存的初版。[①] 1669 年,利安当去世；1678 年文都辣回到中国之后,修订了利安当的书并写了序,其中表明了祭礼的重要性,很可能是回应当时礼仪之争再一次爆发。本书在"珠江杨仁里福音堂重梓"。再版本收藏在法国国家图书馆(BNF 6971)。吉拉德(Girard)认为广州本出版于 1669 年有误[②],因为 1678 年文都辣才回到中国。我们可以肯定本书在 1700 年之前出版,因为《从 1579 至 1700 年入华传教方济各会士目录》提及这本书。关于书的内容,主要陈述了拯救史,与中国文化没有什么交流。

文都辣的《圣教要训》在广州首次出版,没有写具体的年份,吉拉德认为出版于 1681 年。[③] 如果正确的话,那么是方济各会最早在广州出版的书。不过,我们保持怀疑,因为目录中可以确定出版时间的书都出版于 1694—1702 年间。《圣教要训》是给一般天主教徒

[①] David Mungello, *The Spirit and the Flesh in Shandong*, Lanham: Rowman, 2001, p.53.

[②] 崔维孝复制吉拉德的表格。参见崔维孝:《明清之际西班牙方济各会在华传教研究(1579—1732)》,第 391 页。

[③] 崔维孝:《明清之际西班牙方济各会在华传教研究(1579—1732)》,第 391 页。

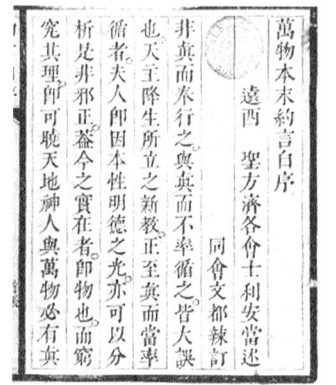 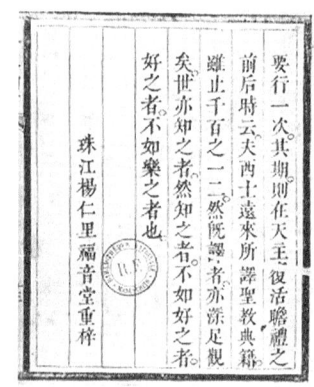

图 23(左)、图 24(右)　利安当《万物本末约言》(BNF 6971)

看的要理本,内容比较简单,不过写得比较详细。吉拉德特别强调这本书在教育法上很成功,使用了不同大小的字体。①

关于《圣教领洗》,杜鼎克认为这个可能指卞芳世的《进教领洗捷录》。前文提到,1678 年文都辣与卞芳世到达广州,随后卞芳世写了这本书。不过,直到 1689 年卞芳世离开中国的时候,书还没有出版。《进教领洗捷录》获得了 1690—1696 年担任省会长的林养默(Jaime Tarín)的批准,在"粤东广府老城朝天街天主堂"初版。②《进教领洗捷录》列举了准备受洗者必须做的事情:(1)理解及相信《信经》;(2)以《天主经》等祈祷;(3)遵守十诫;(4)忏悔;(5)最终可以受洗。③

最后一本是《大总牍》,作者匿名。按照杜鼎克,这本书也许指

---

① Pascale Girard, *Les Religieux Occidentaux en Chine à l'Époque moderne: Essai d'analyse textuelle comparée*, pp.297-298.

② 吉拉德误认为本书于 1680 年出版;崔维孝:《明清之际西班牙方济各会在华传教研究(1579—1732)》,第 391 页。

③ George Mensaert, Fortunato Margiotti & Sixto Rosso, *Sinica Franciscana* VII, 1965, p. 1276: "Est libellus instructionis religiosae pro catechumenis, unicus ab auctore conscriptus et impressus. Constat capitulis quinque et agit de requisitis ad vitam christianam amplectendam, scilicet 1-de Deo firmiter credendo, 2-de precibus addiscendis, 3-de mandatis servandis, 4-de dolore mali commissi deque eius reparatione, 5-de baptismate recipiendo."

《圣教日课》，属于灵修类，应该在 1700 年左右出版。1701 年在济南，方济各会也出版了这本书。无论广州本或济南本，今天都没有留存下来。

由此，我们可以分析方济各会出版业的特色及对象。他们试图发挥自己的要理本，如《圣教要理》或《圣教要训》，来面对一般群众。他们也出版了针对士大夫或者文化较高人群的书籍。因此，石铎琭在《初会答问》发挥了一些论点来说服这些人。另外，方济各会非常重视灵修，出版了《默想神功》，也出版了《圣母花冠经》。这两本灵修方面的书也有不同的对象，后者主要教导怎么念经，主要面向这些习惯集体性宗教活动的老百姓；前者不一定要求很高的文化水平，但起码要有足够能力单独祈祷，安静默想，反思自己。

总之，从 1694 年至 1702 年这 8 年期间，方济各会出版了他们自己的 12 本书，除了《初会问答》之外，其他 11 本皆是初版。在期间内或者稍微早一点，他们重版了耶稣会的 11 本著作。吉拉德认为可能基于两个原因：(1)在 17 世纪末，方济各会由于人数增加，扩大他们在天主教的影响力；(2)因为他们与耶稣会合作，因此享受了耶稣会的保护。①

另外，我们需要注意，方济各会主要在杨仁里福音堂出书：书目中有 6 本在福音堂出版，而只有 3 本在老城朝天街教堂出版。由于方济各会省会长住在福音堂，这也比较容易理解。

两个修会之间的关系也在修会标志上有所体现。方济各会的标志一般是这样：绳子及其三节来表示方济各会士以神贫、贞洁、服从三愿束缚；十字架来表示耶稣的受难；五串葡萄表示耶稣的五个伤口及圣方济各本身的五个伤口（如霍勿略谈及的那样）。然而，吉拉德也注意到，方济各会士标志接纳了耶稣会标志，如十字架及三个钉子。

---

① Pascale Girard, *Les Religieux Occidentaux en Chine à l'Époque moderne: Essai d'analyse textuelle comparée*, p.213.

 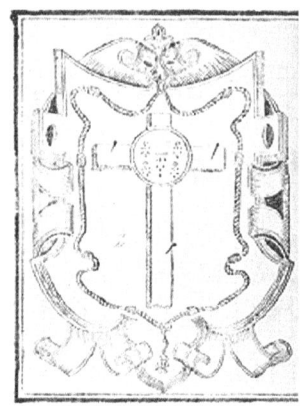 

图 25（左）　耶稣会陆安德《善生福终正路》广州本（BAV RGO.III.214.3）
图 26（中）　方济各会文都辣《圣教要训》广州本（BNF 7410）
图 27（右）　方济各会叶尊孝《天主教要注略》（BNF 7379）

吉拉德提供了两个理由：（1）面向政府，搞乱线索；（2）效法耶稣会。①这表明方济各会出版业所面对的挑战：一方面要在耶稣会权威之下进行自己的出版业，另一方面又要表达出自己的特殊性。

17 世纪末的广州天主教出版业，方济各会在数量及创意方面表现得比耶稣会更优秀。当然，做这种比较的时候，我们必须很谨慎，因为需要考虑广州出版业是否为了地方教会服务，或者覆盖更大的地区。比如，耶稣会在广州出版的书有没有针对江西？或者方济各会在广州出版的书有没有针对福建？这些问题将来可以继续研究。

另外，我们需要说明，目录不包含传教士在广州的所有出版品，例如，1696 年及 1697 年方济各会在杨仁里福音堂出版的《天主圣教瞻礼斋期表》就是一个例子。②很可能，广州耶稣会士也出版了"通功单"。法国国家图书馆（Chinois 7441）保存有乾隆五年（1740）大原堂的"通功单"。在出版品上手写去世人的名字，可以为了逝者奉献祈祷。这样的出版品都不会出现在耶稣会或方济各会的目录中。

---

① Pascale Girard, *Les Religieux Occidentaux en Chine à l'Époque moderne: Essai d'analyse textuelle comparée*, p.224.
② BAV Borgia Cinese, 498.1 - 2.《梵蒂冈图书馆藏明清中西文化交流史文献丛刊》第一辑第 37 卷，2014 年，第 627—642 页。

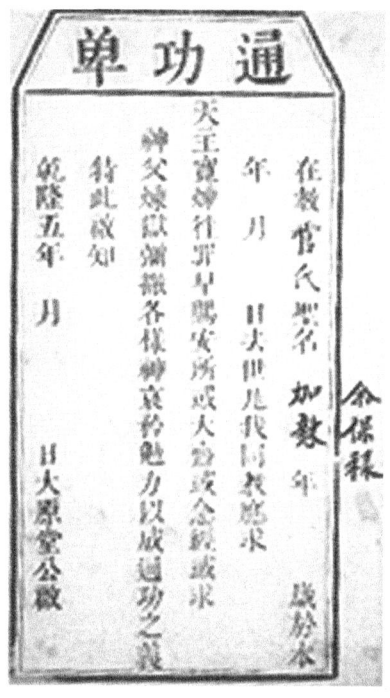

图 28 《通功单》(BNF 7441)

四、结　　论

17世纪末广州天主教的出版业非常活跃,耶稣会与方济各会的两个目录就包含了39个出版品。这种发展有一个重要的历史原因:传教士被软禁广州期间,无法出书,而他们被释放后不久,1674—1680年左右,耶稣会士出版了16本书;后来,方济各会接着天主教出版业,1694—1702年出了23本。在这期间,中国思想环境比较保守,传教士也没有出非常有创意的新书,然而政治环境比较宽松,特别是1692年康熙皇帝官方地允许中国人进入天主教堂。

在18世纪初,广州还继续作为很活跃的出版中心,特别是方济各会出版业比耶稣会活跃得多,出了十几本书。其中雍正五年

(1727),恩懋修出版了《瑟辣飞各圣父方济各行实大全》(三卷),对方济各会而言这本书特别重要:把他们的创立人圣方济各的传记翻译成中文,这样更能在中国发挥他们的特色。①西班牙多明我会士万济国(Francisco Varo,1627—1687)在福建写了有关中国语法的著作,然而他在世时没有出版。石铎琭在广州出版了《官话语法》(Arte de la lengua madarina)。②这表明,方济各会同其他修会的合作精神:不仅仅出版了耶稣会士的著作,而且出版了多明我会的著作,即便在礼仪之争问题上三个修会之间存在不同的立场。

然而在1724年,雍正命令把几乎所有的传教士遣返,使得1725—1732年间大部分传教士居住在广州。在这期间,出书变得很困难。1732年,几乎所有传教士都被遣返到广州,使天主教出版业基本上停止了,不能出书,但也没有完全停止,因为还是出版了一些传单类出版物,如前文提到的乾隆五年的"通功单"。要等到19世纪末,广州天主教出版事业才得以恢复。

方济各会能够出版23本著作,这是很大的成就。因为明清天主教研究主要集中于耶稣会,学术界经常忽略其他修会的出版事业。以广州17世纪末出版情况来说,方济各会做了很大的努力。吉拉德提出的理由是修会之间在梵蒂冈面前的竞争:每个修会必须送很多著作到罗马来表示它们的权威。③不过,在梵蒂冈几乎没有人能读懂这些中文著作。因此,修会之间的竞争主要是在中国展开,每个修会向士大夫及百姓显示自己的势力,特别是新来中国的方济各会必须在这方面显示自己,使他们能在中国社会及中国天主教会

---

① 《瑟辣飞各圣父方济各行实大全》翻译自这部著作:Damian Cornejo, *Chronica Seraphica. Vida del glorioso Patriarca San Francisco y de sus primeros discipulos*, Madrid: Juan Garcia Infançon, 1682。

② 英译本:W. South Coblin, Joseph A. Levi, *Francisco Varo's Grammar of the Mandarin Language*(1703), Amsterdam: John Benjamins Publishing Company, 2000。

③ Pascale Girard, *Les Religieux Occidentaux en Chine à l'Époque moderne: Essai d'analyse textuelle comparée*, p.207.

建立他们的权威。从1678年起,方济各会人数在中国不断增长,为他们在出版业上有出色成果提供了条件。

17世纪末广州天主教出版业由谁来主导:传教士或信徒们？在我们的研究中,我们幸运地知道了一些中国人的名字,如霍勿略、岑保禄或韩隽。但大部分的合作者、读者是匿名的,因此,我们主要按照书的类型区分来理解读者群体的可能情况。我们发现,书的主要对象就是非天主教徒。一共有11本简单的要理本,这是传教工作的必需作品,向一般老百姓解释基督信仰,其中《教要序论》专门为给传道员使用去传教。为了针对比较高水平的人群,有6本哲学对话,与中国文化进行讨论。还有4本辩护著作:2本攻击佛教和道教,2本攻击杨光先。还有3本中国天主教的信仰表达,对传教工作有一定的说服力。这些简单或高级的要理本及辩护著作反映出广州天主教的情况。作为比较晚发展的天主教会中心,大部分的努力在于往外传教,发展新的信徒。

为了天主教内部生活,有6本关于圣事的书,还有6本关于灵修的书,给天主教徒提供一些资源来支持他们平日的信仰生活。由此可以看出,有些广州天主教徒对自己信仰的要求比较高。虽然我们没有发现一些扮演很重要角色的信徒们,不过,韩隽或霍勿略这样的天主教徒积极地参与了天主教的出版工作。

当我们的注意力放在书的对象的时候,我们对17世纪天主教出版业会有新的理解。很可能是因为广州天主教会来得比较晚,因此有更多人群想多理解这种新来的宗教,他们需要阅读一些简单的要理本,或者一些哲学性的要理本。传教士回应这种需求,继续大量出版一些要理本。另外,广州大量再版了天主教著作。由于这些流通范围比较广,也许有人要一本书,或者手里有其他人的书稿,可以去找耶稣会的教堂刊印,也可以去方济各会的教堂刊印。如此,本土的信徒或许在出版方面有更大的发言权。从本土需要的视角来看,区分耶稣会与方济各会的出版业,这个并没有那么重要。

附录

表1　广州耶稣会书版目录 fls.527—528

书　名	作　者	初　版	广州出版	收藏广州本	内　容
《圣母行实》	高一志	1631	大原堂1680, 再版	BNF 6699	灵修
《教要序论》	南怀仁	1670	c.1673,再版	BAV RGO.III.290.6	要理本
《真福直指》	陆安德	1673	粤东天主教堂初版	BNF 6980 BAV RGOIII214.1	简单要理本
《善生福终正路》	陆安德	c.1674	广州初版	BNF 7230 BAV RGO.III.214.3	道德神学
《天神会课》	潘国光	1661	大原堂c.1673, 再版	BNF 6953	灵修、规定
《三山论学纪》	艾儒略	c.1629	再版	BNF 7124	哲学对话
《妄推吉凶辩》	南怀仁	1669	粤东大原堂 c.1673,再版	BNF 4995 BAV RGO.III.289.4	反驳
《妄占辩》	南怀仁	1669	大原堂 c.1673,再版	BAV RGO.III.286.1	反驳
《豁疑论》	朱宗元/瞿笃德	c.1635—1640	大原堂修订版	BNF 7135	中国人的信仰表达
《推验正道论》	高一志	c.1610	再版		简单要理本
《天主圣教约言》	苏如望	c.1606	再版		要理本,传单形式?
《万物真原》	艾儒略	1628	大原堂,再版	BNF 6890—VI	哲学式的要理本
《天主圣教略说》	陆安德	1674	粤东天主教堂初版	BNF 6987 BAV RGOIII 286.3	简单要理本
《圣教问答指掌》	陆安德	c.1674—1675	广州初版		简单要理本
《圣教要理》	陆安德	c.1674	广州初版	BAV 381.2 网站	要理本
《圣教简要》	利类思	1670s	再版	BAV RGO.III.225.4	要理本

17 世纪末广州天主教出版业与本地社会的互动　　227

表 2　广州方济各会书版目录 fls.528—529

书名	作者	首出	合作者	广州出版	收藏广州本	内容
《天主实义》	利玛窦	北京 1603		"粤东羊城福音堂重刻",即杨仁里堂,没有年份,应该为 1695 年	BAV III, 285.12	哲学对话式的要理本
《十诫劝谕论》	庞迪我	1650				十诫
《圣体要理》	艾儒略	福州 1644				圣事
《童幼教育》	高一志	降州 1632			BAV RGO.III.212.3	人文主义
《涤罪正规》	艾儒略	福州 1627		"杨仁里天主堂重刻"	BAV RGO.III.285.1	圣事
《教要序论》	南怀仁	1670		"朝天街天主堂"		要理本
《永福天衢》	利安定	1672—1674 在福建	霍勿略:订梓、叙 岑保禄:订梓	1694—1702 年"粤东广府朝天街天主堂作";第二次印刷(1680 年首次在广州出版)	BAV Borg. 332.5	信经
《辟妄》	匿名	1615—1680				反驳
《初会问答》	石铎琭	1680 年写成,首版很可能 1680 年出		1696—1699;第二版	BNF Chinois 7016 BAV RGO.III.285.9	哲学对话式的要理本
《成人要集》	利安定			"福音堂",即杨仁里堂,1695 年,初版	BNF 7025	道德神学
《默想神功》	石铎琭			1694 年,初版		灵修
《三山论学纪》	艾儒略	c.1629		杨仁里堂		哲学对话式的要理本

续表

书　名	作　者	首　出	合作者	广州出版	收藏广州本	内　容
《圣教约言》	苏如望	c.1606		"粤东老城天主堂重梓"	BNF 6835/6837/6843	要理本
《圣教小引》	范中	c.1630				中国人的信仰表达
《圣教要训》	文都辣			"珠江杨仁里天主堂梓行"，约1691年	BNF 7410	信经、十诫等
《永暂定衡》	石铎琭		韩焞（序）	"粤东府福音堂，即杨仁里堂,1694 初版	BNF 7030	灵修、末世论
《大总牍》				初版? c.1700		日课
《圣母花冠经》	石铎琭			约 1702，初版	BNF 7422	灵修
《本末约言》	利安当	1650—1653	1667—1669 文人润色（不是尚祜卿），1678—1700 年期间文都辣修订并写序	"珠江杨仁里福音堂重梓"，1678—1700	BNF 6971	拯教史
《圣教领洗》（=《进教领洗捷录》）	卞芳世			1690—1696 年，"粤东广州府老城朝天街天主堂"，初版	BNF 7252	圣事
《圣教要略》（=《圣教要理》）	利安定	1677—1683 任山东写		1683 年之后初版		要理本
《圣教要言》（=《醒蒙要言》）	利安定			1696—1699，唯一	BNF 7028	排斥释道一末世论
《同善说》	匿名/李祖白	1630—1650				中国人的信仰表达

"广州会议"期间关于祭巾的讨论[*]

比利时鲁汶大学汉学系　杨虹帆

1667年12月18日至1668年1月26日"广州会议"召开,在华传教士就一系列天主教礼仪问题进行商议,其中涉及祭巾这一在华天主教会特有的祭服。数位传教士也在寄往欧洲的西文书信里论及祭巾,并阐明自己的观点。本文仅探讨耶稣会士李方西(Francisco de Ferrariis S.J.,1609—1671)在拉丁文书信里支持司铎佩戴祭巾的论述。

"广州会议"期间本地司铎一直是一大热烈议题。大部分传教士赞成设立本地司铎,如柏应理(Philippe Couplet S.J.,1623—1693)、鲁日满(François de Rougemont S.J.,1624—1676)、殷铎泽(Prospero Intorcetta S.J.,1625—1696)、毕嘉(Giandomenico Gabiani S.J.,1623—1696)、刘迪我(Jacques Le Faure S.J.,1613—1675)、利类思(Lodovico Buglio S.J.,1606—1682)、安文思(Gabriel de Magalhães S.J.,1609—1677)等。还有一些传教士则反对祝圣中国人为司铎,如成际理(Feliciano Pacheco S.J.,1622—1687)、何大化(Antonio de Gouvea S.J.,1592—1677)、穆迪我(Jacques Motel S.J.,1619—1692)、金弥格(Michel Trigault S.J.,1602—1666)、聂伯多(Pietro Canevari S.J.,1596—1675)、潘国光(Francesco Brancati S.J.,1607—1671)等。①不过大部分在广州的耶稣会士都决

---

* 本文根据"广州与清代中外文化交流"会议期间的英文发言修改而成。感谢梅谦立(Thierry Meynard)教授慷慨提供一手文献。感谢高华士(Noël Golvers)博士对本人辨识并翻译手写拉丁文的悉心指导。

① François Bontinck, *La Lutte autour de la liturgie chinoise aux XVIIe et XVIIIe siècles*, Nauwelaerts, 1962, p.109.

定"藉着中式礼仪的特别许可解决中国司铎的问题"。①在此语境下,他们对于司铎佩戴祭巾这一在华教会享有的特别许可做出论述。

李方西在寄往欧洲的书信《佩戴巾冠在中国是致敬的标志》(Apud Sinas in signum reverentiae tegendum esse caput)中专门讨论祭巾。②他于1640年抵达中国,当"广州会议"召开时,已经属于资深的在华传教士。明末清初时期中文文献对于祭巾的记录,侧重对祭巾外观的描述及其寓意,而这份拉丁文书信的重点不在于介绍这一特别的实践,而在于重申在华天主教会推行司铎佩戴祭巾这一实践的原因。对此,李方西在书信中提供多样化的解释,尤其强调佩戴巾冠在中国是致敬的标志。本文对李方西的诸种解释做出两大分类:一是司铎佩戴祭巾的必要性,主要从中国社会的角度出发;二是司铎佩戴祭巾的合理性,主要从天主教会的角度出发。这两类解释是紧密相连的。

一、司铎佩戴祭巾的必要性

在书信前半部分,李方西提及初期在华教会的传教士不断请求,终于得以使欧洲习俗让道于中国习俗。从中国社会的角度出发,传教士需要遵循中国传统的习俗和礼仪。总的来说有四点原因:第一,由于中国在地理上的隔绝,中国人并不知晓欧洲的传统习俗;第二,中国人认为中国位于万国的中心,他们称所有非中国人为蛮夷,并且排斥所有异国习俗;第三,中国人一直秉承古代的律法和礼仪,中国习俗的深厚根基难以撼动;第四,试图将异国习俗和礼仪

---

① "résoudre le problème du clergé chinois par le privilège de la liturgie chinoise", François Bontinck, *La Lutte autour de la liturgie chinoise aux XVIIe et XVIIIe siècles*, p.110.

② Francisco de Ferrariis, *Apud Sinas in signum reverentiae tegendum esse caput*, Jap.Sin. 158, ff.18a–22b.

传入中国是毫无用处的。①

具体来说,佩戴巾冠在中国习俗中是表示尊崇和敬重的最为重要的外在行动。②这一行动在诸种关系中都是表达尊崇和敬重的开始,如儿子向父母,学生向老师,臣子向君王,以及人类向偶像。值得注意的是,李方西在书信中引用《礼记》的"冠者礼之始也"(*id est Urbanitatis, seu civilium officiorum principium, et fundamentum*)。③因为中国人尤为推崇古制,在华传教士惯常在他们的中文著作里引用儒家典籍,而李方西在寄往欧洲的拉丁文书信里也延续了这一引用习惯。虽然《礼记》在欧洲人看来远不如在中国这么具备权威性,但是这句引用显示出这位在华传教士对儒家典籍的掌握程度和他对中国文化的尊敬。

既然佩戴巾冠是表示尊崇和敬重的最为重要的外在行动,那么违背这一习俗则是极大的冒犯。李方西如此向欧洲读者讲述免冠在中国习俗中是轻蔑的表现,与之相对照的是明末清初中文文献里的中国作者说明西方习俗中免冠的含义。④《弥撒冠仪》开篇即指明免冠在中西的不同含义:"夫以卑见尊,免冠称罪,中国之制也。西洋则以行于瞻礼。"⑤在中国习俗中视为不敬的表现,在西方习俗中却是表达尊敬。《弥撒冠仪》在《徐家汇藏书楼明清天主教文献续

---

① Francisco de Ferrariis, *Apud Sinas in signum reverentiae tegendum esse caput*, f.18b(5).

② Francisco de Ferrariis, *Apud Sinas in signum reverentiae tegendum esse caput*, f.19b(8), "*Pileo suo tectum caput praecipua est inter Sinas veneratio, omnisque venerationis caput*".

③ Francisco de Ferrariis, *Apud Sinas in signum reverentiae tegendum esse caput*, f.19b(8).《礼记·冠义》:"故冠而后服备,服备而后容体正、颜色齐、辞令顺。故曰,冠者礼之始也。"

④ 就祭巾的历史背景和明末清初中文文献的具体分析,参见杨虹帆:《依得弥撒——明末清初中西礼仪互动研究(1583—1720)》,北京大学博士研究生学位论文,2019年,第127—137页。本人亦就此撰文《来华传教士的"祭巾"问题》,已获《国际汉学》录用。

⑤ 佚名:《弥撒冠仪》,页一a2,钟鸣旦、杜鼎克、王仁芳主编:《徐家汇藏书楼明清天主教文献续编》第五册,利氏学社,2013年,第625页。

编》第五册中标注为佚名文章。事实上,这个标题下包含三篇文章:1.《弥撒冠仪》,第 625—629 页,第 630 页空白;2.《弥撒巾是明亡之暗信》,第 631—632 页;3.《利玛窦进中国为明失天下之暗信》,第 633 页。在本文中与李方西的叙述相对照的《弥撒冠仪》指第一篇文章,很可能作于明代,约 1620—1644 年间。

然而,处于明清交替之际的在华传教士对于是否佩戴祭巾仍然存在分歧。对于欧洲人而言,欧洲礼仪如脱帽(亦即文言文中的"免冠")以示尊敬,再自然不过,对待异于本国的礼仪则天生抗拒。李方西不无尖锐地指出一些入华传教士是出于对自身习俗、礼仪的喜好而热切想使中国人适应一切天主教礼仪。然而中国人尤为遵循传统礼仪,并且尤为抗拒外国习俗。脱帽致敬这一欧洲习俗与天主教信仰并无必要联系,要求中国天主教徒遵循这一外国习俗不会吸引中国人,反倒会使他们疏远教会。①

李方西在这封书信中指出自己在中国生活已超过 28 年,曾历经明清变革,因此他数次提及满族人是如何适应中国社会风俗的。李方西解释道,清朝刚建立时,满人新近入京,尚保留着游牧民族的习俗,其中包括免冠。这使得汤若望(Johann Adam Schall von Bell S.J.,1592—1666)误以为京城开始在新的统治下推行新习俗。于是,他让中国天主教徒遵循欧洲礼仪,在参与弥撒时免冠。汤若望此举还受到一些传教士效仿。然而,满族人了解中国社会后便开始接受中国传统习俗和礼仪,以期获得中国人的尊重。他们在会议、宴席、祭祀等不同场合,不论冬夏都佩戴巾冠。②清朝秉承了佩戴巾冠以示尊重这一习俗,满族人在与高一级或同级的人见面时会佩戴巾冠。如果他们在与汉族客人见面时显露出头部,这一行动意在表达他们对汉族人的轻蔑。③

---

① Francisco de Ferrariis, *Apud Sinas in signum reverentiae tegendum esse caput*, f.20a(15).

② Francisco de Ferrariis, *Apud Sinas in signum reverentiae tegendum esse caput*, f.20b(18).

③ Francisco de Ferrariis, *Apud Sinas in signum reverentiae tegendum esse caput*, ff.19b-20a(9).

在华传教士误解中国社会的情况也可以理解,他们事务繁忙,很难对外在礼仪多加考虑。再者,不少欧洲传教士刚刚抵华,满怀传教热情却不了解中国天主教会的具体情况,亦不谙中文,因此容易重蹈覆辙。①中国天主教徒多为底层贫民,李方西在此间接引用福音书中的话:"穷苦人得了喜讯。"(pauperes Evangelizantur)②一些传教士认为教导贫民教徒欧洲礼仪是合宜的,毕竟他们不如士大夫、官员那般重视礼仪。然而长期在华生活的李方西指出,所有中国人,无论贫富贵贱,都会注意在庆生或吊丧等重要场合穿着得体。贫民天主教徒并非不重视传统礼仪,而是出于对传教士的尊敬才遵循欧洲礼仪。此外,在非天主教徒看来,免冠这一行动说明天主教徒所信奉的天主地位卑微。③

《弥撒冠仪》将祭巾称作"弥撒巾",作者肯定了在华司铎应该遵循中国习俗,在举行弥撒时佩戴弥撒巾,但是也指出弥撒巾的设计不需要完全依照中国样式:"有冠从中国,其冠不必从中国也;冠之色从中国,其形不必从中国也。"④弥撒巾在某些细节上相似于各式中国传统头巾,同时又在另一些细节上于它们相区分,从而达到"使中国之人,以为犹夫冠而不犹夫冠,若可仿而必不可仿"的效果。⑤明朝的官定巾帽制度不久即失效,士民阶层所着巾子发展出诸多样式。其中,知识分子、中小地主和官僚退职闲居之人戴方巾居多;商贩、差吏、小市民戴六合帽居多。⑥在这一宽松的巾帽制度氛围下,在中国社会设计并推广专属于天主教司铎佩戴的头巾方得以实现。

---

① Francisco de Ferrariis, *Apud Sinas in signum reverentiae tegendum esse caput*, f.21a(19).

② "*pauperes, non divites Evangelizantur*", Francisco de Ferrariis, *Apud Sinas in signum reverentiae tegendum esse caput*, f.21a(20). 引言出自《新约·玛窦福音》第 11 章第 5 节。

③ Francisco de Ferrariis, *Apud Sinas in signum reverentiae tegendum esse caput*, f.21b(20).

④ 佚名:《弥撒冠仪》,页一 b7—8,第 626 页。

⑤ 佚名:《弥撒冠仪》,页一 b8—9,第 626 页。

⑥ 沈从文:《中国古代服饰研究》,上海书店出版社,2011 年,第 545 页。

图 1　贾宜睦肖像

正如《弥撒冠仪》的作者所凸显的："此不独中国弥撒创见,自有弥撒而创见矣。"①祭巾这一新式祭衣,不但巩固了在华天主教会的根基,而且为普世教会增添了多样性。图 1 为耶稣会士贾宜睦（Girolamo Gravina S.J., 1603—1662)的肖像画。杜鼎克（Ad Dudink)认为这幅画正描绘出在华传教士佩戴祭巾的场景。②19 世纪欧洲礼节绍介入华,至此司铎佩戴祭巾的必要性不复存在,圣部通知各教区代牧逐渐停止佩戴祭巾。

二、司铎佩戴祭巾的合理性

前文提及佩戴巾冠是表示尊崇和敬重的最为重要的外在行动。从天主教会的角度出发,李方西对尊崇和敬重的意义和外在行动予以分析:第一,行动的意义在各个国家中并不相同（ut non una eademque sit earumdem actionum apud omnes gentes significatio）;第二,如同外在习俗,尊崇在任一地区并非通过相同的行动来表现（ut idem cultus externus, ac veneratio non ubique terrarum per similes actiones representetur）。③总的来说,不同国家通过不同的外

---

① 佚名:《弥撒冠仪》,页一 a9,第 625 页。
② 这幅肖像引自 Mendolia Calella, Michele, "Padre Girolamo Gravina S.J. (1603 - 1662) Missionario in Cina. Nome cinese: Kia Yi Mou Kieou Tchang", *Archivio Nisseno* 11:21, 2017, p.143. 感谢杜鼎克博士提供这一宝贵信息。
③ Francisco de Ferrariis, *Apud Sinas in signum reverentiae tegendum esse caput*, f.18b(6).

在行动来表达尊崇和敬重。新近皈依天主教的人通过他们习俗中的外在行动来表达尊崇和敬重,而天主教会力图不改变这些外在行动。再者,"每个国家以自身的礼仪向无上的神圣尽可能地展现出最高尊崇,这是得到鼓励和要求的"①。

具体来说,在举行天主教礼仪时佩戴巾冠并非没有先例。希腊人、马龙派、土耳其人和波斯人都依照当地习俗和礼仪,在举行天主教礼仪时遮盖住头部。并且这一表达尊崇和敬重的外在行动不受地域限制,这些群体即使在罗马参与天主教礼仪时也照样遮盖头部。②在华传教初期的耶稣会士知晓中国传统习俗和礼仪,他们及其17世纪的后继者"依照中国的规范和礼仪"(ad Sinicam normam ac ritum)做出诸多适应。③其中一大显著适应就是在所有公共活动中佩戴巾冠,包括弥撒这一关键的天主教礼仪。在弥撒时佩戴巾冠容易引发疑问,因为这种做法恰恰与拉丁礼弥撒相反。

李方西说明在华耶稣会士大多尊重中国传统礼仪。那些跋涉于不同省份的传教士和经常与上层人士交往的传教士都充分认识到中国传统并不偏离天主教会的教导。仅有少数耶稣会士不赞同司铎佩戴祭巾,原因有二:一是有些传教士过分执着于欧洲礼仪,乃至想以此替换中国传统礼仪;二是有些传教士认为所有地方都必须遵循拉丁礼弥撒的规则,若无教宗许可或赦免,不可与之相悖。④事实上,在华司铎弥撒时佩戴祭巾这一实践早已获得教宗的特别许可。李方西在书信后半部分提及这一特别许可,在此本文略述在华

---

① Francisco de Ferrariis, *Apud Sinas in signum reverentiae tegendum esse caput*, f. 19a(11), "*unamquamque gentem, ut suo quoque ritu supremo Numini, qua maximam potest venerationem exhibeat, hortatur ac jubet*".

② Francisco de Ferrariis, *Apud Sinas in signum reverentiae tegendum esse caput*, f.19a(7).

③ Francisco de Ferrariis, *Apud Sinas in signum reverentiae tegendum esse caput*, f.18a(3).

④ Francisco de Ferrariis, *Apud Sinas in signum reverentiae tegendum esse caput*, f.22a(22).

教会获得司铎佩戴祭巾这一特别许可的过程。

自入华传教初期开始，耶稣会士便留意自己的着装是否适合中国社会。意识到中国人对司铎在弥撒时免冠的疑惑与非议后，耶稣会士决定适应佩戴巾冠举行礼仪的中国传统。1603 年，范礼安（Alessandro Valignano S.J., 1539—1606）已经允许在华耶稣会士在弥撒时佩戴巾冠。①1612 年，龙华民任命金尼阁（Nicolas Trigault S.J., 1577—1628）为中国传教区代表前往欧洲。1613 年 2 月 9 日，金尼阁从澳门出发，于 1614 年 10 月 11 日抵达罗马。他的任务是向保禄五世（Paul V, 1550—1621，教宗任期 1605—1621 年）汇报在华教会的情况并获得更多支援，其中包括请求允许在华司铎弥撒时佩戴巾冠。耶稣会总会长阿夸维瓦向保禄五世转达了两项来自在华教会的请求：(1) 司铎在弥撒时佩戴巾冠的特权；(2) 关于中式礼仪的特别许可，即"用中国士大夫的语言举行弥撒和日课"（de Missa et Officio divino in lingua Sinensi doctorum celebrandis）。②

经过一番深思熟虑，再加上贝拉明（Roberto Bellarmino S.J., 1542—1621）枢机的支持，圣部授予在华天主教会三项特权：(1) 耶稣会士可在弥撒时佩戴巾冠；(2) 耶稣会士可将《圣经》翻译成文言文；(3) 中国司铎可用文言文举行弥撒和日课。1615 年 1 月 15 日，圣部发布授予上述特权的教令。同年 6 月 27 日，保禄五世发布宗座牧函《罗马宗座最高司祭》（Romanae Sedis Antistes），确定诸项中式礼仪的特别许可，并将之拓展至所有在华司铎都可在弥撒时佩戴巾冠，并且中国司铎可用中式礼仪举行圣事和日课。③

得知罗马授予特别许可的消息后，在华天主教会开始设计一种

---

① François Bontinck, *La Lutte autour de la liturgie chinoise aux XVIIe et XVIIIe siècles*, p.36.

② François Bontinck, *La Lutte autour de la liturgie chinoise aux XVIIe et XVIIIe siècles*, p.37.

③ François Bontinck, *La Lutte autour de la liturgie chinoise aux XVIIe et XVIIIe siècles*, pp.40 – 42.

司铎在弥撒时佩戴的头巾并将之命名为"祭巾"。①艾儒略(Giulio Aleni S.J.，1582—1649)在《弥撒祭义》(1629 年)中对祭巾做出描述："今在中华，教皇许用玄色为冠。其制上方下圆，四围俱有飘版，俱有三折线路，以一角向前，后有二长垂带，即祭巾也。"②在此他向中国教徒肯定了司铎佩戴祭巾是获得教宗许可的。《弥撒冠仪》的作者也强调，将司铎弥撒时佩戴祭巾付诸实践历经多年，因为传教士需服从长上，先由东至西向长上汇报关于佩戴巾冠的讨论，再等待允许佩戴巾冠的命令由西至东传达回中国。③

在请求允许在华司铎弥撒时佩戴巾冠，金尼阁曾向保禄五世强调："这是整个中华教会，传教士和中国人所要求的。"④保禄五世任期内，罗马允许司铎弥撒时佩戴巾冠有两大原因，都是基于金尼阁所提交的报告而做出的决定：第一，是因为传教士在中国传教必须遵照中国的各种习俗。与开始流行戴假发的欧洲人相反，传教士剃掉头发只在脑后留一条长辫。由于中国一些地方冬季严寒，罗马为了传教士的健康批准他们头部佩戴属于适应的圣饰(un ornement sacré d'adaptation)。⑤不过此处关于在华传教士发型的描述更符合清代而非明代的情况。第二，与道德有关，在中国传统中裸露头部

---

① 方豪:《中国天主教史人物传》上，中华书局，1988 年，第 180 页。

② 艾儒略:《弥撒祭义·章服第六》卷一，页十五 a6—9，钟鸣旦、杜鼎克、蒙曦主编:《法国国家图书馆明清天主教文献》第十六册，利氏学社，2009 年，第 513 页。

③ "故有冠之议，约数载而西归[后改作'陈']；有冠之命，又数载而东至。"佚名:《弥撒冠仪》，页一 a7—8，第 625 页。

④ "c'est l'Église chinoise tout entière, missionnaires et chrétiens, qui la demandait", François Bontinck, *La Lutte autour de la liturgie chinoise aux XVIIe et XVIIIe siècles*, pp.36 - 37.

⑤ Anon., "Un pratique liturgique propre à la Chine: Le Tsikin 祭巾 ou bonnet de messe", *Bulletin catholique de Pékin* 11(1924), p.377. 据比利时鲁汶大学的中国基督宗教文本数据库(the CCT database)记载，目前关于祭巾的研究只有两个条目:1.佚名论文《中国特有的礼仪实践:祭巾或弥撒巾》("Un pratique liturgique propre à la Chine: Le Tsikin 祭巾 ou bonnet de messe"); 2.波廷克在《17、18 世纪围绕中式礼仪的斗争》(*La Lutte autour de la liturgie chinoise aux XVIIe et XVIIIe siècles*)一书中的部分描述。

是展现轻蔑的标志。官员在上级面前总是佩戴巾冠，更不必说在皇帝面前。故此当新近皈依天主教的中国人看到司铎面对祭台上耶稣基督的临在而光着头时，他们非常惊讶。因着"大公性诸种印记之一的同化特点"(la faculté d'assimilation qui est une des marques de sa catholicité)，罗马批准了在华司铎弥撒时佩戴巾冠的请求。①

李方西的解释和金尼阁一脉相承，他在书信后半部分发出引人深思的提问：传教目的是要使中国人成为天主教徒，还是也得成为欧洲人(ut Sinicae nationem non modò Christianam, sed etiam Europaeam faciamus)？② 在对中国传统礼仪和习俗做出解释后，李方西回到天主教会传统，引用保禄宗徒的名言证明遵循中国传统礼仪的合理性："对一切人，我就成为一切。"(omnibus omnia fieri)③此外，他还引用著名耶稣会神学家苏亚雷斯(Francisco Suárez S.J., 1548—1617)的论述。1613年，苏亚雷斯在保禄五世的鼓励下撰写了《驳英王卫教篇》(Defensio fidei catholicae et apostolicae adversus anglicanae sectae errores)，以此反驳英格兰国王詹姆士一世(James I of England, 1566—1625)的君权神授说。标明《驳英王卫教篇》的具体章节后，李方西转引了其中关于奥古斯丁(Augustinus Hipponensis, 354—430)书信里的内容。④奥古斯丁将教会传统分成三大类：第一类属于《圣经》中规定的传统，人们不可怀疑是否应该实践；第二类属于普世教会的传统，讨论是否应该实践是骄傲的表现；第三类属于各个地区的不同传统，如果不违背教

---

① Anon., "Un pratique liturgique propre à la Chine: Le Tsikin 祭巾 ou bonnet de messe", p.404.

② Francisco de Ferrariis, *Apud Sinas in signum reverentiae tegendum esse caput*, f. 20a(16).

③ Francisco de Ferrariis, *Apud Sinas in signum reverentiae tegendum esse caput*, f.22a(22). 保禄所言引自《新约·格林多前书》第9章22节。

④ 和李方西相似，聂仲迁(Adrien Grelon, 1618—1696)在"广州会议"期间的书信里也从苏亚雷斯的这本著作中转引保禄宗徒和阿奎那的观点。参见梅谦立：《佛教斋戒能否融入天主教？——以1668年"广州会议"与聂仲迁的报告为例》，《佛光学报》2018年第2期。

会信仰,且不违反符合道德的习俗便可实践。李方西在此肯定遵循中国传统礼仪既不悖逆于教会信仰,又没有损害符合道德的习俗。①因此,在华司铎在举行弥撒时佩戴祭巾是完全合理的。

三、结　　语

李方西的书信主要从中国社会的角度出发,解释司铎佩戴祭巾的必要性;从天主教会的角度出发,解释这一实践的合理性。这位经验丰富的在华传教士叙述了中国社会何其重视传统礼仪,以及欧洲礼仪引发的疑惑与非议。他不但引用《圣经》和著名天主教神学家的论述,还引用《礼记》中的相关节选,以证明司铎佩戴祭巾既符合天主教会传统,又适应了中国社会的传统。

佩戴祭巾属于在华天主教会争取举行中式礼仪的一部分。而远在罗马的神学家则大多对异于欧洲的礼仪方式持怀疑态度。相对于将礼仪语言从拉丁文变为中文,罗马更倾向于允许在祭服方面做出依循中国习俗的适应。推行中式礼仪是一个长期且复杂的过程,以致时至"广州会议",在华传教士仍然需要向欧洲读者解释佩戴祭巾的必要性及合理性。17世纪,大部分在华传教士不遗余力向罗马请求有利于本地司铎举行礼仪的特别许可。虽然在传教士看来,中式礼仪并非最终目标而是设立本地司铎的权宜之计②,但是他们和中国天主教徒一起促进了中式礼仪的发展,特别是与弥撒相关的部分。本文仅对李方西支持司铎佩戴祭巾的观点予以初步阐述,"广州会议"期间不同传教士对于祭巾的西文论述还有待进一步发掘研究。

---

① Francisco de Ferrariis, *Apud Sinas in signum reverentiae tegendum esse caput*, f.22a(22).

② François Bontinck, *La Lutte autour de la liturgie chinoise aux XVIIe et XVIIIe siècles*, p.235.

方济各会士利安当中文著述中的"鬼神"与"祭祀"问题*

肇庆学院政法学院、中山大学广州
与中外文化交流研究中心　汪聂才

一、引　　言

　　1634 年 11 月的某一天,福建福安的一位中文老师王达太(Thaddaeus Wang)向他的学生讲解"祭"字的意思。这位中国文人为了让他的学生更容易理解,做了一个类比来解释。他解释说"祭"字是奉献牺牲的意思,就好像天主教中的弥撒。在学生的追问下,他承认中国的天主教徒们也会参与祭孔祀祖敬天礼仪。①王先生没有想到的是,他的解释后来竟掀起了持续百余年、从中国吵到欧洲的"中国礼仪之争"(Chinese Rites Controversy)。这一论争最早的发起者之一,便是王先生的这位西班牙学生——甫至中国一年多,且不久前在南京遭遇挫折而回到方济各会中国教区福安的利安当(Antonio de Santa Maria Caballero,1602—1669)。在中国礼仪之

---

　　* 本文系广东省哲学社会科学"十三五"规划 2018 年度地方历史文化特色项目"广州与欧洲早期汉学之起源研究"(GD2018DL13)、广州市哲学社科规划 2020 年度课题"首部拉丁文'四书'广州译稿与巴黎刊印本比较研究"(2020GZDD03)阶段性成果。本文已在《贵州社会科学》2020 年第 8 期发表。
　　① Antonio Sisto Rosso, "Caballero" in *Dictionary of Ming Biography 1368–1644*, Vol.1, edited by L. Carrington Goodrich, New York and London: Columbia University Press, 1976, pp.24–26.

争当中,利安当更多关注的就是"祭祀"问题,也即中国的基督教徒能否参与祭孔祀祖礼仪。

1653年11月,在写给方济各会菲律宾省会长的西班牙文书信中,利安当汇报他用中文完成了三部书籍:

> 在1653年这一年,我按照这个国家的习惯,用中文完成了三本书。第一本,含括了出自中国典籍的基本论据,目的是[让人们]认清我们唯一应该敬拜和祭祀的是万物的创造者和天地的主宰,而不是其他的什么。第二本,仍以中国典籍为基础,向他们展示了各种偶像和世上所有的偶像崇拜皆为虚无。……然后,我依自然律通过逐条解释每一诫命来阐述摩西十诫,以及仁慈的行为,例如,人应带着敬意来照料死者、怀着虔心来安葬他,摒弃那些无谓的迷信和祭品。第三本,阐释了信、望、爱三圣德,并且我还利用出自中国典籍的基本原则,举例向他们证明他们有责任相信我对他们宣讲的真理,即便他们既没有亲眼见过也不知道它们。……①

由此书信可知,利安当强调他的三本中文著作每一本都是依据中国的典籍。因而,利安当实际上也很重视要按照中国人的习惯——依据中国的典籍,使用一些适合中国人的例子——来宣讲天主教的教义。或者也可以说,利安当也是采用一种"文化调适"的方式来向中国人宣教,只是他的"文化调适"的方式与耶稣会的"文化适应策略"有所不同。另外,从最初从王先生那里了解"祭"字之意思,到后来他用中文撰写书籍,"祭祀"问题一直是他所关注的焦点。本文旨在梳理利安当在其三本中文著述中对"祭祀"问题以及与之相关的"鬼神"问题的思考,同时考察利安当的"文化调适"方式。

---

① Antonio Sisto Rosso, "Caballero" in *Dictionary of Ming Biography 1368-1644*, Vol.1, p.28. D. E. Mungello, *The Spirit and the Flesh in Shandong, 1650-1785*, Lanham: Rowman & Littlefield Publishers, 2001, p.31.

二、三本中文著述

利安当有大量以西班牙文、拉丁文及葡萄牙文写成的书籍、书信和报告①,而其中文著述就目前我们所知道的也有三部:《万物本末约言》②、《天儒印》③和《正学镠石》④。《万物本末约言》是一篇2 600余字的小短文,约写作于1650—1653年间,1664年与《天儒印》同时在济南西堂刊行,约17世纪80年代在广州珠江杨仁里福音堂重梓。⑤正文前有一篇简短自序,署名"远西圣方济各会士利安当述",并有"同会文都辣订"。从自序可知,利安当在这本书中主要讨论两点:第一,"天地神人与万物必有真原",即基督宗教所信奉的唯一神,利安当这里称为"天主";第二,"最重者莫如祭","祭礼从开辟天地以至于今,独可用之于万有之主者也"。⑥书的内容基本上涵括了天主教的基本教义:天主亲谕天主教,天主之本性,三位一体,天主创造万物并主宰万物,天主造人,原罪,本罪,十诫,基督神人两

---

① Antonio Sisto Rosso, "Caballero" in *Dictionary of Ming Biography 1368 - 1644*, Vol.1, p.31.

② 利安当:《万物本末约言》,济南西堂,1664年,法国国家图书馆馆藏编号Chinois 6971。相关版本:法国国家图书馆藏本古朗氏编码Chinois 6971,收入钟鸣旦、杜鼎克、蒙曦编:《法国国家图书馆明清天主教文献》第二册。

③ 利安当、尚祜卿:《天儒印》,济南西堂,1664年,法国国家图书馆馆藏编号Chinois 7148。相关版本:法国国家图书馆藏本古朗氏编码Chinois 7148,收入吴相湘主编的《天主教东传文献续编》第二册,周振鹤主编的《明清之际西方传教士汉籍丛刊》第一辑第一册,钟鸣旦、杜鼎克、蒙曦编的《法国国家图书馆明清天主教文献》第二册。

④ 利安当、尚祜卿:《正学镠石》,广州珠江杨仁里福音堂,法国国家图书馆馆藏编号 Chinois 7154。相关版本:法国国家图书馆藏有三本,古朗氏编码Chinois 7154、7155、7156,亦收入吴相湘主编的《天主教东传文献三编》、周振鹤主编的《明清之际西方传教士汉籍丛刊》第一辑第一册。

⑤ Antonio Sisto Rosso, "Caballero" in *Dictionary of Ming Biography 1368 - 1644*, Vol.1, p.30.

⑥ 利安当:《万物本末约言》,第1b页。

性,耶稣生平,末日审判,天堂地狱,弥撒之礼、受洗之礼、告解之礼,等等。

美国学者孟德卫(David Mungello)认为,《万物本末约言》意义重大,因为它揭示了中国文人尚祜卿在利安当另外两本书籍当中的重要作用,因为另两本书的文笔要典雅很多。①由于孟德卫自己更关注中国文人尚祜卿,从而得出此结论。然而,由于利安当在该书中所强调的重要内容,一为当知天主为万有本原,二为唯可祭祀天主,我们若从著者利安当自身的角度考虑,或可以说《万物本末约言》的意义在于,利安当从一开始就非常关注祭礼问题,希望借助中文著述让中国天主教徒认识到祭礼的唯一性:祭礼即弥撒,只能祭天主。由此可见,《万物本末约言》当是 1653 年书信中所言第一本中文书。②

虽然《万物本末约言》同样由一位不知名的中国文人替利安当润色,但与后两本相比较,文笔确实逊色不少。另外两本书利安当的合作者即尚祜卿,两本书皆有尚氏撰写的序言。③尚祜卿,字韦堂,皈依天主教之后取笔名识己,1619 年生于江苏淮安。25 岁左右即受耶稣会士毕方济(Francesco Sambiasi,1582—1649)施洗而皈依天主教,崇祯十二年(1639)举人,顺治十六年(1659)年被任命为山东潍县县令,因而在山东结识方济各会士利安当和耶稣会士汪儒望(Jean Valat,1599—1696)。④

---

① D. E. Mungello, *The Spirit and the Flesh in Shandong*, 1650 – 1785, Lanham: Rowman & Littlefield Publishers, 2001, p.54.
② 孟德卫认为《万物本末约言》乃书信中所提及的第二本书,理由是里面解释了"十诫"。笔者认为此书乃第一本,理由还在于:利安当在书信中所述第二本书中批判了偶像崇拜,解释了仁慈的行为,这些在《万物本末约言》中皆未提及。
③ 关于尚祜卿及其与利安当的合作,请参阅孟德卫前引书及方豪《中国天主教人物传》"利安当、尚祜卿"条。
④ 方豪:《影印天儒印序》,吴相湘主编:《天主教东传文献继编》,台湾学生书局,1965 年,第 40 页。方豪:《中国天主教人物传》(中),中华书局,1988 年,第 112 页。但孟德卫认为尚祜卿要到 1659 年才中举。

《天儒印》则从"四书"当中摘取相关字句,并用天主教神学及教义来诠释它们。全书分 37 小节,每节诠释一条字句,其中 5 节出自《大学》,14 节出自《中庸》,《论语》14 节和《孟子》4 节。

《天儒印》有两篇序言。第一篇《天儒印序》的作者是魏学渠①,因受其叔(伯)父魏大中及堂兄魏学濂影响②,对西学感兴趣,也对传教士非常友善,写了一篇赞誉的序言。第二篇《天儒印说》乃尚祐卿所作,其中他将天主创世比为印章在纸上盖印,万事万物及其理皆是天主的印迹,儒家之理也一样是出自天主,乃天主之印迹。即便作为儒家典范的孔子,其德也是来自天主所授。他自述在读了《天儒印》的初稿后,为之兴奋:"吾侪类言天儒一理,若师所言,理庸不一。偿溺于章句而不深究其指,之南而以为之北,奚一焉!今而后,谓四子之书即原印之印迹也可。"③这里所说"章句"指朱熹的《四书章句集注》,也就是说尚祐卿赞同利安当的看法,认为朱熹的解释并没有理解"四书"的本意。所以,尚祐卿取书名《天儒印》。在《中国方济各会志》(Sinica Franciscana)第二卷所载利安当传中,将书名译为拉丁文"Concordantia legis divinae cum quatuor libris Sinicis"(《天主教与中国四书对照》),而且会志中谈到利安当的中文著述有 8 种。④

在《天儒印》中利安当两次谈及"祭",有实质性的论述只在第一处,另一处只是引用。第一处为诠释《论语》"获罪于天,无所祷也"句。利安当以基督宗教思想诠释"天"非物理的天,而是"天主",因此"获罪于天"即"得罪于天主也";又引"丘之祷久矣""吾谁欺,欺天乎?"两句,阐明孔子一不祷于奥灶,二不祷于神祇,惟祷于天,即天

---

① 魏学渠,字子存,号青城,浙江嘉善人。顺治五年(1648)举人,官湖西道。魏氏乃当时有名的词人。
② 魏大中(1575—1625),明代"东林前六君子"之一,官至翰林院庶吉士,与传教士交善。魏学镰乃魏大中之子,皈依了天主教。
③ 利安当、尚祐卿:《天儒印》,第 5b 页。
④ 方豪:《影印天儒印序》,第 37 页。

主;继而利安当批评当时的儒士"祈神佞佛",从而祭错了对象,"所谓'非其鬼而祭之,谄也',窃恐'获罪于天'矣"。①

《正学镠石》为三本著作中篇幅最长者,约 27 500 字。全书分为八章,分别辨析天主教与儒家概念的差异,包括:释天主太极之辩、释天主上帝之辩、释天主形天之辩、释太极理气之辩、释天地生物之辩、释天地生物之辩、释鬼神祭祀之辩、释生死魂魄之辩。按方豪,该书初版刻于 1664 年,法国国家图书馆藏有该书三本,古朗氏编目 7154、7155、7156。7156 号为手抄本,共 77 叶,每叶前后两页,每页 8 列,每列 23 字,每段首句顶一格;扉页题有"泰西利安当命意,天民尚识己载言",尚识己即尚祜卿。②7154 号、7155 号为刊行本。7154 号扉页题有"极西圣方济各会士利安当著",修订者则包括方济各会士南怀德(Miguel Fernández Oliver, 1665—1711)、利安宁(Manuel de San Juan Bautista, 1656—1711)、郭纳壁(Bernardo de la Encarnación, 1630—1718)、卞述济(Francisco de la Concepción Nieto-Diaz, 1660—1733),由值会恩懋修(José Navarro, 1655—1709)批准,出版地为济南天衢天主堂。刊印本有尚祜卿所写序言"正学镠石叙",落款时间为康熙戊寅年(1698 年)。因此该刊行本出版于利安当过世(1669 年)之后,由尚祜卿编辑刻印。孟德卫认为《正学镠石》的真正作者应该是尚祜卿。③实际上最早提出这一观点的是王重民,早在 1944 年的短文《尚祜卿传》中。他依据尚祜卿撰写的《天儒印说》内容而提出《正学镠石》的著者当是尚祜卿。④但王、孟二人的依据并没有足够的说服力,正如方豪指出的那样,不能否定利安当在《正学镠石》中的重要作用,起码如手抄本所题,命意者

---

① 利安当、尚祜卿:《天儒印》,第 19a—b 页。
② 方豪:《中国天主教人物传》(中),第 112 页。
③ D. E. Mungello, *The Spirit and the Flesh in Shandong*, 1650 - 1785, p.30.
④ 王重民:《尚祜卿传》,《图书季刊》中华民国三十三年新第五卷第一期,第 49 页。

还是利安当。①

从尚祜卿所撰写的序言中可以窥见《正学镠石》之题解与旨趣。尚祜卿认为上古时代中国人认识了"大根本""大主宰"的天主,从而风俗淳朴、天下和平;然而,当今之世"民鲜淳朴,世失和平",原因在于异端邪说杨墨与佛道②兴起以致"昧于知天主","昧于知天主则失所以事天主矣,本乱真失⋯⋯"③若要"晰本洞源",就要重新认识天主,"知天主为性之本,而性明;知天主为道之源,而道光"。④因而要向西方传教士学习天学,认识真天主。天学乃"言言金玉,字字药石,为正学真儒之归宗也",儒士们应该"则而效之,专信而敬事之"。⑤其次,尚祜卿还批评了当时以学习基督宗教为用夷变夏的论断。他指出舜和文王一个东夷人,一个西夷人,意为何来夷夏之分?并指出古往今来、东西南北,心同理同,都有成圣的可能,因此尊崇天主才是回到真正的儒家,"归于大中至正之道"。⑥从《正学镠石》的目次看上去,该书似乎只是在天学与儒学概念之间加以辨析而已,然而从尚祜卿的序言以及下文将会讨论的正文可知,实际上是以天学为正学、为镠石以批驳儒学,尤其是受佛道浸染之后的宋明理学。

三、论鬼神:"敬鬼神而远之"

利安当在《万物本末约言》中所强调的两点——天主乃天地神

---

① 方豪:《中国天主教人物传》(中),第113页。关于《正学镠石》的作者到底是谁,或可另辟专文讨论。然而,笔者认为,按《正学镠石》第四章"释太极理气之辩"中对中世纪哲学"四因说""四元素说"的熟稔,恐怕是对西学并非那么深入了解的尚祜卿难以做到的。

② 《正学镠石》2b—3a:"凡所习见,非杨即墨,而昧于知天主矣。""口所用诵者典谟,心所向者二氏。"

③ 利安当、尚祜卿:《正学镠石》,第2b页。

④⑤ 利安当、尚祜卿:《正学镠石》,第3b页。

⑥ 利安当、尚祜卿:《正学镠石》,第5a页。

人及万物之真原;祭礼独可用于万有之主,也即弥撒——在《正学镠石》中得以展开,他阐述了一套简洁而完整的天主教宇宙论体系,来驳斥儒家的相关概念。他特别批驳了儒家的鬼神观,再在此基础上阐述了他的祭祀观从而反对中国祭祀礼仪。

按照天主教的创世论,万有皆为天主从虚无中创造,且受天主主宰统治。天主所造万有呈现为明显的等级序列:天神(天使)、人、其他万物。天神为天主所造,与万物一样是受造之物。不过天神比万物高贵,甚至比人也高贵,因为"其体纯神无质",而人灵尚须肉身。然而,作为受造之物,天神一样受天主的主宰,"惟奉天主之命,司造化之事"。① 但是,有些天神傲慢无礼,"自负灵明,谓与天主齐等",遂被天主"黜为魔鬼,置之地狱"。于是才有了天神与魔鬼的区别:"正直而善者为神,凶邪而恶者为鬼。"② 利安当以天主教思想区分"神"与"鬼":"神"为"天神",也即天使;"鬼"为魔鬼,即违背天主而堕落的天神。"谓向主而有功者,天主定为正神,并以超恩,即天神是;其悖主而有罪者,天主定为邪神,不惟超恩不及,而苦罚随之,即魔鬼者是。"③

而儒家的鬼神观在利安当看来则众说纷纭,无有定论,且相互矛盾:

> 儒者乃论鬼神不一。或云鬼神者造化之迹,或谓鬼神便是造化也;或云鬼神者,二气之良能,神者气之伸、阳之动也,鬼者气之屈、阴之静也。此但论气有屈伸之异,而不知有鬼神之实。或云:阴阳交而有神,形气离而有鬼。又云:致生之故,其鬼神;致死之故,其鬼不神。此即气之离合,分言鬼神,而又似实言鬼、虚言神也。或又问鬼神有无,答云:为尔言无,则圣人有是言;为尔言有,尔得不于吾言求之乎?此谓说有则非,说无亦

---

① 利安当、尚祜卿:《正学镠石》,第46a页。
② 利安当、尚祜卿:《正学镠石》,第37b页。
③ 利安当、尚祜卿:《正学镠石》,第40a页。

非,而为此恍惚之辞也。更又云:信之则有,不信则无。而吾心之信否,定鬼神之有无者。①

利安当罗列了儒家论及鬼神的观点,然后基于天主教神学,也即利安当所言"天学",对其逐一予以批驳。

(一)驳"鬼神乃造化或造化之迹"。儒家有论认为鬼神即是造化,此乃程颐之观点。②而天学中,一切皆由唯一天主创造,包括众多天神和魔鬼。"故凡造造化化,悉属天主全能,鬼神何力焉?"而且,鬼神亦受天主的主宰和派遣。"特是鬼神供命天主,使之运动诸天,以司其旋运造化之事,斯则鬼神职也。"③利安当指出,宇宙万有的存在显明有一位创造万有的主,这即是天主,而非儒家所言鬼神。"於穆之表,吾虽未见天主,见造化之迹,知必有造物主也。则造化之迹,正所彰显天主之迹,而岂鬼神即为造化之主哉?"④

(二)驳"鬼神为阴阳二气之良能",此为张载之观点。⑤利安当并未深入理解宋明理学的"气",而是将儒家所言"气"视为古希腊以来自然哲学中四元素之一的"气",而后者乃是物质性的元素,其受造要后于纯粹精神性的天神。依此,他指出气和神有着本质上的区别,一为物质的,一为精神性的。朱熹非常赞同张载"鬼神者二气之良能"的观点,并且在此基础上有所发挥提出"至而伸者为神,反而归者为鬼"。⑥因此,利安当继而以归谬法批驳朱熹的观点:"如以气伸为神、气屈为鬼,阳动为神、阴静为鬼,则犹是气也。当其伸时,鬼亦现而为神;当其屈时,神亦伏而为鬼乎?"若此,则鬼神之间就无区

---

① 利安当、尚祜卿:《正学镠石》,第37b—38a页。
② 朱熹《中庸章句》:"程子曰:'鬼神,天地之功用,而造化之迹也。'"朱熹:《四书章句集注》,中华书局,1983年,第25页。
③ 利安当、尚祜卿:《正学镠石》,第38b页。
④ 利安当、尚祜卿:《正学镠石》,第39a页。
⑤ 朱熹《四书章句集注·中庸章句》:"张子曰:'鬼神者,二气之良能也。'"
⑥ 朱熹《四书章句集注·中庸章句》:"愚谓以二气言,则鬼者阴之灵也,神者阳之灵也。以一气言,则至而伸者为神,反而归者为鬼,其实一物而已。"

别了。他批评儒家"不知阴阳无端,鬼神异位,安得混于二气之中而乱其等类?"①

（三）驳"阴阳交而有神、形气离而有鬼"。"阴阳交而有神、形气离而有鬼"是儒家区分神鬼的论说之一种,利安当对此的反驳基于天主教神学中天神与魔鬼的本性相同:它们都拥有纯粹的神体,同受造于天主,且不会死灭,因而它们皆比人的灵魂更高贵,因后者受肉身所限制。②儒家所说"阴阳""形气"皆被利安当理解为物质的,与纯精神性天神以及魔鬼就没有任何干系。"然则魔体不异神体,则彼固不即于形,而灵形自在,不杂于气,而灵气常存。乌得有形气离之时乎?"儒家还有论认为:"天之神曰神,地之神曰祇,人之神曰鬼。"③此为儒家传统观点,出自《周礼》,朱熹对此亦有所发挥。朱熹分鬼神为三类:"则周礼言:'天曰神、地曰祇、人曰鬼。'三者皆有神,而天独曰神者,以其常常流动不息,故专以神言之。若人自亦有神,但在人身上则谓之神,散则谓之鬼耳。鬼是散而静了,更无形,故曰往而不返。"④利安当指出,这还是没有弄清楚神鬼人之间的区别:人虽有生死,但死后人的灵魂有善恶。善灵上天堂与神相伴但并不是神,恶灵坠地狱与魔鬼为伍亦非鬼。三者"不可以类混也"⑤,因而人非神鬼,虽然人有灵魂,人的灵魂也同样不同于神鬼。

（四）驳"造化乃鬼神之迹"。"儒论云:雨露风云、日月昼夜,此鬼神之迹也。"⑥即认为鬼神为造化万物之主。再一次,利安当阐述天主教的创世论、宇宙论来驳斥这一观点。神鬼有别,前者正直,奉天主之命,运行诸天,不至人间;后者则凶邪,为天主用,以警示人类,但也受制于天主,少至人间。利安当认为,天主教的神鬼观才能

---

① ③ 利安当、尚祜卿:《正学镠石》,第40a页。
② 利安当、尚祜卿:《正学镠石》,第40a—b页。
④ 黎靖德编,王星贤校:《朱子语类》,中华书局,1986年,第2260页。
⑤ 利安当、尚祜卿:《正学镠石》,第41b页。
⑥ 利安当、尚祜卿:《正学镠石》,第44a页。利安当所引言出自朱熹《朱子语类》卷第三《鬼神》。

真正解释孔子回答樊迟问知的那句"敬鬼神而远之"。①"天神既不易见,凶魔又不恒见,彼人世福禄,非鬼神所能,由天主耳。仲尼谓'敬鬼神而远之',意在斯乎?"②儒家或认为鬼神即造化或造化之迹,又论造化为鬼神之迹,皆是不知万有之真原为唯一天主,神鬼亦是天主所造。

（五）驳斥无神论。还有一些儒家文人并不相信鬼神的存在,利安当因而要驳斥无神论。利安当首先描述了天学中天神众多、各司其职、蔚为壮观的场面:天神九品,数目众多,它们受天主之令,或司日月山川,或掌国都郡邑,或护帝王仕臣……这些都证明了鬼神是存在的。然后,他再引孔子之言反驳:"孔子尝言之矣,曰:'鬼神之为德,其盛矣乎。'言德盛则其性情可求矣,鬼神宁虚无者耶? 曰:'体物而不可遗。'言体物则其职守可列矣,鬼神宁远者耶? 曰:'诚之不可揜如此夫。'言诚不可揜,则其真实而无妄、彰明而不惑,又可按矣?"③孔子所言,按照天学就很容易理解了:鬼神"视之而弗见,听之而弗闻",乃因为它们属于纯神之体,是纯精神性的,自然是不可见、不可闻,但这不等于它们不存在。"无形无声者之于无也,隔霄壤矣。"④

至此,利安当逐一驳斥了儒家纷纭的鬼神观与无神论,而他所列的儒家鬼神观实际上皆为宋明理学之观点,且多出自朱熹或为其所发挥。朱熹的鬼神观源自其本体论和宇宙论。朱熹赞同"鬼神乃造化之迹",又认为宇宙万物皆由气化而成,因而"鬼神只是气"。又,气分阴阳,气之动者谓之阳,气之静者谓之阴,由此朱熹更推崇张载之"鬼神者二气之良能"说,认为"屈伸往来,是二气自然能如

---

① 利安当所引言出自《论语·雍也》。
② 利安当、尚祜卿:《正学镠石》,第44a页。
③ 利安当、尚祜卿:《正学镠石》,第42b页。利安当所引言出自《中庸》第十六章:"子曰:'鬼神之为德,其盛矣乎! 视之而弗见,听之而弗闻,体物而不可遗。使天下之人齐明盛服,以乘祭祀,洋洋乎如在其上,如在其左右。'"
④ 利安当、尚祜卿:《正学镠石》,第43a页。

此"。①所以对朱熹来说,"鬼神即阴阳二气自然本有之功能作用","宇宙中种种神妙,朱子皆谓之曰鬼神,其伸发灵妙者为神,其消退收敛者为鬼,乃一体两面也"。②因此,朱熹的鬼神观类似于泛神论(Pantheism)。利安当则在天主教创世说的基础上,在天主教的神哲学框架内来讨论"鬼神"。首先,宇宙万有皆由超自然的天主创造,包括物质性的物体,也包括无形的精神性物体——鬼神;其次,鬼神虽然是无形的、精神性的,但它们都是实体,是真实存在的,而非功能或属性;再次,他将中国的"鬼""神"概念分别对应为天主教的"魔鬼"和"天神",而鬼神的分别在于其为善还是为恶,乃是基于道德的区分。因此,利安当以天学是而儒学非,按天主教神哲学批判宋明理学的鬼神观。然而,利安当也多次肯定孔子的思想,充分利用孔子的言论来批判宋明理学。他指责的正是儒家混乱而错误的鬼神观念,导致了中国人向错误的对象祈祷和祭祀。

四、论祭祀:"祭其所当祭"

正如利安当在《万物本末约言》中所强调的那样,"最重要者莫如祭"。③论及祭祀之礼仪,利安当首先要确立祭祀、祈祷的正确而唯一的对象——天主。"祭礼从开辟天地以至于今,独可用之于万有之主也。"④"一切祭祀,用以钦崇天主,而必不可移而以事他人他物。"⑤继而,利安当指出儒家在祭祀对象问题上也犯了两条错误:其一,向错误的对象祭祀,这些错误的对象包括天地、日月、佛仙土神。"顾自正传不明,所以人之谬向多矣。或因物大,而向如天地;或因物光明,而向如日月;或因已死人,魔托现,因为所惑,而向如

---

① 黎靖德编,王星贤校:《朱子语类》,中华书局,1986年,第1550页。
② 吴展良:《朱子之鬼神论述义》,《汉学研究》2012年第4期。
③④ 利安当:《万物本末约言》,第1b页。
⑤ 利安当、尚祜卿:《正学镠石》,第46a页。

诸佛仙土神。"①实际上,天地、日月乃至鬼神皆是被造之物,祭拜被造物而不祭拜它们的造物主,岂不是错谬吗? 其二,不同人祭祀不同的对象,且祭祀礼仪也各不相同。利安当将中国的祭礼理解为不同身份的人向不同对象祭祀,各不相同:天子向天地祭、诸侯向名山大川祭、士大夫向门行户灶中霤祭祀。"人各其向,人各其祭,岂非谬向乎?"②利安当无不感慨地说:"释此而知人心原有本向。心无所依,不得安止,因以种种谬向,失诸正鹄,宁不悲夫? 此正传所以不容已也。"③

按利安当对儒家经典的理解,实际上中国古人已经认识了真正的祭祀对象。他引《中庸》言"郊社之礼,所以事上帝也",认为古人已经知道天地山川有一位大尊,所以郊社之礼是向这位"上帝"祭祀。利玛窦在《天主实义》中亦有引此句证明孔子所说的"上帝"即天学之"天主"。④但是,利安当并不赞同将"上帝"完全等同于"天主",他对"上帝"与"天主"做了仔细的辨析,指出两者"名相似也,释是也"。⑤利安当又引《中庸》"使天下之人、齐明盛服以承祭祀,洋洋乎如在其上,如在其左右"⑥指出,"盖惟此在上者,是为天地山川之大尊",所以古人已经认识到天地山川之主——天主,"而后郊社之礼行焉"。⑦然而,到了宋明理学,儒家迷失了祭祀的对象:"世儒类言,有其诚,斯有其神。假令迷失真宗,不至天地山川之主,而徒然祭天地山川,虽日陈牲于庭、日灌酒于地,吾心之诚,将谁表也?"⑧

---

① 利安当、尚祜卿:《正学镠石》,第 47b 页。
② 利安当、尚祜卿:《正学镠石》,第 48a 页。
③ 利安当、尚祜卿:《正学镠石》,第 49a 页。
④ 利玛窦著,梅谦立注、谭杰校勘:《天主实义今注》,商务印书馆,2014 年,第 100 页。
⑤ 利安当、尚祜卿:《正学镠石》,第 9a—b 页。利安当辨析了"天主"与"上帝",指出"天主"是唯一的,而儒家的"上帝"则有众多含义,所以最好还是不要将"天主"与"上帝"相混淆。
⑥ 利玛窦在《天主实义》中同样有引用此句。参见利玛窦著,梅谦立注、谭杰校勘:《天主实义今注》,商务印书馆,2014 年,第 119 页。
⑦ 利安当、尚祜卿:《正学镠石》,第 50b 页。
⑧ 利安当、尚祜卿:《正学镠石》,第 51a 页。

其次,利安当对儒家祭祀礼仪中的行为提出了批评和质疑,例如用牺牲、纸钱、酒醴等物品祭祀,等等,其中首要一点便是中国古代的尸祭。"尸"是身体,古人祭祀天地、社稷、祖先等,皆以活人为"尸",再招天地之神、祖先之灵依附"尸"上得享祭品,接受祭祀。《礼记·曾子问》载孔子言:"祭成丧者必尸,尸必以孙。"郑玄注《礼仪·士虞礼》曰:"尸,主也。孝子之祭,不见亲之形象,心无所系,立尸而主意焉。"①

利安当认为,古人立尸的理论前提是以鬼神为阴阳二气,祭鬼神也就是祭气。而鬼神非气,前已批驳。天地山川,包括尸,皆是有形体的物质,而神"纯神无形",尸怎么会像神呢?②再者,按儒家宇宙论,太极生阴阳,阴阳生万物,万物皆由阴阳二气所成,天地山川之气如何能够聚于同样由二气形成的尸之上呢?儒家还认为用牺牲、纸钱等祭品祭祀,只要做到尽心诚敬,天地山川之气便会聚集于尸之上。利安当反问:"但云诚敬尽而气自聚,设有所未尽将二气立在何处,而不来聚耶?"③这是利安当对立尸等祭祀礼仪的第一点质疑。第二,若山川之气聚于尸,则实乃气借尸而歆享祭祀,那么所祭祀和敬畏的对象难道是气吗?"我所祭者,是祭气耶?然则肃然在上者,气在上耶。我所奉承而敬畏之者,是奉承气,敬畏气耶?"④第三,《论语·八佾》孔子说"祭如在,祭神如神在",儒家各种祭祀礼仪,当"祭其所当祭":天子所当祭者天地,诸侯所当祭者社稷,这两者都可说是"从气类而祭"。⑤然而,士大夫祭五祀,难道士大夫的气与门行户灶中霤是同一类吗?第四,到底是人死气散,还是人死气不散而应后世子孙祭享呢?⑥第五,儒家有论说气便是神,又有论说气里神灵相似者才是神,到底是如前论气与神本是一物,还是如后论神与气

---

① 郑玄注,贾公彦疏:《礼仪注疏》,北京大学出版社,1999年,第803页。
② 利安当、尚祜卿:《正学镠石》,第49b页。"古人祭天地山川皆立尸……天地山川形气之物,而无灵明之神,尸何像耶?"
③ 利安当、尚祜卿:《正学镠石》,第50a页。
④ 利安当、尚祜卿:《正学镠石》,第50a—b页。
⑤ 利安当、尚祜卿:《正学镠石》,第51b页。
⑥ 利安当、尚祜卿:《正学镠石》,第52a—b页。

为二物？由此一系列的质疑，利安当表明气和鬼神必不是同一物，从而反驳儒家祭祀立尸的理论前提。

最后，利安当强调当务之急是要厘定祭祀的唯一对象——天主。因为，纵观《旧约》所载的历史，即便是天学的祭礼，自远古由上主所令于亚白尔（Abel，亚伯尔），洪水后又令于诺厄（Noah，诺亚），也一样出现了诸多异端，如奉物、拜偶像、拜古圣先贤、拜邪神，等等。①在中国则更是如此："考诸帝典王谟，兢兢以昭事上帝为言，其初意未尽失也。迨日久礼废，迷谬真宗"，②如是儒家制定了各种繁杂的祭礼，以至于无物不祭、无事不祭。因而，"厘定祀典只定一尊"在当时中国就尤为迫切了。

显然，利安当在《正学镠石》中对儒家祭祀礼仪的批判，最终是希望中国人尤其是儒士们，要认清祭祀的真正对象，"祭其所当祭"。同时，从利安当多处引证孔子言论可知，他肯定了中国古人早已认识"天地山川之大尊"，只祭拜天主。因而要"厘定祀典只定一尊"，实即回归中国古人不曾迷谬之时所祭祀的正确对象。这从利安当的《天儒印》中同样可以找到例证。如前文所述，利安当在那里以天学来诠释《论语·八佾》中"获罪于天，无所祷也"句。他将"天"诠释为天学之"天主"，"所云'获罪于天'者，谓得罪于天主也，岂祷于奥灶所能免罪哉？"③可见，利安当肯定孔子已经认识天主，其所祷之对象即是天主。

五、结　　语

综上所述，就"鬼神"与"祭祀"问题而言，利安当一方面以天学创世说和"天神（天使）""恶魔"概念评判新儒家之气化宇宙论与"鬼""神"概念，从而批驳了宋明理学的鬼神观和无神论；另一方面，

---

① 利安当、尚祐卿：《正学镠石》，第53b—55a页。
② 利安当、尚祐卿：《正学镠石》，第53b页。
③ 利安当、尚祐卿：《天儒印》，第19a页。

他认为由于错误的鬼神观以及佛道的影响，儒家迷失了中国古人（先秦）所祭祀的正确对象——天主教的天主，因而导致后世祭祀礼仪的错谬和混乱。再通观利安当三本中文著述，从《万物本末约言》至《正学镠石》再至《天儒印》，第一本只是介绍天学，第二本以天学批判儒学，第三本则以天学诠释儒家经典，可见利安当在著述中经历了拒绝儒家、面对儒家到超越儒家的过程，同时也愈发重视儒家经典。①在这三本书中，利安当也确实如其在1653年的书信中所言，按照中国人的习惯，用"中国典籍的基本论据"和其中的"基本原则"以中国人所熟知的例子，来介绍和诠释天学。这自然也是一种适应中国的策略。而且，从其对待儒家的态度上看来，他如同利玛窦等耶稣会士一样，批判宋明理学的新儒家概念，却肯定孔子和先秦儒家经典。利安当曾在1660年9月4日写给传信部枢机主教们的报告中引用了利玛窦《天主实义》的内容，这说明在那时利安当已经比较熟悉《天主实义》了。②因此，可以合理地推论利安当对"中国习惯""中国典籍"的重视以及他对先秦儒家认识天主的肯定受到了利玛窦的影响。不过他与后者对儒家经典的理解和诠释的方式上有着重要的区别：后者采用理性的方式，而利安当则偏爱寓意的方式，这很好地体现在《天儒印》之中。③另外，方济各会所重视的底层传教路线在利安当身上还是得到了很好的贯彻。总之，我们或可以说，利安当在面对儒家的态度上，有着与耶稣会的文化适应策略相似而有别的文化调适策略。

---

① 如前文所言，三本书初刻版都在1664年，但是确切的成书时间和成书顺序还有待考证。目前所见《正学镠石》的刻本为1698年版，会令人误以为《正学镠石》的成书时间要晚于《天儒印》。

② Antonio Sisto Rosso, "Caballero" in *Dictionary of Ming Biography 1368–1644*, p 29.

③ 关于耶稣会士与利安当对儒家经典的不同诠释方式请参考 Wang Niecai, Revelation or Reason? Two Opposing Interpretations of the Confucian Classics during the Chinese Rites Controversy. *Frontiers of Philosophy in China*, 2019, 14(2): 284–302。

显微镜、望远镜与康有为的悟道*

中山大学哲学系、广州与中外文化
交流研究中心　马永康

显微镜、望远镜均为外来光学仪器。晚明时期,传教士已将望远镜实物带入中国,并做了文字介绍。简单显微镜在元明时期已传入中国,当时被称为"单照";复式显微镜的传入时间虽然没有明确的史书记载,但很可能与望远镜同时传入。①李渔写于清顺治年间的《十二楼·夏宜楼》,内有因望远镜成就姻缘的故事,其中还简要介绍了显微镜和望远镜的外形、功能等,并提到"以上诸镜皆西洋国所产,二百年以前不过贡使携来,偶尔一见,不易得也。自明朝至今,彼国之中有出类拔萃之士,不为员幅所限,偶来设教于中土,自能制造,取以赠人。故凡探奇好事者,皆得而有之。诸公欲广其传,常授人以制造之法。然而此种聪明,中国不如外国,得其传者甚少。数年以来,独有武林诸曦阁讳言者,系笔墨中知名之士,果能得其真传。所作显微、焚香、端容、取火及千里诸镜,皆不类寻常,与西洋上著者无异……"②据此,这两种镜在清代早期虽然仍属新奇事物,但民间既可从传教士处获得,又可在市面上购买,还有本土制造。

到了康有为所处的时代,这两种镜的文字介绍与实物更不难

---

* 本文为教育部人文社会科学研究青年基金项目(15YJC720018)的阶段性成果,并得到广州市人文社会科学重点研究基地"广州与中外文化交流中心"的支持;曾刊发于《海南大学学报》2019 年第 1 期。

① 王锦光、洪震寰:《中国光学史》,湖南教育出版社,1986 年,第 160—162 页。

② 李渔著,瘦吟山石校点:《十二楼》,春风文艺出版社,1998 年,第 81—82 页。

获得。康有为自述游历香港、上海后大攻西学,曾购买这两种镜进行实测,并由此心灵受到震撼。后来他屡屡提及这一经历,尤以显微镜对他的影响最大。然而,他并没有藉此走上自然科学研究之路,而是转向悟道:显微镜与早年的"大小齐同"之悟相关,望远镜则与后期的"天游"之学相连。这两种外来的镜如何与他的悟道相关联呢?不仅如此,他强调"自谓从致知格物悟得"道①,有意区别于传统的悟道。那么,他悟道的特别之处在哪儿?又反映出近代何种思想新动向?解读他借助这两种镜的悟道,不仅有助于理解他思想的形成与变化,而且有助于管窥近代社会思想发展的某些趋向。

一、显微镜与"大小齐同"之悟

康有为自言于1883年"购《万国公报》,大攻西学书。声、光、化、电、重学及各国史志,诸人游记,皆涉焉"。②由此,他对有关显微镜的新知应不陌生。当时,光学著作以及出使大臣的游记多有相关知识介绍。③

但获得的显微镜书本新知看来并没有给康有为带来多大冲击。当他使用显微镜实测时,才深受震动。这成为他思想发展的一个事件,被他反复提及。他特意撰写了《显微》一文,详细地记录了初次使用显微镜的情况:

地球之东中国,有康有为者,自粤城避居于其乡西樵山北之银塘乡,日读书于七桧园之澹如楼,而昔昔窥天文焉。乃购

---

① 姜义华、张荣华编校:《康有为全集》第九集,中国人民大学出版社,2007年,第283页。
② 姜义华、张荣华编校:《康有为全集》第五集,第63页。
③ 葛兆光:《显微镜及其他》,《上海文学》2000年1月号,第58—59页。

远镜,又购显微镜,得三百倍者,时为中国光绪十年甲申岁九月也。①

据此,他在光绪十年甲申岁(1884)出于观察天文的需要购买了望远镜,顺便买了显微镜,进行实测。文中自称"康有为",与在此前后用"祖诒"之名不合,如1883年致信邓铁香,1885年撰写《教学通义》等。②他有一段时间为纪念祖德而使用"祖诒"之名,原因是早年科考一直未通过童生试,后来因其祖父1877年死于任上而获得"荫监生"的资格。在1895年中进士后,他复用"有为"之名。③由此推断,《显微》一文可能后来曾做修改。在现存文献中,他基本上将初次使用显微镜的时间系于1884年,如《我史》光绪十年条载"至十二月,所悟日深,因显微镜之万数千倍者,视虱如轮,见蚁如象",《戊戌轮舟中绝笔书及戊午跋后》记"吾廿七岁时,曾观一佳显微镜,见巨蚁若象"。④但1923年致信其外甥女谭达印时说"吾昔三十年前得一显微镜三百倍者……"⑤,与上述时间记载有出入。在他留存下来的《澹如楼日记》中,光绪十三年(1887)记有"以显微镜视物,动植物甚多,惟肥皂水能灭之"⑥,已用显微镜观测肥皂水的杀菌效果,应非初次观测。从日记来看,他至晚在1887年已使用显微镜进行实测,但初次使用显微镜是否在1884年则难以确考。

康有为当时购置的显微镜可放大300倍,非常精良,得以观测到高质量的镜像而被震惊。《显微》对此记道:

乃摘红菊花之一瓣镜之,长竟丈余。适大蚁自红蝠台松山

---

① 康有为:《显微》,上海市文物保管委员会编:《康有为遗稿:戊戌变法前后》,上海人民出版社,1986年,第167页。
② 姜义华、张荣华编校:《康有为全集》第一集,第3、19页。
③ 参马永康:《戊戌前康有为的名、号、字问题》,《船山学刊》2013年第3期。
④ 姜义华、张荣华编校:《康有为全集》第五集,第64、5页。
⑤ 姜义华、张荣华编校:《康有为全集》第十一集,第311页。
⑥ 姜义华、张荣华编校:《康有为全集》第五集,第69页。

> 过七桧轩之石桥,取蚁解剖而引镜视之,长五尺许,其首、足、心、肝、脾、肺、肾之大皆与人等,康有为适适然惊,乃知列子所谓蟭螟巢于蚊睫,三飞三鸣而蚊不知者,非妄语也,且形容之未足也。①

有趣的是,他的震惊并不是在看到花瓣时,而是在看到大蚁器官后。这很可能是因为显微镜只是放大了花瓣,而对大蚁器官来说则起到了类似无中生有的效果,使肉眼完全无法感知因而难以想象的器官清晰地呈现出来。他借用《庄子·秋水》中的"适适然惊"来形容其"惊视自失"之状②,并很快从原有知识中寻找思想资源来吸纳、消化这一新知。他找到了《列子·汤问》:"江浦之间生麼虫,其名曰焦螟。群飞而集于蚊睫,弗相触也。栖宿去来,蚊弗觉也。"在他看来,眼前的镜像不仅以实测的方式验证了列子的描述,而且还凸显了列子的"形容之未足"。如仅止步于此,他只是如常人一样增加了一些新知。但他却以此为机缘,联系曾亲见陈姓乡人在榄核上作画以及史载齐召南侍郎有非凡的视远眼力为证,发挥想象推论道:随着制镜技术的日益精湛,显微镜可从 300 倍提高至 3 000、3 万乃至无量倍数,所观察到的蚁亦将相应地从五尺、五丈、五十丈变到无量尺寸,以至于比地球大得多,"巧历不能算矣"。由此,他悟出地球与蚁的大小只具有相对意义,大小、远近只是基于大多数人的共同认定,并不真实:"然则吾今之所见,谓为大若干者,小若干者,远若干者,近若干者,其皆不足为实,不可为据,又至明也。不过以多为证,以同为据云尔。"③这样,齐同大小便有了实测的支撑,得以确证。他的想法显然模糊了实物与镜像的差别。光学仪器作为视觉延伸与拓

---

① 康有为:《显微》,上海市文物保管委员会编:《康有为遗稿:戊戌变法前后》,第 167 页。

② 刘文典:《庄子补正》,安徽大学出版社,1999 年,第 483—484 页。

③ 康有为:《显微》,上海市文物保管委员会编:《康有为遗稿:戊戌变法前后》,第 167—168 页。

展的工具,只是作用于光线而起到放大物像的效果,并非改变实物,从中不难看出他的光学知识水平不算高。

康有为从显微镜的实测中悟得"大小齐同"之理,有他的思想基础。他在1878年"静坐时,忽见天地万物皆我一体,大放光明,自以为圣人则欣喜而笑,忽思苍生困苦,则闷然而哭。忽思有亲不事,何学为"。①尽管他已有万物一体的体验,但拯救苍生与事亲之间似仍存在并立的紧张,尚有一隔。此后他便进入西樵山"专讲道、佛之书,养神明,弃渣滓"②,后返家大量阅读相关书籍,以寻求更为彻底的解决之道:

> 早岁读宋元明学案、《朱子语类》,于海幢华林读佛典颇多。上自婆罗门,旁收四教,兼为算学,涉猎西学书。秋冬,独居一楼,万缘澄绝,俯读仰思。至十二月,所悟日深,因显微镜之万数千倍者,视虱如轮,见蚁如象,而悟大小齐同之理,因电机光线一秒数十万里,而悟久速齐同之理。③

此时他"旁收四教"并涉猎西书。其中,他所偏爱的道佛学说已为齐同大小、远近提供了丰富的思想资源。佛教讲空,要求去除法我二执,大小、远近即属破除之列;道家特别是庄子,追求"丧我""无己",主张齐同是非、大小,有独到的见解。但康有为未能从这些思想资源中悟道,其中一个重要原因应与他强调实测证验相关。他说:"常人见十余里而不能辨,若扩之以千里显微之镜,则赤蚁若巨象;引之以千里之镜,则日星辨其环晕光点焉。夫学者犹之镜耳,今显微、千里之镜盛行,告以赤蚁若象,日星有环晕光点,则人信之,以镜易验也。学者告人吾以天天为家,以地地为身,以人类为吾百体,吾爱之周之,血气通焉,痛痒觉焉,人必以为夸诞大谩不之信,虽使舜、禹、

---

① ② 姜义华、张荣华编校:《康有为全集》第五集,第62页。
③ 姜义华、张荣华编校:《康有为全集》第五集,第64页。

仲尼证之,疑信半参焉,以学难验也。"①所谓"常人"应包括他自己在内。他强调,能否证验是接受某一学说的标准,显示出强烈的理性色彩。这表明他在思想上已逸出了传统的尊经尊圣,不再以舜、禹、孔子等权威为标准。《显微》引用列子而不是庄子,就在于列子所说具体,可以直接与观察到的镜像印证,而庄子或佛典偏于玄思、抽象,不易证验。正是显微镜的实测证验,使他去除了怀疑,确信"大小齐同之理"真实无误。同样,光电的速度提供了另一种证验,使他"悟久速齐同之理"。两者结合,使他在思想上消解了物理时空的真实性,得以"日日以救世为心,刻刻以救世为事,舍身命而为之。以诸天不能尽也,无小无大,就其所生之地、所遇之人、所亲之众而悲哀振救之,日号于众,望众从之,以是为道术,以是为行己"。②借助于大小齐同,他得以消除思想的阻隔,将拯救苍生与事亲融为一体,无分大小,以无我救世的精神投身于所遇的一切事中。

康有为借助显微镜悟出"大小齐同",关注的是人生问题。他悟出的内容不算新鲜,传统儒、佛、道已有不少阐发,特别之处在于他借助仪器的实测作为手段。传统士人通常基于事理而悟道,排斥这些奇技淫巧,而他则相信仪器实测的证验,带有较强的近代科学色彩。

二、望远镜与"天游"之学

望远镜对康有为的冲击虽然不及显微镜,但不能小视它对他的影响。在各自然科学门类中,康有为对天文学的兴趣最浓,自言"生平颇好天文学"。③他晚年依据天文学知识来大力宣扬"天游"之学,

---

① 姜义华、张荣华编校:《康有为全集》第一集,第106页。
② 姜义华、张荣华编校:《康有为全集》第五集,第64页。
③ 姜义华、张荣华编校:《康有为全集》第七集,第431页。

就与望远镜的使用相关。

康有为最初购买望远镜做实测,据前述《显微》的记载为1884年,但晚年《诸天讲》中的说法不一。其"自序"写道:

> 二十八岁时,居吾粤西樵山北银河之澹如楼,因读《历象考成》,而昔昔观天文焉。因得远镜,见火星之火山冰海,而悟他星之有人物焉。①

按,《历象考成》为康熙年间钦天监根据汤若望删修的《西洋历法新书》编订而成。为研读此书,他于二十八岁(1885年)时购买了望远镜观测天象。而正文则说:

> 自吾四十年前,光绪十年乙酉,日夕以远镜观天时……②

"光绪十年"(1884)与"乙酉"(1885)有别。《我史》在这两年条下没有记载观天象的内容,光绪十二年记有"夜为天象学"。③由此,他使用望远镜实测的时间可能在光绪十一年(1885)前后。

望远镜对于康有为的影响,主要是对他获得的天文学新知提供了实测证验。通过这些新知,他的视野得以大大拓宽,跳脱了地球和人类中心观念的限制。首先,他通过望远镜的实测,确认地球只是宇宙群星之一,没有特殊之处:

> 显微、千里之镜,皆粗器矣,而远窥土木之月,知诸星之别为地……④

---

① 姜义华、张荣华编校:《康有为全集》第十二集,第12页。
② 姜义华、张荣华编校:《康有为全集》第十二集,第57页。
③ 姜义华、张荣华编校:《康有为全集》第五集,第65页。
④ 姜义华、张荣华编校:《康有为全集》第一集,第196页;《康有为全集》第三集,第366页。

> 吾人生而终身居之、践之、立之者,岂非地耶!岂可终身不知地所自耶!地者何耶?乃日所生,而与水、金、火、木、土、天王、海王同绕日之游星也。吾人在吾地,昔昔矫首引镜仰望土、木、火诸星,非光华炯炯、行于天上耶?若夫或昏见启明,熠耀宵行于天上,尤人人举目所共睹。然自金、水、火、木、土诸星中夜望吾地,其光华烂烂,运行于天上,亦一星也。①

第一则引文为早年所写,他通过望远镜观测到土星、木星有卫星环绕,如月亮环绕地球一样,因而断定其他星球也如地球一样。第二则引文为晚年所写,补充了更多天文学知识,并提出如果从其他星球夜观地球,地球也有光。这些推断无疑过于简单,但破除了以是否有月亮围绕或者发光来区分天地的通常看法,将地球还原为宇宙中的一个普通星体,消解了地球的独特性和神秘性。

其次,康有为通过望远镜观测火星,推断外星也有与人类相类似的生命:

> 火星中有冰海、火山,吾常以远镜窥之,知其中有人类,与吾地球同。②
> 二十八岁时……因得远镜,见火星之火山冰海,而悟他星之有人物焉。因推诸天之无量,即亦有无量之人物、政教、风俗、礼乐、文章焉。③

在普通人心中,地球的重要性在于孕育了作为万物之灵的人类,从而创造出灿烂辉煌的文明,这是人类最引以为傲的事情。康有为从望远镜中看到了火星有冰海、火山,与地球相似,悟出火星中亦有人类。他进而推断,宇宙有无数类似地球、火星的星球,相应有无数与

---

① 姜义华、张荣华编校:《康有为全集》第十二集,第11页。
② 姜义华、张荣华编校:《康有为全集》第十一集,第288页。
③ 姜义华、张荣华编校:《康有为全集》第十二集,第12页。

人类相类似的生物,这意味着也有无量数的政教、风俗等文明。由此,地球上的人类文明不再具有独特性,只是宇宙中无量数文明中的一种。在此视野下,人类就不必尊崇与执着于人类文明,因而需要超越人类中心观。当然,《诸天讲》中说他28岁时悟得火星有人类,应不可信。当时他还不可能获得大型的望远镜。而且外星存在生命的学说,为美国天文学家罗维尔(Percival Lowell)在19世纪90年代借助大型望远镜观测火星时提出,在西方流传甚广。康有为很可能在流亡海外时获悉这一新知。

康有为借助这些天文学新知,对中国传统的宇宙学说进行批判,尤其是佛教。他认为佛教将不同的天都放在须弥山上,"然今引远镜一视,则各星可见。其事至浅而佛不知,则佛之无量世界、无量劫、无量世,亦理想所推而已"。①"理想所推"基于玄想,并非基于实测,只要简单使用望远镜就可以判断真伪。他宣称:

> 故一通天文而诸教皆破,故穷理格物之极,有无限之权、无限之乐。今以一千倍远镜观诸星,即能明诸星,一切皆破。通乎诸天,则人世无长短大小之可言,一家一身之忧患何足言哉?吾以此公之诸君,同为天游,以超度人世如何?②

只要懂得近代天文学,用1 000倍的望远镜即可对各星体进行实测,就能瓦解诸教对宇宙的理论建构。这流露出他对科学实测的乐观态度。但是,他所谓"穷理格物之极"所带来的"无限之权、无限之乐"并非指向改造自然世界,而是要导向"天游",使人悟得"人世无长短大小之可言",超脱出对家、身的忧患,达到与天同游的境界。对"天游"更为集中的阐述,则是他的《诸天讲》。他在这本书中提供了较为系统的近代天文学新知,去除了传统天文学中的神秘因素,并以此为基础阐发了"天游"思想。其中较具代表性的一段是:

---

①② 姜义华、张荣华编校:《康有为全集》第十一集,第273页。

> 吾诚能心游物表,乘云气而驾飞龙,逍遥乎诸天之上,翱翔乎寥廓之间,则将反视吾身、吾家、吾国、吾大地,是不啻泰山之与蚊虻也,奚足以撄吾心哉!况诸天历劫,数且无穷,又何有于区区吾人哉!①

所谓"天游",实即以近代天文学宇宙图景为基础来反观人的存在意义,从宇宙的无限来观照身、家、国、大地的渺小,从而使心灵超然于一切,不受世事的撄扰。虽然他在该书自序中声称作于 1884 年②,但至少从"天游"观念来看,不太可信:第一,据现在文献,除了《诸天讲》之外,他最早使用"天游"一词是在 1900 年的《祭吴小村文》,内有"身世双遣,天游止止"之语③,很可能是借自《庄子·外物》中的"心有天游";第二,"天游"已偏向个体的精神解脱,和他早中期致力于救世的精神状态明显有别,反映的应是他晚年的心境。但他将"天游"回溯至 1884 年,这年也是他自述悟出齐同大小的时间,提示着两悟之间应存在着一定的关联。实际上,两悟都贯彻着庄子的齐同精神,"大小齐同"之悟主要通过显微镜的证验确立大小齐同之理,摆脱大小、亲疏的限制,将无我救世精神贯彻到所遇的人与事中,而"天游"之学则通过望远镜对近代天文宇宙图景的证验,从宇宙的高度跳脱了地球和人类中心观念的限制。相较而言,"天游"之学涵括了齐同大小,精神格局也阔大得多,但救世意识已淡去,偏重于个体的精神超脱。

康有为"天游"之学的宗旨是从宇宙的高度来观照人生。就其成就的精神境界来看,"天游"之学明确去除地球和人类中心的观念,特别是对人类文明的执着,虽然明显偏离传统儒学将人作为万物之灵的信念,但未超出传统的天地境界,至少庄子等不乏此类思想,应不算新鲜。但是,传统天地境界中的宇宙并不指实,呈现出义

---

① 姜义华、张荣华编校:《康有为全集》第十二集,第 132 页。
② 姜义华、张荣华编校:《康有为全集》第十二集,第 12 页。
③ 姜义华、张荣华编校:《康有为全集》第五集,第 262 页。

理化、想象化的特色,而康有为的"天游"则基于近代天文学新知所构建的宇宙图景之上,将传统的宇宙科学化知识化,极富近代科学气息。

三、悟道背后的科学观和道器观

显微镜、望远镜都是外来科学仪器,借助于光学原理,克服人体的生理局限,大大延伸和拓展人的视觉能力,为获取新知提供了硬件支撑。尽管康有为对这两种镜很感兴趣,并进行实测,但却没有走上自然科学之路,而是悟道。在这背后,折射出他的科学观及道器观,反映了近代社会思想发展的某些趋向。

首先,康有为的悟道与他对近代科学的理解紧密相关。他很早就从当时译介的西学中敏锐地把握到近代科学的实测特点。他在《实理公法全书》中解释"实"有"实测""实论""虚实"三意,其中"实测之实"就指"格致家所考明之实理是也"[①],亦即将实测作为近代科学寻找"实理"的关键。他的这一把握很准确。一般而言,近代西方自然科学不同于古代的重要特点之一,就在于是否直接用可控的经验观察作为科学的准绳。

由于康有为重视实测,留意到近代传来的西方自然科学已经发展到用科学仪器来拓展和延伸人的观测能力的程度,所以他非常强调科学仪器的重要性。他通过使用显微镜、望远镜的实测进一步深化了对仪器设备重要性的认识。《显微》已明确提到,伴随着仪器设备的进步,实测会不断发展。在他眼中,拥有精良的科学仪器设备是实测的必要条件。他没有走上研究自然科学之路,原因之一就是不具备进行科学实测的仪器设备。他在第一次上书光绪帝受挫后,有人劝他勿言国事,可以从事其他事业。他在1888年致信沈子培

---

① 姜义华、张荣华编校:《康有为全集》第一集,第147页。

时,陈述了他的考虑:

> 今者仆将归耕,将欲忘斯世而寄其情,则无可用心者。为文词,则巧言以夺志;为考据,则琐碎而破道;为天文,则无三十五万金所筑之高台,二十五万金所购之千里镜,无一时精敏之士相与各考一星,则天学必不成;为地舆,则足迹不能遍行地球以测绘之,财力不能遍购地图以参核之,则地学必不精。①

他曾考虑过从事天文学与地舆学,但认为都不具可行性:从事天文学需要优良的高台和望远镜,但他既不具备财力获得这些硬件,也缺乏研究共同体的通力合作;从事地舆学,需要实地测绘以及购买地图,他也没有相应的资金。这反映出他充分意识到实测及仪器设备对于从事自然科学的重要性。他后来参与成立各种学会时,都强调购买仪器设备,特别是显微镜、望远镜。如建立强学会时,他从杨仁山处购买两台望远镜,大的留在上海强学会,小的送到北京强学会②;建立两粤广仁善堂圣学会时,提出要购买"视远、显微镜"。③他在《诸天讲》中就专列"中国古天文学未精由制器未精"一节,断定传统天文学未充分发展起来不在于缺少通人名士,而在于仪器设备的制作不精良。其中写道:

> 凡所引说,皆吾国一代之通人名士,而由今观之,半明半昧,有若童子之言,不值一哂。盖窥筒远镜不精,只凭肉眼,欲以测天,宜其难也。④

他认为,传统中各种出自通人名士的天文学理论,都只如小孩的话

---

① 姜义华、张荣华编校:《康有为全集》第一集,第 238 页。
② 姜义华、张荣华编校:《康有为全集》第五集,第 87 页。
③ 姜义华、张荣华编校:《康有为全集》第二集,第 269 页。
④ 姜义华、张荣华编校:《康有为全集》第十二集,第 17 页。

一样,根本不值一提。原因就在于缺乏精良的望远镜,单凭肉眼观测,因而掺杂了大量玄思,无法建立起可靠的天文学理论。这种对仪器设备的强调,与他重视实测的思路一致。

然而,康有为并没有将实测限定在自然科学范围内,而是将它作为普遍原则予以泛化应用。《万身公法书籍目录提要》明确提出:"凡纪一事,立一说,必于'实测'二字,确有可据,从见金同,其文乃定。"①能否实测证验,被明确作为纪事、立说的基本依据。同时,他以实测为标准对中西文化做了判分:"中国人向来穷理俱虚测,今西人实测。"②所谓"穷理",不仅包含了对科学知识的追求,而且也涵盖了悟道。在"虚测""实测"之间,他无疑更推崇"实测"。正因为传统穷理"虚测",他才对传统中本有的人生哲学疑信参半,在显微镜、望远镜等实测证验后才悟道。他致信梁启超时就颇自信地写道:

> 吾自冠岁受学礼山,笃信守道,至廿七岁兼通诸教,悟彻天人。以显微镜悟物之无大小也,以星光电光悟物之无久暂也,与维摩诘"七日为一劫,一劫为顷刻"同。庄生"天地不足以穷至大,毫末不足以穷至小",亦见此也。大小久暂既破,于是以诸天为体,亦以日用常行为用。但无如吾有不忍之一念何,于是就其闻见至近者推行之。……吾自谓从致知格物悟得之后,有无限之全权。沉地球,灭诸天,黄金铺地,皆为极小事;而日用洒扫,亦为极大事。③

"自谓从致知格物悟得"一语,意在表明他的悟道基于近代科学的实测,不同于传统的"虚测"。尽管他所悟之道可与庄子、佛经相印证,但由于有了实测做根据,所悟就更可靠,如从显微镜、星光电光悟出

---

① 姜义华、张荣华编校:《康有为全集》第一集,第143页。
② 康有为著,楼宇烈整理:《长兴学记 桂学答问 万木草堂口说》,中华书局,1988年,第90页。
③ 姜义华、张荣华编校:《康有为全集》第九集,第283页。

无大小、久暂就不同于传统的玄想。晚年的"天游"之学通过天文学的新知识图景来重建传统的天地境界,很可能就是不满于传统学说对宇宙的"虚测",要将它转变为"实测",让它符合"致知格物"即科学的标准。

其次,康有为能藉由这两种镜悟道还与他的道器观相关。在康有为的早年,思想主流是洋务派的"中体西用"。"中体西用"认定中国传统的道具有优位性,不必变也不能变,西学被用来补充中学的不足,多被限定在器物上。"中体西用"尽管已部分弱化了夷夏之辨,但从道器角度来看,实际上是中道西器,西学不能影响、改变中道,道器之间仍有着截然的分隔。而康有为所持的道器观与此不同,主张由器入道:

> 器之为用,大矣!显微、千里之镜,皆粗器耳。而远窥土、木之月,知诸星之别为地;近窥精微之物,见身中微丝之管,见肺中植物之生,见水中小虫若龙象,而大道出焉。道尊于器,然器亦足以变道矣。①
>
> 盖显微镜之为用至大,变化万物,技也,而进于道者矣。②

第一则引文写于早年,第二则引文写于戊戌后。对他而言,道虽然还是最尊崇的终极目标,和传统立场一致,但"器亦足以变道"、技"进于道",已经去除了"中体西用"说中道、器的分隔状态,转而认为由器、技可以影响、改变道甚至成为道的内容。由此,器与道之间的区隔已经消失,由器可入道。这意味着,作为器之代表的西学与作为道之代表的中学之间不存在固定的界限,不再受洋务派"中体西用"说的规限,夷夏之辨的色彩已然淡去。这种新道器观的形成,有着复杂的原因,如他早年静坐时万物一体的神秘体验使他产生了世

---

① 姜义华、张荣华编校:《康有为全集》第一集,第196页;《康有为全集》第三集,第366页。

② 姜义华、张荣华编校:《康有为全集》第七集,第420页。

界主义的立场,香港、上海的游历则使他去除了夷夏之见,等等。正是得力于这种新道器观和配合实测的原则,使他借助于显微镜、望远镜这些外来器物以悟道成为可能。

对近代科学实测的把握以及由器入道的观念,使康有为得以藉由近代西方自然科学而悟道。但是,他将实测原则泛化到自然科学领域之外,并进入到传统的道论中,这已消解了形上、形下的区别。这对后来的思想界产生了较大的影响。此后,不少维新派士人喜用物理语汇、原理来解说形而上学,与他的做法较为一致,如谭嗣同。更重要的是,后来兴起的唯科学主义,将科学方法作为认识、构建一切秩序的观念,并以科学来排斥玄学,倡导科学人生观,其理路与康有为有着一定的关联。在某种程度上,可将康有为看作近代唯科学主义的思想先声。

康有为与梁启超的未来想象及其历史哲学*

海南大学文学院　姚达兑

康有为和梁启超在20世纪初各自完成了其未来主义想象,分别体现在《大同书》和《新中国未来记》中。"大同"出自《礼记·礼运》,意为"天下为公"。康有为《大同书》沿用此意,因该书内容以"至公"为旨。据《康南海自编年谱》载,光绪十年(1884)康氏已有接近"大同"理想的观念。1887年,康氏又编著《人类公理》,可看作《大同书》雏形。①《大同书》刊本最早是1913年在《不忍》杂志上发表的甲、乙前两部。康氏见其说与时代氛围不谐,故而秘不示人,此后暗自陆续修订、增补。②笔者较赞同的是汤志钧的推断:康有为于1901—1902年间在印度大吉岭完成了《大同书》初稿。③此说其实最早出自梁启超。④换言之,康有为大同思想观念体系化完成于1901—1902年间。与康氏一样,梁启超也是在遁逃流亡的途中、远离中国大陆,才展开了其未来主义的想象。1902年,梁启超在日本创办了《新民丛报》和《新小说》两个杂志,在前者上开始连载"新民说"篇什,在后者上连载其政治小说《新中国未来记》。梁氏的未来

---

* 本文的研究得到中山大学西学东渐文献馆和广州市人文社会科学重点研究基地广州与中外文化交流研究中心的支持。
① 康有为:《康有为自编年谱(外二种)》,中华书局,1992年,第12、98页。
② 梁启超:《清代学术概论》,上海古籍出版社,1998年,第82页。
③ 汤志钧:《康有为大同思想与〈大同书〉》,上海人民出版社,2016年,第55—62页。
④ 汪荣祖:《从传统中求变:晚清思想史研究》,百花洲文艺出版社,2002年,第308页。

世界想象，体现在其较为贴近于时代的未来新中国想象中，而《新中国未来记》便是这种想象在小说方面的呈现，同时段《新民丛报》上发表的一系列"新民说"篇什则为这种新中国想象提供了一套意识形态。

汪荣祖等学者在讨论《大同书》的乌托邦思想时，指出康有为这套理论是一种完美的乌托邦，其背后是一元论思维与历史命定论。①笔者赞同此点，但更推进一步认为这种观念其实来自基督教传教士在华传播的西方思想。也即是说，大同思想虽源自中国本土经典，但在康氏这里已有了新的变化，尤其是他吸收了李提摩太等人翻译的西学著作，融化成为自己的学说。晚清传教士李提摩太和蔡尔康合译了不少作品，其中有美国作家贝拉米的乌托邦小说《百年一觉》和英国社会学家颉德的《大同学》，在当时影响较大。谭嗣同在其所著《仁学》中盛赞《百年一觉》一书："千里万里，一家一人，视其家，逆旅也；视其人，同胞也……殆仿佛《礼运》大同之象焉。"康有为曾直言："美国人所著《百年一觉》书，是大同影子。"梁启超在《西学书目表》中收录此书，并评论道："亦小说家言，悬揣地球百年以后情形，中颇有与礼运大同之义相合者，可谓奇文矣。"②尽管如此，马悦然和张汝伦等曾对康有为受《百年一觉》的影响提出了反驳意见，认为无法确定康氏是否受此书影响，毕竟康氏并无详细地论及该书。③笔者对比了《百年一觉》的原著、汉译本和《大同书》，发现了这几种文本间的关联。

关于《新中国未来记》中未来想象的相关研究有不少。郝田虎指出梁氏现代规划中的种种困难和矛盾。④王斑一方面看到了梁氏

---

① 汪荣祖：《从传统中求变：晚清思想史研究》，第307—324页。
② 何绍斌：《越界与想象：晚清新教传教士译介史论》，上海三联书店，2008年，第248页。
③ 马悦然：《从〈大同书〉看中西乌托邦的差异》，《二十一世纪》1995年第6期。张汝伦：《现代中国思想研究》，上海人民出版社，2001年，第250—252页。
④ Hao Tianhu, "Liang Qichao's Modern Project in the Future of New China", *Tamkang Review*, Vol.38，No.2(June 2008), pp.63-78.

小说中的国际性维度,另一方面则指梁氏"诗学民族主义"是一种通往"天下"的国家建设计划。①这与思想史学者张灏的分析同中有异,同的一面是张灏认为梁氏的新民与国家主义是一致的路向,异的是这种国家主义并非通往天下学说。②王德威则指出这部小说"以科幻小说的形式呈现了文学与革命的辩证关系,恰恰成为梁启超种种革命理念的现代寓言及未来想象"③。要之,这些讨论都分析了梁氏的未来国族想象,而未曾更进一步思考梁氏思想背后的历史哲学。有感于此,本文既区分康梁的未来想象,也将进一步分析两者理念背后所支撑的历史哲学,而且必不可免地追溯到这些观念的西学来源。

一、《大同书》:千禧年论与《百年一觉》的影响

前辈学者曾指出《大同书》的逻辑起点是"佛教的神秘主义"④,以及该书中兼具了中国所独有的儒家和佛教的终极关怀,也即是说康氏此书的思想来源主要是中国传统的。这可能忽略了康有为早在百日维新之前,就已与传教士有频繁的接触,阅读到不少汉译西学著作。康氏甚至还登门拜访过李提摩太,对其表示相信"上帝的

---

① Ban Wang, "Geopolitics, Moral Reform, and Poetic Internationalism: Liang Qichao's The Future of New China", *Frontiers of Literary Studies in China*, Vol.6, No.1(2012), p.17.

② 张灏著,崔志海等译:《梁启超与中国思想的过渡(1890—1907)》,江苏人民出版社,1995年,第169—193页。

③ 王德威:《小说作为"革命"——重读梁启超〈新中国未来记〉》,《苏州教育学院学报》2014年第4期。

④ 杨念群:《佛教神秘主义:〈大同书〉的逻辑起点》,《广东社会科学》1989年第3期。金观涛、刘青峰:《理想主义与乌托邦:〈大同书〉中儒家与佛教的终极关怀》,《二十一世纪》1995年第2期。

慈爱",愿意与传教士合作改造中国。①简言之,康氏思想固然有传统的一面,但如果不能理解西学对其的影响,则无法深入理解《大同书》和康氏思想的复杂性。

笔者认为,康有为理想的未来世界,是一种千禧年主义,其影响源头在于西方基督教传教士。李提摩太和蔡尔康合译的《百年一觉》(1891年始在《万国公报》以《回头看纪略》为题连载),其理念模型正是千禧年主义。千年禧主义虽源自基督宗教的历史哲学,它在现代思想界也有不小的影响,黑格尔、马克思的历史哲学便是其现代分身。在康氏之前的中国语境里,则还有太平天国的神学观念也具备了千禧年主义的种种特征。

《百年一觉》的原作《回头看》出版于1888年,书中的故事是从1887年开始展望未来的想象。然而,故事是倒叙,状态是未来完成时。故事发生在113年后的2000年(新千年),波士顿人伟斯德(Julian West)开始回溯讲述过去百余年间的历史。作者贝拉米出生于一个基督教牧师家庭,而此书则是一部基督教色彩极为浓厚的政治宣传小说。主人公伟斯德(Julian West)这个未来新人的名字中,"West"为"西方",而"Julian"一词对应拉丁语原义为"上帝之子",故而伟斯德是为"西方,上帝之子"。《百年一觉》里的世界,是一个实现了世界和平、均贫富、人人平等的美好社会。这是一种典型的千禧年论。

有多处的文本相似性表明,康有为的《大同书》受到了《百年一觉》的影响。康有为在《大同书》中所设置的世俗世界里,人生在世的义务是先由公政府教育养护20年,进而按其才能为公政府工作20年,此后则退休养老。这种设想源自《百年一觉》一书。在《百年一觉》中,未来世界中的人们在21岁前接受政府教育养护,是为"在塾读书之时",而21—45岁则是工作时段,前三年是"学事",又加一

---

① 苏慧廉著,关志远等译:《李提摩太在中国》,广西师范大学出版社,2007年,第224页。

年学习专门技术,25 岁正式工作,45 岁正式退休养老。"至四十五岁以后,即可以安闲,国家俱有赐养,虽其家子孙不能无养,而国家视人如一家,凡有老病,俱与以养给。"①由此可见,在《大同书》中,康有为所设想的未来世界里个人对政府的义务,几乎抄袭自《百年一觉》,虽然康有为稍有调整。

《百年一觉》中作者借主人公引用了丁尼生的一首诗《洛克斯利田庄》,并大做发挥,充分展示了作者的设想:人类将迎来永久的世界和平和一个世界政府。该诗汉译如下:"我凭借人类最远大的眼光,向未来展望,/看到世界的远景和一切将要出现的奇迹。/一旦战鼓停息,军旗偃藏,/人类的议会厅里将出现世界联邦。……"②诗人展望的未来远景是世界和平,人类各族合一,出现了一个世界联邦。这也是千禧年论调。《百年一觉》虽未译出此诗,但与此诗相近的一些思想观念,在汉译文却是常见这种进步主义和世界和平理念。"人类的议会厅里将出现世界联邦"这一句,对传教士来说肯定是备受鼓舞的,尽管其表面刻画的是世俗的世界。《大同书》中乙部"去国界合大地"第二章"欲去国害必自弭兵破国界始"一节,设想了一个所有民族国家完全消失了的和平世界,此时全球仅剩一个"公政府",以帮助维持秩序。③这种世界和平和世界政府的设想,也是源自《百年一觉》。

《大同书》中还提及"俄弭兵会即开大同之基"④。这里的"弭兵会"可以回溯到《万国公报》上对"中东战纪"(甲午战争)诸多报道和讨论。此前林乐知和蔡尔康编辑的《中东战纪本末》一书,影响巨大,其中便有"弭兵会"一节,专论世界和平大会。将"世界和平大

---

① 贝拉米著,李提摩太译:《百年一觉》,广学会,1898 年。英文原文见 Edward Bellamy, *Looking Backward, 2000 - 1887*, New York: New American Library, Penguin Books Ltd, 2000, p.42. 下文凡引李氏汉译本,不再赘注。
② 贝拉米著,林天斗等译:《回顾 公元 2000—1887》,商务印书馆,2011 年,第 112 页。
③ 康有为:《大同书》,上海古籍出版社,2014 年,第 69 页。
④ 康有为:《大同书》,第 75 页。

会"译为"弭兵会"是蔡尔康的发明。康有为看到了《万国公报》或《中东战纪本末》上关于"弭兵会"的讨论,故而有此种阐发。不同的是,《百年一觉》里对民族和国家还是颇为推崇,而《大同书》则完全废除了国家的存在。在《大同书》的未来世界里,人类凭借世界和平大会的盟约,废弃了国家制度,产生了一个服务全球的大联邦政府。这样的世界理想,在康梁两人此时的世界主义和未来主义想象中皆有出现。梁氏在为康有为所撰的传记中早就指出:康氏之大同世界中的公政府,即为大联邦政府。其中,"大联邦之宪法务极简。联邦既成,则兵尽废,但有警察,而无海陆军。礼运所谓讲信修睦也。此义西人发之者固甚多。今后数百年间亦断不能行。而其为天下之公理,为将来世界所必至,盖不可诬也"①。后一句则是梁启超对康氏理论的肯定。这种国家消失、永久和平、全球一体,也属于千禧年论的世俗再现。

《大同书》主要内容是去除世间诸苦而达成未来的理想世界——这种预设也是源于《百年一觉》。《百年一觉》最后一回回目便是"诸苦必救"。在小说预设的新千禧年,伟斯德一时恍惚,误以为自己仍处于19世纪末,故而对他人大谈特谈上帝爱人,怜悯世间种种穷苦。但伟斯德很快醒觉,发现自己已到了未来世界,再也回不去了。"至是心方明白,此两千年之事,殊非梦也,从前一些苦况已过,贫民现已均富矣,想至此,乃跪而感谢上主,成全此救世大事。"《百年一觉》全书终结也有深意:伟斯德跑到花园里,跪倒在女主人公仪狄面前忏悔,并表达了对上帝感恩之情。在这里,这个花园就是一个新的伊甸园,而他们便是千禧年的两位新人。要之,《百年一觉》原书就是一部具有浓厚基督教色彩的未来主义小说。李、蔡的中译本已去除了大量的基督教内容。当康有为读到《百年一觉》时也便只看到其外壳,即一个去除了各种苦难的完美社会。更

---

① 梁启超:《南海康先生传》,张品兴主编:《梁启超全集》,北京出版社,1999年,第491页。

关键的是,康有为将其中的基督教内容,完全替换成了他所信从的儒教和佛教。

千禧年主义,是一种基于直线时间型态之上的历史进步观念,它预设了历史终结式的未来世界。无论是从所处的时间点,还是社会发展状态看,《百年一觉》里的未来世界是明显的千禧年世界。《大同书》中所谓去除诸苦,世界大同,直至极乐世界,也是一种千禧年式理念。康氏的大同世界,依照"公羊三世"说而建立其模型,"三世"说的终点是太平世。康有为对太平世的描摹,是社会主义式的,如同《百年一觉》中所设置的种种公平美满的局面,比如"去乱界治太平"(大同公政府)、"去类界爱众生"(众生平等)、"去苦界至极乐",等等。尤其是"去苦界至极乐"一节中,居处之乐、舟车之乐、衣服之乐、器用之乐,净香之乐、沐浴之乐、医视疾病之乐、炼形神仙之乐、灵魂之乐,都是列举大同世界里去尽诸苦、享受极乐的状态。最后"炼形神仙之乐""灵魂之乐",则是关涉未来世界的个人精神追求。康氏认为,"盖神仙者,大同之归宿也"①。然而,仙佛之虚幻,不可形状,使得这种人类最终的精神追求,更是难以把握。也即是说康氏的理论堕入了玄虚的状态。这种论述,用以替代千禧年主义中的弥赛亚回归的环节,可见康有为刻意回避基督教但又无法自洽。康有为辩解道:"耶教以尊天爱人为诲善,以悔罪为末断为悚恶,太平之世,自能爱人,自能无罪;知天演之自然,则天不尊,知无量众魂难立待于空虚,则不信末日之断,耶稣之教,至大同则灭矣。"②在康氏看来,基督教到了大同世界自然而然就消失了,而此时唯有孔教能传,但唯有佛教方能安置个人的灵魂。故而佛最大,孔其次,耶最小,这就是《大同书》中诸宗教的等级序列。

要之,《大同书》全书分十部分,除第一部分为"入世界观众苦"外,后续九部分分别是破除九界(国界、级界、种界、形界、家界、业

---

① 康有为:《大同书》,第291页。
② 康有为:《大同书》,第291—292页。

界、乱界、类界和苦界),大同世界的模型是超然的、稳定的、不变的,也即是一个终结的、封闭的未来,因而可以确定这是一种千禧年主义。然而基督教千禧年论,被康有为换成了两部分:一是一个统治俗世的世界政府,二是安置灵魂的仙佛境界。

二、梁启超的《新中国未来记》及其未来想象

晚清时康梁都充分肯定了小说的社会功能,尤其是对未来世界的想象所起的批判和改造社会的作用。所谓未来想象其实也是一种乌托邦,而乌托邦的性质之一便在于其对现实有批判的功能。康有为曾指出,小说中的未来想象有助于启发民智。比如,"其(《日本书目志》中的小说)怀思奥说,若《佛国不思议》《未来之面》《未来之商》《世界未来记》《全世界一大奇书》《世界大演说会》《大通世界》《月世界》《一周新日本》《新太平记》《南海之激浪》,皆足以发皇心思焉"①。梁启超的未来想象则充分地显示在为中国之"新"而开出的药方:作为一种新型意识形态的《新民说》和作为寻求未来发展方向的《新中国未来记》。在《新中国未来记》绪言中,梁氏自道该书是为发表其政见,此类书"于中国前途,大有裨助",即"兹编之作,专欲发表区区政见,以就正于爱国达识之君子"。②

《新中国未来记》中孔觉民回叙中国过去六十年历史,将其分为六个阶段。每一阶段即为十年,这个中国是不断进化,向前发展的。"第一预备时代。从联军破北京时起,到广东自治时止。第二分治时代。从南方各省自治时起,至全国国会开设时止。第三统一时代。从第一次大统领罗在田君就任时起,至第二次大统领黄克强君

---

① 康有为:《日本书目志》,蒋贵麟主编:《康南海先生遗著汇刊》(十一),台北宏业书局有限公司,1987年,第735页。
② 梁启超:《新中国未来记》,广西师范大学出版社,2008年,第3页。

满任时止。第四殖产时代。从第三次黄克强君复任统领时起,至第五次大统令陈法尧君满任时止。第五外竞时代。从中俄战争时起,到亚洲各国同盟会成立时止。第六雄飞时代。从匈加利会议后以迄今日。"①从这一段进化发展论可知,在梁氏的想象图景中,中国的未来是联邦共和制度。自小说发表的1902年始,第一个十年实现广东自治。第二个十年从南方各省自治开始,到全国性的国会开设为止。这是模仿美国联邦制度而建设的新中国。第三个十年"罗在田"就任统领。罗在田者,爱新觉罗氏"见龙在田",清廷皇帝在过渡时代被拥立为大统领(大总统)。第三、四个十年间,黄克强两次连任大总统。所谓"黄克强"者,黄种人抵御强敌。第四、五个十年间,继任总统为陈法尧,即师法尧舜圣贤,因而陈氏也是一位贤良总统。自此始亚洲各国联盟,到了第六个十年全球进入了和平时代,签订了万国和平合约。这逐步进化的国家发展形态,暗隐的是梁氏的未来世界图景和进步主义论调。在这个图景中,中国不断进化,变成了联邦共和国,至未来的六十年,发展成世界强国,甚至与外国竞争并殖民外国,最终发展到了世界和平的时代。这种渐进主义,有纲有目,逐渐进阶,看起来要远比大同世界更符合当时的现实需要。

梁氏的观念也曾受李提摩太影响。1895年10月至1896年2月,梁启超曾任李提摩太的私人秘书,受其影响颇深。②梁氏在《新中国未来记》中使用了未来完成时的倒叙方式,无疑正是受《百年一觉》影响的。《百年一觉》原书使用的正是未来完成时的叙事方式。在小说的开篇,主人公伟斯德在波士顿城某学院历史学部,开始倒叙从2000年至1887年间发生的种种事情。因而《百年一觉》中处处可见过去(19世纪波士顿/美国)与现在(2000年/新千禧年)的种种对比。《新中国未来记》也与此类似,开篇即写京师大学校文学科内

---

① 梁启超:《新中国未来记》,第12—13页。
② 顾长声:《从马礼逊到司徒雷登——来华新教传教士评传》,上海书店出版社,2005年,第295页。

之史学部遍邀名家演讲历史。该小说开篇倒叙,便是在这部小说发表(1902)的一甲子后(1962年)。此时"正系我中国全国人民举行维新五十年大祝典之日。其时正值万国太平会议新成,各国全权大臣在南京已经将太平条约画押"①。梁氏预设的是1912年中国维新完成,转型成为新的现代民族国家,而到了1962年各国在南京一起签订了"万国太平会议"——正好是在《南京条约》签订(1842)的两个甲子(120年)之后。这"万国太平会议"正是康有为《大同书》中提及的"弭兵会",对应的正是《百年一觉》一书中所引丁尼生的诗句"一旦战鼓停息,军旗偃藏,/人类的议会厅里将出现世界联邦"。

《新中国未来记》并非完篇,但从第一回"孔觉民演说近世史,黄毅伯组织宪政党"便可见梁氏所设想的中国未来发展道路。小说的开篇是万国会议已经签订了和平合约,各国代表来参观中国举办的世界博览会。"那时我国民决议在上海地方开设大博览会,这博览会却不同寻常,不特陈设商务、工艺诸物品而已,乃至各种学问、宗教皆以此时开联合大会。"②在这里康有为的另一位弟子狄葆贤(平等阁主人)有评点曰"是谓大同"③。对狄而言,未来新中国所处的太平之世,可谓大同之世。梁氏小说中的博览会,也是世界学术联合大会,这可看作1893年芝加哥世界博览会的翻版。1893年,美国芝加哥举办了一次世界博览会,名为"世界哥伦布博览会",意在纪念哥伦布发现美洲大陆400周年。主办方表示,这次博览会展现了美国在当前取得的伟大成就,不仅仅是物质的充裕、技术的先进,而且美国人关心精神性的、伦理性的问题也更胜他国之人。于是,美国趁着这次超大规模的集会,在芝加哥艺术博物馆举办了首次"世界宗教大会",这是一次研讨世界各国宗教的联合大会。这次会议在中国还是有一定的影响的。1893年,李提摩太曾在《万国公报》上征文,将所征得的两篇文章"儒论"和"道教论"翻译成英文,提交给了

---

① 梁启超:《新中国未来记》,第6页。
②③ 梁启超:《新中国未来记》,第7页。

"世界宗教大会"。①会议结束后,锡兰僧人达摩多罗来到上海,拜会李提摩太和杨文会。当梁氏提及博览会时,他是知晓这一事件的,还读过《万国公报》上的征文,也有可能还读过另一位传教士傅兰雅记录芝加哥世博会的作品《美国博物大会图说》(上海格致书室1893年版)。

《新中国未来记》中展现的未来世界,国族并未消亡(康有为的大同世界中便已废弃),而是和平共处——中国和平崛起,变得强大,四方来朝。更重要的是,梁氏并非如康氏那样设置一个历史终结的未来。梁氏在小说中展现的未来,包含了一种不断进步的观念。在该书绪言中,梁氏自道:"国家人群,皆为有机体之物,其现象日日变化,虽有管葛,亦不能以今年料明年之事,况于数十年后乎!"②国家和族群有如一种有机体,这其实是一种社会进化论。另一关键是梁氏认为国家社会这种有机体,将来会"日日变化",并无终结。在绪言里,他还指出:"人之见地,随学而进,因时而移,即如鄙人自审十年来之宗旨议论,已不知变化流转几许次矣。"③这种有机进化的观念,正是梁氏"流质易变"的性格。梁氏后来在《清代学术概论》中自我反省其思想观念常常变化,有时竟然是"不惜以今日之我,难昔日之我"④。这即是《大学》第三章所云"苟日新,日日新,又日新",不断地反省、不断地革新自己的思想,向前进步。康、梁之不同,在20世纪初已完全不同,这已体现在两人的未来想象上,同时也体现在两人的行动和为学态度上。梁氏后来自我总结道:"启超与康有为最相反之一点,有为太有成见,启超太无成见。其应事也有然,去治学也亦有然。有为常言:'吾学三十已成,此后不复有

---

① Kung Hisen Ho, "Confucianism", & (Li Baoyuan) "Taoism, A Prize Essay", in Barrows, J. H., (eds.) *The World's Parliament of Religions*, Vol 1. Chicago: The Parliament Publishing Company, 1893, pp. 596 – 604, & Vol 2, pp. 1355 – 1368.
②③ 梁启超:《新中国未来记》,第4页。
④ 梁启超:《清代学术概论》,第86页。

进,亦不必求进。'启超不然,常自觉其学未成,且忧其不成,数十年日在旁皇求索中。故有为之学,在今日可以论定;启超之学,则未能论定。"①这也是梁氏在《新中国未来记》中展现的未来世界的一种处世哲学,即永远前进、没有预设终点。

三、两种历史哲学:
千禧年论和可臻完善说

康有为的理想过于高远,在现实无法落实,又加上政治失败,进入民国后参与复辟更是反时代潮流之举。康氏的大同世界,更像是一个"无邦之世界"。萧公权曾认为维新梦破使康有为"逐渐漠视迷惘的世界,而转向超脱的领域,甚至超越'大同'。至此,他不再是一社会思想家或乌托邦家,而扮演了'无邦'的先知角色"。②康梁两人在维新失败遁逃海外之时,梁比康对当前中国生存发展的任务有更深层的认识,而康比梁的思考更为深远,弊处是康将儒学改易成孔教,对儒学普遍主义极度夸大,直至如同吹胀无度的气球只能以自我破裂而终。与康氏是梦想家、狂人不同,梁氏是现实的工程师,以呼唤建设新中国为务。康梁两人对民族国家和宗教的不同看法,决定了两人所采取的实现手段,最终导致了两者全然不同的走向。

如果我们以现代历史哲学的视角来观察,康有为的大同世界更接近于千禧年论。千禧年论是源于基督教的一种末世说,预见了一个末日式的、历史终结式的世界。梁氏的现代民族国家则更靠近于"可臻完善说"(perfectibilism)的模式——这是开放的、不断靠近的、永无终结的过程。千禧年论的结构是封闭的,最终走向的是历史的终结。可臻完善论者有可能持未来不可知论,对历史终结说几乎没

---

① 梁启超:《清代学术概论》,第89—90页。
② 萧公权著,汪荣祖译:《康有为思想研究》,新星出版社,2005年,第281页。

任何兴趣,更多的是关注世俗社会的发展。"在可臻完善论中,知识的进步通常同理性的进步有关,后者(理性)又同道德的进步有关,道德的进步又以功利主义方式同更大幸福相关。"①即是说,可臻完善论者较为希望摆脱宗教的束缚,重视新知识(科学和理性),认为这是人类未来的基奠。在可臻完善论者的观念里,未来是开放的,没有终结的,只可被无止境地接近。千禧年论和可臻完善论,这两个属于历史哲学的思辨范畴,也与现代性挂钩。比如,"现代性是未完成的方案"这种说法要比"现代性是不可能完成的方案"更具有神学的意味,前者所谓"未完成"即意味着"终会完成",这是千禧年论的变种,而后者则是可臻完善论的构架。

可臻完善论是一种改良主义,而千禧年论往往导向颠覆式革命,以求换来新天新地。"可臻完善论者与千禧年论者都认为历史是一个改善的过程。对前者而言,这一过程是相对平坦的、自律的、无痛苦的过程,对后者而言,它是一系列的灾难、危机和动荡。一个是均变论者,另一个是突变论者。……可臻完善论者希望通过逐渐的不间断的改良过程创造的'超人',在千禧年论者看来,只能通过大灾难的烈火来炼就。……(两者都)同样需要一种精心制作的乌托邦。"②后者让人们联想到了太平天国运动。简要而言,太平天国运动,就是一种中国化的千禧年论在背后起引导的作用。从这方面讲《大同书》的大同理想和现实手段,并不协调。1902年康有为曾明确地反对暴力和革命,认为自上而下的改良道路才是正确选择,而且目前的做法还只能是选择君主立宪制度。"去乱界治太平",太过高远,应先搁置不论。1902年前后的梁启超,则从一开始的改良立场,到与在日的孙中山一派(革命派)时相过从,转而倾向革命,而到1902年写作"释革"一文重释"革命"时又指出暴力革命的危害,转而转变为推动道德革命。梁氏的不断变化,正是一种可臻完善论的实

---

① 格鲁内尔著,隗仁莲译:《历史哲学批判的论文》,广西师范大学出版社,2003年,第53页。

② 格鲁内尔著,隗仁莲译:《历史哲学批判的论文》,第40—45、43页。

际表现。事实上,可臻完善论适合于为保守的、改良的立场辩护,而千禧年论则完全是革命的倾向,千禧年式的乌托邦往往可作为指导革命的有效理论。

要之,康有为接受了社会进化论,改造了"公羊三世"说,同意历史会不断前进、并有其最终的目的(大同之世)。这种千禧年论,带有激进革命的色彩。与康相似的是梁启超也接受了社会进化论,还接受了革命的理论(后有所调整),但梁所持的是可臻完善论,即不断进化,没有终点。梁启超的那些"日新""不惜以今日之我,难昔日之我"等论调,便是"可臻完善论"的再现。千禧年论者需要提供一套完备的理论体系,需要面面俱到,预告解答了可能面临的各种质疑,相对而言较具原创性、系统性,也更复杂深邃。可臻完善论者不需要提供一套完备的理论,甚至不需要清晰的理论体系,他们凭借的更多是当下的社会的或历史的理论,解决的是当下的、现实的问题。梁氏的学说,也与此类似。最后,讨论康、梁的思想差异、未来想象的差异以及背后的历史哲学观念,其重要意义则有助于更深入地思考近现代中国时段种种现实的或想象的历史的复杂性。

民国时期两广地区首位
华籍主教杨福爵生平考述*

中山大学哲学系　李蓬云

　　杨福爵（Bonifacius Yeung，1878—1938）是历史上两广地区第一位被天主教罗马教廷任命的中国籍主教，也是20世纪上半叶天主教本地化运动的亲历者、参与者、见证者。由于相关档案流失海外，长期不为学界所关注。本文结合美国旧金山大学利玛窦中西文化历史研究所藏天主教广州教区档案①、梵蒂冈原传信部档案馆相关档案、巴黎外方传教会整理出版的文献汇编、流通于近代中国的报纸杂志、中国官方编撰的地方志等中外珍稀史料，以及多次田野调查，以同时期中国天主教史为背景，为杨福爵梳理生平事迹与著作思考，为今日"天主教中国化"提供理论资源和实践借鉴。

---

* 本文是广州市哲学社会科学发展"十三五"规划2020年度广州大典专项博士学位论文资助项目"广州天主教神职人员团体本地化研究（1848—1946）"（项目号：2020GZLW01）的阶段性成果。

① 美国旧金山大学利玛窦中西文化历史研究所（Ricci Institute for Chinese-Western Cultural History, University of San Francisco，下文简称"旧金山利氏学社"）藏天主教广州教区档案（Canton Archive），是清末、民国年间负责教区事务的法国巴黎外方传教会在广东的工作档案。档案原藏于广州教区主教座堂，即位于广州市一德路的广州耶稣圣心大教堂。由于历史原因，档案在20世纪中期被带离广州，并于2010年来到了旧金山利氏学社。据笔者不完全统计，这批档案有2万余件。这可以说是目前全国天主教最完整的教区档案材料。在此特别感谢旧金山利氏学社Antoni Ucerler主任、吴小新主任、Mark Mir先生对笔者研究的支持。

一、研 究 背 景

笔者对杨主教的研究兴趣始于对广州天主教区发展史的关注。清道光二十八年(1848)罗马教廷从天主教澳门教区中划出广东、广西和海南三省,设立广州监牧区;将其辖区内的天主教教务交予法国巴黎外方传教会(Mission étrangères de Paris, M.E.P.;下文简称"巴外方")管理。与人们所熟知的耶稣会、方济各会等修会(congregatione)不同,巴外方是一个致力于协助教廷传信部在远东地区传教工作的使徒生活团(Societatibus Vitae Apostolicae)。建立本地教会,减少与世俗政治的冲突以及对教廷的绝对服从是它的创会理念。这样的传教思路也在存世的广州教区档案中得到印证。有趣的是,当20世纪初罗马教廷如火如荼地主张大量起用中国籍神职人员、推动中国天主教"本地化"之时,在粤的巴黎外方传教会由于法国"保教权"的形成,似乎"懈怠"了传统的神职本地化工作。他们虽然培育了本地神父,但却迟迟没有交给他们太多的权力。因此,笔者认为,研究华籍神职人员团体是理解巴黎外方传教会在华活动、广州天主教区早期发展史乃至近代中国天主教发展史的一个恰当的切入口。作为广州监牧、代牧区百年发展史[①]上职位最高的华人神职人员,杨福爵及其独特的"辅理主教"的身份对于华籍神职人员团体研究,乃至中国天主教研究有一定的典型意义,相关研究值得进一步推进。

---

① 宗座监牧区与宗座代牧区都是天主教会在一个尚不足以成立教区的传教地区临时设置的教务管辖机构。它们设置的主要目的是培养足够数量的天主教徒,为正式教区的成立做准备。这里所说的"广州监牧、代牧区百年历史",准确来说,是98年;分别为广州监牧区66年(Praefectura Apostolica de Canton, 1848—1914)与广州代牧区32年(Vicariatus Apostolicus de Canton, 1914—1946)。

就我们目前所知的文献看来,记述杨福爵最早的文本来自与他同时代的天主教报刊。1931年杨福爵祝圣,周竞雄为这位"我中国东南部华籍主教第一人"写了一篇小传,登在广州本地的教办杂志上。①七年后,杨福爵因血管破裂症早逝。《圣教杂志》《公教报》《新南星》等国内天主教报刊纷纷刊文追悼。②1935年近代著名华人天主教知识分子徐宗泽为《圣教杂志》撰文,介绍了中国天主教在首任宗座驻华大使刚恒毅(Celso Benigno Luigi Costantini, 1876—1958)来华之后的发展情况。③文中列表说明了1926—1934年间全国新设22个华籍主教区,杨福爵名列其中。徐宗泽大概是第一个注意到杨福爵是"副"主教的人。当时的22位新科华籍主教多是新辟小教区的正权主教,而杨福爵是一个传统大教区的"副"主教。但更准确地说,杨福爵还不是副主教(vicarius generalis),而是辅理主教(Episcopi auxiliares),而且是近代中国唯一一位华人"辅理主教"。④

20世纪80年代,广东本地学者重拾地方文史研究。《帝国主义侵华教育史材料·教会教育》首先收录了杨福爵的《兴教育以广教务》一文。⑤连明德在介绍清末民国年间天主教办学情况时,提及曾

---

① 周竞雄:《新主教杨福爵履略》,《广州公教青年》1931年第1期。
② 参见《教中新闻:广州杨福爵主教逝世》,《圣教杂志》1938年第4期;《国内公教近讯:华南唯一国籍主教杨福爵逝世》,《新南星》1938年第4期。
③ 徐宗泽:《近十年来天主教在我国之状况》,《圣教杂志》1935年第8期。
④ 天主教会有副主教(Vicarius Generalis,或 Vicarius Delegatus)、助理主教(Episcopi Coadiutores)和辅理主教之分。三者都是协助教区主教处理教务的岗位。但是,助理主教享有教区主教的自动继承权,若现任教区主教离任,助理主教则自动升任下一任教区主教;辅理主教常因教务繁忙或正权主教的个人因素而设,不享有主教继承权。此外,借助相关历史档案,笔者发现此次"近代中国唯一一位华人辅理主教"的出现是一个历时五年、多方互动的故事;其背后还有一个夭折了的"河源本籍代牧区"计划,个中缘由值得进一步探究。
⑤ 杨福爵:《兴教育以广教务》,李楚材编著:《帝国主义侵华教育史材料·教会教育》,教育科学出版社,1987年,第65—66页。文章原为1937年杨福爵在"广州全省公教进行研究周"上的发言稿。

于 20 世纪 30 年代出任日新小学校长的杨福爵。①后来的《广州市志》②、《广东省志宗教志》③、《越秀史稿》④等在回顾民国年间的教育事业发展时,均有提及杨福爵。此外,雷雨田与张琳在《近代来粤传教士评传》中介绍魏畅茂主教(Antoine Fourquet,1872—1952)时写道:"他曾经破例晋升中国籍神甫杨福爵为广州教区副主教。"⑤总的来说,无论是文史学界还是天主教界,现有历史文献中对杨福爵的记述基本上都只是在梳理来粤传教士教育、慈善事业时附带提及;杨福爵尚未成为一个独立研究对象进入中国基督宗教研究者的视野。基于此背景,下文将对杨福爵的生平事迹与著作思考进行集中梳理。

二、生于南雄

清光绪四年(1878)10 月 26 日,杨福爵出生于广东省韶关市南雄县黎口桥镇一个信奉天主教的客家家庭。父亲杨鼎谟,母亲肖氏⑥,都是虔诚热心的天主教徒。杨福爵在族谱中属"开"字辈,单名"治"。家中还有一位兄长,名"开明"。福爵二字,来自洗名

---

① 连明德:《圣心中学和明德女中概况》,中国人民政治协商会议广东省委员会文史资料研究委员会编:《广东文史资料》第 57 辑,广东人民出版社,1988 年,第 155 页。

② 参见条目"日新小学",广州市地方志编撰委员会编:《广州市志》卷 17 社会卷,广州出版社,1998 年,第 418 页。

③ 参见条目"日新小学",广东省地方史志编纂委员会编:《广东省志·宗教志》,广东人民出版社,2002 年,第 333 页。

④ 参见条目"日新小学校·圣心中学附小",广州市越秀区人民政府地方志办公室、广州市越秀区政协学习和文史委员会主编:《越秀史稿》第 6 卷民国(下),广东经济出版社,2015 年,第 129 页。

⑤ 参见条目"魏畅茂",雷雨田主编:《近代来粤传教士评传》,百家出版社,2004 年,第 348 页。

⑥ 周竟雄前文中介绍杨母为"刘氏"。但据笔者 2019 年 12 月在南雄走访杨福爵后人,其曾孙提供的族谱上所载杨福爵母亲为"肖氏"。

"Bonifacius"的音译。①据时人记载,杨家"七代奉教,已历二百余年";杨福爵还是"老楞佐蒙席之侄"。②

这位"老楞佐蒙席",是 20 世纪初广州圣心大教堂的本堂神父杨灵佐(Laurentius Yeung,？—1925)。他也是南雄县黎口桥镇人。现在黎口桥镇的杨家祠堂仍保存着杨灵佐于清光绪丁未年(1907)题写的"圣神关照"四字匾额。杨灵佐曾于 1924 年在时任广州代牧巍畅茂的推荐下,被罗马教廷遴选为教宗名誉侍从(camérier secret du pape)。③现在旧金山利氏学社还收藏有 1925 年杨灵佐离世后时任宗座驻华大使刚恒毅向广东代牧区发来的吊唁信。④不过,据杨灵佐和杨福爵两家后人的介绍,两人算不上叔侄,只是同乡。⑤

这个走出杨灵佐和杨福爵的粤北小城,它的天主教历史可以追溯至 16 世纪末利玛窦(Matteo Ricci,1552—1610)的来访。明万历十七年(1589)8 月,利玛窦与麦安东(António de Almeida,1556—1591)由肇庆迁居韶关。据《韶关市志》记载,他们首先抵达韶州南华寺;后"发现天主教和佛教教义不同,不受群众欢迎,转入韶州府城活动"。利玛窦拜会了韶州通判吕良佐,议定以 80 银圆购置河西光孝寺旁的一片空地,营造教堂及住宅,建立一个传教中心。⑥这便是耶稣会文献中的"韶州住院"。它是继肇庆住院之后,耶稣会在中国的第二所住院。⑦万历二十年(1592),南雄商人葛盛光等四人在葛家接受洗礼,成为当地最早的天主教徒。利玛窦居韶关六年,"入教

---

① Bonifacius 是中世纪天主教传教士、殉道者圣波尼法爵(Sanctus Bonifacius,约 680—754)的名字。目前,Sanctus Bonifacius 有多种中译:圣博义、圣波尼法、圣波尼法修、圣波尼法西斯。
② 同上页注⑥来自周竞雄的介绍。"蒙席"一词来自意大利语"Monsignore"的音译,是天主教对高级教士的尊称。
③ 参见旧金山大学利氏学社藏广州教区档案,Canton Archives,F7.31,009。
④ 参见旧金山大学利氏学社藏广州教区档案,Canton Archives,F4.5,059。
⑤ 笔者 2019 年 12 月在南雄走访两家后人时了解的情况。
⑥ 韶关市地方志编撰委员会编:《韶关市志》,中华书局,2001 年,第 2268 页。
⑦ 高龙鞶著,周士良译:《江南传教史》第一册,辅大出版社,2009 年,第 37—50 页。

信徒共有 700 余人";"利玛窦应邀抵南雄宣讲教义,受礼入教的,一次就有 10 人"。①利玛窦北上之后,龙华民(Niccolò Longobardo,1559—1654)受耶稣会远东巡查使范礼安(Alessandro Valignano,1539—1606)的委派前往韶州主持教务。不同于利玛窦上层文化传教思路,龙华民带着十诫和圣像走进市井乡间,直接与农民、商人,乃至乡约、知府讨论信仰。龙华民在韶关地区传教 12 年,传教成绩斐然。以 1604 年为例,在龙华民韶州寓所受洗的教友就达 140 人。②据费赖之(Louis Pfister,1833—1891)考证,龙华民在韶关时,还在当地文人的协助下编撰了《圣教日课》《圣若瑟法行实》《灵魂道体说》《丧葬经书》等多部供教友使用的经文。③遗憾的是,龙华民急进的传教活动挑战了当地原有的宗教文化传统,激起韶州士绅的愤怒。1609 年,龙华民应利玛窦之邀,离粤北上。韶州院务转由费奇观(Gaspar Ferreira,1571—1649)及阳玛诺(Emmanuel Diaz,1574—1659)二人接管。两人虽然也受到当地士人与僧侣的排挤,但仍在当地发展出一个天主教社群。据 1607—1608 年的传教报告记载:"韶州有神父三人、修士一人、教徒八百余人。"④1612 年,终于在一系列排教事件之后,两人避往南雄,也就是杨福爵与杨灵佐的故乡。起初,两人在此"得到很好的待遇";"第一年,即有一百余人受洗入教"⑤。或许其中便有杨家先人。1616 年,教难爆发,朝廷下诏驱逐传教士。费、阳二人变卖南雄教产,秘密避居外地。广东省内住院全部停闭。

耶稣会神父就这样离开了韶关。两百年后,一群法国神父又来到了这里。如前所述,清道光二十八年(1848),广州代牧区成立,交

---

① 韶关市地方志编撰委员会编:《韶关市志》,中华书局,2001 年,第 2268 页。
② 利玛窦著,文铮译,梅欧金校:《耶稣会与天主教进入中国史》,商务印书馆,2014 年,第 375 页。
③ 费赖之著,冯承钧译:《在华耶稣会士列传及书目》,中华书局,1995 年,第 68—69 页。
④ 转引自高龙鞶著,周士良译:《江南传教史》第一册,第 48 页。
⑤ 高龙鞶著,周士良译:《江南传教史》第一册,第 49 页。

由巴黎外方传教会负责。法国传教士明稽章（Philippe François Zéphirin Guillemin，MEP；1814—1886）获教廷委任成为首任宗座监牧。巴黎外方传教会成立于1659年。作为罗马教廷在东方"本地化"思路的践行者，巴外方在入华之初（即清康熙年间）便得到教廷传信部明确指令："第一，培养本地神职人员，尽可能在数量和品质上都有所发展；第二，适应当地的传统，避免卷入政治纠纷；第三，重要事件要向罗马报告，尤其是祝圣主教问题要征询罗马的意见。"①该会只吸纳法国人为会员。加入该会亦无须像加入传统宗教修会那样发"贫穷、贞洁、服从"三圣愿，只需做出承诺。在创会初年，其传教士便到达福建传播福音。及至19世纪中叶，巴黎外方传教会发展成为管辖区域最大的在华传教会，其辖区包括四川、贵州、云南、两广、满洲和西藏。②

生于南雄的杨福爵，自幼能讲广东语、客家话和普通话。作为老教友子弟，他儿时又随在南雄工作的巴外方神父学习拉丁文，略谙法语及英语。此外，杨福爵在课余还研习中医。③也许是因为家境贫寒，成年之后，兄长杨开明决定入伍参军，杨福爵则决定追随法国神父当一名天主教神职人员。④

三、神父杨福爵

光绪三十二年（1906），杨福爵跟随在南雄工作的法国神父柯辣

---

① 沙百里：《从李多林（又名徐德新）主教自1789年至1805年的通信看18世纪末至19世纪初四川本地社会中的天主教》，鄢华阳等著，顾卫民译：《中国天主教历史译文集》，广西师范大学出版社，2010年，第65页。

② 19世纪中叶，在华工作的传教会共计5个，分别为西班牙多明我会、巴黎外方传教会、方济各会、遣使会以及耶稣会。参见德礼贤：《中国天主教传教史》，商务印书馆，1934年，第87页。

③ 周竞雄：《新主教杨福爵履略》，《广州公教青年》1931年第1期。

④ 这是笔者2019年12月在南雄走访杨福爵后人时了解的情况。

(Charles Justin Collas,1851—1916)到"广州石室修院"读书。① 这所"广州石室修院"应为位于广州一德路旧部前的芳济修院。它的南边便是俗称"石室"的广州圣心大教堂。修院创办于清光绪二十一年(1895年)。"芳济"二字来自历史上第一位前来东方传教的耶稣会士方济各·沙勿略(Francis Xavier,1506—1552)。芳济修院对入院修生遴选严格,多从老教友的子弟中选拔。② 杨福爵到广州读书的这一年,天主教广州宗座代牧区共有70位传教士,17位华籍神父,66位修生。③

算起来,杨福爵只在广州的修院里待了几个月。1906年5月13日,杨福爵晋升神父。晋升四日,他便随法国神父陶德范(Eugène Thomas,1876—1929)奔赴三洲、赤溪、田头诸乡传教。④ 据周竞雄记叙,这原本都是偏居一隅,鲜有教友的小乡村。自光绪十年(1884),当地教友屡遭三点会匪徒嫉妒,甚至仇视,以致"该地三十余年来,绝非见有一新奉教者"。适逢当地瘟疫流行,杨公"出其所学之医术以济世。凡患病者,不问其是否教友,皆为之赠诊,其贫者更施之以药",于是"该处人士,感公之德,皆愿奉主,约数十人"。宣统三年(1911),杨福爵奉调韶州。教友们聆讯之下,"惶恐万分,极力设法挽留"。之后又有三名代表前往广州请求主教收回成命。临别之时,教友纷纷前去送行,"扶老携幼途为之塞"。有的教友"竟放声大哭,如失慈母"。"公亦为之恸"。周竞雄写道:"此可见公感人至深也。"⑤ 此后的几年,杨福爵赴韶关、台山、阳江多地工作,成绩斐

---

① 《教中新闻:南始总铎区举行追悼杨福爵主教大会志略》,《圣教杂志》1937年第5期。
② 广东省地方史志编纂委员会编:《广东省志·宗教志》,广东人民出版社,2002年,第329页。
③ 参见"1901—1906年广州监牧区教务报告底本",旧金山大学利氏学社藏广州教区档案,Canton Archives,F7.84,030。
④ 三洲、赤溪、田头,位于珠江三角洲西南部,今属广东省台山县。参见周竞雄:《新主教杨福爵履略》。
⑤ 周竞雄:《新主教杨福爵履略》。

然。1924年初,罗马教廷决定从广州代牧区划出新会、台山、阳江、赤溪、茂名、信宜、电白、罗定、郁南、花县、云浮等县,成立江门监牧区,交由新成立的美国玛利诺外方传教会管理。原本在此工作的杨福爵便再次回到广州。

回到广州的杨福爵起初担任教会学校日新小学①的校长。杨福爵主持下的日新小学广收各地孤儿。学校给学生们创造了良好的生活与学习的环境,"教之养之,使能自立"。在杨福爵的努力下,日新小学规模逐渐扩大。②1926年,杨福爵开始担任广州圣心大教堂的本堂神父。③圣心大教堂是广州代牧区的主座教堂。杨福爵作为大教堂本堂,也就是大教堂的堂区负责人,需管理堂区内日常教务及礼仪活动。1929年8月25日,广州中华公教青年会成立,杨福爵出任监理司铎。④

20世纪20年代,随着《夫至大》(Maximum Illud)牧函的发表,首任驻华宗座大使的任命,首批六位华籍主教的祝圣,一场自上而下的天主教"本地化"运动如火如荼地进行。1926年4月,魏畅茂也向传信部请求在广东增设华籍辅理主教。⑤两个月后,传信部便答复了广东的请求。⑥自1926年5月起,杨福爵一直在魏畅茂的主教候选名单中。⑦在魏畅茂看来:杨福爵是一位非常出色的传教士,他十

---

① 日新小学位于广州市石室天主堂东侧,20世纪20年代初由广州教区创办,1930年(民国19年)迁往教堂西侧。1938年(民国27年)日本侵略军占领广州后停办。参见广东省地方史志编纂委员会编:《广东省志·宗教志》,广东人民出版社,2002年,第333页。

② 参见周竞雄:《新主教杨福爵履略》。

③ 参见 Bulletin de la Société des Missions-Étrangères de Paris, Imprimerie de Nazareth, 1926, p.445。

④ 韩石华:《广州中华公教青年会筹备经过及成立后情形概略》,《石室公教月刊》1929年第4期。

⑤ 信件正本见梵蒂冈原传信部档案馆,Indice generale 1926, vol.912, ff.887-894;信件底本见旧金山大学利氏学社藏广州教区档案,Canton Archives, F3.1 - III, 029。

⑥ 信件正本见旧金山大学利氏学社藏广州教区档案,Canton Archives, F3.1 - III, 028;信件底本见梵蒂冈原传信部档案馆,Indice generale 1926, vol.912, ff.892-893。

⑦ 参见旧金山大学利氏学社藏广州教区档案,Canton Archives, F7.33, 023。

分擅长在农村工作,能够很好地调解冲突。①1929年秋天,传信部收到了两封杨福爵的推荐信:一封来自时任香港主教、意大利人恩理觉(Enrico Pascal Valtorta,PIME;1883—1951),另一封来自正在杨福爵的家乡工作的意大利人雷鸣道(Luigi Versiglia,1873—1930)。他们都高度评价了杨福爵的工作,并不约而同地写道:杨福爵是个热心肠的人,他赢得了所有认识他的人的尊敬。②1930年11月,驻华宗座大使刚恒毅亲自到访广州。他在随后寄往罗马的报告中写道:杨福爵外貌端庄,举止温和,年富力强,且有扎实的教会学和人文科学知识。他是一个活跃、热心的人,曾组织各类慈善活动,在中国神父中出类拔萃。杨福爵无疑将成为一位优秀的辅理主教。③

1931年,杨福爵被罗马教廷任命为天主教广州代牧区辅理主教,领衔埃古加城(Eguga)主教。④3月31日,时任教廷传信部部长王老松(Willem Marinus van Rossum,C.Ss.R.;1854—1932)正式向广州代牧区发来委任状。⑤随后,杨福爵向王老松主教回信致谢。信中他在巍畅茂的建议下,向罗马请求:邀请海门主教朱开敏(1868—1960)担任他的主礼祝圣嘉宾。⑥这位朱开敏主教是五年前,

---

① 参见旧金山大学利氏学社藏广州教区档案,Canton Archives,F4.6 - II,024e;F4.7 - I,003。

② *Recommendation letter of Mgr. Valtorta*,Vic. Ap. Di Hong Kong,6 Settembre 1929,参见梵蒂冈原传信部档案馆:Indice generale 1929,vol.1022,f.296;以及 *Recommendation letter of Mgr. Versiglia*,Vic. Ap. Di Shiuchow,5 Ottobre 1929,参见梵蒂冈原传信部档案馆:Indice generale 1929,vol.1022,f.295。

③ 参见梵蒂冈原传信部档案馆,Indice generale 1931,vol 1022,ff.549 - 552。

④ 埃古加城是罗马帝国的一个城邦。在天主教制度中,由于辅理主教没有实质辖理教区,通常会为其另设一个名义上的领衔教区。领衔教区一般为历史上存在过,后因合并或改制等原因不复存在的教区。

⑤ 参见旧金山大学利氏学社藏广州教区档案,Canton Archives,F3.1 - IV,062(N.405/31),以及 F3.1 - IV,014(N:1824/31)。

⑥ 信件正本参见梵蒂冈原传信部档案馆,Indice generale 1931,vol 1022,ff.599 -602;信件底本参见旧金山大学利氏学社之广州教区档案,Canton Archives,F10.25,054。

由首任驻华宗座大使刚恒毅所推动的首批华籍主教之一。1926年10月28日,朱开敏与其他五位华籍主教在罗马圣伯铎禄大堂由教宗庇护十一世亲自祝圣。我们应该注意到的是,在那个西方人主导着中国天主教会的年代,邀请朱开敏前来为杨福爵祝圣有着特别的象征意义。

四、主教杨福爵

1931年7月26日,杨福爵的祝圣庆典在广州教区主座教堂,也就是位于广州一德路的圣心大教堂举行。《广州公教青年》这样描述当日情景:

> 是日石室圣堂门前,满挂生花,中悬一横幅,上有"恭祝杨公福爵荣升主教大典"十二字;圣堂之两旁,垂挂万国旗,外面铁闸之中门,高悬国旗及党旗二面,圣堂附近之空地,又满竖十字式之旗帜。门前有宏伟之音乐亭一座。值是日天气清爽,花香旗影,景色凛然,铺陈之宏伟,为向来所未观。①

早晨八时半,来自江苏海门的朱开敏主教作为主礼嘉宾主持典礼。襄礼嘉宾分别为时任韶州代牧、意大利人耿其光(Ignazio Canazei, SDB; 1883—1946)以及时任江门代牧、美国人华里柱(James Edward Walsh, MM; 1891—1981)。当天,政界冯祝万夫妇②、教育厅长等

---

① 参见《杨主教晋升典礼情形》,《广州公教青年》1931年第1期。
② 冯祝万,广东省鹤山县人,民主人士,天主教徒。1911年由北京陆军大学毕业后,回粤参加辛亥革命,追随孙中山先生参加护国、护法、北伐战争,历任要职。中华人民共和国成立后,先后出任广州市政协委员,广州市天主教爱国会筹委会主任。其夫人陈秉卿,曾于1925年出任天主教学校明德女中校长。文中所处的1931年,时值广州国民政府成立,冯祝万任上将参谋团主任。

十余位上级官员参加活动。教界的参礼嘉宾有广州代牧巍畅茂,时任香港主教、意大利人恩理觉,时任厦门代牧、西班牙人马守仁(Manuel Prat Pujoldevall, OP; 1873—1947),时任石龙麻风病院院长、法国人祝福(Gustave-Joseph Deswazières, MEP; 1882—1959)。巴黎外方传教会、慈幼会、遣使会、玛利诺外方传教会、赎世主会、耶稣会以及中国教区的七十余位神父前去观礼。此外,还有1万多名教友参加典礼。有的教友花了好几天的时间,方到广州参加这次活动。① 庆典足足办了一整天,"仪式之隆重,为空前所未有":

> 举办典礼后,旋行大弥撒,弥撒后,已十一时,宾主乃相率往芳济书院之礼场,再举行隆重之礼式,礼完,摄影,茶会。至下午一时,由本地圣教会当局,在圣心学校及日新学校之大礼堂宴会各界来宾暨远近教友,同申庆祝,查是日莅会者,约六百人,飞觞交错,盛极一时,酒至数巡,杨主教起立致谢词。各来宾及教友相继举觞致庆,济济满堂,各尽欢饮,直至下午三时许,始尽欢而散。即晚,又由杨主教在芳济书院设筵酬答宾客,查列席者不下三百人;是晚,又在芳济学校内之操场排演锣鼓剧,观者甚形拥挤,因招待周到,故秩序良好。②

美国玛利诺外方传教会神父在报道这次典礼时,亦写道:这是华南天主教的大喜之日(a red letter day)。③

两年之后的1933年,适逢赎世圣年。④ 杨福爵作为华南地区的

---

① 参见《教务祝圣华籍杨主教典礼志盛》,《天主公教白话报》1931年第20期;《华南亦有国籍主教》,《益世报(天津版)》1931年8月8日第4版。
② 参见《杨主教晋升典礼情形》,《广州公教青年》1931年第1期。
③ Fr. Martin Burke, M.M., *THE FIELD AFAR*, 1931 December, p.329.
④ 圣年(拉丁语:Iobeleus,英语:Jubilee),又称禧年。禧年的传统由犹太人建立,后被天主教会沿袭。在天主教会中,世人的罪在禧年会得到特别的宽恕。1933年之赎世圣年,由教宗庇护十一世发起,旨在纪念耶稣受难、复活1900周年,系历史上第13个圣年。

代表,随中国公教罗马朝圣团前往罗马朝圣。中华朝圣团一行40人,有华人主教9位,华人司铎8位。还有两对广东基督徒夫妇陪同杨福爵一同前往。一对是参加了杨福爵祝圣典礼的前广东财政部长的冯祝万夫妇,另一对是广东的橡胶鞋商。①代表团于5月12日乘坐意大利康脱凡特邮轮,由上海启航,经香港、新加坡、孟买、苏伊士运河,6月4日抵达意大利。在新加坡时,杨福爵作为朝圣团代表向当地教会致答谢辞。②6月7日,教宗庇护十一世(Pope Pius XI, 1857—1939)在宝座厅接见中华朝圣团。"中国神父一律身穿罗马服,男教友清一色蓝袍马褂,女教友一律中国式丝绸旗袍,颜色鲜明而华丽。"③杨福爵带去了丝缎绣品、象牙雕刻等多种岭南名珍,呈献教宗。"教宗欣赏之余对我国手工业之考妙,赞叹不已,即嘱将所献各物,交拉特郎传教博物院保存展览,我国艺术地位,在国外由是放一异彩。"④6月11日,天主圣三节,杨福爵与中华朝圣团在罗马圣伯铎大殿参加了五位本籍主教的祝圣典礼。⑤之后,朝圣团前往法国、比利时、瑞士等国朝圣观光。杨福爵只参加了法国的行程,7月28日先行由马赛回国。

杨主教人生的最后一件大事当属:1937年1月19日,中华公教进行会总部召集广东全省教友代表在广州举办首次广东全省公教进行研究周。杨福爵正是此次研究周的主席。研究周虽冠以"广东全省"之名,参加者却有桂黔滇湘诸省20位主教、80位司铎、100余位信友代表。"若以国籍论,则有意、美、班、葡、中等,异种、异族、语

---

① 参见旧金山大学利氏学社藏广州教区档案,Canton Archives, F4.6 - III, 031。
② 魏尚武:《中华公教罗马朝圣团由沪起程至意及由意至法比瑞诸国情形并沿路各处欢迎盛况概略》,《天主公教白话报》1933年第17期。
③ 参见刘嘉祥编译:《刚恒毅枢机回忆录》,台湾主徒会编印,1992年,第208页。
④ 参见《国内公教近讯:华南唯一国籍主教杨福爵逝世》,《新南星》1938年第4期。
⑤ 五位新主教均来自东方,他们分别为:绥远集宁主教梵恒安、河北永年主教崔守恂、四川叙府主教李玛窦、印度阿主教、越南董主教。

言异、文字异的不同国籍"①人士共襄盛会。大会还邀请了时任宗座驻华代表的蔡宁主教(Mario Zanin，1890—1058)，20世纪华人天主教领袖、时任南京教区主教于斌(1901—1978)。"其热烈情况，为本省公教空前所未有"②，更被称为"华南公进会空前盛举"③。会议开了五天。每天早上按主教组、司铎组、成人组、青年组、妇女组及光启学会组分成六组，举办分组会议；每日下午举行全体大会。杨福爵两度登台演讲，一是作为东道主致开幕词，一是多年传教的经验之谈。

遗憾的是，杨福爵"凡百操劳，事必躬亲，大会方终，竟因操劳过度卧病床中"④。杨福爵罹患的是"血管爆裂症"，也就是我们现在所说的"中风"。调治数月后，杨福爵回到韶关，在邻乡新丰县良田乡休养。1938年2月23日上午，杨福爵在新丰良田逝世，享年60岁。由于当时处在沦陷时期，教区无法举办较为隆重的葬礼，杨福爵的亲人也无法前去送葬。杨福爵被安葬于良田村的一个小礼拜堂。⑤

五、杨福爵存世文稿

目前，笔者所搜集到的杨福爵文稿散落于美国旧金山大学利氏学社、罗马前传信部档案馆和台湾"中央研究院"台湾史研究所。从写作时间上看，它们集中在民国年间。从内容上看，它们多是杨福

---

① 蔡任渔：《广东全省公进研究周后瞻》，《我们的教区》1937年第3/4期。
② 杨福爵：《大会开幕词》，《我们的教区》1937年第3/4期。
③ 宠光社：《广东全省公教进行研究周经过》，《我们的教区》1937年第3/4期。
④ "24日公进周完毕，是夜十一时杨公即患重病。"参见蔡任渔：《广东全省公进研究周后瞻》，《我们的教区》1937年第3/4期。
⑤ 参见旧金山大学利氏学社藏广州教区档案，Canton Archives，F3.19-Ⅵ.Ⅱ，019；F8.1，015e；《广州杨福爵主教逝世》，《圣教杂志》1938年第4期。

爵与同事之间交接工作的书信。据时人记载,杨福爵自幼学习拉丁文、法文和英文,但笔者目前搜集到的杨福爵外文文稿皆为拉丁文书信。其中,美国旧金山利氏学社藏有 20 余封,罗马前传信部档案馆藏有 3 封。虽然目前所收集的杨福爵文稿较为有限,但这些文稿也进一步为后人勾画了杨福爵的一生。

杨福爵中文文存之代表当属 1937 年在"广东全省公教进行研究周"上发表的两份讲稿。如前所述,杨福爵存世的文字多是他与教区同事交接工作的书信;而在这次大会上,他两度登台,畅谈他对天主教的理解及工作的心得。发言稿先后全文或部分转载于梅州的《我们的教区》①、厦门的《公教周刊》②、澳门的《主心月刊》③、北京的《公教进行》④等多份天主教杂志,在当时中国天主教界产生了一定影响。直至 1987 年,李楚材重新整理以教会教育为代表的中国近代教育史料,杨福爵在此次大会的讲稿节选《兴教育以广教务》才再次付梓。⑤

在开幕词中,杨福爵作为东道主介绍中华公教进行会及此次大会的主旨。简言之,公进会要在那个"世风日下""人心浇漓"乱世中,"为社会国家服务并促进世界和平",发挥宗教的社会教化功用。杨福爵认为:"兹欲挽既倒的狂澜,安紊乱的社会,其唯一有效的治本方法,要算是正人心而移世运。"他在后文进一步提出,天主信仰"实与我国圣贤所主张的仁义道德相吻合",又与当时社会风行的"新生活运动,亦无二致"。⑥

---

①⑥ 杨福爵:《大会开幕词》,《我们的教区》1937 年第 3/4 期。
② 杨福爵:《指导司铎的修养:重诚朴以化教民》,《公教周刊》1937 年第 6 期。
③ 杨福爵:《广东全省各教区共进研究周演讲词特辑(下):我传教的方法》,《主心月刊》1937 年第 3—4 期。
④ 杨福爵:《言论:广东全省各教区公进研究周开幕辞》,《公教进行》1937 年第 6 期。
⑤ 杨福爵:《兴教育以广教务》,李楚材编著:《帝国主义侵华教育史材料·教会教育》,教育科学出版社,1987 年,第 65—66 页。

在《我传教的方法》中,杨福爵将其毕生的传教经验总结为:"重诚朴以化教民,兴教育以广教务,安贫伤而励来者。"①文中杨福爵再次将处己之道视作教士尽职工作的根本,用他自己的话说是"要做克己工夫"。他认为做好克己工夫分为"诚"和"朴"两方面:"诚以待人,朴以约己。"只有这样,才能令教友乃至外教人士信服,才能更好地开展教育、医疗等社会工作。

这两篇文章都透露出杨福爵深受儒家思想的熏陶。一个典型的例子是杨福爵对"正人心""克己"等儒家道德修养方法的推崇。相较而言,天主教传统中多谈"回到恩典",少谈回到本心己处。这种重视"反求诸己"的内在修为路径,一般认为,来自先秦以降的儒家。杨福爵显然也在这个文化传统中反思道德心灵与社会生活之间的关系。如前所述,杨福爵出生于一个七代信奉天主教的客家家庭,成长于中西文化传统之间。于是在他的文章中,出现了东西方文化相互诠释的表述,儒家文化传统与基督宗教信仰在其中也显得自洽融贯。需要说明的是,"克己""诚朴"二词也曾出现于20世纪中文天主教文献中,但它们都是在翻译外文文献时作为意译词出现,文本时间明显晚于杨福爵,内涵不尽相同。"克己"曾作为拉丁语词"de abnegatione sui"的中译出现于 1964 年梵蒂冈第二届大公会议文献《教会宪章》(*Lumen gentium*)中译本中。"De abnegatione sui"本意为自我否定,其英译为 true penance(真正的忏悔、苦修),中译则结合中国传统功夫论,诠释性地译为"克己"。②"诚朴"作为拉丁语词"simplicitate"的中译出现于 1968 年《思高圣经译释本》。③此处用法虽与杨文相近,但从文本时间上看,文中提法当属杨福爵的创见。

---

① 杨福爵:《我传教的方法》,《公教进行》1937 年第 10 期。
② 出自《教会宪章》第 36 节,原文为:以克己和圣德的生活,在自己身上战胜罪恶的势力(sui abnegatione vitaque sancta regnum peccati in seipsis devincant)。官方中译参见网页:http://www.vatican.va/chinese/concilio/vat-ii_lumen-gentium_zh-t.pdf. Accessed 22/1/2021。
③ 出自《旧约·智慧篇》1:1,原文为:以诚朴的心寻求上主(in simplicitate cordis quærite illum)。参见《圣经(修订版)》,思高圣经学会,2012 年,第 1255 页。

六、杨福爵在今天

近年来,中国基督宗教史研究已逐渐成为学界热点。但现有近代广东基督宗教研究多集中于以马礼逊为代表的新教传教士以及他们所开展的教育和医疗事业,民国时期广东地区的天主教研究总体上关注度不高。另一方面,此前学界有关基督宗教在华的传教方法与传教策略的研究多聚焦于西方传教士身上。"基督宗教在中国的传播历史,也应当从中国人的角度加以探讨。"①作为广东天主教早期发展史上职位最高的华人,杨福爵为我们提供了一个来自"本地人"的历史研究切入点。这无疑将进一步丰富现有的巴黎外方传教会在华活动史研究、广州天主教发展史研究乃至近代中国天主教研究。

与此同时,此项个案研究还将为推动当下"宗教中国化"提供理论资源和实践借鉴。外来宗教本地化是当前我国宗教工作的一大方向。就"天主教本地化"而言,一般认为,其中以神职人员的本地化问题最为关键。②杨福爵所身处的时代——20世纪上半叶——正是中国天主教本地化历程中的一个重要时期。杨福爵是民国天主教在华南发展的见证者和促进者,而以他为代表的华籍神职人员团体更是这一进程中的耕耘者。杨福爵及其身后华籍神职群体,将为今日宗教"中国化"树立一学习、参考榜样,将为推动当下"宗教中国化"提供理论资源和实践借鉴。

---

① 钟鸣旦著,香港圣神中心译:《杨廷筠——明末天主教儒者》,社会科学文献出版社,2002年,第3页。
② 晏可佳:《中国天主教》,五洲传播出版社,2004年,第71页。

近四十年国内明清"中学西传"研究及其当代价值

中山大学哲学系　孙　赫

引　言

知识和技术在不同民族之间传播是世界文明史的常态。中国作为世界文明古国之一,对人类命运共同体的知识增长和技术进步曾做出过重大贡献。在漫长的中国历史当中,"中学西传"可以说是一个历史常态,只不过在不同的历史时期,"中""西"概念的内涵并不固定。中国史书中所称"西域"常指今新疆到中亚一带地区,汉代佛教自西传入,经过长期与中国文化相磨合,隋唐时期已融入中国,赫然成为"中学"的一部分。然而本文所关注的"中学西传"之"西"既非古代西域,也非佛教的西方,而是特指欧美。"中学"则是指以儒、释、道为代表的中国传统思想。"中学西传"是与明清"西学东渐"相伴随而方向相反的文化传播进程。

近代中国处于一个学习和追赶西方的语境之中。一个自认为在物质文明和精神文明方面都高度繁荣的集权帝国,在西方列强面前不堪一击,这极大地刺激了晚清的知识分子。他们开始认识、理解和学习西方,从器物进于制度和文化,乃至于全面地吸收和引进

---

* 本文为广州市人文社会科学重点研究基地广州与中外文化交流研究中心成果,并受中山大学三大建设文科重要成果培育专项"广州与早期汉学"支持。

西方知识:"以西方之学术,灌输于中国,使中国日趋于文明富强之境。"①于是,近代以来的"西学东渐"就这样与民族独立、国家富强的愿景紧密相连,并一直影响至今。甚至到了民国时期,仍然还有一些基督教学者,重新发现了明清之际来华传教士传来的"西学",以为针砭时弊的圭臬。

文化传播不是单向的,中国学者对"西学东渐"历史的关注和研究有其特定的时代背景,但是随着中国综合国力的提升和越来越多地参与国际事务,学者们逐渐开始关注中国对世界的影响。随着中国学者对海外汉学的了解加深,以及新发现的一批海外中文文献,使得"中学西传"的研究逐渐升温。

然而,早在民国时期,就已经有知识分子关注到了该向度。陈铨在《中德文学研究》一书中从小说、戏剧、诗歌三种体裁出发,系统地讨论了中国纯文学对德国文学的影响。之后,钱锺书也在他的博士论文《十七、十八世纪英国文学里的中国》中仔细梳理了近代英国文学关于中国形象的认识和理解,并且指出了其中的误解与偏见。朱谦之在《中国思想对欧洲文化之影响》一书中,通过对蒙古时期和明清时期中国思想对欧洲所造成的不同影响,将关于中西交流史的研究推进到思想层面。之后,莫东寅在《汉学发达史》中,按照时代的顺序,第一次系统地介绍了中国思想在西方的传播历程。

接着,在陈垣、杨堃、朱滋萃、徐宗泽、方豪等诸多前辈学者们的推动下,国内关于"中学西传"的研究逐渐成熟起来。这些前辈学者的研究多具有开创性,他们注意到了在不同文化之间的交流中,发生和发展的过程是双向的,在明清时期的中西交流史中,不仅应该关注"西学东渐",也同样需要注意"中学西传"。

相对于前辈学者而言,今天的学者有幸获得更好的学术训练,接触更多的原始材料。改革开放以来,关于明清"中学西传"研究开始稳步推进。限于篇幅,本文仅对近四十年来,国内学术界在明清

---

① 容闳:《西学东渐记》,湖南人民出版社,1981年,第23页。

"中学西传"研究中具有代表性的论文及专著做一简要概述,以图为今后学界研究的进一步开展提供线索。

一、明清传教士的中国传记与著述的整理、翻译与研究

明清时期,最早注意到儒家思想价值的是以耶稣会士为主的在华传教士。从罗明坚(Michele Ruggieri,1543—1607)、利玛窦(Matteo Ricci,1552—1610)进入中国开始,这些西方传教士就意识到只有通过学习儒家经典,才能理解当时的中国文化及社会。于是他们开始系统地学习中国传统经典,从自己的学术背景出发,以亚里士多德主义和经院哲学的视角去理解中国思想。他们很快便发现,这两种异质文化竟然分享了很多共同的观念,因此传教士们很乐意地接受了中国文化,并将他们所理解的儒家式中国介绍到了欧洲,同时也将很多儒家经典翻译成了西方语言在欧洲出版,并且在翻译时,也做出了一些诠释。①

面对陌生的西方语言,起初国内学者对于"中学西传"的研究只能望而却步。同时,对于中国学者而言,整理西方一手文献也颇具挑战,因为在传教士所写的著作中,他们所引用的材料通常并不是出自某一本书,而是来源于各种中国著作的摘录汇编。此外,受到早期客观条件的制约,很少有国内学者有机会前往欧洲查阅文献。

近些年,这些问题正逐渐解决。首先,随着对明清中西交流史研究的不断深入,越来越多受到过更好学术训练的国内学者注意到中国文化在十七八世纪对西方的影响,而且他们也逐渐意识到"中

---

① 参见梅谦立:《从邂逅到相识:孔子与亚里士多德相遇在明清》,北京大学出版社,2019年,第1页。

学西传"研究不仅是对当今"中国西方化"的一种回应,更是中西交流史不可忽略的内容。另外,随着国内经济的不断发展,一些中国学者也有条件自由地访问欧洲一些主要的图书馆和档案馆,那里收藏了很多关于中国的西方一手文献。在那里,学者们不仅可以获得第一手的资料、手稿(特别是一些信件和报告),而且可以收集到欧洲历史上发行过的出版物。

然而在研究初期,国内学者的首要工作是搜集、整理西方的一手文献,为开展"中学西传"的研究积累素材。与此同时,一些学者也开始尝试对这些文本做一些初步研究。

首先,翻译一些传教士的个人著作。其中,最为重要的是利玛窦所著,经金尼阁(Nicolas Trigault,1577—1628)修订后出版的《耶稣会带领基督教远征中国史》(*De Christiana expeditione apud Sinas suscepta ab Societate Iesu*,Augsburg,1615)。利玛窦在这部著作中,不仅记录了他在中国的传教经历,还肯定了中国文人治国的政治制度,以及中国人对道德哲学的重视。通过这部传记,利玛窦将中国的思想特点、政治体制、科举制度、宗教文化、科学技术等方面介绍到欧洲,成为当时欧洲人了解中国的重要知识来源。

学者们很早就注意到了这本著作的重要性。早在 1983 年,何高济等人就将其译成中文,题名为《利玛窦中国札记》,为推进明清中西交流史的研究提供了帮助。但稍遗憾的是,何高济并未参照利玛窦的意大利文原稿或金尼阁的拉丁文本,其底本实为 Louis Gallagher 的英译本 *China in the Sixteenth Century: The Journals of Matthew Ricci 1583-1610*(New York:Random House,1953)①,内容与原稿稍有出入。台湾光启社在 1986 年发行了新的译本,译者是刘俊余、王玉川和罗鱼,依据的底本是罗马国家书店 1942—1949 年版的《利玛窦史料》(*Fonti Ricciane*),直接从利玛窦的

---

① Louis Gallagher 的英译本依照金尼阁的拉丁文本。金尼阁拿到利玛窦的手稿后,进行了编辑和整理,并且加入了大约 1/5 的新内容,其中包括韶州的报告,以及最后关于利玛窦之死的记载。

意大利文手稿翻译,较前者更具学术性,但遗憾的是存在不少翻译上的失误。近年来,大陆学者文铮、意大利学者梅欧金(Eugenio Menegon)做出了新的贡献,他们根据利玛窦的手稿重新翻译、校对了这本著作,取名为《耶稣会与天主教进入中国史》。这一版本较何高济版更贴合原文,并且比光启社的版本减少了一些翻译上的疏漏,很大程度上还原了利玛窦本人著作的原始面貌。

何高济除了翻译《利玛窦中国札记》外,又在1998年翻译了曾德昭(Alvaro Semedo,1585—1658)的《大中国志》(*Relacao Da Grande Monarquia Da China*)。这本书是曾德昭根据自己在中国生活22年的经历,在返回欧洲途中写下的中国见闻。曾德昭在此书中首次翻译了《易经》的部分内容,逐渐引发了西方人对《易经》的关注。之后,卫匡国(Martino Martini,1614—1661)、安文思(Gabriel de Magalhães,1609—1677)、柏应理(Philippe Couplet,1623—1693)、白晋(Joachim Bouvet,1656—1730)等传教士,分别对《易经》做了进一步的介绍与注解,使得欧洲人在十七八世纪时就开始深入研究《易经》,并影响了后来莱布尼茨(Gottfried Wilhelm Leibniz,1646—1716)"二进制"的发明。

安文思在他所著的《中国新史》(*Nouvelle Relation de la Chine*)中,考察了更多关于"五经"的内容。据计翔翔考证,他在书中介绍"五经"的内容占到10页之多(第110—121页),而介绍"四书"的仅有1页多(第121—122页)。①此外,计翔翔还在《十七世纪中期汉学著作研究:以曾德昭〈大中国志〉和安文思〈中国新志〉为中心》一书中,专门向人们介绍了这两部著作的内容及价值,并通过具体个案的讨论,揭示了葡萄牙人在早期"中学西传"过程中扮演着重要的角色。

除了耶稣会士之外,多明我会神父闵明我(Domingo Navarrete,

---

① 参见计翔翔:《耶稣会士汉学家安文斯及其〈中国新志〉》,《国际汉学》2003年第2期。

1610—1689)对于中国思想的西传也做出了重要贡献,在《中华帝国的历史、政治、伦理及宗教概论》①(*Tratados históricos, politicos, ethicos, y religiosos de la monarchia de China*)一书中翻译了《论语》和《明心宝鉴》。而且,闵明我等人因为反对耶稣会士对中国礼仪的适应策略,在翻译过程中所持的立场也代表了当时欧洲对中国传统的另一种声音。罗莹指出闵明我作为反对耶稣会"文化适应政策"的另一派,他的著述展现了当时传教士可以根据他们所需要的"现实",对同一文本进行不同的诠释与理解,这种方法在今天全球化的时代背景下依然重要。②

张西平、杨慧玲等学者翻译了阿塔纳修斯·基歇尔(Athanasius Kircher,1602—1680)的《中国图说》(*China Illustrata*)。这是一本涵盖当时中国宗教、地理、文化等多方面内容为一体的综合报告,出版后在欧洲产生了重要影响。李天纲认为,在十七八世纪的欧洲,基歇尔的影响不亚于利玛窦,因为当时欧洲人公认的汉学家是基歇尔而非利玛窦③,因此,他认为《中国图说》称得上是17世纪耶稣会早期关于中国知识的代表性著作。④冯晓虎则从语言学的角度出发,揭示了基歇尔的《中国图说》对莱布尼茨认识中国汉字所起到的重要作用。⑤

以上是最早一批将中国文化、思想介绍到欧洲的西方传教士的

---

① 这本著作分为七个论题,其中第六部分是闵明我的个人行记。何高济在2009年将它译为中文,在大象出版社出版,其底本为James Sylvester Cummins 1962年在纽约Cambridge University Press出版的*The Travels and Controversies of Friar Domingo Navarrete, 1618–1686*。
② 罗莹:《中国"礼仪之争"反对"文化适应政策"的声音——以〈中华帝国的历史、政治、伦理及宗教概论〉一书为中心》,《国际汉学》2016年第2期。
③ 李天纲:《德国和中国的早期相遇》,《文汇报》2013年5月13日,第1—3页。
④ 参见吕巧平:《德国汉学奠基人基歇尔》,《德意志文化研究》2009年第5期。
⑤ 冯晓虎:《莱布尼茨与基歇尔的汉语研究》,《同济大学学报(社会科学版)》2011年第3期。

传记和著作,他们出于传教的目的,为明清时期的"中学西传"做出了重要贡献。但需要注意的是,传教士在介绍中国时难免会持有一些主观立场,他们的认识和报告往往不够客观、准确。虽说如此,这仍然为我们的研究提供了另一种视角。①

二、明清传教士的信件与报告的整理、翻译与研究

随着研究的深入,一些由传教士寄往欧洲的私人信件也逐渐引起学术界的关注。这些信件为国内"中学西传"的研究提供了新的材料。吕一民、沈坚、郑德弟、朱静、耿昇合译了由杜赫德(Jean-Baptiste du Halde,1674—1743)整理的《耶稣会士中国书简集》(*Lettres Édifiantes Et Curieuses, Écrites Des Missions Étrangères*, Volume:1-6)。这套书信集的底本,依照 1819 年的里昂版,共 14 卷,收录了康熙、雍正、乾隆三朝期间,在华耶稣会士寄往欧洲的 152 封书信,内容涉及当时中国宗教、思想、文化以及风俗地理的特征,为学术界了解当时中国思想、文化的西传提供了宝贵资料。但遗憾的是,其中有不少翻译上的错误,周振鹤就指出了这个译本在一些人名、地名翻译上的疏漏。②并且,该译本也缺乏一些必要的注释。

同样,由郭强等人所译的耶稣会士李明(Louis Le Comte,1655—1728)个人书信集《中国近事报道》(*Nouveaux mémoires sur l'état présent de la Chine*)也有部分内容涉及"中学西传"。李明在

---

① 例如帕莱福本人从未到过中国,却在《鞑靼征服中国史》写下了三十四章,主要依据的材料是他在墨西哥时收到的各种报告。在帕莱福的笔下,崇祯皇帝被描绘成了一名贤明君主,而这与中国传统史学的记述并不相符。

② 周振鹤:《翻译的难度:〈耶稣会士中国书简集〉中日译本略比》,参见 http://www.acriticism.com/article.asp?Newsid=127&type=1001>accessed 8 Dec. 2020。

寄往欧洲的信件中向欧洲报告了当时中国的政治、风俗、物产、思想、文化等多方面内容。周燕认为,《中国近事报道》是一本为利玛窦适应政策做辩护的重要著作,并为启蒙运动中的代表人物伏尔泰(Voltaire,1694—1778)批判欧洲封建专制制度、宗教束缚提供了证据与素材。① 李晟文也指出李明在报告中所介绍的中国儒家思想以及伦理道德等内容,对伏尔泰、魁奈(Francois Quesnay,1694—1774)、莱布尼茨等人都产生过重要影响。②

丛林、李梅翻译的耶稣会士严嘉乐(Karel Slavicek,1678—1735)的个人书信集《中国来信》也具有重要价值。这些信件详细地向欧洲报告了明清时期传教士前后20年在钦天监从事历法工作的情况,使当时西方人可以直接了解到中西历法之间的差异。这也是中国历法的首次西传。在这部书信集中,译者还给出了较为丰富的注释,帮助读者理解,但稍遗憾的是,他们并没有提供索引供读者使用,降低了这本书的实用性。

近年来,在梅欧金与文铮的共同努力下,翻译出版了《利玛窦书信集》,其中收录了利玛窦自1580年到1609年所写的近50封个人书信,包括有两封之前从未被公开过的个人信件,根据利玛窦寄往欧洲的书信,可以知道早在1593年左右,他已经将儒家经典"四书"翻译成拉丁文,但遗憾的是,直至今日,该手稿仍然佚失。③

通过翻译这些传教士的个人书信,为国内学术界研究"中学西传"提供了非常宝贵的材料。相比传教士公开发表出版的个人著

---

① 李燕:《李明〈中国近事报道〉对伏尔泰的影响》,《湖南工业大学学报(社会科学版)》2008年第4期。

② 李晟文:《从〈中国近事报道〉看法国耶稣会士李明对儒家思想与文化的认识与评介》,《国际汉学》2019年第3期。

③ 利玛窦在1594年11月15日寄给法比奥·德·法比神父的信说:"前几年,我把中国最重要的道德书籍译成了拉丁文,这是一本值得一读的书,此书完全是由极为精辟的格言组成。待我明年把它整理好后,再寄给总会长神父,到那时您就可以阅读了。"参见《利玛窦书信集》,商务印书馆,2018年,第111页。

作,他们的私人书信或许在某种意义上更具有价值。

三、明清时期中国经典的外译及研究

罗明坚是第一位将中国典籍翻译成西文的来华传教士。早在1590年,他就在马德里献给西班牙国王腓力二世(Felipe II de España,1572—1598)的报告中将《论语》《中庸》和《大学》的前两章翻译成西班牙文,强调中国文化与西方文明的对等性。但直到1593年,罗明坚翻译的内容才第一次公之于众。安东尼奥·波塞维诺(Antonio Possevino,1533—1611)编写的《百科全书选编》(*Biblioteca selecta qua agitur de ratione studiorum in historia, in disciplinis, in salute omnium procuranda*)收录了罗明坚对中国的地理风貌以及《大学》部分内容的介绍与翻译。①

毫无疑问,罗明坚为早期"中学西传"做出了重要贡献,但关于罗明坚的研究长期以来都未得到学术界的足够关注。直到2008年,张西平在《传教士汉学研究》中才首次揭示了罗明坚对早期西方汉学创立所起到的作用,确立了罗明坚作为西方汉学奠基人的地位。此后,学术界开始逐渐关注罗明坚在明清"中学西传"中的重要性。梅谦立、王慧宇认为,罗明坚首次注意并重视儒家思想的重要性,具有开创性意义,而且罗明坚对于"四书"的翻译,开启了耶稣会汇通儒耶思想的先河,对今后中西交流产生了深远影响。②罗莹对罗明坚的《中庸》译本进行了研究,推断其底本为朱熹的《中庸章句》,

---

① 罗明坚很可能与利玛窦,以及耶稣会远东地区的巡查员范礼安(Alessandro Valignano,1539—1606)发生过冲突,因为后来范礼安不仅借请求教宗派遣使团这一机会将罗明坚遣回欧洲,其后致信总会长请求不要出版罗明坚翻译的"四书"。参见梅谦立、王慧宇:《耶稣会士罗明坚与儒家经典在欧洲的首次译介》,《中国哲学史》2018年第1期。

② 梅谦立、王慧宇:《耶稣会士罗明坚与儒家经典在欧洲的首次译介》,《中国哲学史》2018年第1期。

同时认为罗明坚早在1592年就已经完成了《中庸》的翻译。①同样，王慧宇指出罗明坚在翻译《中庸》的过程中，有意将朱子思想与天主教思想相结合，反映了早期来华传教士对儒家思想的理解以及对"古儒""新儒"的判断。②王慧宇在她的博士论文《作为传教士和"汉学家"的罗明坚及其思想著作研究》中，证明了罗明坚是第一位将"四书"翻译成西文，并带到欧洲的西方人。李慧通过比较朱熹的《大学章句》与罗明坚的写本以及波塞维诺出版的印本等三个版本之间的差别，揭示了西方人在介绍中国典籍时因为自身的不同立场，对文本所做的新诠释。③

经过学术界这些年的不断努力，恢复了罗明坚在明清中西交流史中的重要地位。据悉，由张西平教授主编的《罗明坚文集》也即将付梓，为今后学术界研究明清"中学西传"提供了新的资料。

耶稣会士殷铎泽（Prospero Intorcetta，1626—1696）、恩理格（Christian Herdtrich，1624—1684）、鲁日满和柏应理合作完成的《中国哲学家孔子》（*Confucius Sinarum Philosophus*）是欧洲历史上第一次系统将中国儒家经典翻译成西文的重要著作，在一定程度上代表了当时传教士对于中国思想、文化最高的研究成果。全书共分为四个部分，分别是导言、《大学》《中庸》和《论语》三部书的拉丁文译本以及附录部分。这部著作的成书时期正值"中西礼仪之争"的爆发，他们在书中为利玛窦的传教策略进行了辩护，导致这本书被托钵修会当作批判对象，上报罗马教廷。通过这本书，也可以帮助我们了解在"中学西传"背景下，中国思想、文化在欧洲所产生的不同影响。

---

① 罗莹：《耶稣会士罗明坚〈中庸〉拉丁文译本手稿初探》，《道风：基督教文化评论》2015年第42期。
② 王慧宇：《早期来华耶稣会士对儒家经典的解释与翻译》，《国际汉学》2016年第4期。
③ 李慧：《耶稣会士罗明坚〈大学〉拉丁文译本初探》，《国际汉学》2018年第3期。

林金水早在 1994 年发表的论文中,就揭示殷铎泽等传教士在"四书"的翻译过程中,是以亚里士多德哲学解释宋明理学。①吴孟雪、李长林分别对柏应理的生平以及《中国哲学家孔子》一书的内容、影响做了详细考察,揭示了中国思想对于 17 世纪欧洲所产生的重要作用。②梅谦立认为这些传教士在翻译"四书"时,由于担心宋明理学无神论和唯物主义的倾向,在翻译过程中有意隐瞒了朱熹的注解,而选择以张居正的《四书直解》作为底本,但为了证明儒家可以与西方思想在哲学进行汇通,他们也选择性地吸取了朱熹对"四书"理性化的诠释,同时为了沟通古儒与基督教的关系,传教士也从自身的学术背景出发,对其中的内容做了新诠释。③此外,梅谦立还在《从邂逅到相识:孔子与亚里士多德相遇在明清》一书中,从第 9 章到第 12 章详细地处理了《中国哲学家孔子》的成书过程以及思想内涵。张西平在《儒学西传欧洲研究导论:16—18 世纪中学西传的轨迹与影响》第 3 章中也讨论了该文本,认为它代表着耶稣会适应策略的最高成就。罗莹分别对《中庸》《大学》的拉丁文译本以及《中国哲学家孔子》的成书过程做了研究,为学术界进一步研究起到了抛砖引玉的作用。今年,由梅谦立、汪聂才、罗莹、齐飞智负责翻译的《中国哲学家孔子》已经在大象出版社出版发行,相信之后会在学术界引发更多的关注与讨论。

需要指出的是,《中国哲学家孔子》虽然宣称完成了"四书"的翻译,但实际上缺少了《孟子》的内容,然而这一缺失很快便被卫方济

---

① 林金水:《明清之际朱熹理学在西方的传播与影响》,《朱子学刊》1994 年第 00 期。
② 吴孟雪:《柏应理和〈中国哲学家孔子〉》,《中国文化研究》1996 年第 3 期;李长林:《柏应理在欧洲早期汉学发展中的贡献》,《社会科学战线》1998 年第 1 期。
③ 梅谦立:《〈孔夫子〉:最初西文翻译的儒家经典》,《中山大学学报(社会科学版)》2008 年第 2 期;梅谦立、齐飞智:《〈中国哲学家孔夫子〉的上帝论》,《国际汉学》2012 年第 1 期;梅谦立:《〈论语〉在西方的第一个译本(1687 年)》,《中国哲学史》2011 年第 4 期。

(François Noël,1651—1729)补充。卫方济在《中国哲学家孔子》基础上,于 1711 年在布拉格大学出版了《中华帝国六经》(Sinensis Imperii Libri Classici Sex),除了译出完整的"四书"之外,他还补充了《孟子》《孝经》《小学》的拉丁文翻译。与《中国哲学家孔子》所表现出来的拒斥宋明理学不同,卫方济在翻译上沟通了宋明理学和基督宗教哲学,并且大量参考了朱熹的注释。对此,吴孟雪、罗莹、韩振华等学者都有过详细的论述。①肖清和根据卫方济对儒家经典的译述,认为卫方济在经典译出的过程中有意地构建出一个基于经典原义的神哲学体系,为中西文化交流提供了典范。②

同年,卫方济还出版了《中国哲学》(Philosophia Sinica),拒绝耶稣会自利玛窦以来区别古儒与宋明理学的传统,强调儒家的连续性。梅谦立认为卫方济的贡献正在于重新评估宋明理学,并在许多方面将宋明理学与基督宗教的思想结合起来。③此外,梅谦立还深入到卫方济对宋明理学"鬼神"思想的解读之中,肯定他为宋明理学的首次西传所做出的重要贡献。④同样,王格指出卫方济在《中国哲学》中肯定了宋明理学的价值,并将其对照古希腊哲学,发挥了中国哲学中的理性主义和人文主义,对启蒙运动产生了影响。⑤

杜赫德于 1735 年在巴黎出版的《中华帝国及其鞑靼地区地理、历史、编年、政治、自然之描述》(Description géographique, historique,

---

① 吴孟雪:《明清欧人对中国文献的研究和翻译(二)》,《文史知识》1993 年第 7 期;罗莹:《清朝来华耶稣会士卫方济及其儒学译述研究》,《北京行政学院学报》2015 年第 1 期;韩振华:《夫子徂西初记——〈孟子〉在西方的早期接受(1593—1754)》,《国际汉学》2014 年第 2 期。

② 肖清和、李竹磬:《卫方济与礼仪之争中的"中国声音"》,《济南大学学报(社会科学版)》2018 年第 6 期。

③ 梅谦立:《耶稣会士卫方济对"天人合一"的接受:〈中国哲学〉中"天"的属性》,《宗教与历史》2020 年第 1 期。

④ 梅谦立:《耶稣会士卫方济对鬼神的理解》,《北京行政学院学报》2018 年第 5 期。

⑤ 王格:《"中国哲学"何以正当的最早论说——明清之际西人之证言》,《哲学研究》2019 年第 7 期。

chronologique, *politique et physique de l'empire de la Chine et de la Tartarie chinoise*),又称《中华帝国全志》,为18世纪的欧洲人全面了解中国提供了帮助。作为主编,杜赫德一生虽未到过中国,但为其供稿的却是27位在明清时期有过来华经历的欧洲传教士。《中华帝国全志》共有四卷:第一卷主要介绍了中国的历史、民族以及地理;第二卷讨论了中国的政治、礼仪并翻译了部分中国典籍(《四书》《孝经》《小学》《蚕桑》等);第三卷涉及中国的宗教、伦理、文学(《赵氏孤儿》)以及医学(《本草纲目》《脉经》《脉诀》等)等方面的内容;第四卷主要关注中国的地理。这部著作一经出版就在欧洲引起了轰动,对一些西方思想家、文学家、科学家产生了重要影响。早在1936年,阎宗临在其博士论文《杜赫德的著作及其研究》中对它进行了细致研究。这篇论文现已经翻译成中文,并收录在《传教士与法国早期汉学》一书中。张国刚也在《从中西初识到礼仪之争:明清传教士与中西文化交流》一书中,介绍了该书的成书背景以及意义、影响。许明龙在2007年出版的《欧洲十八世纪中国热》一书中,介绍了由传教士主导的明清"中学西传"的历史过程,阐释了在18世纪欧洲风靡一时的中国元素,再次考察了中国文化对于欧洲思想的影响,并在第三章专门处理了杜赫德的这几部重要著作。张西平在《欧洲早期汉学史:中西文化交流与西方汉学的兴起》《儒学西传欧洲研究导论:16—18世纪中学西传的轨迹与影响》及《传教士汉学研究》三本书中,多次强调了杜赫德《中华帝国全志》的影响和意义,认为这本著作不仅是研究中国古代典籍西译的一个重要著作,而且是18世纪中国文化在欧洲传播的代表性著作。张明明在2017年出版的《〈中华帝国全志〉研究》是关于这一研究最新的代表性著作。它不仅介绍了《中华帝国全志》的成书过程,而且分析了该书对欧洲思想的影响和意义。

除了将儒学介绍到欧洲之外,传教士也同样关注着中国政治、军事、医学、音乐等其他领域的内容。钱德明(Jean-Joseph Marie,1718—1793)、韩国英(Pierre Martial Cibot,1727—1780)等人编纂的《北京传教士关于中国历史、科学、艺术、风俗、习惯的论文集》

(*Memoires concernant l'histoire, les sciences, les arts, les moeurs, les usages, etc. des Chinois, par les missionnaires de Pékin*),又称《中国杂纂》(*Mémoires Concernant des Chinois*),就是涉及这些领域的重要著作。全书共 16 卷,其中前 15 卷出版于 1776—1791 年,第 16 卷则在 1841 年由 Sylvestre de Sacy 出版。① 这本著作最大的特点是除了翻译"四书"之外,还选译了清朝个别皇帝的训词、格言,以及中国古代兵法、音乐、诗歌、艺术等诸多内容。对此,张西平指出:"这些翻译较全面地展示了中国文治武功的丰盛和美学典范。虽然译作不是该十六卷皇皇巨著的核心,但这些中国自身的素材则从另一个方面给了欧洲学者和读者更直观和深入的印象,对中学西渐的作用意义深远。"② 费赖龙早在 1986 年发表的论文中大致梳理了《中国杂纂》的具体内容,并将其划分为八个部分:社会、文学、历史、传记、杂论、信件、科技、动植物,为学术界之后的研究奠定了基础。③ 林青华则对钱德明的《中国古今音乐记》进行了具体考察。这是一本介绍中国音乐从古至今发生演变的书籍,于 1779 年在法国巴黎出版,是钱德明继《古乐经传》后的另一本介绍中国音乐的著作。④ 康志杰则将视角聚焦在钱德明、韩国英对中国道教文化的理解上,认为他们一方面虽然对道教持有否定态度,拒绝其中的多神崇拜和偶像崇拜,但另一方面又试图在其中寻找与基督宗教相沟通的空间。⑤

同样,中医也在耶稣会的主导下于 17、18 世纪传到了欧洲。卜弥格(Michel Boym,1612—1659)就是"中医西传"的代表人物,他一

---

① 关于《中国杂纂》的详细介绍,见张西平:《儒学西传欧洲研究导论:16—18 世纪中学西传的轨迹与影响》,北京大学出版社,2016 年。
② 张西平:《儒学西传欧洲研究导论:16—18 世纪中学西传的轨迹与影响》,第 119 页。
③ 费赖龙:《〈中华杂纂〉是一部什么书?》,《图书馆杂志》1986 年第 1 期。
④ 林青华:《从元代至清代史实见证西方对中国音乐的误解》,《中央音乐学院学报》1998 年第 3 期。
⑤ 康志杰:《明清来华耶稣会士与中国道教文化》,《国际汉学》2006 年第 00 期。

生著作颇多,尤其重视与中医相关的内容,不仅整理、翻译了《黄帝内经》《脉经》,而且将中草药第一次介绍到西方。①经张振辉、张西平整理、翻译的《卜弥格文集——中西文化交流与中医西传》,是这一领域研究的重要材料。整部文集分四个部分:第一部分是卜弥格对西安出土的唐代景教碑的报告及翻译;第二部分是卜弥格对中华帝国的综合报告;第三部分是卜弥格寄往欧洲的一些报告;第四部分则收录了卜弥格所写的关于中国中医以及中草药的著作。这部文集一经出版,立即在学术界引起了热烈讨论,张西平、孙灵芝、高晞、王银泉、李慧等学者对卜弥格"中医西传"的努力做了专门讨论,肯定了卜弥格的重要贡献,并指出其经验或许可以为当今中西走向世界提供了一种方法论思考。②

可以看到,近年国内学术界已经注意到了这些由传教士翻译并带回欧洲的中国经典的重要性,并且开始逐渐将其搜集、整理、翻译。虽然这只是些基础性工作,但具有非常重要的意义,因为西方汉学的兴起正是因为这些著作在欧洲的出版。与此同时,已经有学者关注这些文本中所揭示出来的一些重要问题,并着手进行研究,但仍有待学者们的进一步努力。

四、海外汉学研究及国内的其他研究

关于中国思想、文化在欧洲的影响,西方学者很早便开始讨论,

---

① 据张西平考察,卜弥格向欧洲介绍了 289 种中草药,仅比《神农本草经》少 14 种。参见张西平:《儒学西传欧洲研究导论:16—18 世纪中学西传的轨迹与影响》,北京大学出版社,2016 年,第 83 页。

② 张西平:《卜弥格与中医的西传》,《北京行政学院学报》2012 年第 4 期;孙灵芝、王国为、梁峻:《卜弥格与中国本草学西传》,《医学与哲学》(A)2014 年第 4 期;王银泉:《十七世纪来华波兰耶稣会士卜弥格中医译介研究》,《北京行政学院学报》2014 年第 3 期;高晞:《十五世纪以来中医在西方的传播与研究》,《中医药文化》2015 年第 6 期;李慧:《雷慕沙博士论文〈舌诊研究〉初探》,《国际汉学》2016 年第 4 期。

因为在18世纪的欧洲曾经爆发过一段时期的"中国热"。在这一时期,中国在很多地方都成为欧洲的榜样,例如在欧洲上流社会中流行喝中国茶、穿中国丝绸、坐中国轿子、建中国庭院、讲中国故事等。①更重要的是,中国的思想文化对欧洲思想的发展产生了重要影响,例如中国的重农主义、科举制度、修史传统、伦理道德以及治国之术等观念,对一些西方著名思想家产生了重要影响。

法国汉学家雷慕沙(Jean Pierre Abel Rémusat,1788—1832)于1814年就在法国法兰西学院主持举办了关于中国学研究的"汉文与鞑靼文、满文语言文学讲座"(La Chaire de langues et littératures chinoises et tartares-mandchoues),标志着西方的汉学研究在19世纪进入一个相对专业的领域,西方学者不仅关注中国思想本身的特点,也关注来自东方的这一异质文化如何作用于本土思想的发展。

近年来,美国汉学家孟德卫(Mungello D.E.)所著的《奇异的国度——耶稣会适应政策及汉学的起源》是海外汉学研究的代表著作。孟德卫在书中将耶稣会士所写的介绍中国的著作,放在当时欧洲思想文化的背景之中进行讨论,为了解早期中国思想、文化在欧洲的产生与发展提供了帮助。这本书的意义在于作者广泛地处理了许多西方的一手材料。此外,维吉尔·毕诺(Virgile Pinot)的《中国对法国哲学思想形成的影响》、安田朴(René Etiemble)的《中国文化西传欧洲史》以及弗朗索瓦·于连(François Jullien)的《经由中国——从外部反思欧洲》等,都是关于"中学西传"研究的重要著作。由于本文主要关注国内学术界的研究,这里不再赘述。但需要指出的是,西方学者在此领域上已经深耕多年并颇有建树,"他山之石,可以攻玉",国内学者仍然需要向西方学习。

与此同时,仍然需要注意西方学者在研究中的不足之处,并且对于他们的研究成果也应时刻保持着一种批判性态度。原因有三:第一,海外学者所接触到的古代文献,大多数是由传教士在不同时

---

① 许明龙:《欧洲18世纪"中国热"》,山西教育出版社,1999年,第121页。

期整理、翻译并带回欧洲的。这些文本往往受译者或一些其他因素的影响而翻译质量有差异。第二,以传教士为主的文化传播者,他们或是因为对于中国哲学的误解,或是基于自身的传教立场,在翻译中文典籍时往往带有强烈的主观色彩,使得译本本身与中国思想有所出入,致使海外学者在研究上出现困难,因此如何通过译本把握真正的中国思想,是西方研究者需要面对的另一挑战。第三,一些海外汉学家在研究过程中,本身就有着较为强烈的主观立场,关注的问题也多以神学和传教为主,偏离了中国的主流思想,因此他们往往会忽视甚至误解中国思想的本来面目。但另一方面,西方学者这种基于自身传统而在研究"中学西传"时所持的不同看法,以及他们在研究过程中所表现出来的倾向和差异,提示我们注意中西之间的对话与了解是一个不断发展的、双向性的过程,并且这一过程直到今天仍在继续。

另外,还有一些国内学者的研究同样非常重要。许明龙在《孟德斯鸠与中国》中,揭示了中国政治制度对于孟德斯鸠的影响,并在《黄嘉略与早期法国汉学》中,以18世纪流落巴黎的中国人黄嘉略为个案,探讨了他对早期法国汉学兴起所起的作用。李天纲在《中国礼仪之争:历史、文献和意义》一书中,通过对国内外资料的收集和整理,详细探讨发生在18世纪而影响中西双方近百年的"中西礼仪之争",还原了当时中西对话的历史、影响与作用;同时,他在《跨文化的诠释——经学与神学的相遇》中,通过对晚明清初来华耶稣会士的研究,对明清之际的中西交流做了讨论,认为发生在明清时期的中西互动,给世界激发了一种"人文主义",而非"殖民主义"。桑兵在《国学与汉学:近代中外学界交往录》中提出,要想全面、准确地研究中国学,需要由域外回到本部,中外学者进行合作,互相补缺。另外,他还梳理了东亚各国,尤其是日本、朝鲜、蒙古国对汉学的研究。吴孟雪、曾丽雅合著的《明代欧洲汉学史》,对十六、十七世纪中国文化在西方的影响做了系统梳理,不仅考察了耶稣会士在欧洲出版著作所产生的影响,还讨论了中国科技、制度以及风俗在西方的传播与发展。

最近,张西平、罗莹主编的"儒学与欧洲文明研究丛书"是国内学术界关于"中学西传"研究的最新成果,其中收录了韩凌的《洛克与中国:洛克"中国笔记"考辨》、张西平与李颖主编的《启蒙的先声:中国文化与启蒙运动》、张西平所著的《中国和欧洲早期思想交流史》等著作。这些著作不仅关注发生在历史上的中西交流,更深入到思想层面探究中西之间的互动与对话,标志着国内学术界对"中学西传"的研究逐渐成熟。

结语:明清"中学西传"研究的展望及其现代性意义

可以看到,经过学者们的不断努力,近年来国内学术界在"中学西传"研究上取得了长足进步。学者们从开始时对一些基础文献的整理和翻译,逐渐转向对这些文本的具体研究,然而关于这一领域的研究仍然任重道远。

首先,国内的研究不能局限于对西方著作的翻译和整理,需要一种真正意义上的跨文化哲学的方法(Intercultural Philosophy)①,但目前大多数学者似乎只关注文本的整理与翻译,忽视了回应文本所提出的重要难题。随着科技、社会的不断进步,会有越来越多的一手文献可以轻易地被找到,对于学术界更为重要的挑战是除了翻译工作之外,更需要对这些文本进行研究与反思。

其次,除了翻译耶稣会士所著的文本之外,同样不容忽视的是一些反对者的声音,例如阎当(Charles Maigrot,1652—1730)、铎罗(Charles-Thomas Maillard de Tournon,1668—1710)、黎玉范(Juan

---

① 关于跨文化哲学(intercultural philosophy)这个概念,参见沈清松:《从利玛窦到海德格:跨文化脉络下的中西哲学互动》,台湾商务印书馆,2014 年,第 1 页。

Bautista Morales，1597—1644）等其他多明我会、方济各会以及巴黎外方传教会传教士的著作与报告，他们在当时代表了与耶稣会士不同的立场，并在中西"礼仪之争"的过程中扮演了重要角色，表明了中国文化、思想在欧洲的另一种影响。另外，还有一些未经整理的手稿保存在欧洲的一些档案馆和图书馆中，这些都是关于中西交流史研究的重要资料。

此外，需要注意的是，虽然近年来国内学者通过重新审视明清时期中西文化交流对当今所产生的影响，逐渐发现了中国文化对近代欧洲的影响，认为"中学西传"的意义主要在于西方，属于西方思想史的一章，注意到在西方人所写的西方思想史中缺少了这一部分内容。孟华、谈敏、张国刚等学者就抓住了这一点，做了一些具有重要意义的尝试。不过他们也许太过于强调中国对西方现代化的影响，因为中国思想只是西方启蒙思想中的众多来源之一。

时至今日，关于"西学东渐"研究的重要性早已毋庸置疑。自梁启超提出了"新史学"的观点之后，提示我们需要同样关注"中学西传"的研究，从世界的角度去审视中国文化的价值与影响。

曾经，"西学东渐"研究者的立场是两方面的：部分学者将其解释为一种"西学中源"说。明清时期方以智、王夫之等一些坚守中国道统的文人学者，认为西学来源于中国，他们试图通过这种方法使中国学术恢复发言权，把新思想融入本土学术之中，通过说明西学是对中国传统的窃用，从而在文化视野中坚持中西之间的夷夏之别。可以看到，这种"西学中源"说的建立根植于浓厚的民族主义立场。不过，从另一方面，"西学中源"的说法或许也是某种策略，可以使中国人更容易接受新知识。正如在面对国家政治的衰退以及科技上的落后时，晚清康有为、章太炎等一些有志之士就认为只有将中西之学相结合，才能有效地推进中国的进步。同样，在 21 世纪之交，"中学西传"的研究在现代性问题上也表现出了两种不同的态度：一方面，中国学者要表示现代性与中国传统没有本质上的矛盾，因为现代性并不是西方的产物，而是来源于中国，这在某种意义上是对当今"中国西方化"的一种回应。由此，现在的中国没必要排斥现代性。另一方面，学者们提出现代性来源于中国，这同样也是一种策略，可以帮助中国人更为方便地接受西方的一些先进观念。然而，这两种观点无疑都清楚表明了"中学西传"研究的必要性。可以说，积极开展"中学西传"的研究，无论是作为对"中国西方化"的一种回应，还是作为一种立场，在当今的中西交流中重新定位中国文化的当代价值，都具有重要意义，并且也为国内学术界今后关于中西交流的研究提供了思路。

附录

耶稣会士翟敬臣致法国省会长德兹的书信[*]

中山大学哲学系　陈慕禅译；张逸婧校；梅谦立注

自我们从法国前往中国后所到的第一座城市：广州，位于(东)经135度左右的热带地区，1699年2月22日

在基督内平安：

我很乐意履行之前向您许下的、给您写一写我们旅行的主要特别之处的诺言。对一个传教士而言，报偿那些在地球另一端挂念着他、为他的成圣及传福音事业的成功向天祈愿的人们是令其宽慰的，而我深信您每日都做着这样的事。对我而言，每当我在天主前想起您的时候，我就一一祈愿这些事，且如若他满足我的祈求，您必成一位伟大的圣人。我请您把这当作一封书信来读，而非一篇一本编造的游记。我如我平时说话那样给您写信；我早已习惯了跟您以毫不讲究的方式说话。一个传教士可能会因其花在矫饰一件东西上的时间而被责怪，不然就应该作为朋友进行讲述。比起繁文缛节

---

[*] 巴黎法国国家档案馆皇家档案藏，编号：Sect. Hist. K. 1375. N.5，共19页（首次出版）。

翟敬臣(Charles Dolzé)1663年3月25日在梅斯(Metz)出生，1683年10月1日加入耶稣会。德兹(Jean Dez, 1643—1712)，法国耶稣会士，1698—1704年担任法国省会长。

到他心爱的中国传教事业,但国王认为把他留在朝廷内才是适宜的。①

在拉弗莱什逗留期间,我们潜心学习好的作品和数学。在最后得知,我们的传教团失去了一名杰出的创造者兼罕有的科学天才,因为达尔比神父在"第三年"中避静第二十七天于布雷斯特逝世了。②我还记得和他一起去巴黎天文台的时候他和我说,他会带着自己可能死在途中的念头出发去传教,而他认为这种死亡在天主看来是伟大的。

登上"安菲特利特"号

终于,白晋神父在法国执行了他从中国皇帝那里领受的命令后,吩咐我们前往拉罗谢尔,我们在那里登上了一艘名为"安菲特利特"号的大船。这大船配有44座大炮以及约500吨位,一吨重达2000斤。③

这艘大船由德·拉·罗克骑士先生(Monsieur le Chevalier de la Roque)指挥、由陛下为这次航行之故而任命。这艘船还有另外三

---

① 李明(Louis Le Comte,1655—1729),法国耶稣会士。1685年他和白晋、张诚、刘应、洪若翰被路易十四派往中国;1687年到了中国,此后他主要在陕西传教;1691年底,离开中国返回欧洲报告情况;1696年,出版了名著《中国近事报道》(Nouveaux mémoires sur l'état présent de la Chine),当年被路易十四命名为萨伏伊的玛丽·阿德莱德(Marie Adélaïde de Savoie)王国太子妃和萨伏伊公主的告解神父。

② 加入耶稣会的时候,会士做初修两年。十几年之后,他们做所谓"第三年"来完成他们的培育。在初修阶段做一个月的避静(退省),在第三年又做一次。关于达尔比(Darbi)没有找到信息。

③ 依据弗罗热(Froger)所言,配有30座固定大炮;参见 François Froger, Relation du premier voyage des Français à la Chine, en l'année 1698, 1699 et 1700 sur le vaisseau l'Amphitrite(《1698、1699及1700年法国人乘"安菲特利特"号前往中国的第一次航行游记》,此后对应原文 Relation 简作《游记》。——译者注),第1页。

名船长:Girardin 先生、de Saillot 先生和德·拉·里戈迪埃(de la Rigaudière)先生。①他们四位都很能够以其雍容大度的气质展现我们民族好的一面。这艘船还有两位上尉:de Boissy 先生以及 de Barilly 先生;五名中尉:de Sabrevois、de Lagrange、小 Girardin、de Beaulieu 以及 Sillye。②

法国公司第一任统领德·贝纳克(de Benac)先生授权,他们还为其增添了另外 3 名统领。③耶稣会士共有 9 名法国人:来自里昂省的白晋(Bouvet)、利圣学(de Broissia)、雷孝思(Régis,)及巴多明(Parrenin)神父;来自图卢兹省的南光国(Pernon)及颜理伯(Geneix)神父;来自法国省的马若瑟(de Prémare)神父;来自圭亚那省的终身修士卫嘉禄(de Belleville),来自香槟省的我。和我们一起的还有技艺精湛的意大利画家聂云龙先生(Gherardini)。我还没提到来自别处的另外两位耶稣会士,接下来我会和您说的。

大家准备在三月六日扬帆启航。在这几天里,我们向拉罗谢尔学院的所有成员道别,他们在理家神父的带领下来船上看我们。④我们很难在巴黎、拉弗莱什、拉罗谢尔各处都作别,但假如我早已习惯了这些分离,它们对我来说就会更加痛苦;我尊敬的神父,当开始于同您的分别,所有其他的分离都不在话下了。

所有东西都装上了船,人们终于扬帆启航了,我亲爱的神父,我们自觉将长时间地被关在这浮在海上的监狱里。由于我们只是奉

---

① Girardin,即 Géraldin。De la Rigaudière,1728 年去世。参见 Paul Pelliot,"L'origine des relations de la France avec la Chine: Le premier voyage de l'Amphitrite en Chine," *Journal des Savants*(1929),第 123 页。

② de Boissy 先生,即儒尔当(Jourdan)的表弟。五名中尉:de Sabrevois(1709 年去世)、"安菲特利特"号第一次航行的一篇游记的作者 Louis de Chancel de Lagrange、Géraldin le jeune、de Beaulieu 以及 Sillye(Filye);参见 Paul Pelliot,"L'origine des relations de la France avec la Chine: Le premier voyage de l'Amphitrite en Chine," *Journal des Savants*(1929),pp.120 - 125。

③ Benoît de Benac 骑士,1709 年去世。根据伯希和的考证,没有其他三个而只有其他两名统领:Le Pouletel 和 Lucien Boizard;参见 Pelliot,第 253—254 页。

④ 拉罗谢尔耶稣会学校,于 1629 年成立。

天主之命进入其中,我们愿意到了天主满意的时候再从里面出来。我们之中的每个人都发自内心说:"主,我已经准备同你一起下狱,同去受死。"①

航行中的不快之事

第一天,我们完全无法前行。首先,助我们起航的小阵风减弱了两回,然后我们在距出发之处半里的地方抛锚了。您或许会说,大船和我们一样都难以离开法国。终于,3月7日,我们扬帆启航了,并且畅行无阻。

接下来我就不拿旅途、风、经纬等这些冗长的讲述让您乏味了。

我在我的信里附上了一种地图,您瞥它一眼便会知道我们都遇上了怎样的风、我们行过了怎样的航路、每日航行多远,还附有对于这次航行的描述。②尽管是在匆忙中制成的,但这地图可能对以后来中国的其他人有用。

从头几天起,我们就感受到了在海上的各种不适。在这些不适中,我们既不想吃东西也不想喝水,但还是必须得饮食。如果我们吃了什么东西,吃完这东西后又得立刻把它吐给鱼儿们。大家都受了很多苦,但没有任何人同情我们。老水手们会马上过来和你说:你现在还是个糊涂蛋,但不几天之后当你为海神付出应有的代价后,你就会适应并成为它的臣民。对法国人来说不便的是,他们的大海是波涛汹涌的,航行是从最艰难的地方开始。在这样的开端,很难为船员们念上哪怕一段弥撒。有一天我在祭台边做弥撒,大海突然变得如此汹涌,以至于若不是一个军官在余下的弥撒间抱住

---

① 《路加福音》22:33。
② 这张地图似乎已遗失,但法国国家图书馆存有他关于广州河口一些岛屿的地图;Carte des isles qui sont à l'entrée de la rivière de Canton dressée sur les lieux par le P. Dolzé de la Compagnie de Jésus.

我,我将无法完成。风暴延续了一阵儿后,大海翻涌得如此不规律,以至于大家甚至无法保持直立,也无法在桌边吃饭。最好的办法是坐在地上,一只手拿着碟子,另一只手吃饭,而且我们送到嘴边的大部分食物都被浪费。已经适应大海的人们并不会特别留意这样波涛汹涌的天气,而新的水手们却觉得每一股波浪都能将他们吞没。在这风暴中,我们中的一位神父以为到了临终之时;我陶醉于聆听他不自禁流露出的心中情感,但就在他情不自禁地表达对天主炽烈的向往时,水手们却在唱歌。

海盗的威胁

恶劣的天气刚过,小鸟儿们就在船四周飞来飞去;这是一群想和我们一同旅行的云雀。它们使船员们得以消遣,还让人看出我们船上有多少年轻人。

3月13日,我们其中一位水手受到了他的守护天使很好的庇佑,因为当他从一个很高的桅桁顶部掉下来时,船帆像一张床一样接住了他。

15日,我们的船收到警报。两条船向我们驶来,人们喊道:那是塞拉(Salé)①的野蛮人,他们通常都在这些航道穿过。大家都准备要进行战斗了,因为这些人总是会和比他们弱的人发生争斗。一切都系于我们船上的动作,每个人都到自己的岗位上,人们把大炮准备上,并且把火药仓打开。一些人兴奋地看着敌人靠近,另一些人则想到舱底去,因为那里是船上能被一条15或18尺深的水道遮蔽起来的最好位置。实际上,我们并不希望他们过来袭击我们。目前我们只有二十座处于正常状态的大炮;全部船员加起来只有170人,数量并不足够多。与这些塞拉人打完全没有好结果,这帮人既

---

① 摩洛哥的城市,海盗的聚集地。

不想做交易也不要赎金,他们只会无情地强迫他们的俘虏去耕地,而这些俘虏还要被拴在一头野驴旁边。我们表现得骁勇善战,我们已经使他们处于下风。我不知为何我不感到害怕;虽然的确发生了很可怕的事。我感到只需成为传教士,就能变得勇敢无畏。无论如何,遵从天主的意愿去同一头驴一起耕地,也要好过在并非出于天主之意的向中国人传教。我们从各自身边看到我们全部人都集结到了与他们对立的船的一侧;这种情况并不允许做样子。我们这帮塞拉人似乎在商量着什么。他们的驾驶操作很可疑,他们挂上了白色的旗子,他们看到我们的战舰在船尾处满是金百合花。这让他们知道这是一艘皇家的船,船上通常会有很多船员,只有一些炮弹,或顶多有些武器可以获取。永别了我们的塞拉人,他们改变了航线,我们也放回弹药筒;里面装着火药。

船上的生活

(3月)17日,夜晚的睡眠差点让我与世界永别。一捆六大盒火药粉掉下来,砸在我的胸上,值得庆幸的是我盖在这一块的被子很好地叠了起来。它只是让我受到了一点惊吓并且有点呼吸困难。如果这捆东西掉在我的头上,我就无福和您在这写信了。我不知它怎会没有这样掉下来,毕竟它就垂直地悬挂在我头顶。在一艘船上,人们无法把一切都宽绰地摆开来,尤其是在人很多的时候。您尽可想象一下我们船上的一类房间:在我房间里有 26 张床;要到我的床位,必须趴着经过六到七个人。

18日,我们开始学习中文。直到这天,我们在海上航行已经有足够多的事要操心了。现在,在 33 岁这个年纪,出于对耶稣基督的爱,我们需要像圣依纳爵一样成为孩子。天主想让我们像孩子们一样天真。

19日,我们船上突然生发起对圣若瑟的崇敬。圣若瑟也是我们要去的中国的主保圣人。①做弥撒时我们有了音乐。我们毫不费劲就在船上找到了一架羽管键琴,是架斯频耐,还有维奥尔琴以及小提琴、四名软长笛手,三或四名嗓音很棒。传教士在音乐上有极致表现。颜理伯神父真的是音乐行家。他唱得很好,而且也拉得一手好维奥尔琴,所有这些都很流利。他可以同时做到眼睛、耳朵和手指齐用。但最了不起的是,他能把所有这些在自己身上调配得像音乐一样。

21日,我们从很远处看到了马德拉岛,有四到五艘船向着马德拉岛全帆行进。两天后,我们从远处看到费罗岛②,法国本初子午线经过此岛。由此我们就离开我们的大洲之外到达了美洲。

我们在船上度过了圣周。正如我们在法国所做的一样,其间我们全程吟唱《黑暗的教训》(Tenebrae)。海上的人们并非全然远离祈祷。他们既来之则安之,必须做好自己的本分。军官们就像老师们操心船上的人完成祷告。每天早上、晚餐前的傍晚时分、歇息前的夜晚行祷告。接着,在夜里,我们让值四时——即值班的水手和士兵们念珠。每周日都有讲道,晚祷则不如在蓬塔穆松(Pont-à-Mousson)那般隆重。③有好嗓音的人就有坐在大炮或一条备用桅杆上的特权,其他人就待在他们可以待的位置。

鲨 鱼 出 没

4月2日,我们第一回看到了飞鱼,还有一些为了躲避另一种追逐它们的金枪鱼,而飞到我们船上来。几天后,我们在我们的船近旁看到一条鲨鱼,是条海犬。它的体积之大非常可怖。它长25尺(8米)、宽8或9尺(2.5米)。我之所以有时间用眼睛测量它的大小,是因为它围着我们的船游了一圈,而且总是离得如此之近,以致

---

① 1668年在广州,圣若瑟被传教士们选为中国天主教的主保圣人。
② 加纳利群岛的一座岛屿。
③ 1572年该地建的一所耶稣会学校。

我们无法向它发射炮弹。在这条渴食人肉的鱼出现后不久,有几位年轻人想游泳,但幸亏我们以有几条鲨鱼出没为由制止了他们。我们的其中一位军官说,曾经有艘船,人们射中了其中一条大鲨鱼,而后在它的肚子里发现了还穿着鞋的人的大腿和小腿。人们很少看过这么大的鲨鱼。通常的鲨鱼都是100斤重。我钓到了其中一条,在它被钓鱼钩钩住的时候,大家有幸用一发枪弹击杀掉它。这些鲨鱼,尽管小,但力气是如此大,以致当它们能噙住一个人的脚的时候就会把他拖入大海深处。一名法国军官有一天在游泳时看到一条鲨鱼,它向他游来,要抓住他的脚。因为他正想从水里出来,所以有足够的警觉,能反投进水里并把头朝向鲨鱼,他喊叫道,让人把他的剑扔给他。他逗弄了一会儿这鲨鱼,直到找到机会用几剑把它刺死。这是我们在海上靠近赤道线、看到不认识的鱼的时候的其中一个纯粹乐趣。

对我而言,在夜间我还有另外一个要有价值得多的乐趣,那便是观看对一个欧洲人来说全然新鲜的星星。南边这部分的天体图并不大精确。这没什么好惊讶的,人们只是根据记忆制成的这些天体图,而当时人们无法做到像今天这般精准地观测。

与德·奥热(des Augers)先生所在舰队的初次相遇

4月12日,在紧靠赤道线的地方,我们发现了德·奥热先生和四艘前往印度的战舰。①我们为能看到这艘舰队里的四位耶稣会士而深感慰藉,②我们还从他们那儿得知了他们在菲尼斯特雷角突然

---

① 其目的地是位于孟加拉的昌德那戈尔(Chandernagor)。

② 实际上是五名耶稣会士,都由白晋招募:Castrion 号上的殷弘绪(François-Xavier Dentrecolles, 1664—1741)和卜纳爵(Ignace-Gabriel Baborier, 1663—1727);Le Bon 号上的傅圣泽(Jean-François Foucquet, 1665—1741)和樊继训(Pierre Frapperie, 1664—1703);La Zélande 号上的孟正气(Jean Domenge, 1666—1735)。

遭遇可怕的风暴,而我们的船也在那里被剧烈摇晃。就要在西班牙海岸粉身碎骨时,他们向圣母许的一个誓愿,突然就使风发生了改变,还让他们有办法在路易港停靠并且和我们几乎同一时间再出发。①尽管这支舰队和我们一样都要前往好望角,我们仍撇下了他们,因为我们比他们航行得更好,还因为到了靠近赤道线的位置,必须得抄近道。人们通常很少会这么做,十日内我们只行了98里,而我们以往一夜睡眠的时间就能行20或25里。

18日,我们通过了赤道线,而所有那些还没通过赤道线的都要被淋湿了。对我而言,我原本以为会在那里遇到无法想象的炎热,但我向您承认,我并不觉得那里的热度要比在法国严重多少。天主已很好地缓和了诸事物,以至于那里的太阳几乎总是被云遮着,而且我们能直视它。当然,无论在一天中的哪个时间,在那里,这个天体的升起和落下都看起来很迷人。我们看到那些点缀、景象、色彩是如此美妙地调和起来,而且如此鲜艳,以至于我从未见过可与这景致媲美的物什。真的就是在这些大海,天主才因其杰作而显得值得仰慕:"高天的上主,具有大能,冲散汪洋大海的波峰。"②

当我们经过赤道线时,往西航行时总会遇上往东吹的风,这是个惯例。我们一直航行到了纬度35度,但我们在那儿并没有遇到我们的领航员向我们保证会遇上的这种风。我们并没有总是顺风而行,因为我们的船切风行驶得也非常好,也就是说只有10次风对我们是有助益作用的。很难说自我们从法国开始的两个半月时间内,我们有的一直都是利于航行的风。然而,5月27日,我们看到了好望角,这意味着在2个月又20天的时间里,我们终于驶完了去往中国将近一半的路程。

---

① 2月21日,即"安菲特利特"号出发前的两周。
② 《圣经·圣咏》93:4。

Grauestin 号的海难

看到好望角之时，我们还发现了一艘荷兰的大船 Grauestin 号将要进入海湾，但因为风向是反的，这船抛了锚等着风向改变。说到我们，我们则在附近海域做了次抢风航行，问我们其中的一名领航员，为何我们做出了和这艘船不一样的驾驶操作，而这艘船还比我们要近两里，这名领航员说他不想去这艘船所在的地方。我们并没有十分留意他所说的话，但到了夜晚，我们看出他说得确实有道理，因为我们由它仓促放出的 24 发炮弹而察觉到这艘船陷入了麻烦之中。我们不能过去援助它，风向是逆着的。

我们所有人都在做弥撒时为这艘船向天主祈祷。在我们的弥撒做完后，我们看到有艘载着人①的小船向我们驶来，这小船来投入我们的怀抱，并告知我们那艘大船正在沉没。因为这艘小艇上都是荷兰人和佛拉芒人，我先向他们询问其中是否有天主教徒。他们其中一位自己就是天主教徒的，告诉我那艘船上几近 1/3 的人都是天主教徒。我于是赶紧去请求德拉罗克骑士和白晋神父让我到这艘船的小艇上去，去履行我的职责——帮助这些沉船的可怜人儿。当下发生了一次对施善的争执，关于谁应该去。白晋神父坚持应该是他去；其他的神父们则各有不同的理由认为自己才更适合。最终，我以会说德语这项技能使我更有资格去援助他们为由占了优势。因此决定让我去。德拉罗克骑士命人搬来我们的小艇，而且正当他给军官下命令，以防大量跳入海中的人为上我们的小艇而让我们自己也沉没时，从那艘船失事的地点吹来一阵强风，阻止了救援。由此，我们能给予他们的所有帮助，就只有我们的祈祷了。

虽然并非我所愿，但我有时间从这些逃难者那里了解到这次海难

---

① 小船上有 23 人，参见《游记》，第 7 页。

的一些特点。他们告诉我,前一天他们如我们所见地抛了锚,而夜晚因为很宁静,他们并不害怕走锚,即锚松钩。然而,到了凌晨一点,在船头站岗的人喊道:"岩礁,岩礁。"人们跑去找船长,但就在同一刹那船撞上了其中的一座岩礁,被撞掉了很大一部分船体,剩下的部分倒在了侧边,在岩礁上。于是他们就投了海,而且听从船长的命令上了小船,并过来求救,这艘船载有60座大炮和332名船员。①自这艘船建成起,只过了5—6个月时间,这是它的首次出海。②我们迫不及待地想知道这些可怜人有没有被营救,而在进入海湾时,我们高兴地得知人们已经救起了在港口失事的这艘船上的全体船员。

往开普敦的中途停靠港

6月2日,大家到陆地上拜访了开普敦的总督③,他较为冷淡地接待了我们的军官。他显然已经知道了我们要去哪里。有人告诉我们塔查尔神父(Guy Tachard)已经去世,但随后又有人跟我们说不是他而是另外一个人。我们进入开普敦三天后,德·奥热先生和他的四艘船才到达。他也和我们一样,未能在那儿补充到什么新鲜食物,那里什么都很贵。我们全部神父都下船到陆地上呼吸点和海上不一样的空气。就在那里,白晋神父非常希望能再添加两名舰队的神父到我们之中。在向天主祈祷过后,大家便摇签,"指明你所拣选的是谁"。④签摇中了来自图卢兹省的卜纳爵神父和来自圭亚那省的孟正气神父,他们注定要上来我们的船直达中国。德拉罗克骑士

---

① 这些数据符合《游记》:60座中有30座是已备好的,有320名船员;参见《游记》,第7页。
② Grauestin号,1698年在米德尔堡建成;参见《游记》,第7页。
③ 西蒙·凡·德·斯特尔(Simon van der Stel, 1639—1712),1691—1699年间任总督。
④ 《宗徒大事录》第1章第24节。

得知后,自己也慷慨地表示愿意再次接收他们。由此我们共有 11 名耶稣会士,聂云龙先生也要算在我们之中,也就是说 12 人,而这艘船上一共有 35 人和船长同桌吃饭。想象一下为了每天的鲜肉、禽类和羊需要装多少东西上船,尚且不算上逾 150 人的船员所需的。

关于开普敦,我不会再和您说什么特别的事儿了,因为我没有好好看看的时间,甚至都没看到荷兰公司的美丽花园,人们说在那儿有全世界四个区域内所有最罕见的植物、花朵和水果。①我忙于听德国人和荷兰人的祷告,他们的灵魂缺乏抚慰,但人们可以说:谋事在人,成事在主,而且我很欣慰地看到,在非洲的这一端,天主保留了可能会在审判之日加入我们的忠实仆从。我在一个路德教教徒的家里听了忏悔。随后,因为我担心会招致不快,我又听了大部分驻守军人的忏悔,还在要塞前和苦修士们散步。这支驻军人数并不是很多。因而确切地说,要塞也只能算是个模型或试用物,因为它既小又不牢固、没有壕沟也没有外表结构。我碰见其中一位天主教教徒,我以为他所作的是他自己的忏悔,对我说:"我的神父啊,这便是我代替一位在我怀中逝去、我尽我所能帮助了的朋友同您说的。他让我保管这忏悔,以便我把它向我能遇上的第一个神甫转述出来。"

在那里我同情地看到了人们叫作霍屯督(hottantots)的人②,由于他们是如此的丑陋、肮脏又野蛮,人们都有理由怀疑他们是否为人类。我觉得宗教也许会把他们变得更加有理性。我不知道传教士们有没有致力于劝他们皈依。人们说,在那些土地上有大量的可怜人。

在错过巽他海峡的情况下横跨印度洋

6 月 9 日,有人下令让所有人上船准备出发。我们驶出海湾有

---

① 花园由 Hendrik Boom 于 1652 年栽种而成。
② 即科伊科伊或 Khoikoi。

些困难,正如我们驶进去也很困难一样。我们所作的逗留并不是全然安宁的,那里的大风很危险,很多船都在那儿遇难了,我们看到了它们的骨架。我们在那里有一项优势——当我们看到高高的桌山被雪覆盖时,我们知晓确定的风的征象。

11日,我们度过了一阵危险四伏的宁静。我们在一个岩石的洼地处,如此我们便可以抛下锚,让海浪或波涛把我们带上岸,但我们向天主祈祷,"连风和海也听从他了"。①一阵小风将我们带到附近海域、把我们从危险中抽回。

6月17日,我们终于遇上了这些等待已久的和风,这些风引我们绕过好望角。我们看出中国人把它称作大岛山的道理了,那里的岛屿的确可怖。那些山和峡谷似乎每一刻都相互接续着。人们把斜坡的耸起归于礁滩,这礁滩就像一座在海中前进的堤坝,海水反撞其上就会碎成浪花。

我们刚一经过这些礁滩的侧肋,风对我们便只有让我们航行得更快这一用途了,而且到了6月26日,我们发现在十日时间内我们径直行驶了505里。这顺宜的风,一直持续到了7月20日,而且这个月初,我们在12日时间内又径直行驶了610里。如果这风能再持续多2天,这2天时间对我们而言会比6周还宝贵。

当我们的领航员处于西边90里以外的位置时,他们认为位于巽他海峡的附近。②由此我们发现我们很不幸地处于下风处。当我们与海峡并齐时,我们错误地判断水流一定是向西的。③由此,在经过爪哇岛所在的纬度后,我们试着辨认出了苏门答腊岛。我们以为就在离苏门答腊岛很近的地方。然而,经过七八日的航行,我们什么也没看到,我们不知道自己位于何方。船上的气氛无比悲凉。我们已经没有新鲜食物,也没有木材,因此也没有面包了。除此之

---

① 《玛尔谷福音》第4章第41节。
② 在爪哇岛和苏门答腊岛之间。
③ 《游记》第19页:"几名耶稣会神父注意到爪哇岛的海角比荷兰地图上的要偏西7度。"

外我们时不时还会遇上非常强劲的烈风,葡萄牙人把这称为somatras,命名自我们将要寻找的岛屿。

7月3日,我听到甲板上传来很大的声音。我上去看发生了什么。"我观望,看,有一阵暴风由北方吹来。"①我发现大家在力图躲避一股人们称之为泵或龙的旋风。我们看到这风在地面上的时候,如果被关在一个院子里,这股风使灰尘打旋并飞扬起来。在海上,这是种在一大块乌云里旋转的风,它让这大块乌云成柱形下降后,再使它形成旋风并冒气出来,随后又借这风柱吸起大量的水,像借助了阿基米德螺旋式抽水机一样。当这支泵刚经过船的周围,它就被船切割并分开来。于是混着这堆水的迅猛之风找到了一个出口,把桅杆击碎,还时常让船沉没。一看见这风泵,大家采取的办法是拯救船帆,并且从风泵的这侧发射炮弹好切分风柱。

避开危险后,我们并没有就此免去担忧。大家集结意见,并根据人们在赤道线附件发生的事,提议从马六甲海峡经过。这是一段很远的绕行,然而最终当人们没有风的时候,就必须去寻找它们。大家采取了这个办法,且与此同时白晋神父向圣方济各·沙勿略许下一个誓约:如果我们今年能通过他的转祷到达中国,就要在他逝世的地方建立一座纪念碑。所有人都愉快地同意了这一点,我趁着弥撒期间公开宣读这项誓约。②

在亚齐中途停靠

8月1日,我们发现了一块低浅的陆地。我们依据海拔高度认出这是明打威群岛。整个圣依纳爵的八日庆期间,我们都安静地待在这座岛附近的掩蔽处。我们在此砍柴打水,因为我们无法从中得

---

① 《以西结书》第1章第4节。

② 7月29日,耶稣会士们以全体船员的名义许下了誓约;参见《游记》,第19页。

到其他救济品,这些野人一看到我们就逃跑了,他们能给我们的也只有椰子。我们用大自然教的语言向他们询问 Kikeriki,就指鸡,以及 Bai,指羊。我们把这啊那啊都支付给他们,为了他们能够通过眼睛理解我们向他们问什么,但他们在那儿既没有衣服、房子,也没有家畜,尽管身处在一块很美的土地上,而且我可以说,赤道线上的几乎都是美丽而肥沃的地方。

8 月 17 日,我们发现了亚齐入口处的岛屿。而且次日,当我们由锚地靠近时,有人看到海浪在我们将要径直去往的、靠近我们的地方拍碎成浪花。有人以为那是岩石于是喊道:"到了,到了。"这意味着,"把船调转到下风处"。但恐惧很快转化为娱乐:那是头巨大的鲸鱼,海浪拍碎在它身上。

我们在亚齐的锚地发现三艘中国的船、一艘暹罗的、两艘摩尔的,还有一艘是一名住在孟加拉的法国人的小船。①当这些船的船长们发现了我们时,他们聚集到一起。他们把我们当成了海盗,而且他们当即就决定投降,但他们发现所面对的不是强盗。相反,我们双方相互表示了诚意并互赠了许多礼物。

亚齐是苏门答腊岛和亚齐人王国的首府。这些人民相信在这座宫殿里有一个女王,王国的命令都是以她之名下达的。②这位女王既不能结婚又不能死。真实情况是,有四位执政长官或 orang kayas 执掌着全部权力。

这座城市称得上大绿树荫,因为每座房子都被花园中央常绿的大树覆盖着。亚齐地域辽阔,人口也很庞大。在我们抵达的 14 天前,这里暴发了一场内战。很有教养而且很有能力的英国人德尔顿先生(Francis Delton)召集起所有的欧洲人,让他们在他的辖区站岗,并在院子里架起他从船上取下的许多座大炮。执政官遣人去询问他这是什么用意。他回答说他想要防止他的辖区发生混乱,且如

---

① 名为拉瓦雷,参见《游记》,第 25 页。
② 即 Paduka Seri Baginda Sultan Zainatuddin Kamalat Syah;她于 1688—1699 年间执政。

果有人需要他和他的手下，他也会阻止其他事件的发生。几天后这件事平息了下来。我们把几名病人带到陆地上，执政官对此感到不快并遣人要求下令让他们重新上船。德拉罗克先生让一个官员去问他亚齐人和法国人之间是否在那里发生过战争，说他只需要回答是或否，还说到了战场上他会拿定主意。这一及时做出的坚定回答，让执政官感到惊讶，再也说不出话来。

当有一个马来人死去，这是当地的百姓，人们会用乐器奏出很大的声音。人们把他埋在一座坟墓里，而且当这是个男人的时候，人们就在脸的顶部放一个十字架。当我看到这个的时候，我很惊讶，因为这些人们并不知道基督教是什么。有人在街上遇到肩膀上抬着箱子和棺材的人。在这些箱子里关着当地的夫人们，她们要去拜访其他女人。

横渡马六甲海峡

8月23日，我们从亚齐出发。我们还发现三个男人脱离我们，逃到了一座荒岛上。这座荒岛就在另一座人们称之为强盗岛的对面，因为亚齐人会把他们的强盗砍去双手双脚，然后流放到这座岛上。这些不幸的人还是能存活下来的，只要他们在那里找到吃的东西和治愈他们伤口的药草。在马六甲海峡，航海对我们而言显得焕然一新，因为大家总是能看到陆地。但是大家长久地看到同样的东西，而且我们前进不动。然而我们还是充满了希望，因为我们所在的这片海是圣方济各·沙勿略经由多次航行使之神圣化了的。

8月29日，我们遇上了一条柔佛的小船。大家怀疑这是不是一小帮海盗。我们要求这条小船驶过来到边上。船长以为完蛋了，但当他听说他们远非是一帮海盗，大家力图教育他们——出于愉悦之情，他跪下并感谢了我们的官员。

30日，我们在一个叫作乌贝（Pulau Upeh）的小岛停靠。这座小岛以钓龟闻名。我们逮到了 4 只,每只龟重达 400 斤。人们在出海口等着它们,它们一出来,三四个人就会把它们翻到背面,一个接一个地。于是,它们就全都被逮住了,然后大家把它们带走消遣。

9月2日,大海在夜间突然好像全都着起火来,您可能会说那是点着了的、冒着烟的白兰地。由此推测我们可能遇到了某种狂风,这风实际上已经到来了,但这风不会让我们面临像人们在亚齐听从一个葡萄牙领航员的无知或短见那样的危险。这风让我们进入到两座海滩之间,我们发现那里的海水很浅,水深低于 20 尺,尽管我们的船要求 17 尺的水深,但大家依然可能搁浅。在一个我们所祈求的沙勿略创造了如此多奇迹的地方,我们寻回了重新沿一条更好的航道前进的步伐。

17日,我们好像捉住了一群捉了其他人的人。我的意思是一帮海盗。说实话,我们看到的那艘柔佛王国的船看起来很像是一艘海盗船。它观察了我们一阵儿,一边还做着可疑的驶船操作,而且没有竖任何旗子。根据我们领航员的话,这些是海盗,我们向他们投去一排炮弹。这并没有吓到他们。他们离得太远了。我们又加倍发射炮弹。这依然没有任何作用。最终,指挥炮手受命发射炮弹打断桅杆,那一下射在离那艘船很近的地方,又掉在了外面。于是他们派来了他们的帆船。14个人乘着小艇到了我们船边,他们还说他们的船上只有给柔佛皇帝①的奴隶,还有一些给其子皇子殿下消遣的公鸡。在这个国家,看这些公鸡们围着一小点饲料打架是一种寻常的消遣。他们补充道,他们船上还有一名重要人士。我们的司令先生遣人去把他找来。他高傲地回复并表示不想来。然而,由于弄清楚这件事还是很重要的,人们又把船上的船长遣过去给他,好把人带过来,他还有这艘小船上的所有船员,也是为了拜访他们。于是他们来了40人,全都是马来人,都很勇敢,看起来一点也没被吓

---

① 马哈茂德·沙二世(Mahmud Shah II, 1675—1699),1685—1699 年间任柔佛的苏丹。

住。因为在这队人里有一个 9 岁的小孩子,德拉罗克先生特别把这孩子带到他房间去,一边问他们前不久是否逮到过一小户人家。那孩子说没有。人们逼他说,还叫过来一个目光凶狠的男人,提着把大刀,为了装出如果他不说就要把他斩首的样子。这个并不惊讶的孩子,说他完全没见过这种事。听了这话,人们跟他说,这种死法对一个撒谎的人来说还是太温和了,说应该要让狗把他给吞食掉。很快就过来了两条异乎寻常的大狗。它们一出现,这孩子似乎激动起来。在这种惶恐不安中,他说是的,但他一恢复了精神就反悔了,还申明他之所以说出了和他所知相悖的话,是出于对这些高大凶残的野兽的害怕。我们的司令官被这个天主保佑的孩子的品行迷住了。他出来,并向这些柔佛人表示最好的欢迎,这些柔佛人也并不觉得在一个强盗麇集的国家,人们对他们这般严密检查有什么不好。德拉罗克先生向很宠爱这个孩子的船长要来了这孩子。他并没有在这损失什么,因为人们送给他一个礼物。这礼物让他能接收很多其他奴隶。为了这个小王子的得救,天主允准了这次相遇。他日益俊俏,而且会成为一个好的基督教徒。如果天主乐意,人们会在巴黎见到他。

碰上这艘所谓的海盗船的同一天,我们之中的一名水手去世了。他是我们从出发以来第一个去世的水手,这还是很罕有的。在那之后又有另外两个人去世了,这两个人中的一位,在他最后一次得病时宣布放弃加尔文教信仰。天主还使一名来自汉堡的德国水手改了宗。①

几天之后②,我们抵达了现在归属于荷兰人的马六甲。③我要在那儿乔装,好寻找领航员。当我看到沙勿略创造了如此多奇迹的教堂被亵渎、还变成了异教的寺庙,当看到天主教成了这座城市里唯一被摈除的宗教,同时天主教教徒被迫要去树林里行他们的仪式和圣祭,我的心揪了起来。我刚一进入这座城市,就询问了几个士兵。

---

① 这两位被会说德语的翟敬臣说服了。
② 即 9 月 9 日。
③ 自 1641 年荷兰人起取代了葡萄牙人。

我在他们之中发现了一名天主教徒,他是来自阿尔萨斯布里扎赫(Brisach)的冒失的德国人。这个男人瞪眼望着我,问我是否耶稣会士,还说他觉得在中国见过我。我一点儿也没被搞糊涂,因为有在场的人而且他们听到了他所说的。我笑着对他说,他把我审视得很准,还说他更是准确地认出了我。我甚至觉得为了让他有这种想法,我把玩笑和事实掺在一起对他说,他可能在中国见过我或许是在55年前,但距离他更新近的一次可能看见我或许只有3年。这个玩笑让他困惑了。他客气地对待我,也不再想着问我是不是耶稣会士了。大家在马六甲找到了两名领航员,我们没等在那儿停够两天就出发了。①

中 国 南 海

9月20日,我们驶出了令人腻味的马六甲海峡,而且我们在涨潮的海上遇到了抛弃我们已久的顺风。在我们前进的时候,大家准备着要和一个著名的海盗作战,这个海盗是东方的,直到现在还没有什么阻挡得了他。这个男人是个英国的船长,他离开了本职工作而且公开地做了这个他能够做的抢劫的美差。②他有一艘好船,不知道为什么搁浅在 Polo-condor 岛(越南 Côn So'n),他在那里藏匿。这个精明的强盗,见他的船丢了,并没有因此放弃他抢劫的想法。他看见过来了一艘满载的葡萄牙船,但缺少木材。他让人埋伏下来,把这船派上陆地的第一艘小船捉住,他判断小艇随后会来。实际上,那个葡萄牙船长,见小船并没有复返,就乘着小艇和他的领航员一起去了。他在同一处被看见了;随后那强盗就把小船武装起来,还有那小艇,并且和他的人里最果敢的几个一起捉住了那艘船

---

① 其中一名领航员名叫 Deuenpor 或 Daueinpor,参见 Pelliot,第 123 页。
② 威廉·丹彼尔(William Dampier,1651—1715),大不列颠军官;但丹彼尔在1691年回到了大不列颠。

的船长，他为了骗大船还把船长放在最前面。他就用这种方法和他的人一起进到这艘船里。其他人还没来得及定神，他就把所有不想进入危险团伙的人带到了陆地上，此后他继续在马六甲威震一方。这就是我们长久以来准备对付的敌人的模样，只不过我们并没有碰上他。他的船上载着的巨额财宝，让我们的人都很想能靠近看一眼。我们在24日驶过了Polo-condor的半里海域，但那海盗并不在那里，由于天主的特别关照，就在我们准备进入公海的时候，我们遇上了一阵把我们带进去的风。如果我们只在那里待了一天，如您接下来所见，我们今年就完全看不到中国了。

10月2日，也是圣米歇尔日。我们需要一个大天使，好守护我们度过从未经历过、或许以后再也不会经历的巨大危险。我刚刚尽我所能和一名拜偶像的中国商人说话，他为自己从亚齐来到我们的船上感到庆幸，还说天主已经把我们的船置于他的庇护下了。随后我加入到两个年轻的先生中，我还让他们注意海里蓝色的纹路。我以为那是光的折射。因我看出太阳并不能带来这种现象，我便转身去通知一名军官，而就在这时，人们敲响了晚祷的钟声。在这次祈祷期间，很乐意负责我寄回法国书信的上尉de Sabrevois先生，倚着走廊对他近旁的人说："我好像看见了海底。"同一时间他把这事通知了德拉罗克先生，德拉罗克先生当即就让一名领航员进行测探。这名领航员先前不久还没找到海底，而在这次测探后又察觉到船下面已经几乎没有水了，而且船正吃尽这些水，所有人都亲眼看到了危险。船的两侧看起来几乎和水面平齐的岩石，我们还在这些岩石的尖顶看到了小鱼。在这一刻，整艘船一片阴沉的寂静。我还从未见过在死亡面前最顽强之人的表现。持剑在手去迎击它是一回事，被迫要冷静对待又是另一回事。再也没有人比传教士更镇静的了，他们总是要把自己的灵魂攥在手中。我们已经在这可见的危险中度过了45分钟有余。您也许会说我们的船具备判断力，避开左右两边的岩石，船如果撞上它们就会裂开。哦，我仁慈的神父啊，圣方济各·沙勿略是伟大的圣人，那些出海的人有像他一样伟大的主保圣人就好了。在像这样的第一次航行中，多次遇到危险，并没有什么可感到惊讶的。地图通常完全不像在这里一样精准。最常见的情况是，这些地图并不标注向北伸出的岩石的尖角。①

10月4日，我们看见了一次您没有看到的日食，因为您那里当时是午夜，这里则是早上近八点钟。我推算到了这次日食，但是为广州推算的。我不知道我是否遇到过广州，因为尽管我们处在几乎相同的经度，但纬度相差太大以至于无法碰上。我们的其中一名中国人过来问我，这日食是不是一种不好的征兆，这增加了他的担忧。这是因为我们正处于台风的季节，在这一地带这些风是如此可怖，还因为我们从远处看到一阵大风正吹过来。事实一字不差就是这样；在海上，人们看得到来临的风，因为海会泛白，而且通常在感觉到它之前，我们早已看到它了。

上 川 朝 圣

10月9日，陆地、陆地！这就是希望之乡，不，我至爱的神父呵，因为这是我们在海外所要寻找的那块土地。

哦，这顺利的航行！自我们从法国出发以来，还完全不到七个月时间，而且我们还被迫做了一次绕行，这次绕行耽误了我们七周时间。一些人说这就是上川，另一些人说这是更往西边的岛群。对我而言，我不知道这是什么，但并不难判断我希望它是什么。

这里的地图和我们看到的没有任何关联。有人去陆地上了解情况，但岛民逃走了；他们从来没见过大船，也没见过白帆，这白帆还是来自法国的。次日，白晋神父给我们带来了一些拜偶像的渔民，他们跟我们说这里是上川，他们称之为 Sante Beou（上川），而且圣贤之人的陵墓，人们就是这么说的。陵墓在不是很远的地方，几

---

① 帕拉塞尔群岛或西沙群岛的"安菲特利特"号船队，参见《游记》，第50页。

年前有像我们一样有着高鼻子的人来到过这座陵墓处,还在那儿行了好多仪式。因为风向对我们来说完全反了,就在我们抵达的那天,我们坐上了一只小船,所有人都前往这座陵墓,除了利圣学神父之外,由于我们掷了签,他被迫留在了船上。在海上行驶了大约 6 里,在陆地上走了 2 里之后,我们到达了这处圣地。您大可好好想象一下,我敬爱的神父,前往中国的耶稣会传教士们,在行程终了时处身于圣方济各·沙勿略的陵墓,该感受到怎样的虔敬之情啊。我们就在陵墓那里在祈祷中度过了夜晚,到了早晨,我们所有人做弥撒。这是一处建教堂的绝佳之地。陵墓位于一座能看到锚地的高高小丘上。罗裴理(Filippo Carroci)是这些岛民想告诉我们的那个,他在那儿让人把一个高六尺、宽两尺半的石头抬起来①,大家在朝着海的地方用汉语和葡萄牙语读道:"这里安葬的是东方的使徒耶稣会士圣方济各·沙勿略。"②

我们走了很多遍显然是人们送生病的圣人走过的路,从船上到这个地方。在这里,他去世了这件事是可信的,因为他已经被安葬在这儿了。③他死去时从那里看到中国的大陆。唉,要是我能怀揣着他那时希望迈进中国大陆的热忱,进入那里会有多好!

白晋神父前一天在去广海的时候经过了那里,广海是离我们的船最近的城市,去往那里的军官命人发射了三次小火炮。当我们从上川返回时,来了一名中国官员和两个苦工,来带领我们的船,但因为船吃水很深,大家不敢从岛群里面经过。于是我们从外面过,然后径直前往澳门——一个我们很费力才抵达的地方。

我们在那里得知白晋神父在找我们,他还带了总督赠给他的苦

---

① 事实上 1639 年在澳门这个石头已经被刻了字,而且于 1644 年被置于同一处地点;罗裴理于 1688 年造访了这一地址,并把倒下来的石头重新立了起来。

② 葡萄牙文为:Aqui foi sepultado S. Fran. Co Xavier da Comp. a de Iesus Aplo. Do Oriente。

③ 实际上他是在靠近海岸处一个多沙的地方死去的。为了把它埋葬在地里,他的遗体被转移到较远的地方。

力中的四个。①实际上,他在两日后来和我们汇合,还告诉我们他是从我们在上川旁边抛锚的那个地方过来的,他以为是坏天气迫使我们在那里停留。我们在澳门的神父们过来看望我们,但一阵骤风让他们错过了接舷的时机;他们好心地给我们送来了补给品。

抵达广州与等待

我们又花了三四天时间才进入广州的河域。在沿河,从这儿到那儿,所有中国人的要塞里的人们,都向皇帝遣来的白晋神父致敬。一名海关人员到船上来对船进行测量,还要收取价格逾千埃居的锚地停泊税。白晋神父打发他走,他故意作难,由于看到神父回了房里,船员们差点儿没把他扔进海里。中国人想要钱,这钱让他们付出挨打的代价。我们要在广州以下3里的位置停泊,在一艘英格兰轮船旁边。这艘船在5个月零几天的时间内,从英格兰来到了中国。就是这艘船带上了这封信,而且由于它后天②就要出发,时间很是紧张。我没有时间,故如您所见,我只能向您大致地、无序地记述这些事情。

到了广州之后③,白晋神父和我们在一个公馆里住下,这是一种专门给贵人居住的公开的宾馆。德拉罗克先生也有他自己住的公馆,而且白晋神父打算让我和他一起去北京到岗,让我再返回到广州来,然后坐船回法国。这是因为我毫无顾忌没有写下来我所需要问您的内容。④过了一阵儿,由于有许多法国的中国公司先生们的事

---

① 广东巡抚萧永藻。
② 即1699年2月24日。
③ 即11月5日。
④ 白晋决定把翟敬臣带往北京,随后又让其返回法国,这很难理解。或许翟敬臣对于在北京的科学性任务有所犹豫,他似乎更向往一种更直接地属于使徒的工作。

务,神父被迫留在了这里;这取消了我们的行程。

我们在广州等朝廷的回复,待了很久,因为朝廷远在逾 700 里之外。终于,8 月 13 日之后,朝廷的回复到了。①当时,我自己退省,准备在献耶稣于圣殿节日发末愿。②上面写着,当皇帝在鞑靼得知白晋神父已经到达,他亲手写道他以此为悦,还说白晋一到北京,他就会下达必要的命令。

康熙的三名特使到来

实际上,皇帝指定了三名使节到广州来迎接白晋神父,这意味着有 600 里之遥。这些使节分别是:一个鞑靼的中国官员,这位皇帝的心腹③、刘应神父(Claude de Visdelou)和苏霖(Jose Suarez)。皇帝给了他们 32 天时间以抵达广州,还笑着对他们说,不久前他朝中的一名官员用 16 天时间走了同样的行程,去缚住亲王④;说这回是为了一次更好的使命,才给了他们两倍的时间。在第三十日,他们各带着一大批随从抵达,并在三个不同的宾馆住下。⑤

从他们到达的那个早晨起,总督和其他的中国守卫官以及白晋神父就前去位于岸边的一个房间⑥,三名使节已经先进去了,每个人依据顺序就座:那名鞑靼官员第一个坐下,随后是白晋神父、苏霖和刘应,在他们之后,总督落座。惯常的寒暄过后,第一名使节以皇帝之名说道,他们的陛下派遣他们来接白晋神父,并向他表明对他到来的愉悦之情;说他还领了将随同白晋神父的多名传教士一起带上

---

① 即 1699 年 1 月 19 日。
② 2 月 2 日,即献耶稣于圣殿,翟敬臣在广州发了末愿(final vows)。
③ Hencama 赫世亨。
④ 尚之信(1636—1680)。
⑤ 1699 年 1 月 26 日。
⑥ 天字码头。

的命令,而且皇帝允许其他人住他们喜欢的地方,并"随便各处传教"。之后,所有人都俯首于地 9 次;人们就是如此向皇帝行屈膝礼的。这事发生于 1 月 26 日。

28 日,四名使节到我们私人的房屋来下达皇帝的第二部分命令。我们双方都以鞑靼人的方式互致敬礼。随后,他问哪些人准备要去朝廷的。我们给他指出了颜理伯神父、南光国神父、卫嘉禄终身修士、意大利画家聂云龙先生和我。他跟我们说皇帝尤其看重品德,其次是个人的功绩,最后是在科学和艺术方面的技巧,还对我们的天命表示庆贺;说至于其他人,"随便各处传教"。在这之后,传教士们朝北面站起身,即北京所在的方向,然后俯首于地 9 次。没有任何军校生的连队能比我们在那儿所作的活动中更好地遵守时间,因为在这些仪式中,所有人必须在同一时间击打同一样东西。

29 日,德拉罗克先生前去拜访了对他百般殷勤的第一位使节,这名使节给了德拉罗克先生首位,还说他受命于其皇帝陛下,感谢德拉罗克先生带来了白晋神父和其他的传教士。德拉罗克先生以他的方式,恭维了这名使节,即是说以其作为一名有基督教信仰的机智之人的方式恭维了他,毕竟宗教是渗入到各处的。您或许会通过一本出版的游记看到所有这些的详细内容,包括总督对待我们所有军官的方式,他在典礼期间如何设宴款待了我们的军官。①

我们在这里得知,Avril 神父在中国的海滨牺牲了。9 月 9 日②,那里袭来一阵飓风,好多船因此都沉没了,这位可怜的神父就在其中的一艘船上。这艘船是从印度群岛来到中国的。③我们还在那里得知张诚(Gerbillon)神父曾一度病情危急,但他已完好康复。这要歌颂天主的伟大。基督教需要他,因为皇帝很看重他。我们获享了

---

① 这封信是在 2 月 22 日写的。两天之前,即 1699 年 2 月 20 日,聂云龙完成了他的报告。虽然只有一个作者,不过,其他法国传教士也帮他写。1700 年 3 月 20 日在巴黎出版:Gherardini, *Relation du voyage…*。

② 实际上他不是在 9 月 9 日而是在 8 月 18 日溺亡的。

③ 英国轮船 Surate 号遇难。

船的免税,这税费可能要高达 1.5 万、2 万银子。

对广州的描述

由于我们要在三天后前往北京①,您大可设想到我没有时间向您记述我要跟您说的、关于中国的全部事情。世界上没有任何地方比这个帝国更加人口稠密。在广州这里,就有 100 万个生灵;在城市周边,有逾 1.2 万户家庭是在小船上居住的。离这里 6 里远,有一个叫作佛山的地方,那里的人比广州的还多。然而,前者只有城镇的级别号。像这样的城镇到处都有。

除此之外,没有谁比他们更愿接收福音的了。这是一个温和、驯良的民族。我劝说其皈依的头三位人,都同意接受洗礼,尽管他们几乎听不懂对他们说的话。我把他们送交给老传教士们。我们向他们传授的有关天主的思想让他们感到惊讶;主啊,你的名字令人景仰。他们所持有的对于我们宗教的看法太有利了,我们的世界使他们入迷。

不久前,一个仇视基督教的官员让人把一个被控犯了偷盗罪的基督教徒带到城里来,还吹喇叭宣告他抓到了一个基督教徒窃贼。然而,这对中国人来说是一种常见的罪。哦,我的神父啊,如此这般好的传教机会! 哦,如果我既有热忱也懂得使用语言,我会去对这土地上的大人们说话,这些大人们在朝政和尘世的事务方面是如此明智。"你们现在应当自觉,大地掌权者,你们应受教。"②可敬的神父,请您为这次传教祈祷吧,尤其是为了传教士们的成圣。我们一旦成了圣,我们将会造就圣人。"我必将万民赐你作产业。"③敬爱的神父,我比任何人更需要您的祈祷。尤其是现在,出于我的不幸,加

---

① 1699 年 2 月 25 日。
② 《圣经·圣咏》第 2 章第 10 节。
③ 《圣经·圣咏》第 2 章第 8 节。

朝廷的劳役于福音的自由上。"我若不传福音,我就有祸了。"①我希望这劳役不会持续很长时间。我没有一天不在为您向天主祈祷,我敬爱的神父!没有一天不想起您。我要把这次传教的事业推荐给您。世界上没有什么比这些更有成效、且更自在的了。几乎一切都很简便。如果您找到几个想把他的财产有益地用在福音上的人,一笔五六千法郎的资金就足够进行一次传教了,而且每位耶稣会士每年都会给七八百人施行洗礼。唉,为常年把多个人永远地送往天堂,或送往去天堂的路上,尚没有20%的利息。

最后,我含着泪想到,欧洲有那么多无所作为的基金会,而在这里的传教士还如此之少。"主啊,请派遣工人来,收割你的庄稼。"②我与您的圣祭同在。

您极谦卑且极顺从的仆从。③

---

① 《圣经·格林多前书》第 9 章第 16 节。
② 《圣经·路加福音》第 10 章第 2 节。
③ 原书信无署名。

1722年张貌理致宋君荣书信*

中山大学哲学系　林逸云译；
中山大学哲学系、广州与中外文化交流研究中心
梅谦立导读、注

众所周知，新教传教士在19世纪建立了医院，特别是在广州的医院扮演了重要的角色。此前，广州政府从晚明开始关注如何帮助贫穷人。①1646年，第一官方育婴堂成立于赣州。广州育婴堂始建于康熙三十六年(1697年)，地址为西门外钟氏废园；后于乾隆十一年(1746年)搬至"广州府东门外"。②

对明清天主教的慈善事业，学者讨论过其动机、范围、经济各个

---

* Lettre de Baudory à Antoine Gaubil 输入 Lettre de Antoine Gaubil à Mgr de Nemond, archevêque de Toulouse, 4 Novembre 1722; Antoine Gaubil, *Correspondance de Pékin*, Renée Simon-Droz, Genève, 1970, pp.28 - 32; *Lettres édifiantes et curieuses écrites des missions étrangères*, Toulouse, 1811, volume 19, pp.199 - 207。也参见郑德弟译：《宋君荣神父致图卢兹大主教德纳蒙先生的信》，《耶稣会士中国书简集》上卷，大象出版社，2005年，第281—285页。

① 参见狄明德：《1900—1930年广州慈善柴捆》，西学东渐文献馆主编：《西学东渐研究》第8辑，商务印书馆，2019年，第214—224页。

② 阮元修、陈昌齐纂的《(道光)广东通志》(清道光二年刻本)卷一百二十九记载："育婴堂在广州府大东门外。乾隆七年，署运使王何详准建，设运使鹿屿接造，经始乾隆九年，落成于十一年。谨按粤东育婴堂之设，肇于康熙三十六年总督石琳、巡盐御史沈恺曾率同商人云志高，购买西门外钟氏废园起建堂屋。石琳自为记，嗣后历有续捐银项。乾隆四年，以房不敷居住，乳妇婴孩多散处他所。埠商沈宏甫等四人，共捐银一千两于大东门外子来里价买民地，另建新堂，计房屋三百余间。署运使王何详准。"也参见梁其姿：《施善与教化——明清的慈善组织》，河北教育出版社，2001年；冯务枝：《明清时期广东慈善研究》，《广东史志》2013年第56期。

因素。① 在这里,我们只处理康熙年间广州耶稣会士对弃儿的活动。1698年,一批法国耶稣会士坐法国商船"安菲特利特"号来到广州,此后在广州开了教堂。著名的汉学家马若瑟(Joseph Marie de Prémare, 1666—1735)离开广州之后去了江西抚州,在那里,1700年11月1日,他写信给巴黎的郭弼恩(Charles Le Gobien, 1653—1708),其中提出了"设立抚育弃儿的济贫院"的计划:

> 在多种必要的、因给宗教带来荣誉而推动基督教发展的机构中,我和不少传教士都特别关注其中一种,这就是在帝国最大的五六个省的省会城市设立抚育弃儿的济贫院,以便使弃儿免遭死亡而且不要永远与天主分离。这将是一项特别符合夫人太太们虔诚之心的事业,因此您要向她们解释这一计划。② 因为这些济贫院主要收容女孩;当一个家庭的父母担心孩子过多时,她们最容易被遗弃;父母对她们的怜悯比对男孩更少,因为他们认为女孩更难打发、更难让她们自食其力。因此,我们将按宗教准则抚育她们到一定年龄,同时教她们适合自身条件、适合其性别的当地技艺。到了十四五岁,我们就像在法国一样,把她们安置在某位喜欢使唤她们而不喜欢崇拜偶像者当仆人的信仰基督教的太太,或是让她们进修道院祈祷和工作。毋

---

① David E. Mungello, Mungello, *Drowning girls in China*; *Female infanticide since 1650*, Lanham, MD: Rowman & Littlefield, 2008(关于张貌理,第51、106—107页);陈青松、汤开建:《明清之际天主教在华救婴事业述评》,《江西师范大学学报》2010年第3期;张先清:《传教与施善:明清时期天主教在华慈善事业研究(1582—1911)》,《天主教研究论辑》第六辑,宗教文化出版社出版,2010年;消清和:《救赎与教化:明清天主教儿童慈善活动探析》,《暨南大学学报》2013年第9期;Marina Torres Trimallez, "Franciscans, Baptism and Rescues of Abandoned Children in Eighteenth Century China: A Point of Charity?" *Cauriensia*, Vol. XIII(2018), pp.503 - 528。

② 她们指愿意支持的法国妇女。

庸置疑,有了第一批社团的榜样,由更专门人员组成的其他团体,也会像在欧洲修道院里那样建立起来。①

其实,马若瑟要设立女孤儿院的计划并没有实现,而耶稣会士找到了更灵活的方式,如同弗拉芒朱耶芮(Philippe Cazier,1677—1722)那样。1696年他入了法国耶稣会,经过墨西哥及菲律宾之后,1711年到达了广州,此后照顾麻风病人11年。由于他自己也得了麻风病,1722年6月13日他在广州去世了,被称为"广州麻风病人的使徒"(apôtre des lépreux de Canton)。②除了照顾麻风病人之外,从1719年他开始关注弃儿问题,如同在1719年10月12日的书信中说明的,他曾经在欧洲给快要死的婴儿受洗。同样,他在广州发现有类似的机会:

> 上主给我恩宠,打开育婴堂的门。人们把弃儿带到那里。通过这个方法,我有机会,把不少非基督徒的弃儿送到天堂,由于生命危险给他们受洗。1719年复活节,第一个婴儿受洗了,第二天去世了。至今我算数有62位非基督徒婴儿受了洗,其中52位已经去世了。③

---

① 杜赫德编:《耶稣会士中国书简集:中国回忆录》上卷,大象出版社,2005年,第152—154页。我稍微调整了译文。

② 参见 Joseph Dehergne, *Répertoire des Jésuites de Chine de 1552 à 1800*, Rome: IHSI, 1973, n.62, p.51.

③ 由于这份手稿没有公开,我这里提供这封信关于弃儿的全部内容: Lettre de Philippe Cazier, 12 octobre 1719, Canton;耶稣会罗马档案馆 Jap.Sin. 182, ff.182 – 183v: "Je vous dirai ici une grande grâce que le bon Dieu a bien voulu me faire cette année en se servant d'un aussi faible instrument que moi pour conduire au ciel plusieurs enfants des infidèles. Voici comment la chose s'est passée, et se passe encore. J'avais baptisé autrefois plusieurs enfants qui sont allés au ciel par le moyen de quelques aumônes qu'on nous avait fait, au Père Lequesne et à moi, étant en Flandres avant notre départ d'Europe. Depuis le bon Dieu m'a fait la grâce de pouvoir ouvrir la porte d'un hôpital que l'on appelle en Chinois *yo jin tang* (yu ying tang). C'est un hôpital où l'on porte les (转下页)

354　广州与清代中外文化交流

朱耶芮也提及他已经得到了一位住在马尼拉朋友的帮忙，并且广州方济各会修士 Antoine 也愿意把一些药物免费地发给育婴堂的良工们。

朱耶芮去世的那一年，法国耶稣会士杨嘉禄（Jean-Baptiste Charles Jacques, 1688—1728）在 1722 年 11 月 1 日写了一封信致拉法埃利司铎（abbé Raphaelis），其中谈到刚去世的朱耶芮在广州收养城中弃婴的

（接上页）enfants abandonnés. Or par ce moyen j'ai l'occasion d'envoyer au ciel un assez grand nombre d'enfants infidèles, baptisés dans le danger de mort. Le premier enfant fut justement baptisé le jour de Pâques de cette année 1719, et le lendemain il mourut. Depuis ce jour jusqu'à présent je compte de ces enfants infidèles baptisés jusqu'au nombre de 62, et de morts après avoir été baptisés jusqu'à 52. Si le bon Dieu me fait la grâce d'avoir toujours cette porte de l'hôpital ouverte. J'espère, si mes péchés ne mettent pas d'obstacle, envoyer un grand nombre d'enfants dans le ciel. Cette entreprise, et la conservation de cette bonne œuvre, m'a coûté et me coûtera encore de l'argent, car elle dépend de plusieurs personnes qui ont soin de cet hôpital, et votre Révérence sait assez que le premier mobile surtout en Chine à l'égard des infidèles, c'est l'intérêt et l'argent, mais la divine providence ne me manquera pas comme elle ne m'a pas manqué dans le commencement en m'envoyant un de mes grands amis de Manille qui dans son dernier voyage de Manille m'a donné en aumône quelques piastres. Le frère Antoine, mon ami, je suppose que vous ne l'avez pas oublié, c'est le frère qui est chez les Révérends Pères Franciscains, s'intéresse à notre entreprise, et il s'est engagé à fournir de son côté gratis les remèdes qu'il faudra quand l'occasion se présentera, soit pour les *liang kung men* (*lianggongmen*) de l'hôpital, soit pour certaines cures d'enfants qui sont dans le susdit hôpital. Voilà, mon cher ami, comment nous avons par les miséricordes et les mérites infinies de Jésus-Christ ouvert une porte pour faire monter au ciel un grand nombre d'enfants d'infidèles. Autrefois, peut-être n'étiez-vous pas ici, alors on avait entrepris cette bonne œuvre. Moi-même j'étais allé voir un petit mandarin qui en avait eu soin. On lui avait fait quelques présents pour cette fin. Mais il reçut les présents et la chose ne s'exécuta pas. Depuis le bon Dieu le punit car il est mort et il connaît à présent, quoique trop tard, le mal qu'il a fait en empêchant que tant d'enfants n'allassent jouir de Dieu pour l'éternité. Je prie votre Révérence de remercier pour moi le bon Dieu pour le succès qu'il a daigné donner à l'entreprise que je viens d'avoir l'honneur de vous raconter, et de le prier qu'il nous fasse la grâce de tenir toujours la porte de cet hôpital ouverte. Ce sera le moyen d'envoyer beaucoup d'âmes des infidèles au ciel."

情况:

　　正是这位传教士在这座教堂里创立了一种旨在拯救生灵的方法,据我看,此举导致了人们力所能及的最大的善行,这就是精心收养被其父母抛弃的婴儿。这种婴儿可在街上见到,有时甚至已被狗和其他动物咬伤,我到广州后就见过这种事。给这些垂死的孩子立即施洗照样能造就预定灵魂得救的人。传教士死后,人们以当初推动传教士从事此事的同样的虔诚继续着这项善举。这项活动在中国其他城市里也有收获,因为可诅咒的弃婴恶习到处都有。只要有钱支付讲授教理者(他们每天一大早就要走街串巷为临终的孩子施洗)的工资,收获就会是丰盛的。有人肯定地告诉我,人们每年在北京要把三、四千名孩子送上天堂。①

　　1719 年朱耶芮去世之后,耶稣会士张貌理(Maurice du Baudory,1679—1732)继续帮助弃儿的慈善事业。1722 年,宋君荣(Antoine Gaubil,1689—1759)经过广州,要求张貌理给他写一份关于帮助弃儿慈善事业的报告。张貌理的原件丢失,然而内容收入了宋君荣致图卢兹总主教德纳蒙先生(Henry de Nesmond,1655—1727)的书信中。按照张貌理的报告,广州政府已经举办很完备的孤儿院,在物质方面提供给婴儿全面的服务,而传教士特别照顾那些快要去世的孤儿,给他们受洗,使他们去世之后能升天堂。因为部分婴儿还活着,传教士安排一些天主教的家庭收养这些孤儿。这个个案反映出 18 世纪时期中国官方的慈善机构、外国传教士与本地团体共同努力去帮助孤儿。②

---

① 杜赫德编:《耶稣会士中国书简集:中国回忆录》上卷,第 274 页;法文原文:*Lettres édifiantes et curieuses 1689-1722*, tome 1, Paris: Société du Panthéon Littéraire, 1843, p.610. 从此知道,在北京受洗的弃儿比广州还要多。

② 1719 年,朱耶芮给 62 位弃儿受洗,而张貌理扩展了这项事业。按照费赖之的统计,1720 年为 114 名。参见费赖之:《明清间在华耶稣会士列(转下页)

您已表明您非常希望我向您详细描述一项天主启发我们在广州做的慈善事业,即帮助被遗弃的孩子并让他们受洗。我不会拒绝这一慰问。在这里有两种被抛弃的孩子。一种在中国人称之为"育婴堂",即"仁慈之家"的一个医院,他们在此由皇帝出资抚养。育婴堂宽敞且豪华,人们在这里能看到所有为抚育这些可怜的孩子所必需的东西:给他们喂奶的乳母,为他们治病的医生,以及负责维持育婴堂良好秩序的督导。另一种被遗弃的孩子在我们的教堂,我们为他们洗礼并把他们托付给可信的人家来抚养,而我将会在这封信的下文中向您解释这一点。

在医院的孩子,只有在人们发现他们即将要死去时才会受洗,人们通知我的传道员。他住在医院附近,并马上给他们行圣洗礼。如您所见,这是一个中国人在负责这项职责。他进入一个满是女人的房屋中,这不符合欧洲人,尤其是传教士的礼仪。此外中国的官吏必然已得知有孩子即将死去,经验告诉我们官吏不知道我们可以进入这个房屋是非常重要的。因此我自己不能亲自做的事情,我通过一个非常熟悉如何行洗礼圣事的虔诚的传道员来做。我们细心记下我们行过洗礼的孩子,以及在洗礼后死去的孩子的名字。

或许您会问我,我必须花费多少来支持这项慈善事业。费用不如您想象的那般巨大。它涉及供养一个传道员,赠送一些东西给督

(接上页)传》,上海光启社,1997年,第759页。按照1722年的报告,在1721年为241名,1722年为267名。在雍正年间,由于很多传教活动受限制,弃儿慈善事业也许没有那么敏感,得到了迅速发展。罗马耶稣会档案馆还收藏了张貌理向罗马耶稣会总会长的四个报告,每次汇报有多少弃儿受了洗,并祈求经济上的支持:(1)1725年12月28日,他报道弃儿事业情况,统计每年有300多婴儿受洗;ARSI Jap.Sin.183, ff.253-254。(2)1726年11月20日,他汇报了每个月有100多婴儿受洗,一年内有1000多婴儿登上天堂;ARSI Jap.Sin.183, ff.318-321v。(3)1728年12月2日,他统计在广州、佛山及周围村庄,在一年内有2 587婴儿受洗;人数达到了高峰;ARSI Jap.Sin.184, ff.29-31v;(4)不过,按照1730年12月4日写的报告,受洗的婴儿降到一半,即1 335;ARSI Jap.Sin.184, ff.59-61v。关于康熙年间以后的情况,也参见费赖之:《明清间在华耶稣会士列传》,第760—761页。

导和医生,付费给两个一旦有孩子性命垂危便负责通知传道员的人,还有送一些东西给那些负责把受洗的孩子带来和带走的乳母。所有费用不超过20两银子,相当于我们货币的100法郎。分发如此少的金额,我们每年欣慰地安置大量的孩子在天国。

我们是在1719年开始建立这项慈善事业的,并且我们为136个孩子行洗礼。①从4月初到12月底,我们给114个孩子施洗。②在1721年,我们同样给241个孩子施洗;而在今年,1722年,我算过已经有267个孩子在受洗之后死亡。由于还有两个月才到年底,我希望这些注定得救的人的数目能超过300。这些在洗礼水中再生的孩子的数目每年都在增加,这是天主照顾这些可怜的孤儿的显著证据。

这同一个天主的另一个举动同样让您感动。当我们把目光转向医院,我们认为在医院方面取得成功的方法,是找管理医院的官吏帮忙。我们拜访了他,送给他礼物,向他提出我们的意图。他似乎同意了,他承诺所有我们所希望的,却不信守他所承诺的。当我们已经开始失去所有的希望时,这个官吏突然死去。我们决定找其他的办法,我们没有找官吏的继任者,而是和医院的督导交谈。我们与他商定每年给他一笔钱,从而医院的入口对我们是开放的。③

一个困难首先出现在脑海,关于这点我应该向您阐明一下。虽然我们只为垂死的孩子在医院行洗礼,有可能并非所有这些孩子都在洗礼后死去,而且在他们之中有一些活了下来。在这种情况下他们变成什么呢?如果他们在不信基督的人手下成长,洗礼的恩典对他们是无用的:尽管带有羔羊的血的印记,他们很难享有这份恩惠,

---

① "我们"主要指朱耶芮,张貌理协助。朱耶芮说1719年从复活节到10月份有62名弃儿受洗,而张貌理提及1719年整年有136名,好像有一些差距。

② 在 Correspondance de Pékin(第30页)缺乏1720年114个孩子受洗的信息。这个数字是从 Lettres édifiantes et curieuses écrites des missions étrangères 补充。

③ 如同前面所说,传教士本人不进育婴堂。不过,他们联系了管理医院的官吏和督导,使传道员能进去。

因为显然他们从来不知道它的价值。

我承认这是一个很大的缺陷,但并不是没有补救办法。我和传道员有一份关于受洗的孩子和那些在洗礼后死去的孩子的详细名单,我们不时地检查这份名单。如果这些孩子中有人从疾病中恢复,同样知道他们名字的总管会被通知,不要把他们交给将要来领养他们的非基督徒。我们负责把他们从医院中领回来,并把他们安置在基督徒的家中。这些是我们所需的新花费,但它们是必不可少的。如此我们保障了这些孩子们的得救,并且天主的事业没有忧虑和没有迟疑地得到实施。

我们带回来的被遗弃的孩子的数目并不是很多,然而我们为了抚养他们所必需的费用却要多得多。去年我在我们的教堂里为45个这样的孩子行洗礼,他们在刚获得恩典之后不久死去。今年我在10个月内为30个孩子行洗礼。一开始我们每年几乎只为5个或6个这样的孩子行洗礼,但我有理由相信以后每年数目将增加到60或更多。

如果我有足够的资金,我会供养传道员,就像我们在北京做的那样,并且我会把他们派到所有城市里人们习惯于遗弃小孩的社区。我甚至用相当微薄的金额,就能为非基督徒的即将死亡的孩子带来洗礼。这是唯一一个我的贫穷真正让我忧虑的地方。

一带回来一个孩子,我们就会给他行洗礼并为他找一个乳母。我们每个月只给乳母25枚铜元(sols),除此之外,还需提供床单和他们生病时的药物。一开始这只是一个找乳母的问题,现在我遇到比我所预期的更多问题。同样地,从前我们需要在人们遗弃孩子的地方把孩子找来,而现在非基督徒们自己把他们带来给我们,因为他们发现自己会有报酬。这并不能阻止一些孩子被我们忽视。没有什么比看见他们漂浮在河流上或被水流卷走更平凡的事了。一些孩子被救助,另一些被抛弃。几个月前我见证了一件相当特殊的这类事情。有人带着还活着的孩子,要埋葬他,一个意识到这点的基督徒要了这个孩子并允诺抚养他。那个人毫无困难地把孩子交给他。

他马上把孩子带来教堂,我们为孩子行洗礼,两天之后他死去。

安置孩子们和为他们找来乳母是不够的,我们还需要不时地探望他们,特别是确保我们把孩子所托付给的人的正直和信仰。由于缺乏这种警惕,我们有时候会招来不幸的后果。

当一个孩子身体不错,并且有理由相信他能活着时,我尽我所能尽快地将他送出,或者把他交给非常想抚养他的人,或者用一些报酬鼓励人把他领走。但是我只把这个孩子托付给基督徒们,从此我可以在精神上确定,当他长大时,他将在我们神圣宗教的教义中被培养。

我一点也不能向您表明,每年为了抚养人们带来给我们的孩子要花费多少,而且这并不容易,它取决于孩子的数量和随时出现的某些我们意料之外的费用。可是您告诉我如何才能提供这些费用呢?啊,我亲爱的圣父,在这种情况下一个传教士不给出自己生活必需品的一部分,这是多么的困难!此外,一些力图引来在天国的庇护者的虔诚人士,通过他们的施舍为这些小幼童带来可敬的救世主之血的注入,而您会承认他们的捐赠物确实被使用。①

由于我完全信任神圣的天主,我不拒绝任何一个人们带来的孩子,而目前我有18个这样的孩子,我使他们被喂养。在这项如此神圣的工作中,令人欣慰的事情是,我们同时进行精神上和肉体上仁慈的事业,以及这份对这些受累于父母之残酷的不幸者的慈善直接关涉圣子,正如他自己向我们保证的那样:"每一次你们为我的兄弟中的一个所做的事,就是为我自己做的。"②

---

① 意思是说,他们奉献弥撒献仪,即司铎按照信友要求举行弥撒时收取的钱款。

② 用拉丁文写:*Quamdiu fecistis uni ex his fratribus meis*,*mihi fecistis*;《马窦福音》25:40。